CONSTRUCTION OF
COMPREHENSIVE EDUCATION AND CARE
SERVICE SYSTEM
FOR MIGRANT PRESCHOOL CHILDREN

流动学前儿童
教育照顾综合服务体系
——构建

苗春凤 著

社会科学文献出版社
SOCIAL SCIENCES ACADEMIC PRESS (CHINA)

本书出版得到江西省一流专业（社会工作专业）、江西省一流学科统计学（社会统计方向）、国家级一流本科专业建设点（社会工作）财政专项资金支持。

目 录

导　言

一　研究背景

随着我国城市化进程的加快，流动人口迁移家庭化趋势逐渐凸显。2013年，《全国农村留守儿童 城乡流动儿童状况研究报告》显示，我国流动儿童总量已逾 3500 万。[①] 国家统计局、联合国儿童基金会、联合国人口基金《2015 年中国儿童人口状况：事实与数据》显示，2015 年我国流动儿童规模约为 3426 万人，其中来自农村的流动儿童约 2087 万人，来自城镇的流动儿童约 1339 万人。其中，作为最年幼的流动人口，流动学前儿童的规模很庞大，2014 年新公民计划发布的《中国流动儿童数据报告》指出，流动学前儿童规模达 899 万人。国家卫生健康委《中国流动人口发展报告 2018》指出，2017 年流动人口中新生代流动人口所占比重为 65.1%。年青一代的流动人口更倾向于将孩子带在身边，因而新时代流动学前儿童规模依然庞大。作为最年幼的流动人口，流动学前儿童属于脆弱群体。由于教育照顾服务等社会支持网络不足，流动学前儿童面临着入托入园困难、意外伤害以及情绪、行为、社会性发展不良等问题，他们的生存发展面临许多困境。儿童身心发展尚未成熟，为其提供妥善的保护和照顾、保障儿童人权是国家社会应有的责任，联合国在 1989 年通过的《儿童权利公约》是保障儿童人权的基本规范。[②] 2013 年党的十八届三中全会明确提出"健全困境儿童分类保障制度"；2014 年《国务院关于进一步做好为农民工服务工作的意见》提出"积极创造条件着力满足农民工随迁子女接受普惠性学前教育的需

---

① 全国妇联课题组：《全国农村留守儿童 城乡流动儿童状况研究报告》，《中国妇运》2013 年第 6 期，第 30~34 页。

② 吴金香等：《幼儿教保概论：教保关键概念与实例分析》（第二版），台北：心理出版社股份有限公司，2013，第 139 页。

求"；2017年党的十九大报告提出"幼有所育"；2018年《中共中央 国务院关于学前教育深化改革规范发展的若干意见》指出"学前教育是终身学习的开端，是国民教育体系的重要组成部分，是重要的社会公益事业"，要"推进学前教育普及普惠安全优质发展"，"建成覆盖城乡、布局合理的学前教育公共服务体系"①，这是"新中国成立以来以中共中央、国务院名义出台的第一个面向学前教育的重要文件，具有重要里程碑意义，充分体现了以习近平同志为核心的党中央对学前教育的高度重视，对广大学龄前儿童的亲切关怀"②。2019年，国务院办公厅印发《关于促进3岁以下婴幼儿照护服务发展的指导意见》，强调"对确有照护困难的家庭或婴幼儿提供必要的服务""优先支持普惠性婴幼儿照护服务机构"。这些政策文件为流动学前儿童教育照顾服务指明了方向，让每个流动学前儿童都能在安全、健康、促进其成长的状态下受到照顾和教育，实现幼有所育的美好期盼。本书通过对流动学前儿童教育照顾需求及服务现状进行问卷调查、深入访谈和观察等，针对流动学前儿童及其家庭的需求开展实践（社会工作服务）研究，提出构建流动学前儿童教育照顾综合服务体系的实践路径，以期能够提升流动学前儿童教育照顾质量，促进其身心健康发展。

二　研究意义

孩子只有一个童年，流动学前儿童得到适当的教育照顾、顺利走过生命中最可贵的成长期、享有幸福童年的需求十分迫切。以儿童为中心的社会投资理论和儿童早期发展理论成为国际社会儿童福利政策实践和儿童早期教育照顾服务的基本依据。从社会支持网络的视角出发，探索流动学前儿童教育照顾综合服务体系的构建，具有重要的理论价值与现实意义。

1. 理论价值

第一，本书具体运用了儿童福利服务和儿童早期发展理论中的行为理论、心理动力论、认知理论、生态环境理论以及儿童人力资本投资理论等，

---

① 《中共中央 国务院关于学前教育深化改革规范发展的若干意见》，《中华人民共和国教育部公报》2018年第11期，第2~8页。

② 中共教育部党组：《办好新时代学前教育，实现幼有所育美好期盼》，《人民日报》2018年11月30日，第11版。

这些理论为流动学前儿童教育照顾服务的重要性和可行性提供了有力的解释，为社会工作服务流动学前儿童及其家庭提供了理论依据，本书验证和深化了儿童早期发展理论对现实问题的解释和指导作用。第二，拓宽社会支持网络理论的实践应用。社会支持网络理论被广泛用于社会工作实务领域，将此理论应用到流动学前儿童教育照顾服务领域，是对社会支持网络理论在应用领域的扩展和丰富。与流动学前儿童教育照顾实践相结合，可以检验、修正和发展社会支持网络理论。第三，丰富流动学前儿童研究。引入社会支持网络理论拓展流动学前儿童教育照顾服务，为流动学前儿童提供社会工作专业支持，可以充实流动学前儿童研究。通过实践研究，可以为解决流动学前儿童教育照顾问题提供新的理念和方法，开展幼儿园社会工作、儿童社会工作和家庭社会工作服务，总结社会工作服务流动学前儿童教育照顾的实践模式。

2. 现实意义

第一，有助于我国社会工作实践的发展。服务弱势群体一直是社会工作专业的追求，社会工作应积极介入农民工及其家庭，[①] 社会工作是实现社会治理的重要手段。[②] 社会工作作为社会治理中的重要行动主体，应积极参与到流动人口服务中，为流动人口提供专业的社会工作服务，发挥社会工作的政策倡导作用。[③] 社会工作介入流动学前儿童教育照顾，可以促进流动学前儿童生存和发展，丰富社会工作实践。第二，有助于完善我国儿童福利政策。借鉴社会投资理论，从社会政策层面解决中国儿童发展的不平等问题，可为完善我国流动学前儿童教育照顾政策提供参考。第三，有助于增进流动学前儿童及其家庭的福祉。构建流动学前儿童教育照顾综合服务体系，有助于流动学前儿童获得可及、普惠和高质量的教育照顾服务，也有助于实现流动学前儿童家庭的中国梦，促进和谐社会与美好生活建设。

---

① 关信平：《社会工作介入农民工服务：需要、内容及主要领域》，《学习与实践》2010 年第 4 期，第 91~99 页。

② 王思斌：《加强社会工作人才队伍建设促进社会治理》，《中国社会报》2014 年 1 月 10 日，第 5 版。

③ 陶霞飞：《流动人口社会工作的效能、边界与推进路径——基于社会工作机构与社会工作者视角的实证研究》，《四川理工学院学报》（社会科学版）2019 年第 3 期，第 18~37 页。

三 研究框架

本书在文献回顾和经验借鉴的基础上，明确流动学前儿童教育照顾的概念、意义和理论基础。通过实证调查，分析流动学前儿童教育照顾服务现状、存在的问题及原因，在此基础上，开展社会工作介入流动学前儿童教育照顾的服务，提出流动学前儿童教育照顾综合服务体系构建的思路和实践路径。

1. 研究背景、既有研究成果、相关概念和理论基础

儿童早期教育照顾服务现状及趋势；相关研究成果述评；中国台湾、香港地区和其他国家儿童早期教育照顾的经验与启示；儿童早期教育照顾综合性服务概念界定；社会支持网络理论对儿童社会工作的启示。

2. 流动学前儿童教育照顾的重要性

基于社会投资理论和对于儿童投资的重视，人力资本的积累在个体生命的前几年尤其重要，应尽早实施促进儿童教育机会获得与人力资本积累的战略。关注儿童教育照顾政策以及服务体系的构建，提高他们的教育照顾质量，有助于他们的健康社会化和受教育需求的满足，消除代际贫困。

3. 流动学前儿童教育照顾的现状及存在的问题

对流动学前儿童教育照顾服务状况进行全面考察和评估，重点从家庭教育照顾、社区教育照顾以及托育机构、幼儿园、社会服务机构等机构照顾方面，呈现流动学前儿童教育照顾的现状，揭示服务质量与获得的不平等问题。

4. 流动学前儿童教育照顾问题产生的原因分析

宏观层面有制度、政策以及社会上的歧视排斥观念等，中观层面主要是社区教育照顾服务不足、正规机构教育照顾服务供应不足与质量参差不齐，以及提供儿童教育照顾服务的社会服务机构缺乏等，微观层面主要是家庭的经济因素、父母工作压力和家庭教育缺失等。

5. 流动学前儿童教育照顾综合服务体系的构建

根据社会支持网络理论，通过社会工作介入的实践研究，构建一个由流动学前儿童教育照顾需求导向带动、结合社会工作专业手法的教育照顾服务模式，即建构家庭—社区—正规机构三者协同教育照顾的综合服务模

式。加强社会工作的专业支持，大力发展儿童社会工作和家庭社会工作，构建社会工作服务网络，为流动学前儿童提供能够反映其生存状态与真实需求的教育照顾型的社会工作服务。

6. 流动学前儿童教育照顾政策建议

要解决流动学前儿童教育照顾方面的不平等问题，需要完善儿童政策内容与配套措施。我国提出了普惠、高质量的学前教育目标，但在政策实施和操作层面有待明确。具体包括强化政府责任，建立高层级协调管理机制，政府购买学前教育照顾服务，制定儿童教育照顾法、家庭教育照顾政策，发展面向家庭的儿童社会服务，加强对贫困流动家庭的支持和服务，积极发展社区照顾，大力发展正规机构教育照顾服务，完善家庭、社区、托育机构、幼儿园与社会服务机构等的支持和协同照顾，明确它们的角色和功能，建立可及、普惠、公益、高质量的流动学前儿童教育照顾综合服务体系。

四　研究思路及方法

1. 研究思路

本书总体上遵循文献研究、理论分析、案例分析、实证调查和实践（社会工作服务）研究相结合的思路，先梳理描述流动学前儿童教育照顾服务的现状，分析其教育照顾服务不足的原因，再开展流动学前儿童的社会工作服务，探索并构建流动学前儿童教育照顾综合服务体系（见图1）。

2. 研究方法

本书采用定量研究和定性研究相结合的研究方法，资料收集和分析主要采用文献法、问卷调查法、访谈法和观察法等。主要运用文献法和比较法梳理本领域已有研究成果，借鉴英美等国家以及我国港台地区儿童早期教育照顾的经验，奠定本书研究基础，明确研究方向。主要借鉴英美等西方发达国家的儿童福利和儿童社会工作，尤其是处境不利儿童的早期教育照顾服务经验，借鉴美国、英国开端计划这一国家专项行动计划以及幼儿园社会工作的经验。本书也通过数据库以及相关书籍等来收集文献资料，收集我国港台地区儿童早期教育照顾研究资料和案例。运用案例法，介绍和分析香港地区幼儿园社会工作服务以及台湾地区社区托育服务项目、北京四环游戏小组、广州市法泽社会工作服务中心的流动儿童早期发展项目

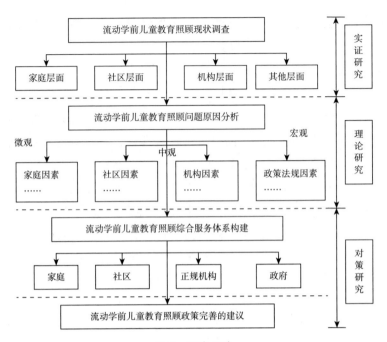

图 1 研究思路

等案例，借鉴它们的经验和做法，为流动学前儿童教育照顾提供经验参考。

儿童发展与保育常用的研究方法有观察法、访谈法、问卷调查法、实验法等。问卷调查法是向群体询问一些标准化问题，可从大样本中收集资料。访谈法是与访谈对象进行面对面的交谈，可以收集复杂的第一手资料。[①] 观察法是研究者基于研究目的，客观记录儿童在家庭或学校（幼儿园）中的行为，获得自然发生、没有实验干预的资料，这是研究儿童发展最古老的方法之一。[②] 本书开展抽样调查，选择流动人口较多的大中城市，进行问卷调查、访谈和实地观察，收集有关资料。为了解流动学前儿童教育照顾需求及服务现状，本书采用自编问卷《流动学前儿童教育照顾服务现状调查问卷》，在深圳、东莞、南京、太原、福州、北京 6 个城市中的社区/城中村、民办幼儿园、企业等流动学前儿童及其家庭较多的地方进行了

---

① 郭静晃：《儿童福利概论》，新北：扬智文化事业股份有限公司，2013，第 86 页。
② 郭静晃：《儿童福利概论》，新北：扬智文化事业股份有限公司，2013，第 82 页。

抽样调查。中国流动人口一般流向经济发达的地区，如珠三角、长三角地区以及首都、省会等大城市，基于流动人口家庭的复杂性，考虑到调查的可行性和方便性（调查员因在这些城市学习、实习或工作，有条件进入这些城市的社区、幼儿园、社会组织等进行调查和开展社会工作服务），本次抽样调查在全国范围内选取了流动人口比较多的 6 个城市。重点从家庭教育照顾、社区教育照顾以及托育机构、幼儿园、社会服务机构等机构教育照顾方面，呈现流动学前儿童教育照顾需求及服务的现状。同时，运用观察法，对深圳、广州、福州、南京、南昌、济宁等城市的流动学前儿童家庭、民办幼儿园开展调查，采用直接观察法或自然情境观察法，到流动学前儿童所在的家庭、幼儿园、托育机构、社区进行观察，了解流动学前儿童及其家庭的问题和需要。另外，对托育机构和幼儿园、社会组织、社区等中的工作人员进行访谈，了解他们对流动学前儿童及其家庭需求和问题的看法以及相关服务情况。在问卷调查、访谈与观察的基础上，了解流动学前儿童教育照顾需求和服务状况，以深圳、广州、福州、济宁等城市社区和民办幼儿园的流动学前儿童及其家庭为服务对象，开展社会工作介入服务，并进行实务研究。

第一章　流动学前儿童教育照顾概述

第一节　概念界定

一　流动学前儿童

流动儿童包括学龄期儿童和学龄前儿童，学者们对流动学前儿童的概念界定主要看两点：一是看是否跟随父母双方或一方到务工地生活、接受教育；二是看具体年龄。徐微认为流动学前儿童是指离开了户籍所在地，跟随父母进入城市并入读城市幼儿园的儿童。[①] 谢畅认为流动学前儿童是指3~6岁随父母或其他监护人（主要是进城务工的农民）在流入地暂时居住半年以上、有学习能力的儿童。[②] 刘小红认为流动学前儿童是指"离开户籍所在地，跟随进城务工的父母生活，没有流入地城市户籍的0~6岁的儿童，中国众多的流动学前儿童基本上来自农村"[③]。流动学前儿童指跟随父母一方或双方在打工地学习、生活的儿童，只是在年龄划分上略有不同。

本书认为流动学前儿童是指"随父母或其他监护人在流入地（与户籍所在地相对）居住半年以上"[④] 的0~6岁儿童，分为城市户籍流动学前儿童（县-城、城-城流动）和农村户籍流动学前儿童（乡-城流动）。本书调查和服务的对象主要是从农村流动到城市学习生活的随迁学前儿童，

[①] 徐微：《流动学前儿童家庭教育问题的研究——基于25户流动家庭的访谈调查》，《襄樊学院学报》2010年第7期，第74~78页。

[②] 谢畅：《流动学前儿童受教育过程中的家庭教育责任探究》，《教育导刊》（下半月）2011年第5期，第85~88页。

[③] 刘小红：《流动家庭学前儿童"入园难"的案例及启示》，《内蒙古教育》2014年第9期，第19~21页。

[④] 邝宏达、徐礼平：《流动儿童、留守儿童和随迁儿童的界定及其关系》，《青少年研究与实践》2017年第2期，第28~33页。

但又不限于乡-城流动的随迁学前儿童，也包括县-城、城-城流动的随迁学前儿童。流动学前儿童也被称为学（龄）前流动儿童、流动幼儿、流动婴幼儿。

二 教育照顾

儿童早期教育和照顾服务有机整合是儿童福利发展的趋势，经合组织（OECD）和联合国教科文组织（UNESCO）强调幼儿教育和照顾的整合新概念。[1] 教育照顾作为本书中的关键概念，主要依据经合组织对儿童早期教育与照顾的界定。儿童早期教育与照顾（Early Childhood Education and Care，ECEC），简称教育照顾（Educare），是综合性服务的新兴概念，强调幼儿教育与保育/照顾能在最基本的理念上达成一致。[2] 在国际儿童早期教育与照顾发展趋势方面，经合组织建议各成员国应通过中央与地方共同协调、联结跨部门服务、提升专业性与家长参与度等措施，促进儿童教育照顾服务整合，以提升教育与照顾品质，此即儿童早期教育与照顾的起源。儿童所需的教育与照顾无法分割，儿童教育照顾服务整合，是实践以儿童为中心和以儿童最佳福祉为优先考虑的政策的有效策略。[3] 儿童早期教育与照顾是指"所有正式或非正式的为学龄前儿童提供照顾与教育的各种安排，无论这些服务的提供环境、资金来源、开放时间或具体项目设置如何"。[4] 儿童早期教育与照顾在世界各国得到普遍关注，研究主要集中在儿童早期教育与照顾的内涵、意义、政策和项目等方面。

在儿童早期教育与照顾（Early Childhood Education and Care，ECEC）和教育照顾（Educare）的英文表达中，Education 具有教育、培养、训练的意思，Care 具有照料、照顾、照看、护理之意。Educare 涵盖保育、养育、教育，是最为综合的概念。Educare 强调"幼儿教育工作者需要

---

[1] 吴金香等：《幼儿教保概论：教保关键概念与实例分析》（第二版），台北：心理出版社股份有限公司，2013，第 17 页。

[2] 吴金香等：《幼儿教保概论：教保关键概念与实例分析》（第二版），台北：心理出版社股份有限公司，2013，二版序 iii。

[3] H. Matthews and D. Ewen, "Reaching All Children? Understanding Early Care and Education Participation among Immigrant Families," *Center for Law & Social Policy Inc* (2006): 32.

[4] 孙艳艳：《0—3 岁儿童早期发展家庭政策与公共服务探索》，《社会科学》2015 年第 10 期，第 65~72 页。

关爱幼儿内在的精神发育与成长"。① Educare 的基本含义是养育孩子，要求 Education 和 Care 共同发展，二者不可偏废。作为有关幼儿教育的词语，儿童早期教育与照顾包含的内在精神是关怀、爱护、照料，要求幼儿教育者以幼儿为中心，满足幼儿的需要，而不是对幼儿进行知识教育，是一种饱含人文精神和情怀的教育活动，其"具有指向性，更多是指对幼儿的身体和精神进行更好的照料，更注重育的层面，仅限于对幼儿内在精神发育与成长的关爱"。从儿童早期教育与照顾的英文表达中可见教育和保育同样重要。② 根据学前儿童的特点和需要，为其提供照顾服务是最基本的要求，但学前儿童需要的不仅仅是照顾，早期教育不可缺少，教育和照顾密不可分。

在各种政策文件和学术研究中，关于儿童早期教育与照顾也有各种表述，如幼儿教育和护理、儿童早期教育和保育、早期儿童教育和看护、儿童照顾与教育、幼儿教育和照料、幼儿保育和教育、照料和教育、护理和教育、幼儿教育和关怀、幼儿教育和关爱、教育保育、幼儿教育和照看、托育和教育、看护和教育、早期护理和教育、教育和保育、儿童教保服务、幼儿教育保教一体化或保教一体化、儿童照管、儿童照护等，虽然表述多元，但都表明儿童在早期的发展进程中需要照顾和教育两大服务。相关儿童政策和服务提供或侧重于儿童早期教育/学前教育，或侧重于儿童照顾，或侧重于儿童早期教育和照顾的整合，学术界的相关研究也是如此。早期教育是指根据儿童生理和心理发展的特点，对 0~6 岁儿童进行有目的、有计划的系统培养或干预，从而促进儿童大脑的发育，充分开发智能，使其养成良好的行为和人格品质。③ 学前儿童教育的组织机构主要是家庭、幼儿园和社区等，家庭是学前儿童的初级社会化场所，幼儿园是学前儿童人生中的第一个正式组织，社区是学前儿童成长的公共空间。④ 学前儿童教育主要包括幼儿园教育、家庭教育、社区教育等，狭义的学前儿童教育主要指幼儿园教育。学前儿童照顾的组织机构主要是家庭、托幼机构（托婴中心、

---

① 苗曼：《educare：一个值得引入的幼教概念》，《学前教育研究》2018 年第 12 期，第 28~38 页。
② 李永久、刘彩倩、胡小敏：《Educare 理念对保教一体化工作的启示》，《教育观察》2019 年第 6 期，第 23~25 页。
③ 石学云等：《贫困家庭儿童的早期教育研究》，陕西师范大学出版社，2013，第 25 页。
④ 王海英：《学前教育社会学》，北京师范大学出版社，2015，目录第 2 页。

托儿所、幼儿园)、社区等,主要为学前儿童提供生活照顾、安全照顾、情感照顾等,为儿童提供一个安全、营养和健康的成长环境。有学者把儿童早期教育照顾的内容概括为保育,保育可从保和育两方面来解释,保就是保护及保健,其消极的定义为让婴幼儿免于生病、受伤及心理伤害等,积极的定义为希望婴幼儿能自由发展潜能,成为身心健全的人,拥有健康的身体、和谐的情绪和完整的人格。育则包括生育、养育及教育,其主要目的为获得优质的人口,因此要计划生育,就必须留意优生保健相关事宜,在养育方面不仅要注重饮食营养,还需给予爱和关怀,借由教育,让孩子懂事理、明是非,在知识、技能与情意上都能均衡发展,对未来社会国家发展贡献一己之力。①

提供儿童早期教育照顾服务的主体是多元的,诸如家庭、亲戚朋友、托幼机构(托儿所、幼儿园等)、儿童社会工作服务机构、社区、政府等。早期保育与教育政策和项目涉及幼儿保育与对幼儿的教育支持:从出生到5岁婴幼儿的保育与教育服务;其他以幼儿发展为基础对学龄前儿童的早期教育经验;学龄前儿童父母所能获得的关于幼儿发展、儿童保育和早期教育的信息。美国学者对儿童早期教育照顾服务主体的广泛定义为所有聚焦于儿童保育、早期教育的组织和供应者提供了空间:儿童保育中心、家庭和家庭联合保育项目与网络、幼儿园、保育学校、开端计划、州学前计划、朋友和亲属保育者、保姆。此外,还包括联系与培训家长所做出的努力,关于幼儿发展、儿童保育的备选方案,以及辅导学前幼儿适当的社交技能、认知技能和语言技能的各种途径。② 其中,儿童早期教育照顾机构(托幼机构)因各国是否实施幼托整合或教保一体化政策和服务以及整合的程度而有差异。幼儿园源起于德国,通过美国的扩散而成为各国的学前教育模式。幼儿园是教育制度下负责执行幼儿教育的指定机构,教育制度下的幼儿园,应将教育机会平等作为制度设计的基本原则,包括公共资源的公平分配、对弱势幼儿提供教育补救等。托儿所是福利制度下负责提供托育服务的机构。托育服务的主要任务是照顾儿童,其社会功能是协助家庭与社会解决

① 吴金香等:《幼儿教保概论:教保关键概念与实例分析》(第二版),台北:心理出版社股份有限公司,2013,第127页。

② [美]蒙·科克伦:《儿童早期教育体系的政策研究》,王海英等译,江苏教育出版社,2011,第4~5页。

育儿问题。① 因此，在很长的历史时期内，很多国家都是采用二分法，托儿所负责照顾，幼儿园负责教育，在招收儿童的年龄上也有差别。随着儿童早期教育和照顾服务整合理念和政策的倡导以及经合组织的实证调查和研究分享，很多国家和地区都在积极探索儿童早期教育和照顾服务的整合。

幼儿教育与托育整合的学理基础是：从幼儿教育学的观点来看，幼儿教育学以出生至6岁儿童为对象，探讨与儿童发展、照顾与教育有关的议题。幼儿教育在社会上的实践是多元的，幼儿园、托儿所、保育学校、发展学习中心、游戏团体等，凡具幼儿教育功能的各类教保机构，皆为幼儿教育在社会中实现的种种载体。教保合一是幼儿教育机构应秉持的专业原则。"教保合一是幼儿教育实践于孩子身上的专业理念，幼儿园和托儿所是幼儿教育实现于社会上的两种实体，可分可合"。从儿童福利学的观点来看，儿童托育为儿童福利服务的一环，协助家庭弥补育儿功能的不足。托育的内涵主要包括四个方面：儿童人身安全的保护；身体与生理需求的照料；心理与情绪需求的支持；生活的教育与学习。任何幼儿教保机构，凡扮演弥补家庭育儿功能不足角色者，无论其名称为托儿所或幼稚园，皆可视为托育服务机构。② 我国台湾地区幼托整合之"幼托"二字代表"幼稚教育与托育服务两个制度，或幼稚园与托儿所两个机构"，幼托整合意指两个制度或两个机构的统整合并。③ 我国大陆之前以及现在，托儿所和幼儿园二者也是分割的，二者在主管部门、招收儿童年龄、服务内容以及教育和照顾工作人员等方面都有差异，当然，我国政府和有关部门也在积极探索幼托整合，一些幼儿园在积极探索保教一体化，目前来看，主流趋势是构建0~6岁儿童教育照顾整合的服务体系，大力发展普惠幼儿园，鼓励幼儿园向下延伸，使有条件的幼儿园招收3岁以下婴幼儿，积极发展托育服务，建设托育机构，尤其是针对0~3岁婴幼儿的托幼服务中心（托儿所等），不管哪种形式的托幼机构（幼儿园、托儿所等），都倡导开展教育和照顾整合的服务。

---

① 许雅惠、李鸿章、曾火城、许文宗、郑琼月、谢义勇：《幼儿社会学》，台北：五南图书出版股份有限公司，2006，第312~313页。

② 许雅惠、李鸿章、曾火城、许文宗、郑琼月、谢义勇：《幼儿社会学》，台北：五南图书出版股份有限公司，2006，第311页。

③ 许雅惠、李鸿章、曾火城、许文宗、郑琼月、谢义勇：《幼儿社会学》，台北：五南图书出版股份有限公司，2006，第309页。

第二节　理论基础

一　儿童早期发展理论

学前教育是个体接受的最早的有计划、有组织的教育，是基础教育的基础，对人的一生发展具有极为重要的影响。中国古代就有"三岁看大"的说法。"学前教育对幼儿身心健康、习惯养成、智力发展、人格形成具有重要意义。学前期是一个人一生中身体形态、结构、机能和大脑发育最为迅速的时期，同时也是行为习惯养成和智力发展最关键的时期。学前期是儿童身心发展的关键期，是个体终生发展的奠基期"①。弗洛伊德、皮亚杰、布鲁纳等丰富和深化了儿童发展理论，他们分别从心理学、教育学、社会学等不同角度阐述了早期发展对人一生的重要性，为各国制定儿童教育照顾政策奠定了最持久最有影响力的理论基础。"幼儿期对人一生的发展具有里程碑式的重要意义；身体、心理、认知和社会情感能力的许多重要发展发生在学前期（0~6岁）"②。幼儿期最需要安全感，也最容易受到负面环境影响，人生早年的身体、情感、认知、语言的发展，与教育照顾品质紧密相关，早期教育照顾对儿童日后的身体健康、社会化、人格发展等影响巨大。儿童早期发展理论强化了儿童获得教育照顾的权利，父母是最佳照顾者，同时国家也要支持儿童教育照顾，提升托育机构的服务质量。③

儿童早期发展理论非常重视儿童成长过程中的"关键期"。关键期是指个体在身心发展的过程中，在某年龄阶段内，个体的身心状态对某种行为的形成特别重要，也特别适合学习某种行为，即学习某种行为的最佳时期，如三个月至六岁是幼儿语言发展的关键期。依附关系是个人未来人格及社会发展的基础，婴幼儿时期若与他人的亲密关系发展不顺利，会影响到其日后的人格及人际关系。如果婴儿和重要他人（通常是母亲或是主要照顾

---

① 霍力岩等：《美、英、日、印四国学前教育体制的比较研究》（上、下册），北京师范大学出版社，2013，序1。

② 刘云香、朱亚鹏：《向儿童投资：福利国家社会政策的新转向》，《中国行政管理》2017年第6期，第127~134页。

③ 刘云香、朱亚鹏：《向儿童投资：福利国家社会政策的新转向》，《中国行政管理》2017年第6期，第127~134页。

者）没有发展出良好的亲密互动关系，如信任感、安全感，则婴儿在日后的人际关系上，便会呈现出较为退缩、焦虑的状态。① 儿童早期发展理论认为，人的发展大致分为身体的、认知的、人格/社会的发展，需要配合学前儿童的能力和心智状况，提供合适的教育和照顾方式，在早教方面，重点关注幼儿的创造力发展、绘画能力发展、自我概念发展、道德发展、人格发展、情绪发展、语言发展、动作发展等。②

本书具体运用了儿童福利服务和儿童早期发展理论中的成熟理论、行为理论、心理动力论、认知发展理论、生态环境理论等。成熟理论主张人类的发展过程主要由遗传决定，当一些行为尚未自然出现时，即予以刻意诱导是不必要的。成熟理论多年来在儿童发展领域深深地影响儿童托育，它支持以儿童为本位的教育观点。如果企图拓展超越儿童之天赋能力，只会加剧儿童受到的挫折与伤害，甚至揠苗助长。配合儿童的能力提供学习经验，是较符合儿童发展规律与人性的教育理念。基于这个观点，儿童保育的教师（保育员）被要求根据儿童的需求与兴趣来设计教学计划，课程要配合儿童发展，并以游戏为主要的教学设计原则。③ 在开展流动学前儿童教育照顾社会工作服务时，也要依据成熟理论，根据学前儿童的需要和特点，设计活动内容，而且以游戏体验学习为主。

行为理论基本上是一种学习理论，也一直被当作一种发展理论，它与成熟理论学派持有不同看法，此学派认为除了生理上的成熟之外，个体的发展绝大部分是受外在环境的影响。人类之所以具有巨大的适应环境变化的能力，其原因就在于他们做好了学习的充分准备。其中，社会学习理论认为个体是通过观察和模仿别人（楷模）的行为而学习，尤其在幼儿期，模仿是解决心理社会危机的核心，成人及社会提供了儿童生活中学习的途径，也就是身教，儿童借以习得适应家庭和社会的生活方式。④ 对学前儿童来说，家庭是重要的早期社会化的场所，父母是儿童重要的学习榜样，因

① 吴金香等：《幼儿教保概论：教保关键概念与实例分析》（第二版），台北：心理出版社股份有限公司，2013，第115页。
② 吴金香等：《幼儿教保概论：教保关键概念与实例分析》（第二版），台北：心理出版社股份有限公司，2013，第111~123页。
③ 郭静晃：《儿童福利概论》，新北：扬智文化事业股份有限公司，2013，第62~64页。
④ 郭静晃：《儿童福利概论》，新北：扬智文化事业股份有限公司，2013，第64~68页。

此，本书重视流动学前儿童的家庭教育，开展支持流动学前儿童亲子教育的相关服务。

心理动力论对儿童发展及儿童教育领域有广泛、深远的影响，认为儿童随着年龄增长，机体有其不同阶段的发展特征及任务，个体要达到机体成熟，通过学习才能取得事半功倍的效果。其中，埃里克森的心理社会发展理论主张个体一生的发展是通过与社会环境的互动实现的，成长是经由一连串的阶段进化而实现的。在人的一生中，由于个人身心发展特征与社会文化要求不同，每一阶段都有其独特的发展任务与所面临的转折点（即心理危机）。具体来说，影响人格发展的因素，除了心理因素之外，还包括社会文化因素。人的一生可分为婴儿期、幼儿期、嬉戏期、学龄期、青春期、成年期、中年期与老人期等八个阶段，每个阶段都有它的发展任务与危机，若能积极完成与解除，将有助于人格发展；反之，则有碍于人格发展。其中，个体未满 6 岁的三个发展阶段如下。第一，婴儿期，婴儿对外在事物的评估，主要来自他对别人的感觉，别人对他好，他会感觉到信任；别人对他不好，他会有不信任的感觉。喂哺情境与父母的细心照顾将有助于婴儿产生信任感。第二，幼儿期，两三岁的时候，幼儿会慢慢开始控制自己的生理需求。如果能够控制成功，则会更有自信；如果控制失败，则会对自己产生怀疑。因此，给予幼儿适当的自主权，多让幼儿操作，将有助于培养幼儿的自信。第三，嬉戏期，四五岁的时候，幼儿对任何事物都会好奇，也会有尝试的勇气。如果尝试成功，幼儿会更主动；如果尝试失败，会遭受其他同伴的嘲笑，也会退缩内疚。因此，鼓励他们多参与活动，以养成进取人格是有必要的。[①] 例如，个体在幼儿期通过模仿或认同来化解心理社会发展危机，进而形成转机，以提高因应能力，那么个体则能积极地适应社会环境的变化，以促进成长，更能顺利地发展至下一个阶段。心理动力论认为儿童期的发展非常重要，如果我们希望个体能成长为一个健全的成人，则在幼儿阶段便要帮助他们化解发展中的冲突，而且成人与社会应扮演重要的角色。此理论深深影响儿童心理、教育及福利工作的实务

[①] 许雅惠、李鸿章、曾火城、许文宗、郑琼月、谢义勇：《幼儿社会学》，台北：五南图书出版股份有限公司，2006，第 46 页。

者。① 依据心理动力论，本书倡导根据流动学前儿童的不同发展阶段提供有针对性的教育照顾服务，父母、托育机构幼儿教师和保育员、儿童社会工作者等儿童早期教育照顾者要学会使用更温和、更健康的教育照顾方法规范儿童的行为，帮助儿童健康成长。

认知发展理论是一种建构理论，主张个体根据处理经验中所获得的信息而创造出自己的知识，认知是经验组织和解释意义的过程。皮亚杰是认知发展理论的先驱，主张儿童的思考系统是经由一连串阶段发展而来，而且这些发展阶段在各种文化中适用于所有的儿童。② 皮亚杰的认知发展游戏理论强调幼儿在游戏中学习。休闲娱乐与儿童发展有密切的关系。教育即游戏，"游戏学习化""学习游戏化"一直是推广学前教育的一种口号。游戏是儿童发展智慧的一种方法，即游戏是儿童的学习方法之一，游戏有助于儿童情绪、认知、语言、身体动作等方面的发展。③ 依据认知发展游戏理论，开展流动学前儿童及其家庭的社会工作服务，应多采用小组游戏、亲子游戏、游戏治疗等方法。儿童在游戏过程中可以得到滋润，包括滋养心灵、宣泄情绪、重整经验、探索自我等，这些成长体验非常珍贵，绝不是在互联网或游戏机里可以获取的。④

生态环境理论认为，儿童深受其所处的家庭、社区以及大众传播媒体、社会教育及福利政策、社会文化价值的影响，儿童福利工作者要整合儿童所处环境的各种资源，帮助儿童及其家庭适应环境的要求、期待及冲击，培养身心健全的个体。⑤ 儿童的发展受到多层背景因素的影响，这些背景因素如同俄罗斯套娃一样相互嵌套，并且最小的一个处于核心的位置，或者说在一个由各种因素组成的同心圆中将儿童置于中心，生态系统中的每一个组成部分都会与其他组成部分相互作用，从而构成儿童成长的复杂背景。⑥ 生态环境理论是为流动学前儿童提供教育照顾服务的基础，儿童深受周围环境系统的影响，需要从家庭、托育机构、社区、社会组织、福利政

① 郭静晃：《儿童福利概论》，新北：扬智文化事业股份有限公司，2013，第70~73页。
② 郭静晃：《儿童福利概论》，新北：扬智文化事业股份有限公司，2013，第73页。
③ 郭静晃：《儿童福利概论》，新北：扬智文化事业股份有限公司，2013，第332~333页。
④ 王颖慧、游达裕：《亲子游戏应该这样玩》，中国轻工业出版社，2010，作者序V。
⑤ 郭静晃：《儿童福利概论》，新北：扬智文化事业股份有限公司，2013，第77~78页。
⑥ ［美］Janet Gonzalez-Mena：《儿童、家庭和社区——家庭中心的早期教育》（第5版），郑福明、冯夏婷等译，高等教育出版社，2012，第3~4页。

策等方面着手，构建流动学前儿童教育照顾综合服务体系，帮助其健康成长。

二　以儿童为中心的社会投资理论

20 世纪 90 年代，向儿童投资的社会政策由于可以达成协调经济和社会发展、回应人口问题、促进性别平等、减少贫困等多重目标，得到了福利国家的普遍青睐，它代表福利国家社会政策调整的新方向，儿童成为福利国家社会政策的重要支持对象。[①] 儿童贫困是一个世界性难题，无论是发达国家还是发展中国家都不能回避。在人的一生中，儿童时期的投资回报率最高，消除儿童贫困是切断贫困代际传递的重要途径。从世界范围来看，儿童贫困现象的蔓延与社会安全网的构建已经越来越多地受到重视。向儿童投资是人力资本建设的重要步骤。[②] 人力资本开发是反贫困的重要手段，儿童早期发展是人力资本开发的重要突破口，对儿童发展投资越早，收益越早，回报越高。[③]

社会投资理论认为，政府应实行积极的干预策略，重视人力资本投资。在所有的人力资本中，儿童作为"100%国家的未来"应成为社会投资战略的首要关注对象，这就是"以儿童为中心"的社会投资战略。投资于儿童可以提升个体未来获取收入的能力，使个体的未来更有保障。由于当前儿童的人力资本投资主要由家庭完成，家庭为养育孩子所储备的知识基础、经济能力各有不同，贫困家庭严重影响孩子的智力成长，家长的文化资本赤字是破坏儿童人力资本发展的重要因素。因此，国家应为有子女家庭提供收入支持，避免家庭经济匮乏对儿童造成长期的负面影响；提供具有公共性质的幼儿教育服务，为儿童智力成长提供经济保障；设立高品质的托育机构，确保儿童在 3 岁之前就能接受教育，通过举办早期教育机构，国家能尽量弥补家庭不利因素对儿童发展产生的负面影响。该理论有力推动了

---

① 刘云香、朱亚鹏：《向儿童投资：福利国家社会政策的新转向》，《中国行政管理》2017 年第 6 期，第 127~134 页。

② ［美］苏珊·纽曼：《学前教育改革与国家反贫困战略——美国的经验》，李敏谊、霍力岩主译，教育科学出版社，2011，译者序第 1~2 页。

③ 中国发展研究基金会：《中国儿童发展报告 2017：反贫困与儿童早期发展》，中国发展出版社，2017，序言第 3 页。

向儿童投资的社会政策实践。另外，重视儿童发展机会平等的资产建设理论、支持父母和家庭的工作-生活平衡理论、认为儿童是准公共产品的公共产品理论等本质上也是社会投资理论，都强调支持儿童及其家庭，为儿童提供优质的早期教育照顾服务。福利国家主要采取收入支持（儿童津贴、税收减免、儿童储蓄账户）、育儿假期（产假、陪产假、育儿假、父亲假以及各种临时性的照顾假等）和托育服务三种制度来支持儿童发展和成长。①

社会投资理论最核心的是人力资本投资，所以也被称为人力资本投资理论。人力资本是经济社会发展的内在动力和保障。人力资本形成具有敏感期和关键期，即个体某些能力在特定的时期较其他时期发展更快，对刺激的反应更为敏感。研究表明，个体发展的敏感期出现在生命的早期阶段。把握好儿童发展的敏感期和关键期，在早期有针对性地进行投资干预，可以起到事半功倍的效果。0~3岁是人力资本投资回报率最高的阶段。人力资本形成的过程是动态互补、相互促进的。早期得到发展的技能和后期其他技能的发展是协同作用的。这一理论不仅体现了儿童在某一时期获得的某一方面的发展能力有助于后期其他能力的发展，同时也体现了个体发展是一个不断自我加强的过程。"增加对社会弱势群体中儿童的早期投资在劳动力市场有着显著的经济效益以及更高的非经济效益"②。

我国总体儿童福利水平还很低，有不少儿童缺乏必要的营养和早期教育、良好的成长环境和平等的发展机会。有大量的流动儿童、留守儿童等弱势儿童没有得到足够的关注和帮助。父母是教育和照顾儿童的第一责任人，由于家庭经济、文化等因素，家庭对儿童的照顾和帮助存在很大的差异，容易导致不平等的代际传递，使许多儿童从小就感受到社会剥夺，使其早期发展处于阴影之下。仅靠家庭养育儿童存在缺陷，必须对儿童的生活和成长加以社会干预，由政府全面制定和实施儿童福利政策是这种社会干预的必要路径。儿童福利是一种重要的和高回报的社会投资，投资儿童就

---

① 刘云香、朱亚鹏：《向儿童投资：福利国家社会政策的新转向》，《中国行政管理》2017年第6期，第127~134页。

② 弗拉维奥·库尼亚、李珊珊、王博雅、蒋琪、岳爱、史耀疆：《投资儿童早期人力资本：儿童早期发展项目设计的经济理论、数据及启示》，《华东师范大学学报》（教育科学版）2019年第3期，第157~163页。

等于投资未来,既是投资未来的发展能力,也是投资未来社会的和谐。[1] 基于对早期人力资本投资重要性的认识,家庭、社会、政府等应进一步加大在流动学前儿童早期发展领域的投资力度,提高教育照顾质量,共同促进流动学前儿童的全面发展,从源头上促进处境不利儿童的人力资本发展。

三 社会支持网络理论

社会支持网络理论将"社会支持、社交网络和社会系统概念联系起来,形成一个相互融合的有机系统"。[2] 社会支持是"一定社会网络运用一定的物质和精神手段对社会弱者进行无偿帮助的一种选择性社会行为"。[3] 社会支持是由社区、社会网络和亲密伙伴提供的可感知的和实际的工具性或者表达性支持。[4] 个人社会支持网络是"由关系密切和互相信任的人组成的,是个人十分重要的社会资源"。[5] 社会支持网络是由为人们提供各种支持的人构成的社会关系网络。[6] 社会支持不是单方面的支持,而是多种力量的整合,又被称为社会支持体系,它是社会支持网络的一个子集,是指"个人能借以获得各种资源支持(如金钱、情感、友谊等)的社会网络。通过社会支持网络的帮助,人们解决日常生活中的问题,维持日常生活的正常运行。社会支持体系是在所处环境中,个体与他人不断互动而获得各种资源所形成的社会网络"。[7] 这个网络包括亲戚、朋友、邻居、同事、专业人员等所提供的服务。"支持"来自个人所在的社会网络或互动的社会系统,被称为"社会支持"。社会支持对处于压力状态下的个人、家庭和群体具有预防、舒缓和治愈的功能。

---

① 关信平:《为了中国的儿童福利事业》,《社会工作与管理》2019 年第 4 期,第 5~6 页。

② 周湘斌、常英:《社会支持网络理论在社会工作实践中的应用性探讨》,《中国农业大学学报》(社会科学版)2005 年第 2 期,第 80~85 页。

③ 陈成文、潘泽泉:《论社会支持的社会学意义》,《湖南师范大学社会科学学报》2000 年第 6 期,第 25~31 页。

④ 阮曾媛琪:《中国就业妇女社会支持网络研究——"扎根理论"研究方法的应用》,熊跃根译,北京大学出版社,2002,第 10 页。

⑤ 张文宏、阮丹青:《城乡居民的社会支持网》,《社会学研究》1999 年第 3 期,第 12~24 页。

⑥ 洪小良、尹志刚:《北京城市贫困家庭的社会支持网》,《北京社会科学》2006 年第 2 期,第 102~108 页。

⑦ 卢德生:《留守与流动儿童受教育的社会支持研究》,人民出版社,2017,第 3~4 页。

　　社会支持的形式是多样的，阮曾媛琪提出"中国就业妇女社会支持形式包括配偶支持、代际支持、亲属支持、同辈人和邻里之间的支持、单位的支持和付费支持"。① 社会支持可以分成两部分：一是客观支持，包括物质和网络的支持，并且这种支持是客观存在的，不会以个体感受为转移；二是主体观念的支持，这类支持与个体的主观体验密切相关，是个体在社会生活中得到的别的成员的尊重和体谅的情感支持。本书将社会支持理解为家庭、监护人、同伴、学校、社区运用一定的物质和精神手段对流动儿童受教育进行支持和帮助。② 社会支持网络理论也阐释了"儿童照料替代性资源及替代机制，为儿童的正式照料提供了一个分析路径"。③ 社会支持"按照提供服务的主体来划分，分别是政府支持、社区支持、组织支持和家庭支持：政府包括中央政府、地方政府以及政府各个相关部门；社区支持是国家与政府层面支持的具体落实，同时家庭支持与组织支持也在社区内进行；组织则涉及正式组织（如单位）与非正式组织（如团体）"④。按照形式，社会支持可分为两种：正式性支持与非正式性支持。前者指支持来自专业社会机构或人员，如社会服务机构等，后者指支持来自个人社会网络，包括家人、朋友、亲戚、邻居等。⑤ 社会支持网络也分为正式支持网络和非正式支持网络两类，正式支持网络包括专业人员，非正式支持网络是个人自然网络，包括家人、亲戚、邻居与朋友。⑥ 社会工作的服务对象多是弱势群体，他们的社会支持网络较为薄弱，需要专业人员协助以扩大网络范围和增强社会网络的支持功能。⑦

　　社会支持是现代社会扶助弱者的重要方式，对弱者的社会支持度是社会文明程度的重要标志。随着社会变迁，逐渐萎缩的非正式支持系统

① 阮曾媛琪：《中国就业妇女社会支持网络研究——"扎根理论"研究方法的应用》，熊跃根译，北京大学出版社，2002，第15页。
② 卢德生：《留守与流动儿童受教育的社会支持研究》，人民出版社，2017，第3页。
③ 吴帆、牛劭君：《儿童照料背后的逻辑与博弈：三个理论视阈的诠释》，《山东社会科学》2019年第10期，第79~86页。
④ 行红芳：《老年人的社会支持系统与需求满足》，《中州学刊》2006年第3期，第120~123页。
⑤ 陆士桢主编《儿童青少年社会工作》，高等教育出版社，2008，第65页。
⑥ 宋丽玉、曾华源等：《社会工作理论：处遇模式与案例分析》（第三版），台北：洪叶文化事业有限公司，2011，第271页。
⑦ 宋丽玉、曾华源等：《社会工作理论：处遇模式与案例分析》（第三版），台北：洪叶文化事业有限公司，2011，第256页。

已经无法满足当代家庭的多元需求。这些非正式支持系统的消失，对于家庭系统的顺利运作是一大挑战，所以正式支持系统就显得更重要。即便没有重大事件发生，一般家庭有时也会需要"喘息时间"来平衡系统内的运作，也就是说家庭系统对外部系统支持的需求是常态性的。① 流动学前儿童家庭更是如此。"0~6 岁学龄前流动儿童学前教育需求迫切，但当前供给无法满足其需求，通过微观支持系统、中观支持系统、宏观支持系统三个层次来构建相应的社会支持体系，以保证流动儿童接受良好的学前教育"②。从社会支持主体来看，主要包括政府支持系统、社会（社会组织、社会工作者、志愿者）支持系统和家庭支持系统等或者包括政府、社区、组织和家庭。由此，社会支持也分为正式支持和非正式支持两类，因此，流动学前儿童教育和照顾的社会支持包括正式和非正式两类，正式社会支持包括来自政府部门、托育机构、幼儿园、社区等的支持，非正式社会支持来自家庭、朋友、邻居、志愿者等的支持。流动人口试图在打工城市生根求存时，面临很大程度的制度性限制，例如劳动超时、户口制度的限制、缺乏长期就业规划与辅导等，社会疏离现象普遍存在于流动人口尤其是农民工的都市经验中。③ 流动学前儿童及其家庭因离开原来生活的地方，失去了他们传统的支持体系以及社区支持。流动学前儿童家庭社会支持系统薄弱是其最主要的问题，不仅正式支持缺乏，非正式支持也不足，因为流动的身份，亲属、朋友和邻居等非正式支持不足，部分流动家庭可以获得代际支持（随迁老人帮助照看儿童）以及亲戚、邻居或老乡（城中村或民工村）这种日常生活中的小帮忙网络提供的支持，但这种支持仅限于在特殊情况下帮助照顾儿童，而不能提供早期教育方面的协助，正式与非正式社会支持网络合作才能让流动学前儿童家庭拥有完善的支持协助。流动学前儿童的教育和照顾问题是多方面因素导致的，要解决此问题需要为他们提供良好的社

① 冯燕：《从生态观点看幼儿托育发展》，《幼儿教保研究》2009 年第 3 期，第 1~15 页。
② 王晓芬：《流动儿童学前教育需求及社会支持》，《甘肃社会科学》2019 年第 4 期，第 139~146 页。
③ 杨友仁、徐魁甲、徐志维、许瑞员：《在城市的路上踩出足迹？初探中国大陆农民工的社会连带与社会支持——以深圳富士康工人为例》，《文化研究月报》2011 年第 118 期，第 1~19 页。

会支持。本书中的流动学前儿童教育照顾社会支持体系是以政府政策和法规支持为保障，家庭支持、托儿所和幼儿园等托幼机构支持、社区和社会组织支持不断互动，从而为流动学前儿童提供成长发展所需的各种物质资源和精神资源的社会网络。

第三节　研究现状

本书梳理流动学前儿童教育照顾研究的现状，分析研究趋势，以期为拓展研究提供参考与启示。

一　流动学前儿童教育照顾研究回顾

学界关于流动儿童（主要是义务教育阶段）的研究成果十分丰富，倡导在生命的起点阻止贫穷的代际传递，保证儿童有一个良好的开端，[1] 流动学前儿童问题逐渐受到关注，相关研究主要集中在流动学前儿童生存发展状况、教育和照顾服务、社会工作服务流动学前儿童、儿童早期教育照顾政策以及经验借鉴等方面，具体分析如下。

（一）流动学前儿童生存和发展状况研究

流动学前儿童的生存和发展面临多重困境，生存处境不利影响其健康发展。流动学前儿童生活环境较差，长期生活在脏乱、狭小的空间环境中，容易形成胆小害羞、沉默寡言、孤僻怪异等畸形性格，有的甚至有暴力倾向，属于问题儿童。[2] 他们常常面临意外伤害等威胁以及疾病与被忽视的风险，[3] 如坠楼、被拐卖、被车撞轧等。流动学前儿童基础免疫接种率较低，需要提高疫苗的接种率，预防相关疾病的发生;[4] 流动学前儿童龋齿患病情

---

[1] 朱玲:《在生命的起点阻止贫穷的代际传递》,《中国人口科学》2008 年第 1 期, 第 30~36、95 页。

[2] 吴志明:《群体社会化理论下流动儿童社会化的三种倾向与乡土回归》,《中国青年研究》2012 年第 6 期, 第 19~33 页。

[3] 程福财:《最年幼的流动人口: 对上海 0-3 岁流动儿童生存状况的调查》,《当代青年研究》2011 年第 9 期, 第 20~25 页。

[4] 苏振峰:《学龄前流动儿童计划免疫接种率的调查分析》,《中国社区医师》2014 年第 21 期, 第 164~165 页。

况较为突出，① 贫血患病率高于非流动儿童。② 父母忙于生计疏于照顾而使其处于放养状态，流动学前儿童生活习惯和行为习惯比较差，社会性和语言发展相对滞后，③ 口语表达能力整体落后。④ 他们的注意力与自控力较差，自信心不足，交往能力差，⑤ 在幼儿园中存在不合群、攻击行为和违纪行为。⑥ 流动学前儿童情绪认知能力弱、情绪管理能力差、亲社会行为缺失、社会适应能力较差，在与同伴交往中易产生社交障碍。处境不利学前儿童在其身心尚未发育成熟之时，遭受经济、精神、文化融合等问题的影响，更容易出现学习困难、辍学乃至成年后的失业问题。⑦ 流动学前儿童面临安全卫生、心理健康和社会交往等方面的诸多问题，直接影响生理、心理、行为和社会化的发展。⑧ 流动学前儿童在生活环境、安全、营养和卫生保健、语言发展、心理健康、社会性发展等方面面临诸多问题和挑战。

（二）流动学前儿童教育照顾研究

学前儿童教育的组织主体主要是家庭、幼儿园和社区等，家庭是学前儿童的初级社会化场所，幼儿园是学前儿童人生中的第一个正式组织，社区是学前儿童成长的公共空间。⑨ 学前教育主要包括幼儿园教育、家庭教育、社区教育等，狭义的学前教育主要指幼儿园教育，重点关注儿童的创造力发展、道德发展、人格发展、情绪发展、语言发展、动作发展等。学

---

① 王春丽、韩煊、夏欣：《学龄前流动儿童龋齿的影响因素分析》，《中国儿童保健杂志》2016 年第 9 期，第 1000~1002 页。

② 胡永松、李维克：《521 名流动学龄前儿童贫血患病率调查》，《中国热带医学》2013 年第 1 期，第 86~88 页。

③ 张燕主编《四环游戏小组的故事——面向流动儿童的非正规学前教育探索》，北京师范大学出版社，2009，第 11~12 页。

④ 王晓芬、徐超凡：《流动儿童早期口语表达能力发展的问题与对策》，《陕西学前师范学院学报》2019 年第 10 期，第 48~53 页。

⑤ 欧阳岚：《学龄前城市流动儿童的心理健康教育》，《学前教育研究》2008 年第 1 期，第 69~71 页。

⑥ 沈芳：《不同教育环境学龄前流动儿童心理行为问题及其相关因素分析》，《中国学校卫生》2011 年第 3 期，第 305~307、309 页。

⑦ 柳倩编著《国际处境不利学前儿童政策研究》，华东师范大学出版社，2012，第 1 页。

⑧ 王翔君：《流动学前儿童成长中的社会工作干预——以"金种子"项目为例》，硕士学位论文，苏州大学，2015。

⑨ 王海英：《学前教育社会学》，北京师范大学出版社，2015，第 2 页。

前儿童照顾的组织主体主要是家庭、托幼机构（托儿所、幼儿园）、社区等，主要为学前儿童提供生活照顾、安全照顾、情感照顾等，为儿童提供一个安全、营养和健康的成长环境。

我国学前儿童在早期照顾与教育服务的质量和获得方面存在不平等现象，不利于儿童人力资本的积累和社会公平的实现。[①] 流动学前儿童在早期教育和照顾方面都面临困境，学术界关于流动学前儿童的研究基本上侧重于学前教育或儿童照顾方面，关于其早期教育和照顾整合服务的研究相对较少。流动学前儿童作为弱势群体的一部分，无论在受教育权利和机会方面，还是在受教育过程中都存在严重不均等的现象。[②] 流动学前儿童所占有的文化资本主要来自家庭、社区以及幼儿园三个方面，其中家庭中父母较低的文化水平、较高的教育期望、落后的教育观念、较低的教育投入以及较低的文化修养和较差的行为习惯对他们融入城市环境造成了巨大的障碍，是他们所受教育不平等的主要影响因素，"流动"的特性也决定了他们在社区、幼儿园中所占有的文化资本脱离了城市的主流，不能接受平等的教育。[③] 流动学前儿童教育存在的问题，主要包括入托入园难、受教育状况差、公办学前教育资源短缺、私立幼儿园收费过高和质量参差不齐[④]、家庭教育缺失、社会歧视等方面。适龄的流动学前儿童逐渐增多，流入地教育资源有限，导致流动学前儿童入园难。[⑤] 学前教育是终身学习的开端，是国民教育体系中的重要组成部分，但是由于学前教育没有被纳入义务教育体系，是教育体系中的薄弱环节。由于制度障碍，流动儿童的学前教育问题比较严峻。城镇公办幼儿园对非户籍儿童设置了较高的入园门槛，大多数从事底层工作的农民工子女望"园"兴叹，而流动儿童家庭又无力承担私立幼儿园的高额费用，无奈之下很多流动儿童父母要么把孩子送回老家，

① 李莹、赵媛媛：《儿童早期照顾与教育：当前状况与我国的政策选择》，《人口学刊》2013年第2期，第31~41页。

② 方建华、王玲艳：《南京地区3~6岁农民工子女受教育现状调查》，《当代学前教育》2007年第4期，第4~10页。

③ 赵慧君、母远珍：《"文化资本"对流动学前儿童的影响分析》，《现代教育科学》2010年第12期，第9~10页。

④ 王涛、冯文全：《解决流动儿童入园难问题的对策探讨》，《基础教育研究》2011年第7期，第55~56页。

⑤ 刘小红：《流动家庭学前儿童"入园难"的案例及启示》，《内蒙古教育》2014年第9期，第19~21页。

要么选择收费低廉、资质较差的民办非正规托幼教育机构。[1] 由于学前教育属于非义务教育，各级政府缺乏针对农民工子女接受学前教育的政策支持和经费投入。因政府支持力度不够，农民工随迁子女普遍缺乏公平的学前教育机会。因此，大部分农民工子女在房舍和师资条件相对较差的村幼儿园、个体幼儿园接受学前教育。有些地方还有一些非注册幼儿园，主要接收的就是农民工子女，这些幼儿园的安全、卫生条件等都存在不少隐患。[2]

　　流动儿童的学前教育机会受到了户籍制度和教育制度的双重排斥，即"在公立学前教育资源稀缺的情况下，为保护户籍儿童的教育权利，流入地政府通过户籍制度和教育制度把外来儿童屏蔽在分享当地优质的公立学前教育资源之外"[3]。在流动人口子女学前教育机会的获得方面，流动人口子女就读公立幼儿园的概率低于户籍儿童就读公立幼儿园的概率；流动人口子女进入示范性幼儿园的概率低于户籍儿童进入示范性幼儿园的概率，户籍对入园性质和入园质量均有显著影响。[4] 民办幼儿园出现"两极"发展的状况：一类是在城市中心地带，面向城市少数高收入群体家庭的幼儿，以"品牌化"和"贵族化"为特征的幼儿园，流动学前儿童难以进入；另一类是分布于城市、乡镇等各个角落，面向广大的中低收入阶层家庭的幼儿以及流动人口子女，以"大众化"和"普惠型"为特征的幼儿园，教育质量难以保障。[5] 上海、北京等大城市的教育资源的存量以及分布无法适应外来人口聚居的特点，尤其是学前教育资源极度匮乏，部分地区入园入托矛盾异常突出，部分区域的学前教育呈现"低洼"或"真空"状态，让子女入读幼儿园成为农民工的奢望。[6] 贫困流动家庭子女学前教育已成为现代教育

---

[1] 段成荣、吕利丹、王宗萍、郭静：《我国流动儿童生存和发展：问题与对策——基于2010年第六次全国人口普查数据的分析》，《南方人口》2013年第4期，第44~55、80页。

[2] 虞永平：《关注流动和留守幼儿的生活与教育》，《学前教育研究》2010年第5期，第10~11、19页。

[3] 杨菊华、谢永飞：《流动儿童的学前教育机会：三群体比较分析》，《教育与经济》2015年第3期，第44~51、64页。

[4] 李彦达：《郑州市流动人口子女学前教育机会获得及影响因素研究》，硕士学位论文，华中师范大学，2018。

[5] 方建华、邓和平：《困境与出路：民办幼儿园发展问题探究》，《中国教育学刊》2014年第10期，第45~49页。

[6] 陆建非主编《中国都市外来务工人员子女学前教育发展研究报告》，上海教育出版社，2016，第2、88~93页。

治理过程中的难点和痛点。① 流动家庭在漂流初期面临经济支持缺位、科学育儿服务缺乏、公共政策扶持难落实的困境；在漂流中期面临儿童家庭情感教育缺失、社区关怀和支持匮乏、幼儿园难以接纳儿童入学等风险；在漂流后期面临家庭教育观念落后、家庭教育能力较弱、家庭与社区和政府间互动不够紧密等问题。②

相关对策主要包括重视学前教育公平、发展社区非正规学前教育（如北京四环游戏小组）③、阅读干预促进流动学前儿童发展④、开展流动学前儿童家庭教育指导服务⑤、建立学前儿童看护点（上海）和公益幼儿园（昆明）、规范私立幼儿园、促进流动学前儿童及其家庭在当地社区的融入等。其中，影响较大的是北京四环游戏小组，这是北京师范大学学前教育专业师生创办的面向社区流动儿童的学前教育公益组织，他们依托社区开展学前教育，挖掘家长、社区的教育资源，使托幼机构、家庭和社区形成一个完整的教育整体，共同为儿童的发展努力。⑥

学前儿童主要由家庭成员提供照顾，接受托幼机构照顾的比例较低，经济状况较差家庭的儿童、年龄较小的儿童接受托幼照护服务的可能性更低。流动家庭的亲属支持不足、代际支持较弱，又没有足够的经济力量寻求托幼机构照顾和家庭保姆照顾等付费的支持。流动学前儿童父母在照顾孩子方面往往得不到一般父母所能获得的来自家庭或邻里的支持，所能获得的公共服务相对有限，难以有效平衡工作与家庭的关系。⑦ 适合流动学前儿童家庭经济条件的公益性、社区互助性的托育服务严重不足。为流动学

① 李彦、刘军萍：《流动的仪式链：贫困流动家庭学前教育长效扶助机制研究》，《北京青年研究》2019 年第 3 期，第 85~92 页。
② 刘军萍、李彦：《流动的关怀：家庭公共政策视角下城中村流动儿童学前教育支持研究》，《少年儿童研究》2019 年第 8 期，第 4~18 页。
③ 张燕：《非正规学前教育的理论与实践——基于四环游戏小组的探索》，北京师范大学出版社，2010，第 4~5 页。
④ 张莉、周兢、田怡楠、梁人文：《阅读干预：促进学前流动儿童心理弹性发展的有效途径》，《学前教育研究》2019 年第 12 期，第 20~29 页。
⑤ 赵景辉、黎紫荧：《学前流动儿童家庭教育指导服务需求的调查研究》，《教育导刊》（下半月）2020 年第 11 期，第 76~82 页。
⑥ 张燕、李远香主编《把种子埋进土里：四环游戏小组社区融合教育实践》，北京师范大学出版社，2018。
⑦ 程福财：《最年幼的流动人口：对上海 0-3 岁流动儿童生存状况的调查》，《当代青年研究》2011 年第 9 期，第 20~25 页。

前儿童提供安全照顾是最低限度的要求，政府和社会一再倡导儿童不能单独在家，但流动家长由于生计等原因对子女疏于照顾，流动学前儿童安全教育存在内容不全面、方式单一、缺少互动、缺乏耐心等问题，流动学前儿童安全事故频繁发生。流动学前儿童最基本的照顾需求是在一个安全的环境里成长，要提升流动家庭安全意识，构建安全教育网络，链接安全教育资源等。①

（三）社会工作介入流动学前儿童教育照顾研究

儿童社会工作研究者主要关注的对象是困境儿童，其中包括流动儿童、留守儿童、孤残儿童等，研究热点包括困境儿童的救助保护、社会融入、社会适应、学习能力提升及发展等，个案工作、小组工作是社会工作者青睐的重要工作手法。②儿童社会工作以困境儿童为主要服务对象，要促使政府与社会组织这两类社会工作主体相互合作，发展合作性儿童社会工作。③因教育照顾资源不足，流动学前儿童生存发展面临困境，作为一种行动力强的专业服务力量，社会工作在为流动学前儿童教育照顾提供支持服务方面有其优势和独特作用。"家庭是儿童成长过程中必不可少的生活场所，如果在家庭中儿童服务质量无法保证，也可能造成儿童所获早期照护的不平等，导致儿童发展机会的不平等以及成年后的种种心理、行为问题"④，因此必须对家庭中的儿童抚育提供一定支持。对家庭的支持应体现在资金及服务两个方面。在资金支持方面，可对贫困家庭的儿童抚育提供一定的经济支持；在服务支持方面，针对流动家庭等贫困家庭及特殊家庭的孩子，应该"大力发展社会工作专业，培养社会工作人员，尤其是家庭社会工作者，建立社会工作服务网络，保证有特殊需要的家庭与儿童及时获得服务

---

① 李敏、臧婷婷：《流动学前儿童安全教育研究——以北京市8个流动学前儿童为例》，《黑龙江教育学院学报》2017年第5期，第77~79页。
② 刘畅：《我国儿童社会工作研究的热点及趋势分析》，《社会福利》2018年第5期，第32~37、43页。
③ 李文祥、翟宁：《中国儿童社会工作发展的范式冲突与路径选择》，《河北学刊》2019第3期，第157~165页。
④ 李莹、赵媛媛：《儿童早期照顾与教育：当前状况与我国的政策选择》，《人口学刊》2013年第2期，第31~41页。

与干预"①。在城市流动人口家庭化的趋势下，0～3岁流动婴幼儿的早期教育问题值得关注。在早期教育公共服务严重缺乏的情况下，有学者提出构建以社区儿童之家为依托、社会工作机构为主体、专职社会工作者提供家访服务的三位一体的社会工作介入的路径。② 外来务工人员子女早期教育状况受到家庭、社区、同伴群体、其他社会群体等系统的影响，这些系统都直接或者间接与其他系统及外来务工人员子女个人互动，并以复杂的方式影响着外来务工人员子女的早期教育状况。家访社会工作整合和联系了家庭、社区、同伴群体以及其他社会群体等系统，有助于外来务工人员子女早期教育。③ 社会工作学界在服务流动学前儿童方面开展了积极的探索，例如，首都经济贸易大学团队的学龄前流动儿童疫苗接种问题的社会工作介入策略分析④、社会工作介入流动人口婴幼儿的早期教育⑤、推进流动儿童早期教育的社会支持系统研究⑥、以肖家河社区家访项目为例进行社工介入流动婴幼儿早期教育的行动研究⑦、"三社联动"下流动儿童早期发展的行动研究⑧；苏州大学以"金种子"项目为例，针对流动学前儿童成长中所面临的问题，运用专业社会工作理念和技巧，在实践活动中探索促进流动学前儿童健康成长和全面发展的社会工作方法及途径⑨；云南大学团队的社会

---

① 李莹、赵媛媛：《儿童早期照顾与教育：当前状况与我国的政策选择》，《人口学刊》2013年第2期，第31～41页。

② 江丹：《社会工作介入0～3岁流动婴幼儿早期教育的路径》，《社会与公益》2019年第4期，第66～69页。

③ 赖晓清：《家访社会工作在外来务工人员子女早期教育中的运用》，《儿童发展研究》2018年第3期，第51～56页。

④ 侯永娟：《学龄前流动儿童疫苗接种调查与分析——基于对北京某区的个案访谈》，硕士学位论文，首都经济贸易大学，2012。

⑤ 尹婷：《流动人口婴幼儿的社会工作介入研究——以〈城市流动儿童家访示范项目〉为例》，硕士学位论文，首都经济贸易大学，2015。

⑥ 张漪泓：《流动儿童早期教育的社会支持系统研究——以北京某社区为例》，硕士学位论文，首都经济贸易大学，2015。

⑦ 程若曦：《社工介入流动婴幼儿早期教育的行动研究——以肖家河社区家访项目为例》，硕士学位论文，首都经济贸易大学，2016。

⑧ 华霞：《"三社联动"下流动儿童早期发展的行动研究——以北京X社区家访项目为例》，硕士学位论文，首都经济贸易大学，2017。

⑨ 王翔君：《流动学前儿童成长中的社会工作干预——以"金种子"项目为例》，硕士学位论文，苏州大学，2015。

工作介入城市流动家庭婴幼儿亲职教育[①]、社会工作介入城市流动家庭婴幼儿早期人格教育[②]、社会工作改善流动家庭婴幼儿教养方式[③]、社会工作介入流动人口婴幼儿家庭教育中母亲角色失调问题[④]、社会工作介入流动家庭婴幼儿早期交往[⑤]等服务；中国青年政治学院的社会工作介入城市 0~3 岁流动儿童早期发展[⑥]、以北京家访项目为例探索社会工作介入流动和贫困儿童早期发展的本土化实践[⑦]等服务；西华大学的社会工作介入流动儿童家庭早期教育[⑧]等服务。这些由高校社工师生开展的介入服务为流动学前儿童教育照顾提供了实际支持。

　　社会组织在支持流动学前儿童教育照顾方面也发挥着积极作用。神奇亲子园流动儿童早期发展公益项目是广州市法泽社会工作服务中心的品牌项目，是专门为 0~3 岁的流动儿童及其家长提供儿童早期发展和家长课堂服务的社区教育项目，旨在解决流动人口面临的子女早期教育问题，提升教育公平性，消除贫困代际传递，让每个流动儿童都能在早期得到足够的发展，让生命在最初得到高质量的爱。[⑨] 中国社会工作教育协会负责实施了2016 年中央财政支持的"流动、留守和贫困儿童（0~3 岁）早期发展社会工作服务示范项目"。深圳市龙岗区春暖社工服务中心引进"启步计划：0~3 岁儿童早期发展社会工作服务项目"，以社区 0~3 岁贫困和流动儿童及其

① 马东东：《城市流动家庭婴幼儿亲职教育研究——以昆明市 C 社区 0-3 岁婴幼儿家庭为例》，硕士学位论文，云南大学，2015。

② 王俊鹏：《城市流动家庭婴幼儿早期人格教育研究——以昆明 C 社区 X 项目为例》，硕士学位论文，云南大学，2015。

③ 蔡燕翘：《改善流动家庭婴幼儿教养方式的社会工作实践研究——以昆明市 C 社区为例》，硕士学位论文，云南大学，2016。

④ 伍亚萍：《流动人口婴幼儿家庭教育中母亲角色失调的实务研究——以昆明市 C 社区为例》，硕士学位论文，云南大学，2016。

⑤ 田博宁：《流动家庭婴幼儿早期交往的实务研究——以昆明市 C 社区为例》，硕士学位论文，云南大学，2016。

⑥ 郭静辉：《城市 0-3 岁流动儿童家庭本位早期干预的成效研究》，硕士学位论文，中国青年政治学院，2017。

⑦ 张少驰：《模仿抑或创新：社会工作介入流动和贫困儿童早期发展的本土化实践研究——以北京家访项目为例》，硕士学位论文，中国青年政治学院，2017。

⑧ 刘书言：《小组工作介入流动儿童家庭早期教育实务研究——以成都市 S 社区为例》，硕士学位论文，西华大学，2018。

⑨ 《神奇亲子园：流动儿童早期发展项目》，https：//www.faze.org.cn/blog/post/student-early-development。

家庭为主要服务对象，以牙买加课程为依托，根据儿童的周龄及实际的发育和成长情况，确定适宜的课程内容，以家访、亲子活动和社区活动三种形式，对儿童及其家长进行早期发展辅导，培养家长的早教意识和亲子观念，同时帮助弱势家庭建立社区支持网络，实现提升儿童发育水平和成长能力的目标。[①] 资助者圆桌论坛、新公民计划和千禾社区基金会联合发布的《2018 流动儿童教育领域扫描报告》指出，全国有 50 多家流动儿童教育公益组织为 0~6 岁流动学前儿童提供了早期发展支持服务项目。这些公益组织多数是社会工作服务机构，通过政策倡导、办公益幼儿园、送服务到幼儿园以及开办社区活动中心等为流动学前儿童教育和照顾提供支持服务。这些从事流动儿童教育的公益组织代表着民间的行动力量，在构建政府、家庭和社会一体化的流动学前儿童教育照顾综合服务体系中发挥着重要作用。

（四）儿童早期教育照顾政策研究

早期教育照顾是儿童福利的重要组成部分。新的儿童福利理念强调作为社会投资的儿童福利，对儿童的投资是对国家未来和社会未来的投资，儿童福利不再仅仅是家庭的责任，而是对国家未来的投资，因此，国家需要重视对儿童的投资，推动儿童福利事业的进一步发展。[②] 我国长期以来家庭化的养育责任分配等因素使现有相关政策的构成依然以家庭支持为主，对家庭的支持非常有限，尚未出台系统、可操作的支持家庭政策措施去协助家庭照顾学龄前儿童，[③] 现存的儿童福利政策较少关注流动家庭对孩子的生活照顾，家长在照顾婴幼儿的过程中面临沉重的压力。[④] 我国社会已进入以改善民生为重点的社会福利与儿童福利时代，习近平总书记深刻阐述的

---

① 《启步计划：0-3 岁儿童早期发展社会工作服务项目》，http://www.cnsg.org/archives/2018/06/2635.html。

② 姚建平：《国与家的博弈：中国儿童福利制度发展史》，格致出版社、上海人民出版社，2015，第 183~184 页。

③ 徐浙宁：《我国关于儿童早期发展的家庭政策（1980-2008）——从"家庭支持"到"支持家庭"?》，《青年研究》2009 年第 4 期，第 47~59、95 页。

④ 程福财：《最年幼的流动人口：对上海 0-3 流动儿童生存状况的调查》，《当代青年研究》2011 年第 9 期，第 20~25 页。

"中国梦"赋予了儿童福利制度新内涵。[1] 作为特殊的成长主体,儿童成长需要全面、多元化、专业化的支持和服务[2],儿童的早期教育与照顾不可分离。2010 年被称为中国的"儿童福利元年",儿童福利制度有突破性发展。[3] 普惠型儿童福利[4]尤其是弱势儿童福利[5]、发展型儿童社会政策[6]、家庭福利与家庭政策[7]日益受到重视。民政部推动建立适度普惠型儿童福利制度,积极推动儿童福利立法工作,为建立和完善儿童福利制度提供法律政策依据。[8] 儿童福利政策为儿童早期教育照顾提供了政策保障,但我国儿童尤其是弱势儿童的早期教育照顾政策还需要建设和完善。学前教育是儿童福利的重要组成部分,学前教育除了具有教育性外,还具有显著的福利性,它能为幼儿提供必要的照顾与保护。从儿童福利视角看待学前教育,政府应从提供社会公共服务的角度出发承担发展学前教育的责任,更多关注弱势家庭子女平等接受学前教育的机会。[9]

学前儿童尤其是 0~3 岁儿童的照顾主要依靠家庭内部支持来实现,在生育政策调整、女性就业增加等因素影响之下,家庭压力日益加大,家庭抚育与支持功能弱化,应为学前儿童及其家庭提供支持,以提高家庭抚育能力、推动儿童发展并预防相关社会问题的产生。[10] 家庭一般面临学前儿童照顾的压力,流动学前儿童家庭由于经济、社会、文化等方面的原因,更面临沉重的学前儿童照顾压力,急需照顾服务的支持。针对儿童照顾,多

① 刘继同:《中国儿童福利制度构建研究》,《青少年犯罪问题》2013 年第 4 期,第 4~12 页。

② 陆士桢:《发展儿童社会工作》,《广东工业大学学报》(社会科学版)2013 年第 2 期,第 14 页。

③ 尚晓援:《儿童福利发展瓶颈及其突破》,《人民论坛》2011 年第 29 期,第 150~151 页。

④ 成海军:《制度转型与体系嬗变:中国普惠型儿童福利制度的构建》,《新视野》2013 年第 2 期,第 79~82 页。

⑤ 陆士桢、王蕾:《谈我国弱势儿童福利制度的发展》,《广东工业大学学报》(社会科学版)2013 年第 2 期,第 14~20、90 页。

⑥ 杨雄:《我国儿童社会政策建设的几个基本问题》,《当代青年研究》2011 年第 1 期,第 1~6 页。

⑦ 程福财:《家庭、国家与儿童福利供给》,《青年研究》2012 年第 1 期,第 50~56、95 页。

⑧ 陈鲁南:《加快起草〈儿童福利条例〉完善事业顶层设计》,《社会福利》2012 年第 4 期,第 39~40 页。

⑨ 江夏:《儿童福利:学前教育事业发展研究的新视角》,《学前教育研究》2011 年第 5 期,第 15~20 页。

⑩ 孙艳艳:《0—3 岁儿童早期发展家庭政策与公共服务探索》,《社会科学》2015 年第 10 期,第 65~72 页。

数学者都强调建立"混合照顾"体系，首先，要维持和增强家庭（特别是父母）的作用，设立父母假、父亲假来帮助父母亲双方兼顾工作和照顾责任；其次，建立具有普遍性的、标准化的公共照顾服务体系，在为儿童提供早期教育的同时解决父母工作时的儿童照看问题；最后，要合理划分照顾服务体系的成本负担，建立一个以公共投入为主体，中央政府、地方政府和家庭共同分担的投入体系。① 面对家庭育儿功能弱化的现状，应从福利多元视角来探讨政府、社区、社会组织及市场对儿童看护服务的支持，促进儿童看护适度社会化，弥补家庭儿童看护的不足，努力构建适应社会发展需要的儿童看护模式。② 针对中国儿童"照顾危机"，应该重新认识儿童照顾政策对经济社会发展和人民获得感增强的重要作用，建构由国家、市场、社会、家庭共同参与的、普惠的儿童"混合照顾"体系，③ 应建立以政府为主导、以家庭为基础、适当引入市场机制、第三部门积极参与的学龄前儿童保育支持模式，并在儿童保育责任和成本负担上，实现主体的社会化和多元化。④ 家庭、国家和社会责任的厘清与细化是未来我国儿童社会政策的核心问题，国家应该通过社会资源的整合、社会力量的动员，将儿童社会政策从家庭延展到社会，建构一个由国家、市场、社会和家庭共同提供服务的儿童"混合照顾"体系是必然的发展趋势。⑤

儿童福利包括儿童福利政策和儿童服务模式两个部分，儿童福利政策主要是消除宏观环境中的不利因素，儿童服务模式则是通过消除中观和微观环境中的不利因素，促进儿童的发展。⑥ 托育服务是一种儿童照顾的社会服务措施，基于日益强烈的托育需求，应积极发展企业负责的托育服务、

① 张亮：《中国儿童照顾政策研究——基于性别、家庭和国家的视角》，博士学位论文，复旦大学，2014。
② 姜晶书：《福利多元主义视角下的早期儿童看护服务探析》，《社会福利》（理论版）2017年第8期，第4~6页。
③ 岳经纶、范昕：《中国儿童照顾政策体系：回顾、反思与重构》，《中国社会科学》2018年第9期，第92~111页。
④ 李运华、魏毅娜：《老龄社会与我国学龄前儿童保育模式的变革》，《贵州社会科学》2018年第4期，第57~64页。
⑤ 胡敏洁：《学龄前儿童照顾政策中的公私责任分配》，《北京行政学院学报》2019年第2期，第76~82页。
⑥ 亓迪：《促进儿童发展：福利政策与服务模式》，社会科学文献出版社，2018，第15~16页。

社区为本的托育服务、机构式托育服务和居家式托育服务等服务模式。① 处境不利学前儿童教育照顾的政策倡导和制定以及早期教育照顾的服务提供是儿童福利研究的两大核心议题。城市贫困家庭儿童早期照顾与教育面临的服务需求主要有生存发展能力需求、平等的参与和资源享受的需求以及多元市场服务等公共服务需求，应该从制定补偿贫困家庭的教育政策、消除排斥贫困家庭的教育政策、完善贫困家庭"可获得"的公共财政政策和提升学前教育机构教育质量的政策四个方面强化家庭能力建设与弥合教育制度缺失。② 儿童早期发展并不仅仅依赖家庭内部的照顾，也需要社区以及整个社会层面的支持，应建立"政府、社区、家庭"三位一体的儿童早期发展公共服务体系，通过公共服务对儿童早期发展进行支持，优先关注处境不利儿童的早期发展问题，按照补偿原则为儿童提供专门的支持。③

（五）儿童早期教育照顾经验借鉴研究

早期教育的重要性已成为教育政策和儿童福利政策制定者的共识，对处境不利儿童早期教育的政策保障和项目干预是儿童福利的重要方面。处境不利学前儿童有关政策和实践主要包括处境不利家庭税收和就业政策、学前儿童保育经费补助政策、学前儿童保育和教育干预项目等。④ 长期有效的扶贫政策应该是投资教育，尤其是对贫困家庭儿童的投资。投资儿童对将来的经济社会发展至关重要。在人的一生发展中，儿童时期的投资回报率最高，消除儿童贫困是切断贫困代际传递的重要途径，对于长远的减贫战略有着重要意义。诺贝尔经济学奖获得者 Heckman 认为"没有哪一项政策能够像学前教育一样，既由于具有远高于其他阶段教育的投资回报率而受到经济学家的青睐，又由于满足了家庭需求而受到社会的认同"。⑤ 英国学前教育旨在保护儿童免受贫穷、文化不利与其他不良环境产生的长远影响；美国学前教育的目的在于促进儿童认知、社会、身体、情绪发展与良

---

① 亓迪：《促进儿童发展：福利政策与服务模式》，社会科学文献出版社，2018，第227~230页。
② 朱纯洁：《城市贫困家庭早期儿童照顾与教育（ECCE）服务需求及其政策供给研究》，硕士学位论文，江南大学，2015。
③ 孙艳艳：《0—3岁儿童早期发展家庭政策与公共服务探索》，《社会科学》2015年第10期，第65~72页。
④ 柳倩编著《国际处境不利学前儿童政策》，华东师范大学出版社，2012，第61~63页。
⑤ 柳倩编著《国际处境不利学前儿童政策》，华东师范大学出版社，2012，第1页。

好人际关系的培养，以促进儿童的成长；日本学前教育最主要的目的在于培养幼儿的品德、健全身心；加拿大学前教育最主要的目的在于满足儿童健康、教育、情绪及身体方面的需求。①

美国、英国等国家均致力于通过优先扶助处境不利儿童来推动学前教育普及，并逐渐强化政府对学前教育的主导职责，从多方面采取措施"将公共资源给予处境最不利的儿童"②，特别是通过举办政府主导的大型项目推进学前教育发展，如美国"提前开端计划"（Head Start）、英国"确保开端计划"（Sure Start）、印度"儿童综合发展服务项目"等③。其中，美国提前开端计划是由联邦政府制订并推行的一项主要针对处境不利学前儿童及其家庭的国家行动计划，在价值选择、国家立法、财政支付、项目服务、社会参与等多方面都具有普惠性的特点。④ 学前教育政策和项目是国家反贫困战略的重要组成部分，美国通过实施一系列改善贫困学前儿童教育状况的干预项目，帮助贫困儿童在学校和生活中取得成功，打破贫困的代际传递，取得了积极效果。⑤

国外一般把流动学前儿童称为移民儿童或移民家庭学龄前儿童，他们属于处境不利儿童。许多国家立法明确，保障移民/流动儿童享有平等学前教育权利；强化政府扶助移民/流动儿童、推进学前教育公平的主导责任；坚持财政投入公平原则，优先扶助移民/流动儿童；以公办学前教育为主体，确保移民/流动儿童获得高质量的学前教育；建立多种扶助制度，为移民/流动儿童提供免费、减费和有资助的学前教育；依托国家专项行动计划，优先发展移民/流动儿童学前教育。⑥ 例如，美国加州"流动学生教育计划"典型项目中的学前儿童保育项目是为 2~5 岁的流动儿童设立的儿童

① 魏惠贞：《各国幼儿教育》，台北：心理出版社股份有限公司，2008，第12页。
② 庞丽娟、孙美红、张芬、夏靖：《世界主要国家学前教育普及行动计划及其特点》，《教育发展研究》2012年第20期，第1~5页。
③ 齐晓恬：《推动普及，政府主导，实施项目——美、英、印学前教育发展动向分析》，《外国教育研究》2013年第2期，第71~79页。
④ 周艳玲、朱承运：《美国开端计划的普惠性特点及启示作用》，《现代中小学教育》2015年第11期，第122~125页。
⑤ ［美］苏珊·纽曼：《学前教育改革与国家反贫困战略——美国的经验》，李敏谊、霍力岩主译，教育科学出版社，2011，第1页。
⑥ 陆建非主编《中国都市外来务工人员子女学前教育发展研究报告》，上海教育出版社，2016，第88~93页。

保育中心及学前教育项目，以促进儿童在学习、心理、社会与体能方面的发展，避免家长因工作时间较长而忽视对孩子的关心与照看，有助于减轻流动家庭的负担。[①]

儿童照顾由传统的家庭照顾转向了多种政策工具为儿童照顾提供支持，建立由家庭、国家、市场等提供服务的"混合照顾"体系是儿童照顾政策实践所取得的经验，对处境不利儿童及其家庭提供照顾支持是儿童照顾政策的核心目标。20世纪70年代以来，儿童照顾（特别是对学龄前儿童的照顾）在西方社会由个体家庭责任演变为普遍的社会需求，被置于国家、市场和家庭关系的政治话语中。面对新的儿童照顾安排需求，欧美国家发展出亲职假、公共儿童照顾服务和经济支持三种途径来重新分配儿童照顾的任务、成本和责任。[②] 例如，瑞典儿童照顾政策的内容主要包括父母保险制度、津贴制度和托育制度。[③] 美国联邦政府儿童福利支出项目主要包括现金支出项目、服务支出项目和税收优惠项目，对美国早期保育与教育发展起到了积极作用，增加了早期保育与教育发展所需的财政经费，保障了早期保育与教育的公平性。[④] 英国是世界上最早建立社会福利制度的国家，其儿童福利政策强调对处境不利的儿童和家庭提供支持和补偿服务，从1601年的《济贫法案》对失依儿童的保护、1918年的《产妇与儿童福利法案》提出设立托儿所、1989年的《儿童法案》对儿童照顾养育及保护的规定，到1998年的"确保开端计划"整合公私部门，使幼儿照顾往下扎根，鼓励亲师合作，提供弱势家庭之照顾。英国儿童福利的特色之一是对处于弱势家庭及困境中的儿童，除提供必要的福利措施外，还联结社会工作及相关专业服务，使儿童权益获得保障。英国反对儿童在家庭以外地方成长的政策取向，英国已将儿童最佳利益整合进家庭政策及儿童福利法规并形成制

---

① 杨妮、赵怡然：《美国加州"流动学生教育计划"典型项目研究》，《外国教育研究》2012年第12期，第10~15页。

② 张亮：《欧美儿童照顾社会政策的发展及借鉴》，《当代青年研究》2014年第5期，第85~92页。

③ 黄业佳：《完善我国儿童照顾政策的现实路径——从美国、瑞典儿童照顾政策中的启示》，《社会福利》（理论版）2018年第5期，第26~31页。

④ 江夏：《美国联邦儿童福利支出对早期保育与教育发展的积极影响及其启示》，《外国教育研究》2013年第7期，第26~34页。

度。① 英国"确保开端计划"关注儿童的早期教育照顾和家庭支持服务，尤其是为处境不利的儿童和家庭提供支持，真正实现了幼有所育。总之，金钱（儿童津贴制度）、时间（亲职假）及服务（托育体系）构成儿童照顾政策的三大轴心内涵。② 家庭补贴制度作为一种儿童保护政策，是西方国家儿童福利的重要组成部分。③ 英美儿童福利理论、政策和服务中关于儿童早期教育照顾和儿童福利服务整合等的内容对中国儿童福利政策的完善有重要借鉴意义。④

早期保教服务对处境不利儿童的作用更大，因为其家庭往往难以提供适宜的学习与发展机会，早期保教可以为这些儿童提供适切的服务，如果公共早期保教服务不足，来自弱势家庭的儿童由于父母收入较低，接受早期保教服务的机会很有限。⑤ 东南亚地区儿童早期照顾与教育经验是建立"混合照顾与教育"体系，平衡国家和家庭的责任，维持和增强家庭的抚育作用，构建普惠型公共儿童托育体系，合理分配照顾与教育的成本以及促进早期服务社会化，积极促进儿童健康成长。⑥ 联合国儿童基金会支持家庭早期教养的政策由"家庭支持"转向"支持家庭"，权利取向的政策强调通过增加家庭经济资本、社会资本和文化资本来优化家庭资源配置、建设支持性家庭环境，以实现儿童良好发展。⑦

我国港台地区的研究为流动学前儿童教育照顾政策和服务提供了细致的指引。香港地区积极创造教育公平起点，在早期教育照顾方面，强调以家为本，支援弱势家庭，在学校提供驻校社工服务，支援在弱势家庭生活

---

① 郭静晃：《儿童福利概论》，新北：扬智文化事业股份有限公司，2013，第107~110页。
② 王舒芸：《门里门外谁照顾、平价普及路迢迢——台湾婴儿照顾政策之体制内涵分析》，《台湾社会研究季刊》2014年第9期，第49~93页。
③ 丁建定、李薇：《西方国家家庭补贴制度的发展与改革》，《苏州大学学报》（哲学社会科学版）2013年第1期，第36~41页。
④ ［美］Hazel Fredericksen、R. A. Mulligan：《英美儿童福利理论、政策和服务的历史演变与制度特征》，刘继同译，《社会福利》（理论版）2013年第5期，第2~14页。
⑤ 张静：《经合组织〈教育概览2018〉早期保教指标解读》，《世界教育信息》2019年第6期，第8~11页。
⑥ 贾丙新：《国家、家庭与儿童发展——东南亚地区早期儿童照顾与教育政策供给体系研究》，硕士学位论文，江南大学，2017。
⑦ 陈丹风：《联合国儿童基金会支持家庭早期教养的政策研究》，硕士学位论文，上海师范大学，2017。

的幼儿。在支援弱势家庭的政策与服务中，增加托儿服务。[①] 尤其是正视贫困儿童问题，制订消除贫穷对儿童负面影响的方案，不让他们输在起跑线上，避免因恶性循环而形成跨代贫穷。针对贫困儿童的处境和需要，加配资源，制定适合需要的可行措施，并集结各方专业的力量，由社工或辅导员主动接触贫困儿童及其家庭，为改善个别儿童的成长环境及条件订立全面培养计划，包括满足学习、医疗、营养、社交方面的成长需要，确保他们能享有足够及平等的学习及发展机会，避免贫穷延续和跨代贫穷的出现，为他们的生活与成长提供成功机会。[②] 一些儿童和家庭服务机构的家庭力量综合支援计划，强调以儿童为重、家庭为本及社区为基础，以儿童身心发展为主线，为儿童及其家长提供支持服务，[③] 或者开展幼儿园社会工作服务，旨在对幼儿及其家长提供辅导服务。社工为儿童及其家长提供个案辅导服务和转介服务，跟进服务对象的身心需要及成长问题；社工通过小组活动，为儿童及其家长提供家长教育、情绪管理教育、自信心发展、专注力发展、正面性格和道德培育、社交发展等小组以及讲座活动。[④]

台湾地区根据学前儿童成长发展的特点和需要提供教育照顾等福利服务，并颁布实施综合性儿童福利法，以保障为幼儿提供教育和照顾整合的服务，尤其重视对困境儿童家庭的福利支持。学者郭静晃结合学前儿童不同年龄层次以及不同层面的发展，运用儿童发展知识，为儿童早期教育照顾服务提供了详细的指引。儿童因未发展成为成熟的个体，其在社会、认知、情绪及生理等方面的行为及功能发展深受个体及其环境等多重因素的影响，在其成长的过程中，有教育、照顾、保护等福利需求。[⑤] 婴儿期（0~2 岁）是人生发展最快及最重要的阶段，营养卫生保健、疾病预防及给予关爱和信任、适当的教育是必需且重要的，此时期的儿童福利服务有：提供亲职教育；提供量足质优的托婴所及家庭保姆照顾；宣传安全教育；倡导儿童生存、保护及发展的权利，禁止儿童被贩卖；提倡家庭生活教育；

---

① 孔美琪：《优教幼教 乐伴幼儿》，香港：万里机构·万里书店，2015，第 144~146 页。
② 孔美琪：《优教幼教 乐伴幼儿》，香港：万里机构·万里书店，2015，第 151 页。
③ 《香港小童群益会成长发展中心活动通讯》，2005 年 11 月至 2006 年 2 月，第 9 页。
④ 《幼稚园学校社会工作服务汇编（一）》，香港：大埔浸信会社会服务中心，2005，第 6~7 页。
⑤ 郭静晃：《儿童少年社会工作》，新北：扬智文化事业股份有限公司，2004，第 2 页。

等等。在学步期/婴幼儿期（2~4岁），幼儿总是活动不停、好问问题、幻想，预防意外发生、营养卫生保健、亲情与教育服务的提供是必需的，此时期的儿童福利服务主要有：倡导儿童不能单独在家；制订各种补助方案，支持不利地位及高危险家庭的儿童照顾；儿童保护措施的宣传与落实；规划量足质优的托育机构；早期疗育服务；等等。在幼儿期（4~6岁），幼儿已受到复杂的社会影响，家庭、托育机构、同伴群体、邻里环境及电视等对幼儿的自我概念形成产生具体的影响，安全、营养、卫生及生活自理能力的培养是相当重要的，此时期的儿童福利服务除延续上阶段的服务外，还需有：健全儿童托育政策，使儿童能获得优质的照顾；净化媒体，取消污染儿童心灵的节目；提供儿童及其家庭咨询辅导服务；给予需要的家庭生活扶助或医疗及托育补助；提供适当的休闲、娱乐及文化活动；拓展家庭之外的社区支持系统，以优化儿童成长环境。① 儿童教育和照顾是整体性和连续性的服务，包含儿童安全、托育照顾、教育与休闲以及医疗与保健等。应顺应幼儿教育和照顾整合服务的新趋势，保障幼儿接受适当教育及照顾的权利，确立幼儿教育及照顾方针，健全幼儿教育及照顾体系，以促进其身心健康发展。幼儿教育和照顾机构类型一般有公立幼儿园、私立幼儿园、非营利幼儿园和社区互助式幼儿园等，针对困境学前儿童，应积极发展非营利幼儿园和社区互助式幼儿园。②

社会工作者应该为与幼儿教育和照顾相关的实践、政策和研究做出贡献。③ 儿童的需要、利益和权利是儿童福利服务的核心议题。④ 美国、英国实施国家专项行动计划，优先支持处境不利学前儿童及其家庭。美国的"提前开端计划"旨在打破贫困的代际循环，使更多处境不利儿童能够得到高质量的早期教育照顾服务，以拥有人生良好的开端。⑤ 英国的"确保开端

① 郭静晃：《儿童少年社会工作》，新北：扬智文化事业股份有限公司，2004，第44~45页。
② 吴金香等：《幼儿教保概论：教保关键概念与实例分析》（第二版），台北：心理出版社股份有限公司，2013，第17~19页。
③ J. M. Kahn, "Early Childhood Education and Care as a Social Work Issue," *Child and Adolescent Social Work Journal* 31 (2014): 419-433.
④ 〔英〕奈杰尔·托马斯：《儿童青少年社会工作：照管社会工作理论与实践》，田国秀、李少春、蔡鑫、韩丽丽译，中国人民大学出版社，2010，第4~6页。
⑤ 霍力岩等：《美、英、日、印四国学前教育体制的比较研究》（上、下册），北京师范大学出版社，2013，第173页。

计划"通过提供包括保育、学前教育、健康服务和家庭支持在内的一系列服务，促进儿童的全面发展，[1] 并将服务对象首先定位于贫困地区儿童和处境不利儿童，通过提供全面、整合式优质教育照顾服务促进儿童和家庭的共同发展，提高生活质量。[2] 美英两国的开端计划为消除贫穷和不利环境对幼儿的负面影响，集结了医生、营养师、社工、辅导咨商员、教师甚至律师与家长一起参与，希望每一个儿童在成长起始阶段就能得到充分发展，是全面的培育计划。[3] 很多学校与社会工作者一起合作，帮助儿童和家庭，满足其需要。[4] 社会工作者在幼儿教育和照顾环境中发挥着重要作用，他们需要具备必要的知识和技能才能做出贡献，社会工作教育应该更好地为不断扩大的 ECEC 实践领域和更广泛的社会工作实践做好准备，[5] 社工要与合作者（早教专家、早教老师等）"建立和维持一种相互尊重、信任、知心、配合与协助的关系，与合作者分享资源，共同保证为儿童早期阶段的看护和教育提供最好的服务"[6]。

重视幼托整合，强调早期教育和照顾的整合，优先支持弱势儿童的教育和照顾服务，是国际儿童福利服务发展的趋势。儿童早期教育与照顾是综合性服务的新兴概念，强调幼儿教育与照顾能在最基本的理念上达成一致。[7] 根据学前儿童的特点和需要，为其提供照顾服务是最基本的要求，但学前儿童需要的不仅仅是照顾，早期教育不可缺少，教育和照顾密不可分。幼儿园是教育制度下负责提供幼儿教育服务的指定机构，以教育机会平等为制度设计的基本原则，包括公共资源的公平分配、对弱势幼儿提供教育补救服务等；托儿所是福利制度下负责提供托育服务的机构，主要任务是

---

① 霍力岩等：《美、英、日、印四国学前教育体制的比较研究》（上、下册），北京师范大学出版社，2013，第214页。

② 霍力岩等：《美、英、日、印四国学前教育体制的比较研究》（上、下册），北京师范大学出版社，2013，第218页。

③ 孔美琪：《优教幼教 乐伴幼儿》，香港：万里机构·万里书店，2015，第150页。

④ ［美］George S. Morrison：《当今美国儿童早期教育》（第八版），王全志、孟祥芝等译，北京大学出版社，2004，第54~55页。

⑤ J. P. Greenberg et al., "Early Childhood Education and Care Content for the Social Work Curriculum," *Journal of Teaching in Social Work* 33 (2013): 308-324.

⑥ ［美］Stephanie Feeney、Nancy K. Freeman：《幼儿教保人员专业伦理》，张福松、杨静、陈福美译，台北：五南图书出版股份有限公司，2007，第11页。

⑦ 吴金香等：《幼儿教保概论：教保关键概念与实例分析》（第二版），台北：心理出版社股份有限公司，2013，二版序ⅲ。

照顾儿童，其社会功能是协助家庭与社会解决育儿问题。[①] 因此，在很长的历史时期内，很多国家和地区都是采用二分法，幼儿园负责教育，托儿所负责照顾，在招收儿童的年龄上也有差别。随着儿童早期教育和照顾服务整合理念和政策的倡导以及经合组织的实证调查和研究分享，很多国家和地区都在积极探索儿童早期教育和照顾的整合，实现幼托整合，建立一体化的早期教育和照顾体系。经合组织发布"强壮开端"系列研究报告，呈现和总结各成员国儿童早期教育和照顾的经验及趋势。经合组织成员国积极为处境不利儿童提供早期教育照顾支持，经合组织强调的早期教育照顾整合服务已成为世界各国和地区儿童服务的指南。

二 流动学前儿童教育照顾研究述评与展望

梳理分析流动学前儿童教育照顾相关研究成果，总结以往研究的经验和不足，有助于明确该领域研究的方向。

（一）研究述评

学界对流动学前儿童的生存发展状况、教育照顾问题和儿童（尤其是弱势儿童）福利政策进行了有意义的探索。关于儿童早期教育照顾政策和服务的借鉴性研究重视对儿童尤其是困境儿童及其家庭的支持，对流动学前儿童的教育照顾研究有重要启示意义。流动学前儿童教育照顾研究不足主要表现在以下方面：学界对义务教育阶段的流动儿童关注较多，对学前阶段的流动儿童关注较少；学界主要从教育学视角研究流动学前儿童教育问题，社会学和社会工作视角的研究有待深化；研究方法侧重于文献分析和问卷调查，用深度访谈、参与观察等方法开展的研究较少，更缺少实践研究；儿童早期教育和照顾呈现出整合服务的新趋势，流动学前儿童教育和照顾研究依然呈现分裂状态，有关流动学前儿童教育的研究较多，而有关其照顾的研究相对较少，更缺少有关教育和照顾服务整合的研究。以往研究主要集中在流动学前儿童生存状况调查、学前教育问题等方面，经验借鉴研究不系统，对流动学前儿童教育照顾综合服务体系构建以及针对流

---

① 许雅惠、李鸿章、曾火城、许文宗、郑琼月、谢义勇：《幼儿社会学》，台北：五南图书出版股份有限公司，2006，第312~313页。

动学前儿童教育照顾的福利政策涉及较少，有关从事流动学前儿童服务的社会公益组织的服务探索以及经验总结和反思的研究较少，专业社会工作介入流动学前儿童教育照顾服务的理论和实务需要深入探讨。总之，已有研究存在理论视角和学科视角单一、研究方法单调、经验借鉴研究不系统、早期教育和照顾研究割裂、以服务提供为基础的实践研究缺乏等不足，凸显了进一步研究的探索空间。

（二）研究展望

人只有一个童年，它不能等待或重演，让流动学前儿童得到适当的早期教育照顾，顺利走过生命中最可贵的成长期，享有幸福童年，是当今社会的急切需求，是新时代"幼有所育"的美好期盼。针对以往研究的不足，应在以下三个方面加强研究。

第一，扩大研究视野，系统研究和借鉴处境不利学前儿童教育照顾的国际经验。儿童福利政策的完善和儿童服务的开展需要理念先行，宣传流动学前儿童早期教育照顾的重要性十分必要。根据国际及我国港台地区的经验，基于社会投资理论对儿童投资的重视，人力资本的积累在个体生命的前几年尤其重要，应尽早实施促进儿童人力资本积累的战略。[1] 流动学前儿童是我国的弱势群体，促进其教育照顾政策的制定以及服务体系的构建，提高教育照顾质量，有助于他们的健康社会化和教育需求的满足，消除代际贫困。满足流动学前儿童早期教育照顾需求，解决其早期教育照顾不平等问题，需要构建流动学前儿童教育照顾综合服务体系，加强社会工作专业服务，开展流动学前儿童发展服务项目，制定和完善流动学前儿童早期教育照顾政策，实施困境儿童早期教育照顾专项行动计划。因此，需要厘清儿童早期教育照顾综合性服务概念，借鉴儿童早期教育照顾的国际经验，了解儿童早期教育照顾服务现状及趋势。儿童早期教育和照顾服务有机整合是儿童福利发展的趋势，经合组织和联合国教科文组织强调幼儿教育和照顾整合的新概念。儿童所需的教育与照顾无法分割，儿童教育照顾服务整合，是实践以儿童为中心和以儿童最佳福祉为优先考虑的政策的有效策

---

[1] 李莹、赵媛媛：《儿童早期照顾与教育：当前状况与我国的政策选择》，《人口学刊》2013年第2期，第31~41页。

略。应顺应儿童早期教育和照顾整合的国际趋势，实现儿童教育和福利系统的资源整合，为儿童获得教育和福利权益提供保障。

第二，创新研究视角，深化理论支持，丰富研究方法，开展实践研究。流动学前儿童的教育和照顾不可分离，其成长需要全面、多元化、专业化的支持和服务。深化儿童早期教育照顾研究的理论支持，将行为理论、心理动力论、认知理论、生态环境理论、游戏理论、社会支持网络理论等引入流动学前儿童服务领域，综合社会学、社会工作、教育学、心理学等多个学科知识来研究流动学前儿童的教育照顾问题，探索流动学前儿童教育照顾综合服务体系的构建，可以为解决流动学前儿童问题提供新的思路。例如，流动学前儿童教育照顾需求非常迫切，但教育照顾服务等社会支持缺乏，拓宽社会支持网络理论的实践应用范围，运用此理论研究流动学前儿童教育照顾问题，不仅必要而且可行。引入社会支持网络理论拓展流动学前儿童教育照顾服务，为流动学前儿童提供社会工作专业支持，可以丰富流动学前儿童研究。对社会工作介入开展实践研究，可以为解决流动学前儿童教育照顾问题提供新的理念和方法。从社会工作视角研究流动学前儿童教育照顾问题，不仅要厘清其教育照顾困境、问题产生的原因，更要寻找解决问题的策略和方法。

儿童发展与保育常用的五种研究方法有观察法、访谈法、实验法、调查与测验法、个案研究法。① 综合运用多种社会学研究方法，将定性研究与定量研究相结合，可以更深入地呈现当前流动学前儿童教育照顾服务的不足和原因。在运用文献法、问卷调查法、访谈法和实地观察法等方法收集资料的基础上开展实践研究。通过开展社会工作介入的实践研究，寻找策略和方法。根据社会支持网络理论，构建一个由流动学前儿童教育照顾需求导向带动、结合社会工作专业手法的早期教育照顾服务模式，即构建家庭—社区—正规机构三者协同开展教育照顾的综合服务模式。加强社会工作专业支持，大力发展儿童社会工作和家庭社会工作，构建社会工作服务网络，为流动学前儿童提供能够反映其生存状态与真实需求的教育照顾型的社会工作服务。

第三，拓展研究内容，深化困境儿童教育照顾政策和服务供给研究。

① 郭静晃：《儿童少年社会工作》，新北：扬智文化事业股份有限公司，2004，第42页。

要解决流动学前儿童教育照顾方面的不平等问题，需要完善儿童福利政策内容与配套措施，尤其在儿童福利政策实施和操作层面有待明确。我国已有相关政策为制定普惠性儿童教育照顾政策，尤其是为支持弱势儿童教育照顾服务指明了方向。在构建流动学前儿童教育照顾服务供给体系方面，社会组织尤其是社会工作服务机构是一支重要的行动力量，可以提供专业服务支持，要积极扶持社会组织发展。政策倡导与服务提供密不可分，这些主要内容都需要深入研究。具体而言，通过实证调查，了解流动学前儿童教育照顾的现状及存在的问题，对儿童早期教育照顾服务状况进行全面考察和评估，重点从家庭教育照顾、社区教育照顾以及托育机构、幼儿园、社会服务机构等机构照顾方面，呈现儿童早期教育照顾的现状，揭示服务质量与获得的不平等问题；分析流动学前儿童教育照顾问题产生的原因，围绕这些原因展开深入分析，提出可行的对策，开展有针对性的社会工作服务；思考如何构建流动学前儿童教育照顾综合服务体系。

第二章　儿童早期教育照顾服务的
经验及启示

本章主要介绍英美等典型国家儿童早期教育照顾的经验，我国香港地区幼儿园社会工作和台湾地区社区托育服务等案例，我国托育服务的发展历程，以及我国内地社会组织开展学前儿童教育照顾服务的典型案例，如北京四环游戏小组、广州市法泽社会工作服务中心的流动儿童早期发展项目，借鉴经验，为本书的对策建议提供经验支撑。

第一节　英美等典型国家儿童早期教育照顾的
经验及启示

儿童有生活保障的需求、健康维护的需求、保护照顾的需求、教育辅导的需求和休闲娱乐的需求。[①] 针对儿童的需求，儿童福利服务系统有不同的服务，支持性服务，增进及强化家庭满足儿童需求的能力（包括社区心理卫生服务、家庭服务等）；补充性服务，弥补家庭照顾的不足，如托育服务；替代性服务，根据儿童个人需求，部分或全部替代家庭照顾，如机构安置、寄养服务等。[②] 英美等发达国家儿童福利服务及儿童早期教育照顾的主要经验值得借鉴。

一　美国儿童早期教育照顾经验

美国儿童福利服务的特点有以下几个方面。强调家庭自主功能，以家庭为政策取向；美国实施中央地方分权，权责分明，各司其职；历任总

---

① 郭静晃：《儿童福利概论》，新北：扬智文化事业股份有限公司，2013，第19页。
② 郭静晃：《儿童福利概论》，新北：扬智文化事业股份有限公司，2013，第20页。

统针对儿童法案，每隔十年召开儿童福利法案会议，全力支持相关福利法案实施；结合营养、卫生、教育、司法等方面的措施，提供多元福利服务，以满足各类儿童及其家庭的需要；强调父亲对儿童应尽照顾的责任，以减少对社会及国家的依赖；要求家庭是安全和稳定的，尽量为儿童安排永久安置的家庭，如亲属收养或家庭重建；通过立法保证孩子生活于永不落后的生活情境中（Leave No Child Behind，LNCB），即生活于安全、健康、避免贫穷以及具有道德感的情境中；通过社会工作专业输送儿童福利服务；结合社区资源，为儿童、少年及其家庭提供专业的服务。①

　　儿童是我们的未来，也是我们最重要的资产。② 贫困儿童容易受到许多生活压力源的影响，包括各种健康方面的问题、缺乏医疗保险、较少的教育机会、住宅环境不良等。成长于贫困之中的儿童不是必然要面对失败的命运，有些儿童虽然成长于恶劣的环境中，但是长大之后却成为快乐的、成功的、对社会有贡献的人。这些儿童能够成功可能是因为他们的韧性特别强，但是更多是因为他们幸运地得到了父母、师长或是社区中其他长辈的鼓励。③ 美国 20 世纪 60 年代"向贫穷宣战"的运动，见证了"启蒙教育方案"的发展。"启蒙教育方案"努力确保在经济上处于弱势地位的学前儿童都能接受到医疗照护、营养方面的服务以及教育方面的协助。④ 美国科罗拉多州曙光公立学校位于一个以贫困家庭为主的学区内，该学校的"远景巅峰 P-20 校园"计划为儿童提供了高品质的早期教育以及照顾服务，这两者都是儿童进入小学的重要基础。⑤

　　早期教育受到美国政府的高度重视。美国在 20 世纪 30 年代就提出 0~6 岁儿童整体教育计划。1965 年开始实施"提前开端计划"，主要关注

---

① 郭静晃：《儿童福利概论》，新北：扬智文化事业股份有限公司，2013，第 104 页。

② ［美］Cynthia Crosson-Tower：《儿童福利：从实务观点出发》，苏秀枝、黄玮莹、苏文贤译，台北：学富文化事业有限公司，2014，第 1~2 页。

③ ［美］Cynthia Crosson-Tower：《儿童福利：从实务观点出发》，苏秀枝、黄玮莹、苏文贤译，台北：学富文化事业有限公司，2014，第 108 页。

④ ［美］Cynthia Crosson-Tower：《儿童福利：从实务观点出发》，苏秀枝、黄玮莹、苏文贤译，台北：学富文化事业有限公司，2014，第 13~14 页。

⑤ ［美］Cynthia Crosson-Tower：《儿童福利：从实务观点出发》，苏秀枝、黄玮莹、苏文贤译，台北：学富文化事业有限公司，2014，第 163~164 页。

贫困家庭 3~4 岁儿童的教育、医疗与身体健康发展，为儿童及其家庭提供保健服务，旨在通过关注儿童的早期发展来增加弱势群体受教育的机会，以消除贫困，缩小贫困家庭儿童与中产阶级儿童的差距。20 世纪 90 年代，又有两项计划先后得以实施，一是早期优先计划，由政府资助低收入家庭婴幼儿和孕妇。二是"头脑启动计划"，强调从婴儿诞生的第一天起就要进行教育。自 2008 年以来，有一项教育政策是投资 100 亿美元发展 0~5 岁儿童的早期教育。这个早期教育政策，为全美儿童提供普遍的早期教育，支持构建更高标准的早期教育质量评价体系和幼儿教师培训和专业发展等。[①]

美国政府不断加强干预，学前教育得到长足发展，其学前教育体制的主要特点与基本经验有以下几点。立法明确学前教育的功能与定位；多渠道办学，学前教育管理规范；地方分权管理学前教育事务，联邦政府对学前教育的关注日增；立法保障学前教育财政投入，投入力度不断加大；幼儿园教师地位提升，认证逐渐规范；制定教育标准，提升教育质量；关注弱势群体，追求教育公平。[②] 其中，为促进教育公平，美国公助学前教育首先考虑的是处境不利儿童。美国实施了许多专门针对处境不利儿童的教育计划，在儿童发展的早期就为其提供高质量的学前教育服务，进行教育补偿。著名的"提前开端计划"就是针对处境不利儿童的联邦学前教育项目，帮助低收入家庭儿童及早接受幼儿教育，使贫穷或弱势家庭的幼儿也能有接受教育的机会，希望让这些孩子提早受到良好的照顾，旨在打破贫困的代际循环，使更多处境不利儿童能够得到高质量的学前教育服务，以拥有良好的人生开端。[③] 计划实施以来取得相当大的成效，其成功的主要原因在于不管补偿教育方案采取何种方式，都有共同的目标及努力方向："所有方案都强调早期教育的重要性，补偿教育愈早实施效果愈佳；所有的方案都是针对弱势族群或文化不利地区之儿童；多数方案都重视语言学习、阅读

① 张敏：《美国发展 0-3 岁早期教育的经验及启示》，《宁波大学学报》（教育科学版）2012 年第 4 期，第 54~59 页。
② 霍力岩等：《美、英、日、印四国学前教育体制的比较研究》（上、下册），北京师范大学出版社，2013，第 163~175 页。
③ 霍力岩等：《美、英、日、印四国学前教育体制的比较研究》（上、下册），北京师范大学出版社，2013，第 173 页。

技巧、数学学习、自我观念和学习态度的培养。此计划的施行，带有教育机会均等的意义，逐步实现不管来自任何阶层的儿童都有接受同等教育的机会。"① 美国考虑移民者经济不佳，无法为第二代提供良好教育及营养条件，势必影响美国三十年后的国民素质与国力，因此结合教育、社会工作、卫生营养等领域专家，实施"提前开端计划"。该计划为低收入家庭提供教育津贴补助，保障学龄前幼儿的受教权。

美国明确了学前教育的价值与功能，学前教育的目的是帮助所有儿童做好入学准备；学前教育对于幼儿个体发展的价值是促进儿童的社会性发展和认知发展，从而使其做好入学准备；学前教育对于教育事业发展的价值是提高教育质量；学前教育对于经济发展的价值是提高国内生产总值和劳动力的劳动技能，提升国际竞争力；学前教育对于社会公平、减贫的价值是保证教育起点公平，保障所有儿童都能接受学前教育，减少贫困代际传递。美国学前教育机构/托育机构主要有公立机构（幼儿园、托儿所）、私人举办机构（日托中心、部分时段的保育学校和学前班、居家保育机构、安亲班）、第三部门举办机构（"提前开端计划"）。其中，"提前开端计划"为低收入家庭儿童提供健康、教育、营养等基于家庭需要的服务，促进儿童的社会性发展和认知发展，从而使其做好入学准备。② 各类型的机构也在相互学习和借鉴，不断改革和融合。

美国所提供的儿童照顾支持政策主要是针对有需要的家庭，国家通过税制（针对中、高收入水平家庭）或是社会救助体系（针对低收入水平家庭）提供给有需要的家庭低水平的经济支持。由于政府实行选择性的给付政策，生育给付、亲职假以及托育服务的提供等则被视为雇主的责任，国家仅提供最低水平的给付。③ 美国的托育局拨款补助各州的低收入水平家庭，进行托育服务的研发及支援，以减轻家庭育儿负担，提高托育品质。④ 启蒙局针对低收入户 3~5 岁儿童提供教育、营养和健康以及情绪发展等

---

① 霍力岩等：《美、英、日、印四国学前教育体制的比较研究》（上、下册），北京师范大学出版社，2013，第 139~140 页。
② 霍力岩等：《美、英、日、印四国学前教育体制的比较研究》（上、下册），北京师范大学出版社，2013，第 181~184 页。
③ 郭静晃：《儿童福利概论》，新北：扬智文化事业股份有限公司，2013，第 167 页。
④ 郭静晃：《儿童福利概论》，新北：扬智文化事业股份有限公司，2013，第 101 页。

服务。①

美国"全国幼稚教育协会"的成员以促进 0～8 岁儿童的成长与发展为己任。"儿童阶段是人的一生中一段独特的、关键的时期。我们的首要责任就是让每个孩子都能在安全、健康、促进其成长的状态下受到负责的照顾和教育。我们承诺要为孩子们的发展和学习提供支援,尊重个体差异,帮助孩子们学会在生活、玩耍和做事的时候与他人和谐相处。我们同时承诺,要提升或改善孩子们的自我认识、才能、自尊心、适应性和身体状态。"②这是协会伦理操守准则的第一部分"对儿童的伦理责任"的内容,意在提醒所有儿童早期阶段教育工作者,他们的工作首先是对儿童负责。"相对于被看护的儿童来说,幼儿教育工作者处于完全强势的地位,幼儿教师和看护者控制着儿童每天生活中的各个方面,除了学习,还有饮食、睡眠和卫生保健等。儿童对成人的依赖、儿童自身的弱小和没有防御能力都表明,幼儿教育工作者的伦理操守准则十分重要"。③

二 英国儿童早期教育照顾经验

英国儿童福利服务的特色有以下几点。关于社会福利职责,中央政府与地方政府分工明确,地方政府负责儿童福利输送;1989 年通过儿童法案,并确保逐一落实;处于弱势家庭及困境的儿童,除为其提供必要的福利外,还为其联结社会工作及相关专业服务,使儿童权益获得保障;除政府提供法定服务外,志愿组织亦积极参与提供儿童福利服务,公私部门及第三部门联合拓展儿童福利服务,并建构资源体系,也落实福利多元主义(welfare pluralism)的主张;将儿童照顾延伸至少年,地方政府负有监督儿童少年被妥善照顾之责,尤其在健康、教育、情绪与社会发展以及认定(性别与族群)等层面。④

英国学前教育体制的主要特点和基本经验包括以下几个方面。巩固

---

① 郭静晃:《儿童福利概论》,新北:扬智文化事业股份有限公司,2013,第 102 页。
② 〔美〕Stephanie Feeney、Nancy K. Freeman:《幼儿教保人员专业伦理》,张福松、杨静、陈福美译,台北:五南图书出版股份有限公司,2007,第 55 页。
③ 〔美〕Stephanie Feeney、Nancy K. Freeman:《幼儿教保人员专业伦理》,张福松、杨静、陈福美译,台北:五南图书出版股份有限公司,2007,第 55 页。
④ 郭静晃:《儿童福利概论》,新北:扬智文化事业股份有限公司,2013,第 110 页。

学前教育的重要地位，凸显多重功能，突出学前教育的基础性、公共性和整合性，明确学前教育对儿童、家长和社会的意义；学前教育机构举办主体多样，共同追求可持续发展，建立统一的质量框架，确保托幼机构的质量，关注私立机构的可持续发展，政府资助途径多样化；建立多种管理机制全面提升学前教育质量，强化中央和地方政府的职能，在合作中促进学前教育的健康发展，加强第三方督导，全面提升学前教育质量，相关部门通力合作，共同促进学前儿童的良好发展，完善相关立法，明确各部门职责范围以保障其协调合作；学前教育财政投入总量增加，兼顾教育公平，单列学前教育拨款并将其纳入财政预算，为学前教育发展提供稳定经费来源，建立多元化的财政投入渠道，为学前教育经费的持续增加提供动力支持，完善学前教育经费监管制度，确保学前教育的健康发展，学前教育经费投入向弱势群体倾斜，努力促进学前教育公平的实现；扶持学前教育工作者专业发展，提升整体素质，制定从业资格国家标准，确保儿童早期教育工作者质量，明确学前教育工作者发展战略，努力建设一支高学历领导者团队，设立专项拨款，为学前教育工作者培训和专业发展提供财政支持。[①]

其中，英国建立统一的质量框架，确保托幼机构的质量。英国早期实行保教分离，在很长一段时间内，儿童保育和早期教育在不同类型的保教机构有不同的侧重点。随着政府保教一体化举措的进一步落实，特别是《儿童早期基础阶段》的出台，从 2008 年 9 月起，英格兰所有注册的托幼机构，不管其类型、规模和经费来源，都要遵守新的质量框架，全面整合保育和教育，以一种更加全面的方式来支持儿童的发展。《儿童早期基础阶段》取代了先前的《8 岁以下儿童日托和居家保姆全国标准》《基本阶段课程指导》等多个质量标准框架，建立起一个针对 0~5 岁儿童发展的统一框架。它通过设定 5 岁以下儿童学习、发展和照料的统一标准等，来确保所有儿童在 5 岁时在认知、社会、身体和个性发展方面达到适宜水平。教育标准局也会依据这一框架对托幼机构进行管理和督导。统一的质量标准框架，在确保保教统一的基础上，也为多样化发展的托幼机构设定了基本的发展

---

① 霍力岩等：《美、英、日、印四国学前教育体制的比较研究》（上、下册），北京师范大学出版社，2013，第 296~303 页。

目标，对保证托幼机构服务的质量起到了重要的作用。[1]

英国托幼机构类型多样，根据各类机构教育保育侧重点的差异，可分为幼儿保育机构（全天保育、时段性保育、儿童中心等）和学前教育机构（幼儿园等）两大部分。英国强调保育与教育的全面整合，综合服务性日益凸显。从历史角度来看，英国的保育服务和教育服务存在明显的界限，分属福利部门和教育部门管理。随着对儿童学前阶段重要性认识的不断深入，政府和公众日益意识到儿童学前教育保育服务供应的独特本质，即对于幼儿来说，保育和教育是同时发生且无法分离的。基于这一基本认识，英国政府开始全面整合学前教育保育服务。[2] 就整合儿童早期服务的具体实践来说，英国的"确保开端计划"就是提供整合性学前教育服务，通过提供包括保育、学前教育、健康服务和家庭支持在内的一系列服务，促进儿童的全面发展，并积极推动家庭和社区参与其中，以期实现儿童、家庭和社区的共同发展。[3] "确保开端计划"自1996年开始实施，旨在给每一个孩子相对平衡的起点，通过教育、福利、卫生集体诊断、辅导与支持的过程，排除儿童发展障碍，以协助每一位儿童充分发展潜能，奠定未来顺利学习、工作以及社会生活的良好基础。计划主要内容包括"每名三到四岁儿童获得每周12.5个小时的幼儿照顾及教育服务；各区均有质优价廉的课余活动；于贫穷和偏远社区提供幼儿中心、保健及家庭支持服务"[4] 等，而且"确保开端计划"将服务对象首先定位于贫困地区儿童和处境不利儿童，通过提供全面、整合式优质教育服务促进儿童和家庭的共同发展，提高生活质量。[5] 在亲职教育方面，英国政府从1992年推行"开始阅读"计划（Book Start），让英格兰省的每名1~4岁的婴幼儿获得免费的书袋。此项计划主要目的是协助幼童的早期沟通和语言、社交和情绪能力发展，并鼓励家长为

---

① 霍力岩等：《美、英、日、印四国学前教育体制的比较研究》（上、下册），北京师范大学出版社，2013，第297页。

② 霍力岩等：《美、英、日、印四国学前教育体制的比较研究》（上、下册），北京师范大学出版社，2013，第213页。

③ 霍力岩等：《美、英、日、印四国学前教育体制的比较研究》（上、下册），北京师范大学出版社，2013，第214页。

④ 魏惠贞：《各国幼儿教育》，台北：心理出版社股份有限公司，2008，第397页。

⑤ 霍力岩等：《美、英、日、印四国学前教育体制的比较研究》（上、下册），北京师范大学出版社，2013，第218页。

自己的小孩阅读书籍。"开始阅读"计划也鼓励家长带小孩利用地方图书馆，唤醒大众关注成人识字问题的意识，并提供各种教育服务。[①]

笔者在英国访学期间，通过观察、探访、文献阅读等，了解英国"确保开端计划"的背景、实施和成效评估等，该计划关注儿童的早期教育照顾和家庭支持服务，尤其是为处境不利的儿童和家庭提供支持，以实现幼有所育。笔者探访了兰卡斯特的三所幼儿园，它们有严格的管理和监督制度，教师认真负责，关心爱护儿童，严格控制师生比例，确保每个孩子都能得到良好的教育和照顾。幼儿园的教育与照顾环境贴近自然、设置简朴温馨和人性化。幼儿园内的教育活动丰富多彩，有些教育活动和节日活动邀请家长参与。幼儿园也充分利用社区资源进行教育，例如，邀请消防队员带着消防设施到幼儿园，让儿童体验喷洒和其他项目，儿童被带到邮局体验信件称重和邮筒投信等，警察被邀请到幼儿园进行安全教育和生命教育。每个社区都有干净美丽的游乐场供孩子们玩耍。英国的公共图书馆和教堂为学龄前儿童和移民家庭提供丰富的社区教育活动，比如亲子故事、亲子手工艺、童谣和儿歌、儿童动画、公园烧烤和游戏等。

英国是第一个工业化的国家，也是专业化社会工作的发源地之一，社会工作的体系已经趋于完善，形成了在当今世界社会工作领域较为成熟的模式。英国建立了一个严密的儿童保护服务网络，采用整合模式为有需要的儿童提供综合和高效的专业服务，为困境儿童提供全方位的安全保障和福利服务，其儿童福利政策的落实、困境儿童信息库的建立等方面的经验都值得借鉴。[②]

三 其他国家的经验

20世纪80年代，澳大利亚即开始为幼儿教育与照顾服务体系合流做努力。澳大利亚对幼儿教育与照顾服务的投资，在相当程度上是在满足就业人口对子女教育与照顾的需求，同时也注意到优质幼儿教育与照顾对提升人力素质、国家竞争力的重要性。其幼儿教育与照顾服务的范围，可从胎儿期直到八岁。澳大利亚的幼儿照顾体系主要由联邦政府负责，而各州则

---

① 魏惠贞：《各国幼儿教育》，台北：心理出版社股份有限公司，2008，第384页。
② 郑永强编著《英国社会工作》，中国社会出版社，2010，第54~55页。

对幼儿学前教育体系承担主要的责任。大部分的托育中心属私人经营。但在幼儿教育方面，则以政府举办机构居多。提升幼儿教育与照顾服务质量是澳大利亚政府全力努力的方向。为了提升幼儿教育与照顾人力的素质，澳大利亚在人力培育政策方面除构建全国质量架构外，更提出幼年服务人力策略、资助进修、扩充大学幼儿教育课程招生名额、创新幼儿服务人力方案等具体的政策方向。至于澳大利亚的幼儿教育与照顾人力培育制度，系属于全国性的资格认证架构，有别于技职教育与高等教育体系中的培育。技职教育体系所培育的人力以幼儿照顾居多，而高等教育体系则以幼儿教育为主。无论是技职教育还是高等教育体系，其课程皆极富弹性。①

加拿大非常重视儿童福利，于1996年成立全国儿童联盟，这是一个提倡增加幼儿与少年福利的全国性组织。政府通过制定儿童福利、免税额、劳工保险、改进育儿假期等政策，让有幼儿的家庭获得收入的保障。提供社会与社区支持，家长在照顾幼儿时，需要各种支持服务，尤其需要以社区为基础的社会与健康服务，家庭支持计划让父母可以相互交流，分享育儿的经验与心得。② 加拿大强调建立行动力，全国儿童政策如果没有非营利机构积极参与，就无法实行，政府应唤起社会对幼儿与少年福利的关注，促进个人与地方参与。③ 重视全国研究与监督，建立有关幼儿发展与教育的全国性研究机构以及监督与报告儿童健康与福祉的机制。④ 实施以幼儿为中心的学前教育，尊重幼儿，培养幼儿的独立性与自主性，让幼儿有更多的发展空间。

瑞典儿童福利服务特色，一方面是国家介入儿童照顾政策，提供公共托育体制及社会保障制度，以刺激人口生育及鼓励妇女就业；另一方面是提供安心生育环境，如税制优惠、育婴假及育婴保险、弹性工时等。学前教育及托育合一，由社会福利单位统筹，以达到事权统一及资源整合之效；多样化及弹性的托育服务，由公共部门负责推动；中央与地方分权负责，

① 何华国：《澳洲幼儿教育与照顾人力培育之探讨》，《幼儿教保研究》2013年第10期，第19~38页。
② 魏惠贞：《各国幼儿教育》，台北：心理出版社股份有限公司，2008，第22页。
③ 魏惠贞：《各国幼儿教育》，台北：心理出版社股份有限公司，2008，第23页。
④ 魏惠贞：《各国幼儿教育》，台北：心理出版社股份有限公司，2008，第23页。

中央负责法规制定，而地方负责业务执行及监督之责等。① 完全就业及促进男女平等是瑞典福利体制的主要目标。政府承担了支持家庭中儿童照顾的责任，特别是对职业妇女的支持。瑞典的儿童照顾政策及妇女高就业率可以说是社会民主福利国家的成果，儿童照顾支持的提供是普及式的，同时也是高质量托育服务供给的范例。政府除了让妇女能兼顾职场及家庭的责任外，还让父亲在儿童照顾上能有更多发挥作用的空间，例如，亲职假、儿童照顾假的设立等，以充分促进性别平等。在现金给付方面，其目的在于鼓励生育。②

德国的儿童照顾支持政策不鼓励女性参与劳动市场，也不愿充分地提供公共托育服务，对女性亲自照顾幼儿有较高的认同感，鼓励传统男主外、女主内的家庭运作模式。政府虽然承担部分支持家庭的责任，但主要还是由家庭、社区及慈善团体承担起责任。虽然如此，政府在亲职假的延伸上却有偏好，在年金制度上也认同将妇女留在家中照顾幼儿的时间纳入进来，让母亲能留在家中照顾自己的小孩，并保障其工作的延续。③ 德国的儿童福利政策内容主要包括健康保险、特别津贴、儿童零用金和预防性的健康救助以及福利服务（家庭教养协助、托儿所、幼稚园、特殊幼儿教育训练等）。其中，德国的托儿所收托幼儿年龄为 0~3 岁，政府立法让父母享有最长三年的亲职假及教育津贴。幼稚园收托幼儿年龄为 3~6 岁，只提供半天的服务，不分公私立，多为免费。④

法国政府提供了普及式的儿童照顾支持政策，辅以资产调查，给予家庭支持。其儿童照顾支持政策的内容包括高水平的生育给付、亲职假、公共托育服务等。⑤ 法国政府非常重视托育问题，建立全日托式的学前教育，几乎所有的法国幼儿皆参与学前教育。法国 2~3 岁的幼儿可以获得全日托式的免费托育服务，3~5 岁的幼儿则可以参加免费的幼教课程。⑥

日本的儿童福利特色包括明确儿童福利政策的实施主体，所有政策都

---

① 郭静晃：《儿童福利概论》，新北：扬智文化事业股份有限公司，2013，第 126 页。
② 郭静晃：《儿童福利概论》，新北：扬智文化事业股份有限公司，2013，第 165 页。
③ 郭静晃：《儿童福利概论》，新北：扬智文化事业股份有限公司，2013，第 167 页。
④ 郭静晃：《儿童福利概论》，新北：扬智文化事业股份有限公司，2013，第 127~128 页。
⑤ 郭静晃：《儿童福利概论》，新北：扬智文化事业股份有限公司，2013，第 165 页。
⑥ 魏惠贞：《各国幼儿教育》，台北：心理出版社股份有限公司，2008，第 399 页。

有健全的行政组织负责。强调儿童和少年与家庭紧密联系，出台满足儿童与家庭不同需求的服务措施。例如，健康保险、儿童津贴、儿童养育津贴、育婴假等。企业界也承担儿童、少年福利供给责任，提供员工所需要的企业托育服务及设施。日本重视儿童、少年休闲娱乐，各种儿童福利机构积极增添儿童游乐设施，提供儿童健康活动体验咨询。中央与地方政府明确分工，中央制定法规与政策，地方政府负责执行与监督。《儿童福祉法》反映社会变迁，并由消极性朝向预防性及发展性发展。对青年及家庭提供具体服务，支持就学及托儿照顾，以刺激家庭生育意愿，阻止少子化的趋势恶化。强调学校社工要负起保护儿童的责任，强制通报。① 日本一方面强调家庭对儿童有照顾的职责，政府提供社会保险、普及性（或选择性）现金给付以及公共托育服务，但仅面向最少给付对象提供最低水平给付；另一方面鼓励市场及雇主对儿童照顾提供支持系统，因而形成了一种混合多样模式的制度类型。② 日本的保育所和幼稚园，分属于两个行政单位、两个不同的法令，"幼保一元化"成为日本学前教育改革的主要方向。③

世界先进各国有关儿童福利都经历了慈善事业—立法—建立行政体系—有组织的服务—专业化的发展轨迹。④ 这些国家基本都重视幼托整合，强调早期教育和照顾的整合，并优先支持弱势儿童的教育和照顾服务，也重视发挥专业社会工作在儿童福利服务中的作用。如果将幼儿教育与幼儿保育切割处理，可能产生负面影响，包括园所的质量不均、幼儿托育部分受到忽略、女性工作机会受限等。笔者通过对各国儿童学前教育与保育政策研究，发现少部分国家的幼儿教育与幼儿保育并未结合，可能会因为不同的师资培育方式、资金补助及课程规划，而影响到学前教育的质量。国外的幼教系统最初也是将幼儿教育与幼儿保育分成两个部门，但现在多将两者整合。在英国，第一所融合幼儿保育与教育的幼儿园在1971年诞生，并且迅速成为幼儿早期教育机构的榜样。英国政府于1997年推行幼教高级中心专案，以鼓励民间幼教组织提供融合幼儿保育与教育的服务，以及提

---

① 郭静晃：《儿童福利概论》，新北：扬智文化事业股份有限公司，2013，第121页。
② 郭静晃：《儿童福利概论》，新北：扬智文化事业股份有限公司，2013，第167页。
③ 沈龙安：《从日本学前幼儿教育论述台湾幼托整合政策之实施》，《学校行政》2016年第106期，第83~102页。
④ 郭静晃：《儿童福利概论》，新北：扬智文化事业股份有限公司，2013，第137页。

供亲职教育的相关课程。^①瑞典已于 1998 年完成幼托整合。世界各国对于
教育机会均等之实践，可谓不遗余力，例如，普及学前教育机会、增加特
殊幼儿就学机会、补助低收入家庭、缩短城乡教育差距等，致力于让弱势
幼儿，也能够得到与其他幼儿同样质与量的教育机会。国外政府所推行的
法案中，尤以英国的"确保开端计划"以及美国的"提前开端计划"最为
成功。在儿童照顾支持政策方面，各国存在差异，有的是提供普及式的公
共托育服务以支持妇女充分就业，有的是鼓励家庭/母亲对儿童的照顾，强
调家庭照顾优先，有的是主要针对有需要的家庭、低收入的家庭提供选择
性的儿童照顾支持，但不管怎样，它们都强调支持家庭的儿童照顾政策，
尤其是支持弱势家庭。^②我国可以根据实际情况，借鉴经验，制定优先支持
弱势儿童早期教育照顾的政策，并进行儿童福利立法，实施幼托整合，建
立统一的行政管理体系，实施流动学前儿童教育照顾计划，发挥社会组织
等力量的作用，开展专业化的儿童福利服务。

第二节　我国香港地区幼儿园社会工作的经验及启示

中国内地的学校社会工作正处在积极的实践与探索阶段，有关中小学、
高职与大学学校社会工作服务方面的研究成果日益丰厚，幼儿园社会工作
服务方面的研究却比较薄弱。幼儿时期是儿童发展社交、自理、人际等各
种能力的重要时段，所谓"三岁看大、七岁看老"便是强调幼儿时期教育
的重要。因此，作为重要的基础性环节，在幼儿教育中引入社会工作理念
和方法显得尤为重要。幼儿园为幼儿提供照管服务，是幼儿学习成长的重
要场所。我们可借鉴我国香港地区的相关经验，拓展幼儿园社会工作服务
的路径。

一　香港幼儿园社会工作服务经验概述

学校社会工作作为一种专业的服务工作，将社会工作专业的原则、方
法和技巧运用于教育行政和学校中，目的在于帮助学校促进学生的社会人

---

①　魏惠贞：《各国幼儿教育》，台北：心理出版社股份有限公司，2008，第 390 页。
②　魏惠贞：《各国幼儿教育》，台北：心理出版社股份有限公司，2008，第 396~397 页。

格发展与潜能发挥，借此强化现代社会的教育功能。学校社会工作有利于促进儿童青少年的成长，内地的小学、中学以及高校都在积极开展学校社会工作服务，以满足青少年学生的成长需要。中国城市家庭早已步入独生子女时代，家长对子女教育尤为重视。"不能让孩子输在起跑线上"，多数家长非常重视孩子入读幼儿园的问题，选择一所高质量的幼儿园成为家长们的共同愿望。儿童面对的问题愈早被发现及解决，对家长和儿童越有益。家庭问题越来越多，现代家庭面对很大的张力，家庭问题有复杂化和年轻化的趋势。[①] 所以，加强幼儿园社会工作服务十分必要。香港的社会工作服务机构（香港大埔浸信会社会服务中心和香港小童群益会）在幼儿服务和学校社会工作服务方面积累的宝贵经验，完全可以为我们探索内地幼儿园社会工作服务提供借鉴。

（一）开展幼儿园社会工作服务的意义与作用

2004年10月，香港大埔浸信会社会服务中心在全港首创幼儿园社会工作服务，旨在为幼儿及家长提供辅导服务。社工为幼儿园提供驻校社会工作服务，为儿童及家长提供个案辅导服务和转介服务，跟进服务对象的身心需要及成长问题。社工为儿童及家长提供与家长教育、情绪管理教育、自信心发展、专注力发展、正面性格和道德培育、社交能力发展等相关的小组以及讲座活动。大埔浸信会社会服务中心的此项服务成效显著，其服务经验表明，幼儿园引进社会工作服务将十分有益，[②] 具体表现在以下三个方面。

第一，幼儿园社会工作服务可以帮助有需求的家长得到专业支持。幼儿园社会工作开展后，家长有困难时可以及时得到帮助。家长在有辅导需要时，可以方便地获取专业的社会工作服务。家长对熟悉的学校所提供的辅导服务较容易接受，从而对获得社会工作服务有较高主动性。

第二，幼儿园社会工作服务能够及早辨识儿童问题并适时介入。学校社工更能及早辨识儿童问题，并适时介入。一方面，早期问题比恶化后更

---

① 《幼稚园学校社会工作服务汇编（一）》，香港：大埔浸信会社会服务中心，2005，第4页。
② 《幼稚园学校社会工作服务汇编（一）》，香港：大埔浸信会社会服务中心，2005，第5~7页。

容易处理，可以减轻对家庭关系的伤害。问题恶化只会令家庭和社会付出更高代价，包括关系破裂、情绪困扰、产生更多问题儿童以致社会问题恶化等。另一方面，幼儿对家庭问题常常反应敏感，学校社工会细心观察学生行为和情绪表现，通过倾心交谈了解其详细家庭情况，从而做出恰当部署，协助幼儿及家长妥善面对困难。

第三，幼儿园社会工作服务可以为儿童、家长和幼儿园教职工提供更全面的关怀。国家政策的逐步规范与家长要求的不断提高，使得幼儿园面临的压力愈来愈大，园长和教师们既要面对繁重的教学和管理工作，又要关注学生在心理、社交辅导方面的需求，常常力不从心。学校社工可以在这方面协助校方，一方面让教师可以专心负责正规课程，预备教学，另一方面可以向学生和家长提供全人的关怀。[1]

香港小童群益会创立于1936年，第二次世界大战结束后重组，并于1951年7月正式登记为注册团体，是香港政府津贴补助的志愿机构之一，为儿童、青少年及其家庭提供各类多元化的专业服务，使他们健康快乐成长，为肩负未来的使命做好准备，建设更美好更完善的香港。机构的服务以下宗旨是"培育新一代，携手创未来"，具体表现为：关注儿童及青少年身心均衡发展；促进儿童及青少年成为良好的公民；强化家庭的功能，增进儿童及青少年与家庭成员的和谐关系；促进家长和社会人士关注儿童及青少年，特别是处于不利环境的儿童和青少年，携手为他们争取应有的权益和福利。[2] 香港小童群益会成长发展中心的宗旨是"成长阶段，结伴同行，发展潜能，积极人生"。香港小童群益会通过开展多元化的活动及家长工作，促进家长和社会人士与儿童良好沟通，并协助成长中的儿童实现均衡的发展，建立积极的人生，贡献社会。香港综合家庭服务中心的理念是以儿童为重、家庭为本、社区为基础。[3] 香港小童群益会的服务也强调"以儿童为重，家庭为本及社区为基础"的一站式家庭服务模式，并以"儿童身心发展"为主线，为儿童及其家庭提供预防性、发展性及补救性的服务。成长发展中心与辅导中心合作实施了"家庭力量"综合支援计划，其工作

---

① 《幼稚园学校社会工作服务汇编（一）》，香港：大埔浸信会社会服务中心，2005，第5页。
② 《香港小童群益会成长发展中心活动通讯》，2005年11月至2006年2月，第1页。
③ 周永新、陈沃聪编著《社会工作学新论》（增订版），商务印书馆（香港）有限公司，2013，第155~156页。

重点是开通"儿童身心发展"家长专线、设立家长资源中心、组建儿童（学习障碍儿童、亚氏保加症儿童、多动症儿童、资优儿童）及家长互助小组、提供专业评估服务（IQ 测试、语言评估、多动症评估）、开设家长课程（发展障碍系列、身心发展系列）、开办各种兴趣班和抗逆力小组及童军训练等小组。① 小组是主要服务形式，多数是面向儿童的，也有面向家长的。其实，小组活动形式更适合幼儿园的儿童，活动形式有趣生动，可以提高他们的人际交往和沟通等能力。

阳光孩子发展计划是香港小童群益会于 1996 年 6 月开始推行的学前社会工作服务计划，前身为香港小童群益会与香港理工大学应用社会科学系合作实施的"幼儿培育计划"（Pre-primary Educare Project）。为推广家校合作及培养幼儿处理情绪能力，香港小童群益会获优质教育基金赞助，于1999 年 11 月推行为期 1 年的幼儿情绪发展服务计划，主要为学前幼儿及其家庭和幼师提供服务，以"进入孩子世界"为使命，与家长及老师并肩携手，培育新一代"阳光孩子"。孩子都爱见阳光父母、阳光老师，生活的压力令成年人的阳光减弱，需要重燃成年人的阳光。有了阳光，成人便有了力量、温暖，自我得以成长亦能协助幼儿成长。"阳光父母·阳光孩子"亲子服务系列，为学前幼儿及其家长开展亲子活动，内容包括协助家长进入孩子世界、建立亲密的亲子关系、满足幼儿情感需要的幼儿游戏小组，以及协助家长了解孩子需要及能力的录像分享家长会。"阳光老师·阳光孩子"驻校支持服务，与幼师合作，通过安排"阳光老师"自我成长工作坊协助老师了解自我和处理情绪，并与他们分享幼儿情绪教育配套、有关活动心得，安排驻校日，示范带领或从旁协助开展幼儿情绪发展活动，跟进有辅导需要的家庭，与幼师并肩上路，将促进幼儿情绪发展的活动融入常规活动中，促进家校合作，协助幼儿情绪发展。② 阳光孩子发展计划的理念是学前期是人类成长路上的关键阶段，儿童在此期间体能、智力、语言、社交及情绪等方面迅速发展，价值观念开始建立，这段"塑造期"的经验对孩子日后的行为及成长有莫大的影响。不少研究均指出早期经验对日后

---

① 《香港小童群益会成长发展中心活动通讯》，2005 年 11 月至 2006 年 2 月，第 9 页。
② 《阳光老师，阳光孩子：促进幼儿情绪发展配套》，香港小童群益会阳光孩子发展计划，2001，第 4 页。

人生历程的重要影响。人的智力发展于 5 岁前最为快速，累积性的经验对日后的价值观及言行有很大影响，可预见学前期的早介入及优质服务提供对个人发展的重要性。①

根据埃里克森人格发展八阶段理论，3~6 岁的幼儿正处于"主动创造"与"罪恶感"的关键期，其运动机能及语言能力迅速发展，对周围环境好奇，喜欢探索及研究，若被禁止，便会产生失败感及负面情绪，反之，探索及好奇的行为若得到鼓励，幼儿便能增强主动进取的意识，其情绪状态主要取决于照顾者是否能够适当地满足其探索需要。② 3~6 岁幼儿已具备个人内省及人际沟通智慧，但能否处于正面情绪状态以增进其高层次的思考以及人际学习，则取决于以下条件：照顾者是否有为幼儿提供丰富的社交生活经验、是否有为幼儿提供好奇探索的机会、是否尊重幼儿的兴趣与步伐、是否满足幼儿情感需要。③ 阳光孩子发展计划以"进入孩子世界"为使命，使家长及老师对孩子情感的需要更为敏锐，期望通过满足孩子的情感需要，减少其行为及情绪上出现问题的机会，促进孩子的全人发展及减轻家庭承受的压力。④ 阳光孩子发展计划根据不同类型家庭的特点和需要提供适宜的支持服务，重点支持弱势家庭，这类家庭受难以承受的内在及外在的压力困扰，家庭所拥有的资源并不足以应付压力，亦对幼儿需要不敏感，甚或以幼儿为发泄对象，管教或辅导孩子乏力，需引入外部支持以解决家庭问题，此类家庭较少向外求助，需工作员主动提供协助。⑤

（二）幼儿园社会工作服务的目标与范围

幼儿园是一个传授知识的地方，更是一个幼儿发展潜能、学习解决问题的技能、发展社交能力和提升人际沟通等能力的地方。学校社工以专业

---

① 《阳光老师，阳光孩子：促进幼儿情绪发展配套》，香港小童群益会阳光孩子发展计划，2001，第 6 页。

② 《阳光老师，阳光孩子：促进幼儿情绪发展配套》，香港小童群益会阳光孩子发展计划，2001，第 9 页。

③ 《阳光老师，阳光孩子：促进幼儿情绪发展配套》，香港小童群益会阳光孩子发展计划，2001，第 10 页。

④ 《阳光老师，阳光孩子：促进幼儿情绪发展配套》，香港小童群益会阳光孩子发展计划，2001，第 3 页。

⑤ 《阳光老师，阳光孩子：促进幼儿情绪发展配套》，香港小童群益会阳光孩子发展计划，2001，第 11 页。

的知识和工作伦理，与学校和家长一起，协助学生解决在学校、家庭或其他成长方面的问题，以便发展潜能。香港幼儿社会工作和幼儿园社会工作的经验为我们指明了方向。

幼儿园社会工作服务的主要目标是：识别及协助在学习、家庭、社交及行为情绪等方面有困难的儿童；提升儿童的学习兴趣，教授他们社交技巧和处理困难的方法；培养儿童积极正确的人生观和价值观，使其为成长做好准备；在学生的问题未恶化以前，及时提供辅导或转介服务；满足家长的需要，协助家长管教孩子，让幼儿更投入校园生活。[①]

幼儿园社会工作服务的范围主要有：辅导服务，包括幼儿方面（入学适应、幼儿情绪、社交）、家长方面（亲子管教、隔代管教、家长情绪）、转介服务（初步评估，及早辨识学习障碍、过度活跃、自闭症等问题）以及其他相关服务；幼儿发展性活动，包括幼儿情绪、性教育、道德发展、环保等相关活动；家长发展性活动，涵盖义工训练、家长教育讲座/小组（亲子沟通和管教技巧）、亲子游戏等方面；其他服务，包括处理校园危机（社工提供专业协助）、教师培训（辨识幼儿问题、辅导技巧等），以及开展社区教育活动，提升幼儿园的正面形象。尤其是学校社会工作介入校园危机处理，有其优势所在。[②]

二 幼儿园社会工作服务的本土思考

"不能让孩子输在起跑线上"成了许多家长的心愿。作为家长，把孩子送进幼儿园，除了希望孩子在学业方面有所成长外，也希望孩子在心理、社交等方面得到发展。幼儿园社会工作服务可以为儿童在心理、情绪和社交等方面的发展提供支持，也可以为儿童家长和幼儿园教职员提供帮助。

（一）幼儿园社会工作服务的形式与方法

第一，以多元化的活动和以社工课堂为主要形式服务儿童。通过个案工作、小组工作和社区工作介入儿童服务。通过个案辅导、家访、开展儿童及家长小组活动、社区教育，培育儿童及其家人解决问题的能力、学习生活技

---

① 《幼稚园学校社会工作服务汇编（一）》，香港：大埔浸信会社会服务中心，2005，第6页。
② 《幼稚园学校社会工作服务汇编（一）》，香港：大埔浸信会社会服务中心，2005，第7页。

能以及亲子沟通技巧，增强学习动机，改进学习策略，培养正确的社会价值观和态度，弥补正规教育的不足，协助儿童成长。考虑到由于学校体制和幼儿园安全管理的需要，儿童和教师按照规定的作息时间进行学习和教学，少有独立开展小组活动的空间，可以将小组工作的方法做延伸和变通处理，发展出社工课堂服务形式[①]，即将整个教学行政班级（托班、小班、中班、大班）作为小组看待，将各种各样的主题活动（入园适应、情绪管理、自我表达、沟通技巧、人际相处、创意思考、抗逆力等）带进班级，以班会的形式开展小组服务。由学校社工带领小组，幼儿园教职员在旁协助。

第二，以家长讲座/小组的形式服务儿童家长。当今的家长需要一定的支持，不仅包括管教技巧支持，也包括情绪支持。他们面对形形色色的压力，有经济、工作、角色、管教，甚至婚姻关系等。幼儿的家长基本上是初为人父母的年轻人，他们在管教或亲子沟通上都面对大大小小的问题。[②]例如，在家长的情绪控制方面，如果家长经常动怒，情绪波动大，不容易控制自己的情绪，甚至因此而体罚孩子等，那就特别需要学校社工关注，先协助家长好好管理自己的情绪，才能为幼儿的健康发展创造良好的环境。学校社工能为他们提供方便的服务，通过家长讲座/小组活动，可让家长学习一些有效的管教方法、沟通模式及情绪处理方法，以让儿童在幼年阶段拥有和谐的亲子关系。

第三，以教师培训形式服务幼儿园教职员。学校社工可为幼儿园的教职员开展教师加油站等训练活动，如校园危机处理、教师团队精神建设、与家长沟通的艺术等。针对儿童家长对幼儿园的一些负面评价，学校社工可为幼儿园教职员开展压力舒缓、管教能力提高等小组活动，改善幼儿园教职员的服务态度，提高他们的管教能力和教学水平。

（二）幼儿园社会工作的服务主体

在初期，幼儿园社会工作以高校社会工作专业师生为服务主体，高校社会工作专业教师加社会工作专业学生以实习的方式驻幼儿园提供服务，

---

① 史柏年：《学校社会工作：从项目试点到制度建设——以四川希望学校社会工作实践为例》，《学海》2012 年第 1 期，第 90~93 页。

② 《幼稚园学校社会工作服务汇编（一）》，香港：大埔浸信会社会服务中心，2005，第 62 页。

逐渐发展到专职社工驻校服务，最终实现以一园一社工的人员组织结构开展专业服务。

第一，以社会工作专业师生为服务主体。目前幼儿园社会工作还处在探索阶段，难以实现一园一社工，因此，以高校社会工作专业师生为服务主体，与幼儿园建立合作关系，开展学校社会工作专业服务是可行的策略。社工专业师生定期到幼儿园开展专业服务，为幼儿提供良好的成长服务，同时也可以提升自己的专业素质。社工专业学生可以将所学理论知识和方法技巧用于实际服务中，实现由课堂知识到实际服务能力的转换。香港的资深幼儿园驻校社工，具有多年处理幼儿行为和情绪问题（包括过度活跃、语言障碍、亚氏保加症、自闭症等特殊问题）的经验，服务成效已经得到社会的认可。对于高校社会工作专业师生来说，这种极为专业的服务，可能难以驾驭，但可以在社交、沟通、亲子游戏等方面发挥优势，使儿童、家长和幼儿园认可社会工作专业服务。高校社会工作专业教师可扮演专业实习督导的角色，帮助学生开展高质量的专业实习，提高专业服务水平。

第二，学校社会工作服务实习基地建设。高校可以把幼儿园作为社会工作专业学生长期的实习基地，解决实习点的匮乏问题，这样，有利于社会工作专业实习的日常化，也有利于积累幼儿园社会工作的经验，形成特色。一方面使得高校的社会工作专业人才有机会承担一定的社会服务责任，另一方面也为检验社会工作人才培养质量，促进专业建设及教学、教育研究提供了一个具有相对专业自主性的平台。① 幼儿园社会工作服务实习基地的建设，需要各有关部门的友好合作。

总之，幼儿的快乐与成长是每一个家长的愿望和幼儿教育的目标，也是儿童福利的一种需要，是中国适度普惠福利社会发展的应有之义。借鉴香港社会服务机构幼儿服务和学校社会工作的经验，拓展幼儿社会工作和学校社会工作服务，把社会工作的理念和方法引进幼儿园教育中，为有需要的儿童和家长提供发展、预防和介入（问题处理）服务，使幼儿能够健康快乐地成长。

以上香港地区幼儿园社会工作的经验可以运用到流动学前儿童群体的

---

① 张曙：《我国社会工作专业学生专业成长过程探析——以抗震希望学校社工志愿服务项目为例》，《人力资源管理》2010 年第 11 期，第 164~167 页。

幼儿园教育中。社会工作是以利他主义为指导，以科学的知识为基础，运用科学的方法进行助人自助的专业活动，向弱势群体提供社会支持，为弱势群体建构有效的社会支持系统，是社会工作界的重要任务之一。流动学前儿童作为社会弱势群体需要社会工作界的服务和关怀。

可把流动学前儿童作为服务对象，选择以流动儿童为主的幼儿园，进行流动儿童学前教育社会工作服务的探索，以建立一种行之有效的服务流动学前儿童的社会工作专业路径。流动儿童学前教育社会工作服务模式可以以多元化的活动和以社工课堂为主的形式服务流动儿童，通过个案工作、小组工作和社区工作介入儿童服务。以家长讲座/小组的形式服务儿童家长，让家长学习一些有效的管教方法、沟通模式及情绪处理方法，让儿童在幼年阶段拥有和谐的亲子关系。以教师培训形式服务幼儿园教职员，流动儿童入园困难，他们大多进入质量较差的民办幼儿园，这些幼儿园的教职员基本上是非幼教专业出身，缺少教育进修和培训的机会和动力，他们对幼儿大多停留在照顾、看管层次上，学校社工可为他们提供教师加油站等训练活动。

高校以社会工作专业师生为服务主体，与以流动儿童为主的幼儿园建立合作关系，开展社会工作专业服务是可行的策略。社会工作专业师生定期到幼儿园开展专业服务，为流动儿童提供良好的成长服务，同时也可以提升自己的专业素质。可以把一些以流动儿童为主的幼儿园作为社会工作专业学生长期的实习基地。这样，有利于社会工作专业实习的日常化，也有利于积累流动儿童学前教育社会工作服务的经验，形成特色，使实习基地成为流动儿童学前教育社会工作服务示范点，以典型示范带动流动儿童学前教育社会工作服务的开展。

同时，政府支持、社会力量参与成立流动儿童社会工作专业服务机构，为流动学前儿童家庭教育及其社区融入提供专业服务，尤其是为没有进入幼儿园的流动儿童提供专业服务，是对流动儿童幼儿园社会工作服务的重要补充。以幼儿园-家庭-社区-儿童关系模式服务流动学前儿童，为流动学前儿童提供各类社区公益服务，为流动儿童创造一个健康的社区教育发展环境。

第三节　我国台湾地区儿童早期教育照顾的经验及启示

　　我国台湾地区开展儿童早期教育照顾整合服务的一个重要方面是推动"幼儿教育及照顾法"的出台和实施。台湾地区 2012 年颁布实施"幼儿教育及照顾法",顺应儿童早期教育和照顾整合的国际趋势,实现了儿童教育和福利系统的资源整合,为儿童教育和福利权益提供了保障。台湾地区在"幼儿教育及照顾法"实施之前,由幼稚园及托儿所负责学龄前幼儿的教育与照顾工作。托儿所招收 0~6 岁幼儿,施以保育,由内政部门主管;幼稚园招收 3~6 岁幼儿,施以教育,由教育部门主管。① 由于幼托机构为幼稚园、托儿所分流,衍生诸如师资、课程、管理等方面的诸多问题,社会对幼托整合需求殷切,国际幼儿教育及照顾呈整合的趋势,台湾颁布实施"幼儿教育及照顾法",推动幼儿教育及照顾整合。② 幼稚园和托儿所被统称为幼儿园,并归属教育部门管理。③ 幼儿园提供的教保服务内容更为丰富多元,最主要的是培养幼儿基本生活能力、良好生活习惯及积极学习态度。这种服务内容符合幼儿教育的理论及思潮,教育不应只注重学习成果,更应注重学习历程。园方应为幼儿建立记录生活与成长的历程档案,为一生宝贵的童年期留下成长的轨迹。

一　儿童早期教育照顾服务的主要内容

　　台湾地区为保障幼儿接受适当教育及照顾之权利,确立幼儿教育及照顾方针,健全幼儿教育及照顾体系,以促进其身心健全发展,特制定"幼儿教育及照顾法"。其幼儿园指对幼儿提供教育及照顾服务（简称"教保服务"）的机构。教保服务人员指在幼儿园服务的园长、教师、教保员及助理教保员。④ "幼儿教育及照顾法"第 7 条为"幼儿园教保服务应以幼儿为

---

① 吴金香等:《幼儿教保概论:教保关键概念与实例分析》（第二版）,台北:心理出版社股份有限公司,2013,第 12~13 页。

② 吴金香等:《幼儿教保概论:教保关键概念与实例分析》（第二版）,台北:心理出版社股份有限公司,2013,第 17 页。

③ 吴金香等:《幼儿教保概论:教保关键概念与实例分析》（第二版）,台北:心理出版社股份有限公司,2013,第 85 页。

④ 吴金香等:《幼儿教保概论:教保关键概念与实例分析》（第二版）,台北:心理出版社股份有限公司,2013,第 33 页。

主体，遵行幼儿本位精神，秉持性别、族群、文化平等、教保并重及尊重家长之原则办理。推动幼儿教保服务工作发展为政府、社会、家庭、幼儿园及教保服务人员共同之责任。政府应提供优质、普及、平价及近便性之幼儿教保服务，对处于经济、文化、身心、族群及区域等不利条件之幼儿，应优先提供接受适当教保服务之机会"①。其幼儿园包括公立幼儿园、私立幼儿园、非营利幼儿园和社区互助式幼儿园。第 11 条为"幼儿园教保服务之实施，应与家庭及社区密切配合，以达成维护幼儿身心健康、养成幼儿良好习惯、丰富幼儿生活经验等目标"；第 12 条为"幼儿园之教保服务内容：提供生理、心理及社会需求满足之相关服务；提供营养、卫生保健及安全之相关服务；提供适宜发展之环境及学习活动；提供增进身体动作、语文、认知、美感、情绪发展与人际互动等发展能力与培养基本生活能力、良好生活习惯及积极学习态度之学习活动；记录生活与成长及发展与学习活动过程；举办促进亲子关系之活动；其他有利于幼儿发展之相关服务"。②幼儿园教学模式主要有"主题教学、蒙特梭利教学法、幼儿故事教学、幼儿音乐教学、幼儿乡土教学、幼儿生命教育、幼儿创造力教学、阅读教学"等。③

幼儿园强调加强风险管理。风险管理是降低危机发生概率的方式，幼儿园风险管理是针对幼儿在园所中的健康、安全、营养各方面进行保护、促进及预防的动作。第一，健康风险管理。幼儿在健康方面可能面临的风险包括疾病、感染、心理失衡、发展障碍、残障、死亡等，可利用幼儿健康记录（健康记录卡、接种卡等）、园所健康检查等来预防幼儿的健康风险。第二，安全风险管理。幼儿可能面临意外、残障甚至死亡等安全风险，通过安全检查、安全教育等，创造一个安全游戏环境，尤其是在交通安全方面，应建立学童乘车记录及名册，以检查学童的乘车情形和确保上下车安全，④

① 吴金香等：《幼儿教保概论：教保关键概念与实例分析》（第二版），台北：心理出版社股份有限公司，2013，第 34 页。
② 吴金香等：《幼儿教保概论：教保关键概念与实例分析》（第二版），台北：心理出版社股份有限公司，2013，第 36 页。
③ 吴金香等：《幼儿教保概论：教保关键概念与实例分析》（第二版），台北：心理出版社股份有限公司，2013，第 94~104 页。
④ 吴金香等：《幼儿教保概论：教保关键概念与实例分析》（第二版），台北：心理出版社股份有限公司，2013，第 69~70 页。

预防因照顾人员疏忽而导致幼儿被遗忘在车里闷死（因热衰竭死亡）等事故的发生。需要通过团队合作方式提升幼儿教保品质，通过定期举办安全教育活动来培养安全观念。[①] 第三，营养风险管理。幼儿面临的营养风险包括发育迟缓、健康不佳以及缺乏抵抗力，因此，可利用营养及卫生检核表来确保食物营养均衡、饮水及器具的清洁，在日常活动中也应教导幼儿用餐礼仪，培养幼儿的正确饮食习惯，[②] 在学前儿童教育照顾方面，要关注婴幼儿的营养（如母乳哺喂、副食品添加等）。[③]

台湾儿童早期教育照顾服务强调幼儿园必须配备社工。台湾地区"幼儿教育及照顾法"第18条规定："幼儿园得视需要配置学前特殊教育教师及社会工作人员。"台湾地区《新竹市公立幼稚园及托儿所整合暂行自治条例》规定："幼儿园收托幼儿总数未满六十名者，得以特约或兼任方式置社工人员一名；六十名以上未满三百名者，应以特约或兼任方式置社工人员一至二名；三百名以上者，应至少置专任社工人员一名。"[④]

台湾地区在儿童早期教育照顾方面非常重视家庭教育，其中亲子阅读、亲职教育是重要内容。亲子阅读是指"在互为主体的相互平等对待之下，父母与孩子一起分享阅读的乐趣与生命的点点滴滴。亲子阅读强调父母和子女共同阅读、共同分享，因此说故事的人不一定是父母，孩子同样可以由听故事者转换成主动说故事者，让家中的每一分子都有倾听、叙述、沟通、讨论的机会，让亲子阅读具有游戏般的快乐"。亲子阅读可以"培养阅读的兴趣与习惯、促进亲子间的情感与思想的交流、建立幼儿良好的人生观、促进幼儿语言发展、提高幼儿对事物的想象力、充实生活经验，培养思考及问题解决能力"。亲职教育就是父母亲的职责教育，是协助父母更有效地了解和履行自己职责的教育，为了维系家庭良好的亲子关系，帮助子女身心健全发展，为父母提供亲子教育的方法和知识。亲职教育的范围是

---

① 吴金香等：《幼儿教保概论：教保关键概念与实例分析》（第二版），台北：心理出版社股份有限公司，2013，第79页。

② 吴金香等：《幼儿教保概论：教保关键概念与实例分析》（第二版），台北：心理出版社股份有限公司，2013，第70页。

③ 吴金香等：《幼儿教保概论：教保关键概念与实例分析》（第二版），台北：心理出版社股份有限公司，2013，第131~134页。

④ 吴金香等：《幼儿教保概论：教保关键概念与实例分析》（第二版），台北：心理出版社股份有限公司，2013，第30页。

教授父母育儿知识，包含幼儿营养、幼儿保健、幼儿教育等，并且指导父母改善家庭关系，使其能善尽社会责任。亲职教育实施方式，一是家庭访问、家长会及平日的电话访问；二是举行活动，如亲子活动、游园会等。亲职教育的推广方式有演讲、座谈、访问、报道、课程、亲职手册和教学观摩等。①

"幼儿教育及照顾法"规定 0～6 岁幼儿的教育、照顾皆在社区中完成；社区逐渐取代家庭的教育、照顾功能，同时也作为教育咨询窗口。因此，社区公园、社区卫生所、家庭医生、社区学校（托育机构等）、社区图书馆都应共同负起社区教育照顾的责任，并能互相合作，形成完整社区教育照顾网络，提供完整社区教育照顾服务。社区将在教育照顾上扮演越来越重要的角色。② 台湾地区鼓励企业附设园所，这是企业用以吸引并留住人才的福利制度，附设收费低廉的日间托儿所以满足员工上班需求，如"宏基企业附设托儿所"。③ 台湾地区借鉴先进国家针对贫穷及移民儿童实施"启蒙方案"的及早介入经验，实施"外籍配偶及弱势家庭儿童学前启蒙服务计划"，提供"有关语文及学习发展能力所需的有利环境，充实学前准备以强化社会适应，减轻其日后学习障碍。例如，以团体为基础之亲子阅读与成长团体、构建结合社区团体之支持网络、建立各类支持与学习团体"等。④

二　台湾地区社区托育服务案例

托育服务是一种儿童照顾的社会服务措施，主要是弥补传统家庭的儿童照顾功能缺失。托育的形式可分为半日托、日托、全日托和临时托育。儿童托育服务虽是弥补家庭照顾功能之不足，然而随着社会结构及教养价值观的转变，托育服务除照顾、保护儿童外，亦增加了教育的功能。托育

---

① 吴金香等：《幼儿教保概论：教保关键概念与实例分析》（第二版），台北：心理出版社股份有限公司，2013，第 104～105 页。

② 吴金香等：《幼儿教保概论：教保关键概念与实例分析》（第二版），台北：心理出版社股份有限公司，2013，第 6 页。

③ 吴金香等：《幼儿教保概论：教保关键概念与实例分析》（第二版），台北：心理出版社股份有限公司，2013，第 64 页。

④ 吴金香等：《幼儿教保概论：教保关键概念与实例分析》（第二版），台北：心理出版社股份有限公司，2013，第 194～195 页。

服务本身担负着协助父母养育儿童及促进儿童发展的双重任务。台湾地区托育服务形式是多元的，可简单分为家庭式托育及机构式托育。服务学龄前幼儿之托育形式主要有家庭式保姆、托婴中心、托儿所及幼稚园、社区托育等。①

本部分的案例是整合教育和照顾服务的社区托育服务项目，可以为流动学前儿童教育照顾服务提供经验参考。孩子只有一个童年，它不能等待或重演。开展社区工作，发展社区托育服务，在社区内提供托育服务，让幼儿能够就近得到适当的照顾，顺利走过生命最可贵的成长期，乃是当今社会的急切需求。托育服务目标是提供社区服务，落实儿童福利工作，使儿童在早期就能够得到妥善的照顾及实现良好的身心发展，协助父母解决儿童托育问题。社区托育服务需要跨专业的人员，如保育人员、社会工作者、营养调理员、清洁工、志愿者等。② 服务内容包括以下几个方面。第一，幼保工作。提供安全舒适的环境，让幼儿过上快乐的生活，成为活泼、健康的宝宝。实施内容包括教育（通过游戏，从身体认知、感官、动作、情绪、语言、社会发展等层面，引导幼儿积累日常生活经验）、人格陶冶（安排音乐、美劳、律动等活动，启发幼儿的艺术兴趣）、体能训练（设置体能活动室，充实幼儿运动器具，如滑梯、跷跷板、平衡木等，并配合幼儿的生理发展，训练幼儿抓握反射、蠕进爬行、身体平衡等）、语言发展（引导幼儿从生活中学习语言，例如吃东西、玩耍时和孩子说话；从阅读中学习，例如在幼儿身边引导他们翻书、看书、说故事，指着书上的图画一起描述，并耐心地倾听幼儿口语的回应）。第二，卫生保健。定期为幼儿实施晨间检查、健康体检、预防注射、团体卫教，并建立档案。实施内容包括保健教育（培养幼儿个人卫生习惯及事故伤害之预防）、健康饮食（餐具、炊具均用高温杀菌柜存放，注意营养均衡，包括蛋白质、糖类、脂肪、矿物质、维生素、水等六大类营养素）。第三，社会工作。由社会工作者专职负责托育服务的规划、推动、执行、协调及督导工作。实施内容包括咨询服务（为家长提供有关幼儿教养的咨询服务）、督导工作（督导保育人

---

① 吴金香等：《幼儿教保概论：教保关键概念与实例分析》（第二版），台北：心理出版社股份有限公司，2013，第134~135页。

② 林胜义：《社会工作概论》（修订版），台北：五南图书出版股份有限公司，2001，第195页。

员、安排训练及辅导其工作开展）、个案工作（为幼儿提供个案辅导，包括幼儿行为问题之观察与处置）。[①]

幼儿的问题行为与辅导策略。其一，问题行为。社区托育服务方案实施两年，所观察到幼儿的行为问题有：1~2 岁的幼儿对于玩具的占有欲强烈，害怕被拒绝和不被赞同，容易受挫，想做相反的事，颇为霸道，会咬人、哭闹；2~3 岁的幼儿害怕陌生物品，喜欢指使别人、唱反调，会反抗、推人、捏人，情绪反应强烈；3~4 岁的幼儿会使用语言排斥其他幼儿，易争吵、生气、嫉妒，有时会做噩梦。其二，辅导策略。探究原因，针对幼儿的行为问题，探讨其发生的原因，然后对症下药，指导其如何处理挫折；赏罚分明，面对孩子不服从时，需要进行明确指示，对于良好的行为，则以赞美、鼓励予以增强，并表示喜欢他，但不是宠他；运用"暂停"（time-out）的技术，若有攻击行为发生，如打人、咬人，可配合运用"暂停"的约束法，将他放在教室角落，暂时忽视他，数分钟后（时间不可太长）去看他，告诉他改过之后才可以和其他小朋友一起玩。[②]

自我评估及展望。社区托育服务方案实施两年多，每个月有业务检讨、个案讨论、在职进修来提升保育人员的专业素养。工作人员本着一颗热忱、敬业的心，结合社区的力量，共同提供安全及充满爱的环境，让幼儿拥有成长的喜悦与快乐的童年。[③]

方案评价。本方案提供社区托育服务，已实施两年多，帮助社区幼儿及家庭，确已达成社区儿童福利服务的目标。进一步完善的建议如下。第一，酌增护理人员。工作人员的专长包括社会工作、幼儿保育、卫生营养等三大领域，方案的规划及运作颇为完善。然而，在托育领域中，医学及护理的专业素养亦不可或缺，若能增加护理人员的编制，或鼓励保育人员参加护理课程的研习，则对本方案的运作应有进一步的助益。第二，强化人员培训。工作人员的自我充实可以提升方案运作的品质。本方案在人员培训上已有特色，若能定期邀请相关保育人士来与工

① 林胜义：《社会工作概论》（修订版），台北：五南图书出版股份有限公司，2001，第 196~197 页。

② 林胜义：《社会工作概论》（修订版），台北：五南图书出版股份有限公司，2001，第 197~198 页。

③ 林胜义：《社会工作概论》（修订版），台北：五南图书出版股份有限公司，2001，第 198 页。

作人员座谈，相互观摩、分享经验，对本案工作人员或有新的启示。第三，引进多元教学法。本方案以单元方式编制教材，并以游戏统合整个领域的学习，合乎教育与发展心理学的原则。然而幼教课程呈现多元发展，且各有特色，本方案可以考虑引进其他教学法，使社区托育服务的教育内容呈现多种面貌。第四，结合社区资源。本方案在幼儿习惯养成、健康检查、预防注射、团体卫教、行为辅导、健康饮食等方面，都取得了一定成效。今后可结合社区资源，并与家长合作，使良好的生活习惯及适宜的餐饮延伸至幼儿的家庭和社区。第五，成立家长会。本方案在社会工作及亲职教育方面颇具特色。这种幼儿保育与社会工作相互整合的工作，实为托育服务所急需。然而托育方案除了由社会工作者负责外，应再加入各方意见。若能成立家长会，让幼儿家长有机会与社区人士、社会工作者、保育人员、卫生保健人员等相关人员进行沟通，提供建议，应可使社区托育服务更加完善。①

第四节　我国内地托育服务的发展历程与思考

随着社会发展，托育服务成为世界性议题，也成为儿童教育与照顾的重要课题。托育服务是对亲职教育的补充性服务，儿童托育是指为补充父母的照顾与教养，而于家庭外提供一段时间的组织化照顾及发展机会，其组织与服务形态是多样的。托育服务由父母授权，以完成父母不能亲自照顾幼儿时的任务。提供托育服务的主体有托儿所、幼儿园等各种形式。托育服务的功能是补充并支持正向亲职教育、促进儿童身心发展等。从社会福利角度来看，托育服务是重要的服务输送体系，满足双职工家庭需求和保障妇女就业权利。②

随着"全面三孩"政策的实施，我国0~6岁儿童尤其是0~3岁婴幼儿托育服务需求越来越大。党的十九大报告把"幼有所育"作为需要取得"新进展"的七项重点民生任务之一，健全托育服务体系成为推进

---

① 林胜义：《社会工作概论》（修订版），台北：五南图书出版股份有限公司，2001，第198~199页。

② 刘翠华、黄泽兰、许雅乔、许芳玲：《托育服务概论——政策、法规与趋势》，台北：扬智文化事业股份有限公司，2007，第4~16页。

"幼有所育"的首要任务。2019 年 5 月 9 日，国务院办公厅发布了《关于促进 3 岁以下婴幼儿照护服务发展的指导意见》，这不仅为解决"入托难""入托贵"等一系列民生问题指明了方向，也助力了"幼有所育"这一任务的实现。新中国成立 70 多年来，托育服务的发展受到政府政策、经济发展水平、社会价值倡导等多方面因素的影响，在历史进程中经历了从确立到消解再到重建的曲折发展历程。我国当前的托育服务供给处于"政府缺位、市场失灵、社会失职、家负全责"的失衡状态，[①] 面临有需欠供、结构失衡、服务质量参差不齐等一系列问题。新中国成立 70 多年来，我国主要经历了改革开放前的社会主义建设探索时期和改革开放以来的社会主义现代化建设新时期两个发展阶段，本书梳理各类与托育服务有关的政策、学术研究文献等，分析各历史时期我国托育服务的发展状况及水平，总结历史经验，以史为鉴，根据我国目前基本国情探究托育服务未来发展方向。

一　改革开放以前我国托育服务的发展历程

改革开放以前的社会主义建设探索时期主要包括向社会主义过渡时期、全面建设社会主义时期、"文化大革命"时期和徘徊时期。由于经济建设需要和计划经济体制的特点，这一时期的托育服务强调国家和集体的责任，幼教事业有明显的福利性质。

(一) 向社会主义过渡时期 (1949~1955 年)

1. 社会背景

这一时期是新民主主义社会向社会主义社会过渡的时期，中国共产党带领人民巩固政权，恢复和发展经济，建立起社会主义制度。马克思主义的家务劳动社会化是妇女解放前提条件的观点，是新中国成立之后 30 多年间我国干预儿童照顾的主要依据，国家建设对妇女劳动力的需求是一个重要甚至起决定作用的推动因素。[②] 新中国成立初期，全面恢复和发展生产的

---

① 杨菊华：《三岁以下托育服务的现状与对策》，《福建日报》2017 年 8 月 21 日。
② 张亮：《中国儿童照顾政策研究——基于性别、家庭和国家的视角》，博士学位论文，复旦大学，2014。

国家建设目标需要大量的劳动力投入，"未充分开发的"妇女劳动力被视作新劳动力的重要来源之一。① 妇女运动领导者充分利用这一话语资源，推动儿童照顾社会化，托育服务问题与妇女解放问题密切相关。

2. 托育政策和服务发展状况

在新中国成立之后的第一个国际"三八"妇女节，邓颖超以妇女运动者的身份在为《人民日报》撰写的社论中首次明确要求国家、社会对儿童照顾提供支持。② 1950年8月，第一次全国女工工作会议把儿童照料社会化与普通劳工阶层妇女解放联系起来，提出对家务、幼儿照料的公共支持是妇女参与包括就业在内的社会公共活动的前提条件。③ 9月，中华全国民主妇女联合会第一届第三次执行委员会扩大会议第一次真正完整系统地论述了妇女解放、妇女就业和家务劳动、幼儿照料社会化之间的关系，此次会议在总结新中国成立一年来妇女解放、妇女工作的经验和问题的基础上，把儿童照顾问题作为一个公共问题进行了重点论述。④ 1952年颁发的第一部有关幼儿教育的规章——《幼儿园暂行规程（草案）》，规定幼儿园的任务是：根据新民主主义教育方针教养幼儿，使他们的身心在入小学前获得健全的发育；减轻母亲养育幼儿的负担，使母亲有时间参加政治生活、生产劳动、文化教育活动等。⑤ 1953年实施的《中华人民共和国劳动保险条例实施细则修正草案》第51条规定："实行劳动保险的企业的女工人女职员，有四周岁以内的子女二十人以上，工会基层委员会与企业行政方面或资方协商单独或联合其他企业设立托儿所。"⑥ 1955年，国务院发布了《关于工矿、企业自办中、小学和幼儿园的规定》，要求各工矿企业单独或联合创办

① 中华全国妇女联合会编《毛泽东周恩来刘少奇朱德论妇女解放》，人民出版社，1988，第64页。
② 邓颖超：《学会本领，做好工作》，载中华全国妇女联合会编《蔡畅、邓颖超、康克清妇女解放问题文选（1938年—1987年）》，人民出版社，1988，第167~168页。
③ 蔡畅：《加一把力，做好女工工作》，载中华全国妇女联合会编《蔡畅、邓颖超、康克清妇女解放问题文选（1938年—1987年）》，人民出版社，1988，第181~183页。
④ 邓颖超：《关于城市妇女工作的几个问题》，载中华全国妇女联合会编《蔡畅、邓颖超、康克清妇女解放问题文选（1938年—1987年）》，人民出版社，1988，第194~197页。
⑤ 唐淑、钱雨、杜丽静、郑影：《中华人民共和国幼儿教育60年大事记（上）》，《学前教育研究》2009年第9期，第66~69、71页。
⑥ 杨菊华：《为了生产与妇女解放：中国托育服务的百年历程》，《开放时代》2022年第6期，第54~71、6页。

托幼机构，以解决本单位职工子女入托入园的需求，经费由各单位列入财政预算。[①]

政府重视公共托育服务，我国各地的 3 岁以下的婴幼儿进入公立托育机构的人数有一个火箭般的蹿升[②]，城镇社区和企事业单位兴办了大量托儿所和幼儿园，其中，托儿所主要面向 0~3 岁婴幼儿，与女职工产假时间相衔接，孩子出生满 56 天就可以入托。[③]

（二）全面建设社会主义时期（1956~1965 年）

1. 社会背景

这一时期是中国共产党带领人民为寻找适合中国国情的社会主义建设道路而艰苦探索的历史阶段，成功与失误并存，在探索中曲折前进。20 世纪 50 年代中后期开展的"大跃进"和人民公社化运动，需要大量妇女劳动力参加生产建设，托育服务发展迅速。进入 60 年代上半期，中国社会经济发展进入"调整、巩固、充实、提高"的整顿调整时期，社会上出现劳动力过剩的问题，妇女就业面临岗位不足的困境，旨在支持妇女就业的儿童照顾服务受到的关注也因此减少，托育供给随之减少。由此可见，该阶段托育服务状况仍然与调节妇女劳动力供给密切相关。

2. 托育政策和服务发展状况

在 1956 年举行的第一届全国人民代表大会第三次会议上，邓颖超从保护妇女儿童健康和安全问题的角度呼吁解决儿童照顾问题。[④] 同年，在党的八大会议上，邓颖超、蔡畅发言倡导发展多种多样的托儿组织。[⑤] 1956 年，

---

① 史慧中：《中华人民共和国幼儿教育 50 年大事记（二）》，《幼儿教育》1999 年第 11 期，第 10~11 页。

② 刘中一：《我国托育服务的历史、现状与未来》，《经济与社会发展》2018 年第 4 期，第 70~74 页。

③ 蒋永萍：《0~3 岁儿童养育公共服务与政策支持探析》，《中国人口报》2017 年 1 月 23 日，第 3 版。

④ 邓颖超：《进一步发挥妇女参加生产的积极性，保护妇女儿童的健康和安全》，载中华全国妇女联合会编《蔡畅、邓颖超、康克清妇女解放问题文选（1938 年—1987 年）》，人民出版社，1988，第 281 页。

⑤ 邓颖超：《在党的领导下，团结和发挥广大妇女群众的力量》，载中华全国妇女联合会编《蔡畅、邓颖超、康克清妇女解放问题文选（1938 年—1987 年）》，人民出版社，1988，第 287 页。

教育部、卫生部、内务部发布了《关于托儿所、幼儿园几个问题的联合通知》，对托儿所、幼儿园的发展方针、领导制度及培训干部等问题做了规定，提出应当按照"全面规划、加强领导"和"又多、又快、又好、又省"的方针，根据需要与可能的条件，积极兴办托儿所和幼儿园。[①] 1958 年 11 月，在党的八届六中全会通过的《关于人民公社若干问题的决议》中，"办好托儿所和幼儿园"被列入人民公社的任务之中，并提出"要办好托儿所和幼儿园，使每一个孩子比在家里生活得好、教育得好，使孩子们愿意留在那里，父母也愿意把孩子放在那里"的发展目标。[②] 1960 年 7 月，中共中央批转劳动部、中华全国总工会、全国妇联党组《关于女工劳动保护工作的报告》，强调公共儿童照顾服务对保证妇女劳动参与率的积极作用。[③]

20 世纪 50 年代中后期我国托幼机构在短时期内出现了爆发式增长，儿童入托入园人数急剧上升。全国托幼机构由 1957 年的 1.6 万多所猛增至 1958 年 69.5 万所，到 1960 年又增至 78.5 万所，入园幼儿增至 2900 多万人（1959 年为 217 万人）。60 年代初，政府对托育服务的关注逐渐淡化，1961 年，托幼机构剧降至 6 万所，到 1965 年进一步降至 1.9 万所。[④] 儿童入园数量也急剧缩减，到 1965 年已降至 171.3 万人左右。[⑤]

（三）"文化大革命"时期（1966~1976 年）

1. 社会背景

"文化大革命"期间，在以阶级斗争为纲的政治背景下，儿童照顾和家务劳动社会化问题一起淡出了妇女组织、党和国家的议事日程之中，我国托育服务的发展遭遇停滞甚至是倒退。直到 20 世纪 70 年代初期"晚、稀、少"的计划生育政策，特别是 70 年代中期"优生优育"观念对孩子质量的

① 唐淑、钱雨、杜丽静、郑影：《中华人民共和国幼儿教育 60 年大事记（上）》，《学前教育研究》2009 年第 9 期，第 66~69、71 页。
② 杨菊华：《为了生产与妇女解放：中国托育服务的百年历程》，《开放时代》2022 年第 6 期，第 54~71、6 页。
③ 潘锦棠：《中国女工劳动保护制度与现状》，《妇女研究论丛》2002 年第 4 期，第 12~16、59 页。
④ 史慧中：《中华人民共和国幼儿教育 50 年大事记（三）》，《幼儿教育》1999 年第 12 期，第 13~15 页。
⑤ 张亮：《中国儿童照顾政策研究——基于性别、家庭和国家的视角》，博士学位论文，复旦大学，2014。

强调刺激了国家和社会对儿童照顾的干预,托育服务重新得到发展。

2. 托育政策和服务发展状况

1975 年,卫生部妇幼局在江苏省如东县召开了妇幼保健、优生优育、幼儿教育座谈会。此后,江苏省乃至全国推广了如东县三项工作一齐抓的工作经验。托育服务的供给缓慢增加,儿童入园数有所回升,1973 年以后,儿童入园数上升速度加快,到 1975 年已恢复到 20 世纪 50 年代中期的水平,1976 年比前一年增加了一倍,达到 1395.5 万人。[①] 我国广大城乡地区基本上建立起了相对完善的托育服务体系。由于得到了政府的鼓励和支持,绝大多数的托育机构都以单位或者村居为依托,具有明显的福利性。[②]

(四) 徘徊时期 (1976~1978 年)

1976~1978 年,党中央粉碎“四人帮”篡党夺权的阴谋、平反冤假错案等为改革开放铺平了道路。但是这一时期托育服务并没有取得发展,经历一个短暂的衰退期,1978 年的入园儿童数量减至 787.7 万人。

二　改革开放以来我国托育服务的发展历程

改革开放以来,我国儿童福利政策发展历经 1978~1989 年儿童福利政策的恢复与重建、1990~2010 年儿童福利政策的迅速发展、2011~2022 年儿童福利政策的重大突破等阶段。[③] 托育服务是儿童福利的重要组成内容,因此,本书根据改革开放以来儿童福利政策的三个阶段来划分托育服务发展时间段。社会主义市场经济体制的建立和发展以及新时期人口政策的调整影响着托育服务的发展。

(一) 儿童福利政策的恢复与重建阶段 (1978~1989 年)

1. 社会背景

20 世纪 70 年代末到 80 年代初,妇女组织重提家务劳动社会化对妇女

---

① 史慧中:《中华人民共和国幼儿教育 50 年大事记 (三)》,《幼儿教育》1999 年第 12 期,第 13~15 页。

② 刘中一:《我国托育服务的历史、现状与未来》,《经济与社会发展》2018 年第 4 期,第 70~74 页。

③ 李冠宇:《改革开放以来我国儿童福利政策研究》,硕士学位论文,河南师范大学,2015。

解放的重要性，再次主张为满足经济建设对妇女劳动力的需求而发展公共儿童照顾服务，儿童照顾问题被重新列入妇女组织的工作内容。与此同时，公共部门、企业却以解决劳动力过剩为目的让妇女退出就业领域，重返家庭照顾幼儿。① 1978 年，党的十一届三中全会召开，我国开始进行市场化改革。1984 年以来，中国经历了三次重大的经济体制改革②，进入了以"市场化"为主要特征的改革时期，托育服务不可避免地遭受影响。儿童的看护责任被"再家庭化"，工作父母的孩子照看问题不再被认为是一种普遍的社会需求，而是个体的责任，父母和家庭的照顾负担逐渐从政治话语中隐退。计划生育工作的完善和稳定使得托育工作转变为教育和提高人口素质工作。

2. 托育政策和服务发展状况

政府对托育服务重新重视起来，1978 年 9 月举行的中国妇女第四次全国代表大会指出："哺乳室、托儿所、幼儿园等幼托事业，是实现家务劳动社会化的重要方面。广大妇女都要关怀它，爱护它，培植它，和有关部门一道，把这一伟大的事业认真办好。"③ 妇女组织全国妇联副主席罗琼在 1979 年 3 月召开的全国妇联第四届第二次常委扩大会议上发言指出，妇联要积极联合有关单位，根据生产发展的需要和可能，加速发展托幼事业和各种服务事业，减轻职工、社员的后顾之忧。首先要恢复和发展托儿所、幼儿园、哺育室，积极解决家中无人照顾的孩子的入托问题。④ 1979 年 6 月，党的五届人大二次会议《政府工作报告》提出"要十分重视发展托儿所、幼儿园，加强幼儿教育"。1979 年 7 月 28 日，教育部、卫生部、国家劳动总局、全国总工会和全国妇联等五部门联合召开了全国托幼工作会议

---

① 张亮：《中国儿童照顾政策研究——基于性别、家庭和国家的视角》，博士学位论文，复旦大学，2014。

② 1984 年 10 月，党的十二届三中全会通过了《中共中央关于经济体制改革的决定》；1993 年 11 月，党的十四届三中全会通过了《中共中央关于建立社会主义市场经济体制若干问题的决定》；2003 年 10 月，党的十六届三中全会通过了《中共中央关于完善社会主义市场经济体制若干问题的决定》。这三个关于经济体制改革的决定，对推动中国改革起到了关键性的作用。

③ 康克清：《新时期中国妇女运动的崇高任务》，载中华全国妇女联合会编《蔡畅、邓颖超、康克清妇女解放问题文选（1938 年—1987 年）》，人民出版社，1988，第 337 页。

④ 罗琼：《紧跟党的工作着重点的转移做好妇女工作——全国妇联第四届第二次常委扩大会议上的报告（1979）》，中国妇女研究网，https://www.wsic.ac.cn/index.php? m = content&c = index&a = show&catid = 37&id = 655。

并发布《全国托幼工作会议纪要》，指出"办好托幼事业……是做好计划生育工作的重要保证"，"从目前我国的实际情况出发，为了满足群众普及托幼组织的要求，应继续提倡机关、部队、学校、工矿、企事业等单位积极恢复和建立哺乳室、托儿所、幼儿园……农村要大力发展农忙托幼组织，有条件的社队要举办常年托儿所、幼儿园（班）"，并做出了由国务院设立"托幼工作领导小组"的决定，同时要求各省（区、市）设立地方托幼工作领导小组。① 1980 年的《政府工作报告》指出，"加强幼儿教育和托儿工作"。1983 年 9 月，国家教育委员会发布的《关于发展农村幼儿教育的几点意见》指出"农村应以群众集体办园为主，充分调动社（乡）、队（村）的积极性"。10 月，人民公社解体，农村托育服务体系由依托人民公社转为依托乡镇政府。1984 年，国有企业改革和单位制解体使得作为职工集体福利的托育服务逐渐剥离出单位。1986 年发布的《关于进一步办好幼儿学前班意见》指出举办学前班是发展农村幼儿教育的一条重要途径，也是满足城镇地区群众送子女接受学前教育要求的一种形式。为城乡儿童提供不同年限的教育服务成为之后几十年城乡二元早期教育计划和方案。1988 年，国家教委等八部门联合制定《关于加强幼儿教育工作的意见》，明确指出"养育子女是儿童家长依照法律规定应尽的社会义务，幼儿教育不属义务教育"，托育服务不再是由单位提供的一项集体福利，而是需要家庭向市场购买的服务；"要继续调动企业、事业、机关、团体、部队、学校等单位举办幼儿园的积极性，可采取单独举办或联合举办幼儿园的形式，解决其职工子女的入园问题"，对托儿所的发展没有做要求；首次明确了新的发展思路，"幼儿教育事业的发展应把重点放在城市以及经济发展快、教育基础比较好的农村地区。在城市，要逐步满足群众送子女入园（班）的要求；在农村，可先发展学前一年教育，有条件的地方要发展农村幼儿园以及办好乡中心幼儿园"。②

这一阶段，3 岁以上儿童的教育问题得到了我国政府和社会的重视，3 岁以下儿童的托育问题被搁置。政府颁布了《城市托儿所工作条例（试行

---

① 杨菊华：《为了生产与妇女解放：中国托育服务的百年历程》，《开放时代》2022 年第 6 期，第 54~71、6 页。

② 《国务院办公厅转发国家教委等部门关于加强幼儿教育工作意见的通知》，《中华人民共和国国务院公报》1988 年第 18 期，第 590~595 页。

草案）》《三岁前小儿教养大纲（草案）》《托儿所、幼儿园卫生保健制度》等政策。[①] 虽然托育服务的主要影响因素从妇女解放、调节妇女劳动力逐步转变为优生优育、提高人口素质，但是托育服务仍然以集体福利的形式提供，在园儿童数量仍然持续攀升。

（二）儿童福利政策的迅速发展阶段（1990~2010年）

1. 社会背景

在1994年分税制改革之前，在地方政府财力的支持下，托育服务主要以集体福利的形式来提供。[②] 1995~2010年，托育服务进入以私为主、公共和私人市场并举阶段。[③] 自2003年以来，国家的发展战略与目标发生了转型，科学发展观、构建和谐社会目标相继提出，国家在社会福利上的公共开支大幅增加，社会福利领域也有所扩大。随着优生优育政策的实施和人民生活水平的提高，社会对学前教育的数量和品质都提出了更高的要求。中国主要的幼儿教育和保育形式有幼儿园（3~6岁幼儿教育）和托儿所（2个月~2岁婴幼儿保育）。但受儿童照顾是个体家庭责任的观念影响，在国家日益关注公共福利的情况下，针对托育照顾的经济支持政策仍然空白。由于0~3岁幼儿托育服务的社会化风险系数大，很难获得经济回报，社会化举办的积极性不高。政府投入不足、资源短缺、城乡发展不平衡等问题使得学龄前儿童"入园难""入园贵"问题日益突出。此外，提前退休的就业形势、农村劳动力进城务工、劳动者收入差距扩大等多种因素造成的托育需求的减少也使得托儿所日渐减少。

2. 托育政策和服务发展状况

1990年，各地的《计划生育条例》经济支持政策中包括"报销部分托育和管理费用"。1992年，我国出台第一份儿童发展规划——《九十年代中国儿童发展规划纲要》，这是中国第一部从国情出发和参照世界儿童问题首脑会议提出的全球目标和《儿童权利公约》而制订的以儿童为主体、促进

---

① 亓迪：《促进儿童发展：福利政策与服务模式》，社会科学文献出版社，2018，第223页。

② 张颖、周沛然、张秋洁：《幼儿教育政策：从福利化到社会化》，载张秀兰主编《中国教育发展与政策30年（1978-2008）》，社会科学文献出版社，2008，第46~88页。

③ 张亮：《中国儿童照顾政策研究——基于性别、家庭和国家的视角》，博士学位论文，复旦大学，2014。

儿童发展的国家行动计划，设立了 90 年代我国儿童生存、保护和发展的主要目标，包括"三至六岁幼儿入园（班）率达到 35%"，而对 3 岁以下婴幼儿入园入托率则没有设立发展目标。[①] 1992 年国企改革之后，企业停止了对托幼机构的资金投入，托幼机构转而依靠收费来维持运转。1995 年，《关于企业办幼儿园的若干意见》提出要"推进幼儿教育逐步走向社会化""改革现行幼儿园收费制度"，确立了托育服务由公共提供占主导向由公共和私人市场共同提供发展的原则。[②] 1997 年的《全国幼儿教育事业"九五"发展目标实施意见》指出，随着经济体制改革的深化，应积极稳妥地进行幼儿园办园体制改革，进一步明确各级政府的责任，探索适应社会主义市场经济的办园模式和内部管理机制，逐步推进幼儿教育社会化。"幼儿教育属非义务教育，发展这项事业应坚持政府拨款、主办单位和个人投入、幼儿家长缴费、社会广泛捐助和幼儿园自筹等多种渠道。"[③] 2000 年，教育部正式提出"学前教育从零岁开始"，学前教育的范围从原来的 3~6 岁，扩充为 0~6 岁。0~3 岁幼儿的托教正式受到国家重视。到 2001 年，各级政府和有关部门坚持"儿童优先"的原则，加强领导、强化责任、制定政策、采取措施、认真实施，基本实现了《九十年代中国儿童发展规划纲要》提出的主要目标，使儿童生存、保护和发展取得了历史性的进步。2001~2010 年是中国经济和社会发展极为重要的时期，推动现代化建设、实现经济和社会的全面进步，必须把提高国民素质、开发人力资源作为战略任务，必须从儿童早期着手，培养适应新世纪需要的高素质人才。儿童期是人的生理、心理发展的关键时期，为儿童成长提供必要的条件，给予儿童必需的保护、照顾和良好的教育，将为儿童一生的发展奠定重要基础。[④]《中国儿童发展纲要（2001—2010 年）》中提出了"适龄儿童基本能接受学前教育""发展 0—3 岁儿童早期教育""大中城市和经济发达地区适龄儿童基本能接受学前 3 年教育，农村儿童学前 1 年受教育率有较大提高"的主要目标，及

① 刘翠华、黄泽兰、许雅乔、许芳玲：《托育服务概论——政策、法规与趋势》，台北：扬智文化事业股份有限公司，2007，第 206 页。
② 亓迪：《促进儿童发展：福利政策与服务模式》，社会科学文献出版社，2018，第 223 页。
③ 《全国幼儿教育事业"九五"发展目标实施意见》，《学前教育研究》1998 年第 2 期，第 58~60 页。
④ 刘翠华、黄泽兰、许雅乔、许芳玲：《托育服务概论——政策、法规与趋势》，台北：扬智文化事业股份有限公司，2007，第 206 页。

"发展学前教育。建立并完善 0~3 岁儿童教育管理体制。合理规划并办好教育部示范性幼儿园，同时鼓励社会多渠道、多形式发展幼儿教育。积极探索非正规教育形式，满足边远、贫困地区及少数民族地区幼儿接受学前教育的需要"的策略措施。2003 年通过的《关于幼儿教育改革与发展的指导意见》提出未来 5 年要"形成以公办幼儿园为骨干和示范，以社会力量兴办幼儿园为主体，公办与民办、正规与非正规教育相结合的发展格局"，强调要支持社会力量兴办托育组织和托育服务中心，政府和社会开始为 0~6 岁的婴幼儿构建早教服务体系，提出经济支持政策即"各地区要采取切实措施确保低收入家庭和流动人口的子女享有接受幼儿教育的机会。对社会福利机构、流浪儿童救助保护机构的适龄儿童，要给予照顾，有关费用予以减免"。2006 年，国务院办公厅出台《人口发展"十一五"和 2020 年规划》，指出要大力普及婴幼儿养育和家庭教育科学知识，开展婴幼儿早期教育。2010 年，国家颁布《全国家庭教育指导大纲》，指出由人口计生部门负责 0~2 岁儿童早期发展的推进工作，将其逐步纳入公共服务范畴。[①] 2010 年，国务院常务会议审议并通过《国家中长期教育改革和发展规划纲要（2010—2020 年）》，针对投入不足、资源短缺、城乡发展不平衡等问题，提出把发展学前教育纳入城镇、社会主义新农村建设规划；建立政府主导、社会参与、公办民办并举的办园体制；大力发展公办幼儿园，积极扶持民办幼儿园；加大政府投入力度，完善成本合理分担机制，对家庭经济困难幼儿入园给予补助；要重视 0~2 岁婴幼儿早期教育，加强科学育儿宣传，并且出台了加速发展学前教育的文件，如《国务院关于当前发展学前教育的若干意见》提出了财政投入要求；根据各地的学前教育情况，以县为单位实施了"学前三年行动计划"；设立了中央专项资金，以中西部农村地区为重点，引导各地加大投入力度。

脑科学研究的新进展使人们认识到 0~3 岁是人一生发展最为迅速和关键的时期，是开发人的潜能的最佳时期，国际社会出现了 0~6 岁儿童保育和教育一体化的趋势。这一时期，我国也出现了 0~6 岁学龄前儿童保育和教育一体化的发展趋势，使原来以家庭养育为主的 0~3 岁儿童教育模式，转化为全社会关注和参与的保育和教育相结合的教育模式，使 0~3 岁和 3~

---

① 亓迪：《促进儿童发展：福利政策与服务模式》，社会科学文献出版社，2018，第 223 页。

6 岁这两个年龄段之间产生了衔接。但是，0~3 岁低龄儿童的教育缺少真正的教育实体可以依托。[1]

这一时期，在园人数方面，1990~1995 年学龄前儿童在园人数持续增长，到 1995 年达 2711.2 万人。自 1996 年开始，在园儿童数又逐年递减，到 2003 年降至 2003.9 万人。自 2004 年以来，在园儿童数又逐渐回升，到 2010 年在园儿童数（包括学前班）达 2976.67 万人，学前教育毛入园率达到 56.6%。[2] 我国 3 岁以下儿童入托入园人数，到 2010 年已达 206.5 万人，比 2004 年增加将近一倍。[3] 在市场化方面，2004 年，由私人市场提供的托育服务开始超过公共托育服务规模，且私人市场所占比例持续上升。

（三）儿童福利政策的重大突破阶段（2011~2022 年）

1. 社会背景

2011 年 11 月，全国各地全面实施“双独二孩”政策，2013 年 12 月，“单独二孩”政策依法启动实施，2016 年 1 月 1 日，正式放开“全面二孩”，2021 年，“全面三孩”政策实施。这给我国学前教育事业的发展带来巨大的挑战，要求学前教育不断进行供给侧改革，提高供给端的数量和质量，满足人民群众日益增长的对美好教育的需求。[4] 这一阶段托育服务再次向公共服务转变，与以往不同的是，国家不再通过单位来间接投入托育服务，而是以直接举办或资助私人市场的形式对托育服务进行投入。

2. 托育政策和服务发展状况

2010 年，《国务院关于当前发展学前教育的若干意见》（以下简称《意见》）出台，国家对于学前教育责任的观念有所转变，“发展学前教育，必须坚持公益性和普惠性，努力构建覆盖城乡、布局合理的学前教育公共服务体系，保障适龄儿童接受基本的、有质量的学前教育；必须坚持政府主导、社会参与、公办民办并举，落实各级政府责任，充分调动各方面积极

---

① 刘翠华、黄泽兰、许雅乔、许芳玲：《托育服务概论——政策、法规与趋势》，台北：扬智文化事业股份有限公司，2007，第 214 页。

② 《2010 年全国教育事业发展统计公报》，《中国地质教育》2011 年第 3 期，第 93~96 页。

③ 张亮：《中国儿童照顾政策研究——基于性别、家庭和国家的视角》，博士学位论文，复旦大学，2014。

④ 谢先成：《办有质量的学前教育 实现“幼有所育”美好愿望——访全国著名学前教育研究专家、华中师范大学蔡迎旗教授》，《教师教育论坛》2018 年第 12 期，第 4~7 页。

性……大力发展公办幼儿园，提供'广覆盖、保基本'的学前教育公共服务。加大政府投入，新建、改建、扩建一批安全、适用的幼儿园。……各级政府要将学前教育经费列入财政预算。新增教育经费要向学前教育倾斜。……中央财政设立专项经费，支持中西部农村地区、少数民族地区和边疆地区发展学前教育和学前双语教育"。《意见》还改变了财政经费的筹措渠道，地方政府依然是主要的财政投入主体，但中央政府重新对托育服务负有一定的投资责任。2011 年发布的《中国儿童发展纲要（2011—2020年）》再次强调了政府在学前教育上的责任，以及学前教育的公益性和普惠性。在民生话语的影响下，儿童早期教育是公共责任的理念开始浮现。《中国儿童发展纲要（2011—2020 年）》中强调"加快发展 3—6 岁儿童学前教育"，"基本普及学前教育。学前三年毛入园率达到 70%，学前一年毛入园率达到 95%"。虽然提到要"促进 0—3 岁儿童早期综合发展"，但只是"为 0—3 岁儿童及其家庭提供早期保育和教育指导"，而不是包含照看功能的服务。2012 年，国家出台《国家教育事业发展第十二个五年规划》，提出 0~2 岁儿童早期教育"公益性"的发展方向。[1] 2012 年 10 月 9 日，教育部正式颁布《3—6 岁儿童学习与发展指南》，对防止和消除学前教育"小学化"现象提供了具体方法和建议。[2] 2016 年，我国开始实施"全面二孩"政策，社会对婴幼儿托育和社会保障等公共服务体系的完善提出了更高的要求。[3] 2017 年 10 月，党的十九大报告提出"幼有所育"。2017 年 12 月，十二届全国人大常委会第三十一次会议第四次全体会议表决通过《全国人民代表大会教育科学文化卫生委员会关于第十二届全国人民代表大会第五次会议主席团交付审议的代表提出的议案审议结果的报告》，学前教育立法被列入十二届全国人大常委会立法规划。2018 年 7 月，教育部办公厅颁发了《关于开展幼儿园"小学化"专项治理工作的通知》，要求各地坚决纠正幼儿园"小学化"倾向，切实提高幼儿园科学保教水平。2018 年 11 月 7 日，中共中央、国务院下发了《关于学前教育深化改革规范发展的若干意见》，提出了"完善学前教育公共服务体系，切实办好新时代学前教育，更好实现幼有所育"的目

---

① 亓迪：《促进儿童发展：福利政策与服务模式》，社会科学文献出版社，2018，第 223 页。
② 《教育部关于印发〈3—6 岁儿童学习与发展指南〉的通知》，《幼儿教育》2012 年第 31 期，第 4 页。
③ 亓迪：《促进儿童发展：福利政策与服务模式》，社会科学文献出版社，2018，第 223 页。

标，内容涵盖了优化布局与办园结构、拓宽途径扩大资源供给、健全经费投入长效机制与大力加强幼儿园教师队伍建设等多个方面，对我国学前教育事业的未来发展进行了总体布局和顶层设计，为今后儿童能够享受到更加充裕、更加普惠、更加优质的学前教育提供了坚实的保障。2019 年 3 月两会期间，政府将 0~3 岁幼儿的托育摆上关乎国计民生的重要地位。2019 年 5 月 9 日，国务院办公厅发布《关于促进 3 岁以下婴幼儿照护服务发展的指导意见》，促进婴幼儿照护服务发展。2019 年 6 月，财政部、国家税务总局等部门发布关于托育等社区家庭服务业税收优惠政策，支持社区托育服务发展。2019 年被业界称为"托育元年"。2021 年，《中共中央 国务院关于优化生育政策促进人口长期均衡发展的决定》提出要构建普惠托育服务体系。

2016 年，全国共有幼儿园 23.98 万所，入园儿童 1922.09 万人，在园儿童（包括附设班）4413.86 万人。幼儿园园长和教师共 249.88 万人，学前教育毛入园率达到 77.4%。[①] 根据我国的实际情况，3~6 岁儿童已经被纳入相对完善的学前教育体系，教育部第三期学前教育行动计划以普及为主题、普惠为主线，确定了到 2020 年全国学前三年毛入园率达到 85%、普惠性幼儿园覆盖率达到 80% 左右的"双普"规划目标。与此同时，面向 0~3 岁婴幼儿的托育服务则严重滞后。现阶段，我国 0~3 岁婴幼儿托育服务方面主要存在入托率低、社会托育服务供需不平衡现象严重、家庭对托育需求多元化与托育机构单一化之间存在矛盾、现有托育机构的发展水平参差不齐、双薪家庭的"工作-育儿"平衡困境凸显、托育服务事业顶层设计意识缺乏和相关法律政策缺位等问题。[②] 政府法律责任、财政责任和管理责任缺失导致托育服务供给不足，我国应选择权威-商业-志愿混合型托育服务供给模式。我国实现托育服务有效供给应主要依赖六条路径：加快建章立制，建立行政准入制度；建立由民政部门主管的行政管理体制；出台财政和社会政策，激活市场和社会主体；利用大数据，引导产业资源合理配置；出台政策支持社区平台，倡议互助方式；倡导家庭承担首要责任，探索配套的家庭政策。[③]

① 《2016 年全国教育事业发展统计公报》，《中国地质教育》2017 年第 4 期，第 98~101 页。
② 亓迪：《促进儿童发展：福利政策与服务模式》，社会科学文献出版社，2018，第 212~216 页。
③ 赵建国、王瑞娟：《我国幼托服务供给模式选择及实现路径》，《社会保障研究》2018 年第 3 期，第 84~91 页。

纵观托育服务政策变迁发展历程，托育服务和学前教育服务、儿童福利以及教育政策、劳动政策、人口政策等紧密相连，我国托育服务发展的第一个高峰期出现在 20 世纪 50 年代左右，后来经过大约 10 年的低迷期到 70 年代迎来了第二个高峰期，但随着计划生育政策的实施，托育服务进入缩减期。80 年代初期，计划生育政策的局部调整，导致出生人口数出现了一个小反弹，托育服务迎来第三个高峰期。从 1988 年开始，随着全国范围内单位福利制度的逐步瓦解，原有城市托育服务体系再次进入缩减期。我国托育服务发展的第四个高峰期严格来说还没有出现，但是在我国政府的大力政策倡导和舆论宣传攻势下，已经初现端倪。①

三 现阶段我国托育服务的问题及展望

儿童福利包括儿童政策和服务，托育政策和服务是儿童福利的重要内容。作为补充性的儿童福利服务，托育服务具有照顾、保护和教育功能。②托育政策的影响因素经历了从家务劳动社会化与妇女解放到调节妇女劳动力供给、促进妇女就业再到优生优育、提高人口素质的转变。托育责任主体经历了由社会到家庭再到社会的转变。在历史的发展进程中，托育服务取得过一定的成就，也经历过没落。现阶段的托育服务发展正处于重建阶段，应借鉴以往的经验，发现和完善不足之处，促进托育服务更好发展。根据国际经验，儿童福利一般呈现慈善事业—立法—建立行政体系—有组织的服务—专业化的发展轨迹。当前我国托育服务问题主要集中在以下几个方面，需要进一步探究。

第一，法治体系不健全，缺少立法和保护机制。从新中国成立至今，我国制定了很多涉及婴幼儿托育服务的儿童福利政策，也相继制定实施了《幼儿园管理条例》《幼儿园工作规程》等法规性文件，在一定程度上推动了学前教育事业的发展和教育品质的提高。但是缺少托育服务方面的立法，导致儿童权益受侵害事件、"无证办园"等各类问题频繁发生。在学前教育方面，我国还没有出台一部专门的规范学前教育发展的法律，而且相关教

---

① 刘中一：《我国托育服务的历史、现状与未来》，《经济与社会发展》2018 年第 4 期，第 70~74 页。

② 郭静晃：《儿童福利概论》，新北：扬智文化事业股份有限公司，2013，第 388 页。

育法律对学前教育的规定过于笼统，难以调整当前学前教育快速发展中的种种关系，起不到促进学前教育事业健康发展的作用。[①] 对此，政府应完善立法和保护机制、加强执法监督、健全监护制度，进行学前教育立法和儿童福利立法，尤其需要立法规范 0~3 岁婴幼儿托育服务的运作模式。

第二，缺乏规范有效的托育行政管理体系。我国托育政策来自教育部、民政部、财政部、国家卫生健康委、国家发展改革委、人力资源和社会保障部、全国总工会和全国妇联等多个部门。政出多门，增加了社会对多个托育政策认知、理解和实施的难度。英国、美国、瑞典等儿童福利制度完善的国家都设立了相关的中央政府部门，借鉴他国经验，我国可以建立权威的管理机构，加强顶层设计，建立普惠型托育服务体系，对托育服务进行系统化的管理。

第三，政府财政投入不足。儿童是国家的未来，是国家最重要的资产，对儿童的投资是对国家未来的投资。儿童教育和照顾不仅是家庭的责任，而且是对国家未来的投资。政府应明确婴幼儿与国家、家庭之间的关系，强调政府主导作用，在政策和财政方面给予托育服务更多的支持，加大公共财政对托育服务体系建设的投入力度，鼓励社会力量参与提供托育服务，强化社区托育服务功能，建立以社区为基础的工作运行机制，充分挖掘和利用社区资源，缩小城乡差距，加快托育服务城乡一体化发展。另外，忽视对 0~3 岁婴幼儿的关注、从业人员专业素质参差不齐、社会力量介入不足等也是应进一步关注的问题。

顺应"全面三孩"等人口政策的调整和实施，我国社会对托育服务的需求日益强烈，这种需求不再仅仅停留在照料婴幼儿日常生活起居方面，而是追求婴幼儿的早期教育，希望国家和社会能够提供教育与照顾整合的服务，这也是我国提升人口素质和建设人力资本强国的必然要求。因此，新时代我国发展儿童早期教育和照顾服务，应顺应国际发展趋势和借鉴国际先进经验，建设保教一体化或幼托整合的儿童教育照顾综合服务体系，实现 0~6 岁儿童的教育和照顾的衔接与整合，构建照顾、教育和保护一体化的托育服务体系，尤其是在相关政策设计和服务实施方面明确对流动学

---

① 谢先成：《办有质量的学前教育 实现"幼有所育"美好愿望——访全国著名学前教育研究专家、华中师范大学蔡迎旗教授》，《教师教育论坛》2018 年第 12 期，第 4~7 页。

前儿童教育照顾的支持。针对流动学前儿童家庭的困境，应大力发展公益性的托育服务，采用政府购买服务的形式，以社区为平台，由社会组织和社会工作专业力量等负责提供公益性托育服务，以及开办公益性幼儿园，优先服务流动学前儿童等处境不利儿童。

第五节　流动学前儿童早期发展项目的经验

一　北京四环游戏小组：流动学前儿童非正规学前教育的探索

农民工子女学前教育问题已成为亟须关注的社会问题。北京四环市场农民工的生活状况可概括为单调的活动空间、恶劣的居住环境、地域化的生活圈子、无规律的生活作息、放养式的教育方式和贫乏的文化氛围，其学前子女生活在这样的环境中，难以获得良好的照顾和教育。2004年4月，北京师范大学学前教育系张燕教授及其学生发起成立四环游戏小组，成立初衷是为四环市场摊商孩子提供就近的学前教育支持服务，探索流动学前儿童的非正规学前教育，寻求解决农民工学前子女受教育问题的道路。之后，四环游戏小组转型为一家致力于为家庭育儿提供支持的社区服务机构，通过培养妈妈老师和实行家长自治，唤醒家长的教育主体意识和教育潜力，促进社区居民交流与社区融合，让社区成为孩子的家。[1] 北京四环游戏小组是一种行动的力量，它融服务与研究于一体，在开展学前教育服务的同时进行行动研究，已出版了系列有影响的成果。

四环游戏小组是一种流动学前儿童非正规学前教育模式，包括"为幼儿开设有针对性的、适合他们特点的课程，突出对幼儿行为习惯的培养、语言发展教育和安全教育；突出适合教育对象特点的游戏活动"。由于正规教育的局限性和终身教育理论以及非正规教育理论的兴起，非正规教育逐渐受到了重视。非正规教育是在现行的正规教育系统以外的人和组织开展的旨在为明确的服务对象和学习目的服务的教育活动。[2] 非正规教育主要是

---

[1]　张燕、李远香主编《把种子埋进土里：四环游戏小组社区融合教育实践》，北京师范大学出版社，2018。

[2]　张燕主编《四环游戏小组的故事：面向流动儿童的非正规学前教育探索》，北京师范大学出版社，2009。

为失去学习机会的社会处境不利儿童提供教育服务，其形式多样、服务性强，有什么需求就提供什么样的教育服务。非正规教育与家庭和社区互动，融合度高，有利于广泛吸纳社会资源；能充分利用社区现有资源，还可以挖掘、组织、整合潜在的社区资源，使之转化为现实的教育资源。非正规教育具有费用低廉、少花钱多办事、低投入高效益、参与性广泛的特点。非正规教育就在街巷邻里之中，与社区有着天然联系，具有广泛的参与性。大力发展非正规幼儿教育能扩大幼儿教育的有效供给，是破解幼儿教育"入园难入园贵"问题的有效途径。[①] 四环游戏小组重视链接社区资源，融于社区、共同发展。四环游戏小组作为非正规学前教育组织，是社区学前教育的一种组织形式，必然要融于社区并与社区协同发展。四环游戏小组走低成本、高收效的道路，就地取材，充分挖掘当地的资源，社区资源是小组发展的源泉，人、财、物都可以为小组所用。[②]

四环游戏小组重视孩子和家长共同进步，兼具教育孩子和指导家长功能的活动主要有四环读书会、大型活动和安全小故事等。四环游戏小组为孩子们专设了图书角，架起老师、家长与孩子心灵沟通的桥梁，每天上午在两小时活动中专门留出一段时间坚持开展读书活动，引导孩子培养读书兴趣，养成良好的阅读习惯，提高阅读能力。四环游戏小组会在小组成立的周年日、六一儿童节等重大日子时举行庆祝活动，通过多样的活动主题、丰富精彩的活动内容，让孩子们在活动中受益。小组还举行了一些春游和秋游活动，让孩子们亲近大自然、感受大自然的美好。由于四环市场的家长忙于生计，无暇悉心照顾孩子的饮食起居，孩子大多处于一种粗放型的养育状态，这本身存在很大的隐患。为了防患于未然，更为增强幼儿与家长的安全意识，小组开展了一系列安全活动。

总之，四环游戏小组是针对社区流动儿童的学前教育组织，利用社区开展融合教育，挖掘家长、社区的教育资源，使托幼机构、家庭和社区形成一个完整的教育整体，共同为儿童的发展助力。四环游戏小组的社区融合教育既有先行者的探索意义，亦有本土的创新精神，四环游戏小组所做

① 张燕主编《非正规学前教育的理论与实践——基于四环游戏小组的探索》，北京师范大学出版社，2010。

② 张燕主编《四环游戏小组的故事：面向流动儿童的非正规学前教育探索》，北京师范大学出版社，2009。

的工作就如同把种子埋进土里，期待更美好的生发和更长久的延续。① 四环游戏小组主要从学前教育学视角出发，探索流动学前儿童非正规学前教育模式和社区融合教育。四环游戏小组带来的启示主要有：创设鼓励和扶持社会力量办学的政策环境，支持公益性教育组织发展，发挥公益性第三方组织的作用；加大宣传力度，提高公众对流动学前儿童教育的关注度，为公益性"幼儿园"寻求物质和资金支持。

二 神奇亲子园：广州市法泽社会工作服务中心的流动儿童早期发展项目

广州市法泽社会工作服务中心是 2013 年 8 月在广州市民政局注册登记成立的民办非企业公益组织，是一家致力于流动人口及其社区的赋能与发展的 5A 级社会组织。其扎根于流动人口聚集的城中村，通过社区教育和社区工作的方式服务流动人口，探索流动人口社区可持续发展的路径和基层协同治理机制的建立。广州市法泽社会工作服务中心培育的品牌项目有流动儿童早期发展项目和外来工社区融合项目。流动儿童早期发展项目于 2014 年启动，是专门为 2~3 岁的流动儿童及其家长提供儿童早期教育和亲子课堂服务的社区教育项目。儿童时期是个体社会化最为关键的时期，流动学前儿童处于个体社会化和大脑发育的重要时期，作为处境不利儿童，需要社会组织开展社区教育为其提供支持性的福利服务，弥补其早期教育的不足。流动儿童早期发展项目利用儿童早期发展理论、社会工作专业理论和方法，开展亲子早教课堂等社区活动，为流动学前儿童家庭提供教育支持，改善流动学前儿童的教育环境，促进流动学前儿童早期健康发展。亲子早教课堂作为儿童早期教育的社区教育项目，是社会组织参与社区治理、介入社区教育服务的积极探索。

广州市是全国外来流动人口最多的特大城市之一。其中，广州三元里村既是中国著名的历史文化名村，也是一个典型的城中村。全村面积 5.21 平方公里，常住人口超 10 万人，其中户籍人口 4.8 万人，来穗人口 5.8 万人，人口倒挂现象严重，环境也较为复杂。流动儿童跟随父母来到打工的

---

① 张燕、李远香主编《把种子埋进土里：四环游戏小组社区融合教育实践》，北京师范大学出版社，2018。

城市，大多在城中村长大，真正影响他们的是朝夕相伴的父母。养儿育女的负担使得流动家庭的父母投入忙碌的工作中，赚钱是为了让孩子得到更好的教育，但他们却忽略了孩子生命最初的渴望——早期发展和亲人的陪伴。① 流动学前儿童的教育成为迫切需要关注的问题。对流动儿童真正的关心，是在他们的幼儿时期给予科学的、充满爱的早期教育。可是受入托年龄或家庭条件所限，处于幼儿时期的流动儿童主要由妈妈或老人在家照看，其处在身体、语言、认知等发展的关键时期，因家长掌握的科学养育知识有限，遇到困难又难以寻求支持，孩子的成长发育受到影响，儿童的早期教育牵动着所有外来务工家长的心。2014 年，广州市法泽社会工作服务中心在广州三元里社区创建了第一个神奇亲子园，开展流动儿童早期发展服务。神奇亲子园流动儿童早期发展公益项目，是专门为 0～3 岁的流动儿童及其家长提供儿童早期发展和家长课堂服务的社区教育项目，旨在解决流动人口最迫切需要解决的子女早期教育问题，提升教育公平性，阻断贫困代际传递，让每个流动儿童都能在早期得到足够的发展，让生命在最初得到高质量的爱。项目通过建立流动儿童早期发展中心，培训社区妈妈成为早教老师，提供系统科学高质的幼儿早期发展教育，帮助 0～3 岁的流动儿童在语言、认知、健康、社交、艺术等五大领域得到全面发展，并通过开展家长课堂帮助家长掌握育儿知识，提升亲子沟通、自我情绪管理等方面的能力。在服务过程中通过家长互助小组、社区活动，拓展家长社会支持网络，推动社区融合建设。具体服务内容包括以下两个方面。

第一，神奇亲子园·流动儿童亲子课堂。课程周期是每学期 16 周，每周 4～5 天，每天 2 小时。每班 15 对亲子。课程内容基于幼儿身心发展特点，涉及健康、语言、认知、社交、艺术五大领域。将亲子互动活动贯穿整个服务过程，充分利用社区资源，增进亲子关系、提升家长育儿能力，增强学员社区归属感并增进社区居民对儿童早期发展的认识。

第二，神奇亲子园·家长（微）课堂。通过线上线下结合的方式开设家长（微）课堂，帮助家长了解幼儿各阶段发展状况以及特点，助力家长掌握育儿知识和技巧。家长课堂定期聘请在儿童早期发展领域有丰富经验

① 《神奇亲子园：流动儿童早期发展项目》，广州市法泽社会工作服务中心网站，https://www.faze.org.cn/blog/post/student-early-development。

的资深教育专家、老师，针对家长最关心的孩子教育问题，开设亲子沟通技巧、手工课、亲子游戏等课程，提升家长科学的教育能力，增进亲子关系。家长微课堂在每周四晚，通过微信直播和全国项目点的社群实时转播的形式，开设"安全防护""健康养育""亲子沟通""感统训练"等系列课程，帮助家长树立科学的教育观念、掌握育儿方法，陪伴家长共同创造融洽的家庭关系，打造一个儿童友好的社区环境。

流动儿童亲子课堂和家长（微）课堂使流动儿童和家长享受到高质量的普惠的早期教育。广州市法泽社会工作服务中心的流动儿童早期发展项目的一个特色是培训社区妈妈成为早教老师，使流动儿童家长从服务使用者成长为服务提供者。2016 年，广州市法泽社会工作服务中心开始实施品牌战略，其神奇亲子园流动儿童早期发展项目开始在全国多个流动人口聚集社区复制推广，让更多的流动家庭受益。神奇亲子园流动儿童早期发展项目成为享誉全国的品牌项目，获得 2018 年度教育公益项目荣誉。[①]

另外，根据资助者圆桌论坛、新公民计划和千禾社区基金会联合发布的《2018 流动儿童教育领域扫描报告》，全国有 50 多家流动儿童教育公益组织为 0~6 岁流动学前儿童提供了 70 多个早期发展支持服务项目，这些公益组织有一部分是社会工作服务机构，通过政策倡导、办公益幼儿园、送服务到幼儿园以及开办社区活动中心等为流动学前儿童教育和照顾提供支持服务。这 50 多家公益组织包括北京四环游戏小组，但没有提到广州市法泽社会工作服务中心。本书中介绍的社会工作介入流动学前儿童社区教育的一个案例是依托广州市法泽社会工作服务中心的流动儿童早期发展项目形成的，同时借鉴了我国香港地区幼儿园社会工作和台湾地区社区托育服务的案例经验，它们虽然不是面向流动学前儿童的项目，但其经验做法，尤其是社会工作参与提供学前儿童教育照顾服务的经验可以参考借鉴。

---

① 《神奇亲子园：流动儿童早期发展项目》，广州市法泽社会工作服务中心网站，https://www.faze.org.cn/blog/post/student-early-development。

第三章　流动学前儿童教育照顾服务现状调查与分析

　　随着我国城市化进程的加快，流动人口迁移家庭化趋势逐渐凸显。[①]
2013 年《全国农村留守儿童 城乡流动儿童状况研究报告》显示，我国流动
儿童规模为 3581 万人；2015 年流动儿童规模约为 3426 万人。其中，作为
最年幼的流动人口，流动学前儿童的规模也很庞大，2014 年新公民计划发
布的《中国流动儿童数据报告》指出，流动学前儿童规模达 899 万人。国
家卫生健康委发布的《中国流动人口发展报告 2018》指出，2017 年流动人
口中新生代流动人口所占比重为 65.1%。年轻的流动人口更倾向于将孩子
带在身边，因而新时代流动学前儿童规模依然庞大。为了解流动学前儿童
教育照顾需求及服务现状，本书采用自编问卷《流动学前儿童教育照顾服
务现状调查问卷》，在深圳、东莞、南京、太原、福州、北京六个城市中的
社区/城中村、民办幼儿园、企业等流动学前儿童及其家庭分布较多的地方
进行了抽样调查。中国流动人口一般流向经济发达的地区和城市，如珠三
角、长三角以及省会等大城市，而且《中国流动人口发展报告 2018》关于
"五大城市群流动人口发展研究"指出，"以珠三角、长三角、京津冀、长
江中游和成渝城市群为代表的五大城市群仍是我国流动人口的主要集聚区
和城镇化的主战场"[②]。本次抽样调查是从全国选取流动人口比较多的城市，
基于流动人口家庭的复杂性，结合调查的可行性和方便性（调查员因在这
些城市学习、实习或工作，有条件和资源进入这些城市的社区、幼儿园、

[①]　全国妇联课题组：《全国农村留守儿童 城乡流动儿童状况研究报告》，《中国妇运》2013 年
第 6 期，第 30~34 页。

[②]　《国家卫健委发布〈中国流动人口发展报告 2018〉我国流动人口数量连续三年下降》，
观研报告网，2018 年 12 月 24 日，http://news.chinabaogao.com/gonggongfuwu/201812/
12243Y3312018.html。

社会组织等进行调查和开展社会工作服务）。本调查共发放问卷 1200 份，由流动儿童的家长进行填写，回收问卷 1100 份，回收有效问卷 1025 份，有效率为 85.42%。调查重点从家庭教育照顾、社区教育照顾以及托育机构、幼儿园、社会服务机构等机构照顾方面，呈现流动学前儿童早期教育照顾需求及服务的现状。同时，运用访谈法和观察法，对深圳、广州、福州、南京、南昌、济宁等城市的流动学前儿童家庭、幼儿园等进行访谈和观察。通过调查，了解流动学前儿童教育照顾需求及服务现状，分析教育照顾服务存在的主要问题及原因，为社会工作介入流动学前儿童教育照顾服务的实践提供基础。

第一节　流动学前儿童教育照顾服务现状

本书主要从家庭教育照顾，托育机构或幼儿园教育照顾（机构教育照顾）和社区、社会服务机构教育照顾，流动学前儿童相关政策等方面进行调查，呈现教育照顾服务现状，分析问题和需求及原因。

一　流动学前儿童家庭基本状况

从被调查者的户口、子女、居住、工作等方面进行调查分析，了解流动学前儿童家庭基本状况。

（一）家长基本情况

从身份来看，一半以上的调查对象是孩子的母亲，达到 66.0%，父亲占比 30.8%，其他监护人占比 3.2%，主要原因可能是孩子的父亲大多在工作，母亲在家带孩子，因此母亲接受调查的概率大于父亲。从年龄层次来看，流动学前儿童的父母大多较为年轻，主要集中于 30~39 岁，占比 53.7%，其次是 20~29 岁占比 26.3%，40~49 岁占比 11.9%，50 岁及以上占比 8.1%。流动学前儿童父母的文化程度集中在高中学历和初中学历，分别达到 29.7% 和 27.4%，其次是大专学历占比 23.0%，大学及以上学历占比 13.6%，小学学历占比 2.7%，其他学历占比 3.6%。流动学前儿童家长的文化程度处于中等水平，很多人在高中、初中毕业以后就外出打工，但相比较第一代流动人口，这些年轻的或新生代流动人口的文化程度已明显提高。

（二）户口情况

2014 年 7 月 30 日，《国务院关于进一步推进户籍制度改革的意见》明确规定："建立城乡统一的户口登记制度。取消农业户口与非农业户口性质区分和由此衍生的蓝印户口等户口类型，统一登记为居民户口，体现户籍制度的人口登记管理功能。"但本调查为了明确流动人口是来自农村还是来自其他城市，在问卷设计方面还是用了传统的农业户口和非农业户口的分类方法，其一般以"人户分离"作为判断进入某一地区的人口属于流动人口的标准，[①] 即户口没有迁到目前工作的城市，包括城市户籍流动人口（县—城流动、城—城流动）和农村户籍流动人口（村—城流动）。调查对象的户口类型一半以上是农业户口，占比 61.4%；非农业户口占比 33.2%，其他占比 5.4%。大多数流动人口来自农村，且保留原籍。

（三）居住情况

部分调查对象与配偶以及学龄前子女一起居住生活；部分调查对象与 7 岁及以上的子女一起生活，占比 20.2%；还有一些调查对象家里有照顾孩子的老人，占比 36.8%。"近九成的已婚新生代流动人口是夫妻双方一起流动，与配偶、子女共同流动的约占 60%。流动人口拉家带口的流动越来越多，从流动人口最初是劳动力的流动，接着到夫妻两个带着孩子流动，再往后是老人跟着流动，中国正处在夫妻两个带着孩子流动的阶段，开始出现老年人跟着流动。"[②] 老人跟着流动的原因中，照料晚辈占比 43.0%，务工经商占比 22.5%，还有跟着子女养老等其他原因中。[③] 很多家长会选择将学龄前孩子带在身边，他们认为带孩子离开家乡到工作的城市生活，这种流动经历会对孩子的成长产生积极影响。例如，孩子可以接受更好的教育；增长见识，开阔眼界；亲子关系稳定，满足孩子情感需要；认识更多的朋友。当然也会有负面影响。例如，缺乏安全感和归属感、有较多负面的早

---

① 汪明：《聚焦流动人口子女教育》，高等教育出版社，2007，第 11 页。
② 《国家卫计委就〈中国流动人口发展报告（2015）〉举行发布会》，中国网，http://www.china.com.cn/zhibo/2015-11/11/content_ 37027661. htm。
③ 《图表：老年流动人口的三大流动原因》，中国政府网，2016 年 10 月 19 日，http://www.gov.cn/xinwen/2016-10/19/content_ 5121796. htm。

期经验、缺少伙伴。但总的来说利大于弊，有利于儿童接受更好的教育。

在住房情况上，有超过一半的人选择租房，占比 65.5%，其次是买房，占比 26.1%，住在单位提供的宿舍的人占比 4.8%，其他占比 3.6%。大多数工作单位不为流动家庭提供宿舍，对于流动家庭而言买房成本过高，所以他们以租房为主。从居住的社区类型来看，新型物业管理社区占比 30.3%，老旧社区占比 28.2%，城中村（或城乡接合部社区）占比 27.5%，单位制社区占比 6.5%，其他占比 7.5%。从居住状况来看，11.2% 的人认为很舒适，35.8% 的人认为比较舒适，46.0% 的人觉得一般，认为比较糟糕占比 4.0%，很糟糕的占比 1.0%，其他占比 2.0%。从居住地方周围的环境卫生状况来看，14.0% 的人认为干净，35.9% 的人认为比较干净，41.1% 的人认为一般，认为比较脏的占比 6.1%，认为很脏的占比 0.8%，其他占比 2.1%。

（四）家长工作情况

流动人口的就业和经济收入是流动人口家庭在城市生存发展的基础和关键。流动人口的就业状态包括职业分布、职业稳定性、工作时长等。学术界一般认为，流动人口的流动趋势是从第一产业进入第二产业和第三产业。但在实际流动过程中，囿于身份、技能等因素，流动人口可以选择的工作具有一定的指向性和特定性，例如，城市居民不愿意或者不屑于从事但又是城市正常运转过程中必不可少的脏、累、险、差工种。流动人口从事的具体工作一般是制造业和建筑业等行业中的一线岗位、服务岗位、个体经营、不同于一线工人的技术型和管理型工作等。可见，流动人口中也有明显的职业分化，这与年轻的流动人口文化程度逐渐提升有关。[1] 在作为流动人口的农民工群体中，建筑工人是文化水平相对较低的群体，他们劳动强度大、劳动时间长，工地上的工作还具有高危险性。[2]

调查发现，流动学前儿童家长多从事建筑、生意、快递、环卫、保姆、散工以及其他工种，基本上属于建筑业一线劳动者、服务业从业者和个体经营者。调查问卷中部分女性家长将自己的职业填写为"全职妈妈/带孩

---

① 张翼：《流动人口社会适应与社会工作干预研究》，华中科技大学出版社，2018，第 17 页。

② 潘毅、卢晖临、张慧鹏：《大工地：建筑业农民工的生存图景》，北京大学出版社，2012。

子",部分家长填写为"技术型或管理型工作"。在外打工4年以上的家长最多,占比63.5%。大部分流动人口离开家乡在不同的工作地方待了较长时间,来到现在工作的城市4年以上的也最多,占比59.7%。从"您现在工作的月收入"来看,样本中选择"其他"的相对较多,比例为48.3%,"2000~3000元"样本的占比为32.8%,其余人选的都是2000元以下。"您配偶现在工作的月收入"样本中选择"其他"的比例为52.3%,选择"2000~3000元"的占比29.9%,其余人选的都是2000元以下。在收入方面选择"其他"的较多,一方面反映了流动人口的收入在增加,这是他们流动的动力,另一方面也反映了部分流动人口的就业不稳定导致收入不确定或不清楚,也可能是其不愿意说出实际的收入或因全职带孩子而没有收入。

本次调查的流动人口大多数为农民工。在中国,农民工不仅是工业化、城镇化巨大社会转型的产物,也是深刻的体制大变革的产物。改革开放以来,中国有数以亿计的传统农民,通过历史上最大规模的社会流动,转变为现代工人。这种经济社会地位较低人群大规模进入城市,促进了中国制造业、服务业和建筑业的快速发展,也改变了他们自身的生活轨迹和命运。[①] 因此,关注和支持流动家庭的学前儿童教育和照顾是十分重要的。

二　家庭教育照顾状况

本部分调查主要了解流动学前儿童照顾者情况、家庭提供早期教育图书和学习工具等情况、父母等照顾者教育和陪伴子女的时间、亲子沟通和亲子关系、对家庭教育的看法、流动学前儿童面临的问题及对其如何管教等情况。

(一)照顾者情况

流动学前儿童的照顾者有母亲、父亲或者一起流动而来的(外)祖父母,其中母亲是主要的照顾者。社会结构视域下的儿童照料理论将儿童照料的主要责任归于母亲身上,并从社会性别规范、文化信仰和社会角色期待(身份认同)角度探讨母亲照料责任的形成机理。在中国,长期"男主

---

① 李培林等:《大变革:农民工和中产阶层》,中国社会科学出版社,2019,前言。

外，女主内"的社会性别角色定位强化了母亲的儿童照料责任，即使在女性普遍进入劳动力市场的现代社会，双薪家庭中的女性依然承担着主要的儿童照料责任，使女性出现了较大的工作-家庭冲突。[1]

伴随"家庭化迁移"，女性流动人口所占比重超过40%，"迁而不工"的比例超过了23.2%，全国有近3000万女性流动人员未就业。基于2015年全国流动人口调查数据，研究发现，家庭束缚、受教育水平较低、技能缺乏以及收入的性别差距是导致女性流动人口"迁而不工"的主要原因。[2] 其中，家务劳动是"迁而不工"的直接原因，大多数女性流动人口之所以未就业是为了"照顾家庭和小孩"。受中国传统思想"男主外，女主内"的影响，"女性更应该留在家里操持家务；男性流动人口可以依赖自身的体力找到工作，并在工作中学习技能、积累经验，即'干中学'，但是女性流动人口由于自身生理原因，加之普遍受教育水平较低、缺乏技能和经验，很难找到合适的工作，更难获取学习技能和积累经验的机会；由于流动人口缺乏社会资本，社会关系网络不健全，其家务问题、子女教育问题等都不能像在农村或者城镇居民那样找到其他途径解决，只能自己处理，所以这也是束缚女性流动人口的重要因素"[3]。部分老人跟着流动的原因是照料晚辈、务工经商、跟着子女养老等。代际支持可以解决部分流动家庭的儿童照顾问题，但大多数流动家庭的学前儿童教育照顾质量尤其是早期教育问题值得关注。

（二）家庭提供早期教育图书和学习工具等情况

大多数调查对象认为早期教育对0~6岁孩子的成长"非常重要"，占比62.7%，认为"重要"的占比31.9%。因此，他们愿意把钱用在给孩子买学习用品和学习工具上，从"您家里有给孩子学习用的挂图、图画书等学习资料吗"来看，有86.8%的人会给孩子买学习用的挂图、图画书等，有

---

① 吴帆、牛劭君：《儿童照料背后的逻辑与博弈：三个理论视阈的诠释》，《山东社会科学》2019年第10期，第79~86页。

② 李国正、高书平、唐孝文：《社会投资视角下女性流动人口"迁而不工"的对策研究》，《山东社会科学》2017年第7期，第158~162页。

③ 李国正、高书平、唐孝文：《社会投资视角下女性流动人口"迁而不工"的对策研究》，《山东社会科学》2017年第7期，第158~162页。

57.3%的人会给孩子买电子学习设备，其中，买学习机的占比 36.7%，买平板电脑的占比 27.0%。

（三）教育和陪伴子女的时间

在"平时是否有时间教育学龄前子女"的问题中，有 71.61%的调查对象选择"是"，但也有调查对象认为自己没有时间；每天为学前子女教育花费的时间也有差异，48.78%的调查对象是 1~2 小时，12.98%的调查对象选择 3~4 小时，8.69%的调查对象选择了"其他"，根据问卷填写情况，其中还有"不固定"等答案；关于"白天有多长时间和孩子在一起"，35.12%的调查对象选择 1~2 小时，19.12%的被调查对象选择 3~4 小时，选择"其他"的占比 23.22%，可能包含"除上班时间外都在一起"等情况；关于"每天让孩子看多长时间的电视"，有 36.39%的调查对象选择 1 个小时，26.93%的调查对象选择 30 分钟，20.10%的调查对象选择"其他"，包含"不固定""双休日不同"等。这也与流动人口的职业分化有关，高中以上尤其是大专、大学学历的流动人口占了一部分比例，他们有一定能力和条件在家里教育子女。

（四）教育和陪伴子女的方式

流动学前儿童家长的教育方式主要是陪孩子玩、教孩子识字、讲故事、亲子阅读等。亲子阅读是家庭教育的有效途径，对培养孩子的想象力、创造力、语言表达能力、认知能力、情感发育、学习兴趣等方面都有潜移默化的影响。亲子阅读还有助于提高亲子互动质量、促进亲子沟通、改善亲子关系，可以进一步促进流动学前儿童身心发展。选择亲子阅读这种家庭教育方式的占 52.77%，反映了大部分流动学前儿童家庭已认识到亲子阅读的重要性。但流动学前儿童家庭亲子阅读现状不容乐观，家长观念与实际行动存在冲突，存在家庭阅读氛围不足、亲子阅读每周次数少、亲子阅读功利性强、亲子阅读方法不科学、家中图书不多等诸多问题。流动学前儿童家长给孩子看的电视节目主要是动画、儿歌童谣、亲子节目等。因此，本书开展了流动学前儿童家庭亲子阅读问题的社会工作服务。

（五）亲子关系

在调查对象被问到是否与子女经常交流时，有 71.61% 的人选择了"是"，24.39% 的人选择"否"；对于晚上是否和孩子一起睡觉的问题，69.46% 的人选择了"是"，说明大部分被访者与孩子的关系较亲近。对于被访者和孩子的亲子关系的认知，有 79.71% 的家长认为自己和子女的关系密切，17.27% 的家长认为自己和子女关系一般，只有 0.39% 的家长认为自己和孩子关系冷淡，这在一定程度上反映了家长对与子女的关系具有比较积极的观念和态度。当然，本书的问卷设计只是让流动学前儿童家长选择亲子关系密切、一般、冷淡等选项，而没有细化到判断亲子关系好坏的指标上，家长一般凭主观感觉选择，认为自己对孩子好、孩子比较听话就是亲子关系密切。笔者参考流动学前儿童家庭教养方式、沟通方式和陪伴时间与质量，发现亲子关系状况并不完全符合家长所选择的"亲密"。

美国布朗大学有学者研究亲子关系对孩子的行为或成就的影响，发现学前儿童和父母建立亲密而安全的依附关系是理想的亲子关系，在这种亲子关系良好的家庭中成长的幼儿行为问题最少。亲子关系非常重要，这种亲子关系的建立早在婴儿期开始发芽，父母应尽早多尽心力和孩子建立关系，这对孩子将来的成长是事半功倍的。[1] 父母的教养方式、家庭沟通模式、陪伴时间等都会影响亲子关系的状况。父母的教养方式主要有专制型、宽容型和民主型。专制型的教养方式容易导致亲子关系紧张，宽容型的教养方式容易导致亲子关系淡漠，民主型的教养方式容易使亲子建立平等而良好的亲子关系。萨提亚沟通姿态理论认为，家庭中一般有五种基本的沟通姿态：讨好、责备、超理智、打岔以及表里一致，前四种都是低自尊应对方式的表现，完满的沟通姿态是表里一致。[2] 亲子关系与沟通方法和相处时间有关，沟通方法愈多样化，家庭愈和谐也愈快乐。[3] 父母多与孩子正向

---

[1] 袁海球、郭凤仪、程妙婷：《伴孩子走在新媒体的路上：家长十式》，香港大学教育学院教育应用资讯科技发展研究中心，2015，第 90 页。

[2] ［美］维吉尼亚·萨提亚等：《萨提亚家庭治疗模式》，聂晶译，世界图书出版公司，2007，第 33、61 页。

[3] 袁海球、郭凤仪、程妙婷：《伴孩子走在新媒体的路上：家长十式》，香港大学教育学院教育应用资讯科技发展研究中心，2015，第 97 页。

沟通、双向沟通，多用赞赏、鼓励的语气，少用批评训斥的语气与孩子沟通，有利于建立良好的亲子关系。资讯科技使用与亲子互动方面的研究指出，家长使用电子科技产品导致和孩子的互动时间减少，家长在亲子时间自己玩手机，和孩子的互动质量低下。而且，家长更愿意借用电视、电脑、平板电脑、手机里面的动画、教育软件或游戏软件等来教育孩子，导致孩子的屏幕时间/荧幕时间（泛指接触和使用电视、电脑、平板电脑、手机等的时间。电视被称为"保姆"、平板电脑被称为"电子奶嘴"）增多，进而对孩子成长产生不良影响。父母尤其是母亲接触荧幕的时间越多，孩子的荧幕时间也越多；如果家庭提供的教育玩具、亲子伴读和亲子游戏的时间越多，幼童的荧幕时间就会相对越少。① 《2019年中国亲子陪伴质量研究报告》指出，父母每天平均陪伴婴幼儿的时间仅有3.2小时，而且父母与孩子的陪伴之间隔着手机，仅仅是陪着，不是陪伴。② 所以，真正良好的亲子关系的建立需要高质量的陪伴。一些流动学前儿童家长尤其是没有工作的母亲平时和孩子一起做的亲子活动主要是读书、唱歌哼童谣、一起去图书馆或书店、玩数字游戏等，这些家长已经有了陪伴孩子、学习亲子沟通知识的意识。本书针对流动学前儿童家庭开展了亲子关系和亲子沟通提升服务。

（六）调查对象自身接受亲职教育和其子女报兴趣班方面

在被问到"是否给孩子报了兴趣班"时，有56.78%的调查对象选择了"否"，有39.51%的调查对象选择"是"，给孩子报的兴趣班类型有画画班、舞蹈班、英语班、识字班、棋类班等，这说明了家长对于孩子课外兴趣的培养越来越重视，但是比例仍然不是很高。有82.83%的家长认为家庭在儿童成长过程中具有传递生活知识技能的职责，也有启迪心智成长、言行示范和道德规范教导的职责。有47.41%的家长认为影响儿童家庭教育的最重要条件是家庭的文化素养，然后是家庭的经济情况和家庭的人际关系，这两项分别占比37.85%、9.17%，这体现了家庭文化氛围对孩子的影响十分

---

① 袁海球、郭凤仪、程妙婷：《伴孩子走在新媒体的路上：家长十式》，香港大学教育学院教育应用资讯科技发展研究中心，2015，第54~56页。

② 《2019中国亲子质量研究报告出炉，亲子陪伴时间仅3.2小时》，腾讯内容开放平台，2019年5月30日，https://new.qq.com/omn/20190530/20190530A0RQJE.html。

重大。经济因素也是必须要考虑的关键问题。在调查对象中，只有 25.17%
的家长接受过亲职教育（家长教育和培训、亲子教育），反映了我国被调查
地区亲职教育仍不够普及。亲职教育是针对幼儿父母的一套系统且有效的
幼儿教育方案或活动，可使其成为有效能的父母，进而培养身心健全的子
女。亲子教育有助于强化社会变迁中的家庭教育功能，培养现代父母的教
养观，寻找教养新方法，促进子女的发展。① 亲职教育的内容包括为人父母
的职责任务、良好亲子关系的建立等。家长自己需要接受亲职教育，家长
能力提升有助于建立良好的亲子关系。

（七）流动学前儿童教育照顾面临的主要困难

流动学前儿童情绪管理问题占比 56.1%，饮食营养问题占比 47.3%，
沉迷电视问题占比 34.9%，学习（语言表达、识字等）问题占比 38.3%，
安全问题占比 46.8%，健康问题占比 35.2%。学龄前子女面临的情绪管理、
饮食营养、安全和学习等方面的问题在大多数家长看来是迫切需要解决的
问题。流动学前儿童的主要照顾者是母亲，部分随迁流动老人也会帮助照
顾儿童，但他们大多数也只是为儿童提供基本的生活照顾，饮食营养、卫
生保健等方面的优质照顾以及情绪、认知、语言等早期教育方面需要社会
提供支持。流动学前儿童家长无暇教育照顾的占比 46.8%，不懂管教技巧
的占比 71.4%，学前儿童的家长在教育孩子方面遇到的最大困难是不懂管
教技巧。流动学前儿童家长认识到早期教育的重要性，他们认为早期教育
可以"培养幼儿的表达能力，学习与人交往，养成好品质，锻炼健康的体
魄"，儿童需要"开放的、安全的、多样的、益智的游乐场地和活动"，"外
边的各种教育机构很多，普遍价位很高，要系统、专业地进行早期教育，
开发社区早教，解决价位高等问题"。

情绪是由刺激所引起的，是个体的一种主观意识的历程，其表现是身
心全面性的变化。幼儿出生后便会显现出感兴趣、苦恼、嫌恶的模样，接
着会再细分出快乐、生气、惊讶、悲伤和害怕。幼儿递进的情绪有：恐惧、
愤怒、嫉妒、害羞和爱，直到发展出自我意识——了解自己和他人事物是

---

① 颜士程、林俊成等编著《幼儿、家庭与社区》，台北：华腾文化股份有限公司，2015，第
3~4 页。

分开的,他们才会开始反省自己的行动,会用社会标准来衡量。情绪的学习可通过刺激反应学习、交替学习、增强作用及模仿等。幼儿的依附关系建立也会影响幼儿情绪表现。依附是存在两人之间一种主动、情深、双向的关系。依附的形态有安全依附:母亲离开时会哭和抗议,母亲回来时会快乐迎接;焦虑逃避依附:母亲离开时很少哭,母亲回来时会逃避她;焦虑冲突依附:母亲离开前便开始焦虑,当母亲回来时便表现出冲突情形;无组织无目标依附:母亲回来时高兴迎接却又转头离开或眼睛不看她。依附关系的关键在于成人和婴幼儿之间的互动,除了母亲和照顾者外,父亲也是重要的依附关系人。两岁以前是依附关系培养的关键期,会影响幼儿面对事物的态度和方式,但依附态度并非持久稳定的,仍会随成长所面对的环境及人事而改变。[1]"学前期个体的情绪管理对儿童的发展有着深远影响,培养较好的情绪管理能力将促进流动学前幼儿朝更积极的发展方向迈进,研究流动学前儿童的情绪管理意义重大。"[2] 可以运用社会工作专业理论与方法帮助儿童提升情绪管理能力,有研究探讨"园艺情绪治疗"在流动儿童社会工作服务中的运用。[3] 促进幼儿情绪发展是早期教育照顾的重要内容,也是流动学前儿童家庭迫切的需求,因此,本书开展了流动学前儿童情绪管理的社会工作服务。另外,针对安全问题和需要,本书开展了流动学前儿童生命安全教育社会工作服务。

三　托育机构、幼儿园照顾(托儿所、幼儿园等机构教育照顾)

本部分调查主要了解流动学前儿童接受幼儿园、托育机构教育照顾的情况。

儿童的托育是指为补充父母的照顾与教养,而于家庭外提供一段时间的组织化照顾、督导及发展机会,其组织与服务形态是多样化的。"父母保有养育子女的主要责任,家庭仍是儿童生活的重心,托育服务则是由父母

---

[1] 吴金香等:《幼儿教保概论:教保关键概念与实例分析》(第二版),台北:心理出版社股份有限公司,2013,第121~122页。

[2] 何佳屿:《流动学前儿童情绪管理的现状研究——以石家庄市为例》,硕士学位论文,河北师范大学,2019。

[3] 方鸿华:《"园艺情绪治疗"在儿童社会工作中的探索——以深圳市Z社区为例》,硕士学位论文,安徽大学,2019。

授权，以完成父母不能亲自照顾时的任务。提供托育服务的设施有：儿童发展中心、启蒙计划方案、育儿学园、托儿所、幼稚园/幼儿园、家庭式托儿、全日托育中心等各种形式。"[1] 托育系统是指托育服务组织与服务形态多样化，可以满足多元需求，而且有多种主办单位的一个系统。这个系统内有相当多分化的次系统，次系统间的边界也不十分明确，但整个系统的主要目标已逐渐明朗：提供儿童发展之所需，补充家庭亲职教养功能，兼顾教育与养育的任务。[2] 根据我国的实际情况，幼儿园和托儿所都属于托幼机构，但幼儿园属于学前教育机构，由教育部门主管，主要招收 3~6 岁幼儿，以幼儿教育功能为主，兼具照顾功能；托儿所属于儿童福利机构，由卫生部门主管，主要招收 0~2 岁幼儿，以托儿保育功能为主。[3] 本调查问卷中的幼儿园属于托幼机构，主要面向 3~6 岁流动学前儿童，托育机构主要面向 0~3 岁流动学前儿童。

调查发现，对于孩子 3 岁前是否在托育机构（如托儿所、日托中心）接受过照顾，76.00%的家长选择"否"，19.51%的家长选择"是"，4.49%的家长没有回答此项问题；对于托幼机构每月照顾孩子的费用，500 元及以下的占比 4.59%，500~1000 元的占比 14.63%，1000~2000 元的占比 10.54%，2000 元以上的占比 70.24%。从学龄前子女是否在上幼儿园来看，77.46%的家长选择"是"，16.00%的家长选择"否"，6.54%的家长没有回答此项问题；部分流动学前儿童没上幼儿园的原因主要有"不到上幼儿园的年龄""家庭没有足够的钱""没有合适的幼儿园可上""没有上幼儿园的必要"等。从孩子上什么类型的幼儿园来看，私立一般幼儿园占比 37.66%，公办幼儿园占比 24.00%，私立高质量幼儿园占比 8.39%，打工子弟幼儿园占比 6.83%，其他类型占比 23.12%；从孩子上幼儿园的费用（每月的学费和生活费）是多少来看，500~1000 元的占比 36.10%，1000~2000 元的占比 22.24%，2000~3000 元的占比 5.07%，3000 元以上的占比

---

[1] 刘翠华、黄泽兰、许雅乔、许芳玲：《托育服务概论——政策、法规与趋势》，台北：扬智文化事业股份有限公司，2007，第 5 页。

[2] 刘翠华、黄泽兰、许雅乔、许芳玲：《托育服务概论——政策、法规与趋势》，台北：扬智文化事业股份有限公司，2007，第 6 页。

[3] 刘翠华、黄泽兰、许雅乔、许芳玲：《托育服务概论——政策、法规与趋势》，台北：扬智文化事业股份有限公司，2007，第 208~209 页。

36.59%；从把孩子送进所选幼儿园的最主要原因来看，"离家近"占比44.59%，"教学质量高"占比19.51%，"学费便宜"占比8.29%，"公办幼儿园进入门槛高"占比3.51%，其他方面占比24.1%。孩子一般由母亲、父亲或幼儿园员工等接送上幼儿园。公办幼儿园提供的教育照顾服务质量一般要高于私立一般幼儿园或打工子弟幼儿园，家长希望政府能提供足够的公益性公办幼儿园。

由此可见，流动子女中大多数没有在3岁前接受过托幼机构（如托儿所、日托中心）的照顾，部分接受托幼机构照顾的家庭花费较高。流动学前儿童家长需要托育服务。托育服务有助于儿童在集体中学习，也有利于家长专注于工作以获得经济收入。托育机构应该"符合幼儿年龄特点，干净卫生，有专业的老师、专业的课程和可借阅的书籍等"，舒适、安全和有乐趣是家长对托育机构环境的基本要求。大部分家庭学龄前子女上了幼儿园，且大部分家庭选择的是私立一般幼儿园，部分家庭学龄前子女进入了公办幼儿园或私立高质量幼儿园以及打工子弟幼儿园等，孩子每个月上幼儿园的学费和生活费因幼儿园类型不同而有差异，选择幼儿园的主要原因是离家近、教学质量高、学费便宜。流动学前儿童入园的这部分数据也反映了近几年国家加大普惠性幼儿园建设的成果，因为流动人口职业分化，一些受教育水平较高和工作收入较高的流动人口的子女也可以进入公办幼儿园或私立高质量幼儿园。

同时，笔者通过访谈部分托育机构和幼儿园工作人员，了解他们眼中的流动学前儿童发展状况："流动学前儿童身体素质好，日常生活能力和运动等方面较强，但社交能力不足、不够主动，认知不够宽泛，卫生习惯需要改善""流动学前儿童身体素质较好，但性格呈极端分化，行为和卫生习惯需要加强""肢体运动发展较好，但社交能力及认知和语言上有所不足""流动学前儿童缺少安全幸福感，身体抗病能力好，但自卑心理大""自理自主能力好，但文艺方面缺失""身体素质好，不娇惯，但不够自信，卫生习惯不好"等。由此可见，流动学前儿童有其优势，也有不足，需要提供高质量的教育照顾服务帮助其更好地成长和发展。部分托育机构、幼儿园工作人员提到自己所在的幼儿园没有驻校社工，但偶尔会与社会服务机构或社区合作开展活动。他们也认为幼师的社会地位较低，工资待遇与实际劳动不成正比，普遍对目前的工资薪酬不满意。

四 社区、社会服务机构教育照顾

社区教育照顾服务的功能主要包括补充并支持正向亲职角色、促进儿童身心发展、维护家庭完整性、连接社会服务网络、促进企业/工作单位生产力等。[①] 提供社区教育照顾服务的机构有儿童发展中心、育儿学园、家庭式托儿、全日托育中心等，这些都存在于社区之中。本调查问卷中的社区教育照顾主要是了解流动学前儿童所生活的社区有没有相关的服务设施和形式以及他们使用这些服务设施的情况。

调查发现，流动家庭所在的社区主要有儿童发展中心、全日托育中心、课后托育中心等机构和保姆照顾、家庭式托儿等形式。29.07%的流动家庭使用过这些社区教育照顾服务，62.15%的流动家庭没有使用过这些社区教育照顾服务，8.78%的流动家庭没有回答此项问题。影响流动家庭使用这些社区教育照顾服务的障碍主要是"没有人告诉我""交通不便""经济上不允许"等，使用过社区教育照顾服务的流动家庭对此满意度也不高。在流动家庭看来，社区教育照顾服务最重要的功能，"促进儿童身心发展"，占比46.54%；"补充并支持正向亲职角色"，占比22.54%；"维护家庭完整性"，占比4.59%；"连接社会服务网络"，占比4.29%；"促进企业/工作单位生产力"，占比1.95%；其他，占比20.09%。

综上可见，调查对象对于社区教育照顾的相关服务和内容没有较多了解，而且只有部分家庭享受过社区教育照顾服务。对于流动儿童家庭来说，家长在这方面缺乏相关知识以及资源，流动学前儿童没有得到很好的教育照顾服务资源。但是，大多数家长对社区教育照顾服务的正向功能给予了极大肯定，这说明家长即使没有享受过该服务，但也认为其能够"促进儿童身心发展"和"补充并支持正向亲职角色"，肯定该服务对儿童成长发挥了积极作用，流动学前儿童需要普惠性的社区教育照顾服务。

在发放问卷调查时，也对一些社区居委会主任/社区工作人员等进行了访谈，调查对象提到了发展流动学前儿童社区服务的重要性，但是，从硬件和软件来看，这样的教育照顾服务在社区并不普及，调查员与南京某社

---

① 刘翠华、黄泽兰、许雅乔、许芳玲：《托育服务概论——政策、法规与趋势》，台北：扬智文化事业股份有限公司，2007，第10~13页。

区的工作人员交谈情况如下。

调查员：您对社区内流动学前儿童的需要怎么看？您是否了解他们的教育和照顾需要？

调查对象：社区里流动学前儿童的家长和孩童自身是有很大的需求的，他们在各方面（经济、精神等）都希望可以得到帮助。（我们）通过不定期的入户走访，通过楼栋长、居民骨干了解他们的困难和需要。

调查员：您对发展流动学前儿童教育照顾社区服务怎么看？

调查对象：我觉得发展这项服务特别好。因为流动学前儿童的家长也和其他家长一样，对孩子的教育特别重视，期盼孩子受到好的教育，可以改变命运，而他们自身忙于生计，又没有过多的时间去照顾孩子。所以流动学前儿童教育照顾如果放在社区中进行，由专业的老师给予专业的照顾和教育，对流动学前儿童的家长来说是一件特别有意义的事情。

调查员：在您看来，现在的社区内流动学前儿童教育照顾服务能否满足他们的需要？哪些方面还很欠缺？

调查对象：就我们社区而言，目前是不能满足的。在硬件方面，没有专门的流动学前儿童的活动场所，社区场地有限，活动室往往是共用的，所以不能按照符合孩童活动的要求来装修；在软件方面，没有较好的师资力量，老师的素质参差不齐，也不能长期固定地提供流动学前儿童的教育照顾服务。

调查员：在您看来，相较于学龄儿童，为流动学前儿童提供的服务是否足够？在提供服务时，有哪些注意的事项和顾虑？

调查对象：不够。在提供服务时，要注意的最重要的问题是安全问题，儿童用具的安全、儿童食品的安全、儿童在游戏中的人身安全等；而最大的顾虑是费用问题，毕竟社区能找到的资源和经费是有限的，想开展好的活动吸引学前儿童来参加，是需要一定费用的，并且很多流动孩童的家长是打工族，收入低，普遍希望参加免费的活动。

调查员：今后社区内的流动学前儿童教育照顾服务可以从哪些方

面加以改善？今后的工作重点是什么？

　　调查对象：可以从专业性入手，让更多的学前流动儿童的父辈甚至祖父辈一起了解更多的科学的育儿知识，更好地开发这些孩童的早期智商、情商。今后向辖区的企业以及上级领导部门多争取资源、经费，经常性地开展活动，让更多的困难群体受益。

　　调查员：请您谈谈社区居委会在协助流动学前儿童及其家长方面的作用。

　　调查对象：社区最重要的工作就是为社区居民提供服务，而流动学前儿童家庭在社区里属于弱势群体，社区可以给予他们更加直接、快捷的帮助，也可以为流动学前儿童提供和社区其他常住孩童一样的参加活动的机会，开阔他们的视野。

　　社会组织尤其是社会工作服务机构扎根社区，是提供社会服务的主体。调查发现，对于"附近是否有社会工作服务机构或其他组织为流动学前儿童及其家长提供社会工作服务和公益服务"，64.10%的调查对象回答"否"，27.71%的调查对象回答"有"，8.19%的调查对象表示"不清楚"。对于"是否使用过这些社会工作服务和公益服务"，24.49%的调查对象选择"是"，67.90%的调查对象选择"否"，7.61%的调查对象没回答此项。对于"希望社会工作机构提供哪些类型的服务"，亲子户外活动占比49.85%，儿童健康服务占比41.85%，亲子活动/沙龙占比37.95%，家庭教育讲座占比34.83%，学前儿童成长发展小组占比34.05%，家庭互助会活动占比26.15%。对于"所在的社区有没有举办亲职教育/家庭教育讲座等活动来帮助流动学前儿童家长教育子女"，22.73%的调查对象表示"有"，67.61%的调查对象回答"否"，9.66%的调查对象没回答此项。对于"所在的社区是否举办过流动学前儿童家庭可以参加的亲子活动"，68.49%的调查对象回答"否"，20.29%的调查对象回答"是"，11.22%的调查对象没回答此项。对于"如果社区内将来提供一些儿童早期教育照顾服务的设施和活动，用什么方式通知家长最方便？"，家长认为用"微信公众号平台或社区居民QQ群、微信群"的交流方法更方便，占比58.54%，电话占比13.85%，"由居委会通知"占比11.02%，布告栏占比6.73%，其他方式占比9.86%。

由此可见，流动学前儿童家庭较少了解和接触相关社会工作服务和公益服务，为流动学前儿童家庭提供的社会工作服务和公益服务较少。流动学前儿童家长认为社会工作服务机构应该为流动学前儿童提供生活护理、可借阅的书籍、专业的课程（游戏化）、亲子活动等教育照顾服务。

另外，资助者圆桌论坛、新公民计划和千禾社区基金会联合发布的《2018 流动儿童教育领域扫描报告》指出，全国有 50 多家流动儿童教育公益组织为 0~5 岁流动学前儿童提供了 70 多个早期发展支持服务项目，这些公益组织有一部分是社会工作服务机构，通过政策倡议、办公益幼儿园、送服务到幼儿园以及开办社区活动中心等为流动学前儿童教育和照顾提供支持服务。① 社区和学校（幼儿园）是公益组织为流动学前儿童提供教育照顾服务的重要地点，构建流动学前儿童教育照顾服务体系，需要幼儿园、托育机构和社区充分发挥支持作用。流动学前儿童服务项目围绕儿童早期发展的需求而开展，着重关注儿童在社会情感、学习方式与认知、文化艺术方面的能力发展。当然，这些项目相对于全国流动学前儿童的规模来说是不够的，而且这些服务偏重于流动学前儿童早期教育服务，照顾支持服务不足。

五　对相关政策的认知

本部分调查内容主要有流动学前儿童家庭是否了解国家流动儿童教育政策、享受过哪些儿童早期教育照顾相关补助、享受过哪些企业的儿童照顾政策、照顾子女的责任承担者、在教育照顾儿童方面遇到困难时的求助对象、流动学前儿童教育照顾最迫切的需求、希望政府提供的福利服务。

（一）了解国家流动儿童教育政策情况

调查发现，对于"是否了解国家、地方与流动儿童学前教育相关政策"，流动学前儿童家长表示"不了解"的占比为 50.93%，"知道一点"的占比 31.61%，"了解"的占比 9.27%，没有回答此项问题的占比 8.19%。对于"是否知道儿童教育照顾政策法规"，流动学前儿童家长表示"不知

---

① 《2018 流动儿童教育领域扫描报告》，北京基业长青社会组织服务中心官网，2018 年 11 月 24 日，http://www.cfforum.org.cn/content/1283。

道"的占比 71.61%，"知道"的占比 19.32%，没有回答此项问题的占比 9.07%。由此可知，家长对我国儿童教育照顾相关政策不太了解，政府部门应该加大对相关政策的宣传力度。

我国制定和实施了《中国儿童发展纲要（2011—2020 年）》《国家贫困地区儿童发展规划（2014—2020 年）》《关于当前发展学前教育的若干意见》等贫困地区儿童早期发展政策、幼儿学前教育政策、母婴保健政策、家庭教育政策、托育服务政策，以保障儿童早期发展权益。[1] 对流动学前儿童教育照顾而言，实际上是缺乏相关政策支持的。学前教育不属于义务教育范畴，政府对 3~6 岁的流动儿童关注较晚，因此不是每一个流动学前儿童都能享受学前教育权。《中国流动儿童教育发展报告（2016）》显示，"国家还没有制订全国统一的流动儿童接受学前教育的政策法规，也没有将流动儿童接受学前教育纳入基本公共服务范畴，导致学前流动儿童的入园机会无法保障，更无法有效提高学前教育品质"[2]。另外，我国公立性、公益性的托育服务机构较少，公共托育服务也在倡导和重建阶段，优先提供托育服务给弱势群体的政策尤其是针对流动学前儿童的托育照顾服务政策需要被倡导和提议。

（二）享受过哪些儿童早期教育照顾相关补助

调查发现，对于"是否享受过低收入家庭幼童托育津贴"，流动家庭回答"否"的占比 93.66%，回答"是"的占比 6.34%。对于"是否享受过低收入家庭照顾津贴"，流动家庭回答"否"的占比 91.71%，回答"是"的占比 8.29%。对于"是否享受过政府的幼儿园学费补助"，流动家庭回答"否"的占比 82.05%，回答"是"的占比 17.95%。对于"是否享受过社会服务机构的慈善救助"，流动家庭回答"否"的占比 93.46%，回答"是"的占比 6.54%。由此可见，本次调查对象享受我国低收入家庭幼童托育津贴、低收入家庭照顾津贴、社会服务机构的慈善救助政策的非常少，今后有必要实施针对弱势群体的托育照顾津贴制度。

---

① 赵记辉：《政策与行动：中国儿童早期发展的探索》，《黑龙江教育学院学报》2018 年第 5 期，第 68~70 页。

② 崔玥、王晓芬：《学前流动儿童入园难问题探讨》，《教育评论》2019 年第 9 期，第 35~38 页。

教育部、全国妇联、民政部、卫生部门与联合国儿童基金会等合作实施的早期儿童养育和发展项目（Early Childhood Care and Development, ECCD)、儿童早期发展社区家庭支持项目（Early Childhood Development, ECD）和贫困地区早期儿童综合发展项目（Integrated Early Childhood Development, IECD）、中国儿童福利示范区项目（2010—2015）等国际合作项目，为儿童早期发展提供支持服务。[①] 另外，有关部门还实施了"社区儿童成长家园"、"慧育中国"项目、儿童营养干预等多个国家试点项目。这些项目主要在儿童营养改善、儿童早期综合发展项目和儿童早期教育三个方面逐渐探索出了适合我国的儿童早期发展策略。[②] 从调查情况来看，本书调查的流动学前儿童家庭很少享受到这些服务项目，今后有必要扩大这些项目的受益对象，尤其是要实施流动学前儿童教育照顾等专项服务项目。

（三）享受过哪些企业的儿童照顾政策

对于"是否享受员工子女照顾服务"，流动家庭回答"否"的占比 88.68%，回答"是"的占比 11.32%。对于"是否享受抚养子女者弹性工作时间"，流动家庭回答"否"的占比 91.02%，回答"是"的占比 8.98%。对于"是否享受亲职照顾假"，流动家庭回答"否"的占比 95.61%，回答"是"的占比 4.39%。对于"是否享受男性亲职假"，流动家庭回答"否"的占比 97.56%，回答"是"的占比 2.44%。由此可见，本次调查对象并没有很好地享受到企业的儿童照顾政策。

我国企业一般不提供儿童教育照顾服务，20 世纪 90 年代中期，国有企业以"关停并转"为主要方式进行"减员增效"式改革，将自己所办的各类服务业，包括托儿所和幼儿园与企业完全脱钩或转为民办，让抚育责任回归小家庭。[③] 国有企业一般不再为员工提供儿童早期教育照顾服务，基于

---

① 赵记辉：《政策与行动：中国儿童早期发展的探索》，《黑龙江教育学院学报》2018 年第 5 期，第 68~70 页。

② 赵记辉：《政策与行动：中国儿童早期发展的探索》，《黑龙江教育学院学报》2018 年第 5 期，第 68~70 页。

③ 佟新、陈玉佩：《中国城镇学龄前儿童抚育政策的嵌入性变迁——兼论中国城镇女性社会角色的变化》，《山东社会科学》2019 年第 10 期，第 87~97 页。

流动人口的职业工种等特殊情况，流动家庭更难以享受到企业的儿童照顾福利。

（四）照顾子女的责任承担者

对于"照顾子女是谁的责任"，"父母/家庭"占比 89.28%，"政府"占比 3.41%，其他占比 7.31%。对于"提供儿童照顾服务的多元主体有哪些"，"家庭"占比 87.71%，"亲属"占比 26.05%，"工作单位/企业"占比 18.15%，"市场"占比 15.12%，"政府"占比 35.12%。大部分调查对象认为照顾子女是父母和家庭的责任。"流行育儿文化中关于母亲重要作用和不可替代性的强调，加上未被挑战的传统性别分工，将儿童抚育定义为女性不可推卸的责任。公共托育机构不再是理想的育儿模式。如果说在计划经济时期，儿童在公共机构中接受照料和教育被塑造成一种值得推广的育儿实践，在经济市场化时期，家庭被认为是理想育儿场所，特别是应该由母亲来承担抚育的责任。"① 所以，我国的政策和社会文化价值等塑造的父母/家庭负责照顾子女的观念已深入人心，流动人口即使再苦再累，也认为照顾子女是自己的责任。流动学前儿童家庭离开自己的家乡，亲属支持不足，企业也已不办社会服务项目，由于经济条件限制，市场化的托育服务难以承受。随着经济市场化转型，劳动政策和教育政策的改变，儿童抚育责任回归家庭。这些变化也重塑着父母的认知，认为照顾子女只是家庭的责任。政府、社区、企业等主体应承担起儿童照顾服务的工作，帮助流动家庭走出困境，增加其立足城市的自信心。

（五）在教育照顾儿童方面遇到困难时的求助对象

对于"儿童教育照顾困难时的求助对象有哪些"，"亲属"占比 66.15%，"工作单位/企业"占比 14.73%，"市场（托育服务机构等）"占比 22.73%，"政府"占比 24.39%，"社会工作服务机构"占比 27.61%。由此可知，大部分调查对象会选择向亲属求助，较少选择政府、市场、工作单位/企业、社会工作服务机构。求助是当人们自己无法承受压力境况时向

---

① 佟新、陈玉佩：《中国城镇学龄前儿童抚育政策的嵌入性变迁——兼论中国城镇女性社会角色的变化》，《山东社会科学》2019 年第 10 期，第 87~97 页。

正式和非正式的社会网络请求物质和非物质帮助的行为，是应对压力和困境的一种行动策略。社会网络是人们求助的重要对象，也是受助的渠道。对于社会中的大多数人来说，求助的对象依次为家庭、亲戚、朋友、地方社区、正式的社会和政府机构。求助行为受社会福利和文化、个人的心理和特质、家庭因素等影响。[①]

（六）流动学前儿童教育照顾最迫切的需求

调查发现，对于"带孩子离开家乡到工作的城市生活，家长最迫切的需要"这一问题，"教育孩子"占比 45.66%，"照顾孩子"占比 27.41%，"工作"占比 13.17%，"住宿环境改善"占比 6.44%，"其他"占比 7.32%。对于"带孩子离开家乡到工作的城市生活，孩子最迫切的需要"这一问题，"安全"占比 43.71%，"健康"占比 22.15%，"学习"占比 21.27%，"语言"占比 3.89%，"其他"占比 8.98%。对于"家长的工资与子女早期教育照顾需求是否相称"这一问题，回答"否"的占比 57.56%，回答"是"的占比 35.12%，没有回答此项问题的占比 7.32%。对于"家长现在所在的企业有否企业托育服务（企业附设托育中心）"这一问题，78.63%的被访问者选择"否"，选择"有"的占比 9.56%，没有回答此项这一问题的占比 11.81%。由此可知，大多数家长带孩子离开家乡到工作的城市生活，主要是关注孩子的教育和安全，但工作单位/企业很少提供托育等相关服务，家长的工资无法支撑孩子的当前教育照顾需求。

预防儿童意外伤害是儿童教育照顾的重要内容。意外伤害是造成儿童死亡及伤残的重要原因。儿童伤害事故的种类有运输事故、溺水、异物梗塞或窒息、跌倒与坠落、烧烫伤、中毒、触电伤及创伤等。[②] 对于流动学前儿童来说，安全需求是最基本的也是最易出问题的。生活环境的不安全、监护人的疏忽缺位、对流动学前儿童的监管和看护不力、安全教育不足，导致流动学前儿童安全问题频出。家庭方面居住环境安全隐患大、家长对孩子的照顾不到位、安全教育方式单一；托育机构安全教育课程设置不合

---

① 马凤芝：《转型期社会福利的内卷化及其制度意义——城市下岗失业贫困妇女求助和受助经验的叙述分析》，北京大学出版社，2010。

② 吴金香等：《幼儿教保概论：教保关键概念与实例分析》（第二版），台北：心理出版社股份有限公司，2013，第137~138页。

理、教育手段流于形式化、缺少与家庭的联动;社区支持服务资源不足,难以提供良好的公共活动场所支持;邻里属于弱关系,在保护流动儿童上作用有限;社会组织的专业优势没有充分发挥;各个要素之间缺少联系沟通。[①] 因此,本书针对流动学前儿童的安全需求开展了生命安全教育服务。

(七) 希望政府提供的福利服务

调查发现,流动家庭希望政府能够提供多元化的福利服务,其中,儿童营养补助占比 49.07%,贫困家庭儿童现金资助占比 50.05%,儿童照顾补贴占比 52.49%,儿童健康保险占比 70.05%,免费学前教育占比79.12%,免费托育服务占比 52.59%,困境儿童津贴补助占比 55.51%,在社区建立儿童照顾中心占比 62.63%。由此可见,大多数调查对象想要政府提供儿童照顾补贴、儿童健康保险,对于免费学前教育、免费托育服务、发放困境儿童津贴补助及在社区建立儿童照顾中心都有大量需求,其中最需要的是免费学前教育及在社区建立儿童照顾中心。

六 流动家庭婴幼儿托育服务状况的质性调查

我国家庭在 0~3 岁婴幼儿托育服务方面的需求越来越强烈,供不应求的矛盾日益凸显。我国托育服务短缺,难以满足家庭对托育的需求。流动家庭更需要得到托育服务的支持及社会的关注。家庭化成为我国人口流动的主要特征,流动人口携带子女来到流入地生活。举家迁移的人口流动模式越来越普遍,城市的公共资源却没匹配上,随父母流动的婴幼儿托育问题难以得到社会的支援。[②]

流动人口作为外来人口进入城市,他们在城市里没有亲戚朋友,缺少社会支持网络,加之多数人来自农村,受教育水平不高且家庭收入低,承担着极大的经济压力。托育服务的目的是帮助家庭科学育儿、解决职业妇女在育儿与工作之间的平衡难题。对于流动家庭来说,拥有托育服务的支持更是具有重要的意义。流动人口来到流入地,一方面需要通过工作获取

---

① 王艳方:《社会支持视角下流动儿童安全问题研究》,硕士学位论文,济南大学,2018。
② 宋月萍、李龙:《随迁子女学前教育与流动女性的就业实证研究》,《妇女研究论丛》2012年第 6 期,第 20~30 页。

报酬，另一方面需要照顾年幼的孩子。流动家庭选择外出的根本目的在于提高收入、改善生活，但由于婴幼儿的随迁，流动家庭中往往需要一方（女性为主）在家承担抚育婴幼儿的责任，如此势必会加重流动家庭在城市中生活的负担，这些婴幼儿的父母在照料过程中也面临沉重的压力。

文化程度、经济压力、时间精力、工作稳定性等均是流动人口进行婴幼儿教育的影响因素，他们无法跟上城市主流家庭的"脚步"，无法对婴幼儿进行细心照料与教育，从一开始就造成了其子女在教育上的弱势。与城市家庭的家长相比，流动人口的文化水平和家庭经济条件普遍低，他们基本无法在家里为 3 岁及以下婴幼儿提供科学、高质量的早期保育，从而造成流动婴幼儿在语言、动作、认知和记忆方面均落后于同龄的城市婴幼儿。因此，为了更好地促进流动人口的社会融合，也为了实现教育的公平，保障每一位流动学前儿童的基本权利，我们应该将关注点聚焦在流动婴幼儿身上，从而帮助这些处于弱势的婴幼儿获得高质量的照料和教育。

（一）流动家庭基本情况

基于服务地方经济社会发展需要，本书选择南昌市 Q 区作为研究区域。Q区是工业园区，流动人口较多，"城中村"数量比例较大。本书在南昌市 Q 区重点筛选了 8 户育有婴幼儿的流动家庭作为研究对象，通过深入访谈和观察，探析流动家庭婴幼儿托育的困境及社会支持现状，分析流动家庭的正式社会支持与非正式社会支持不足的原因，提出构建流动家庭婴幼儿托育的社会支持网络，从而改善流动家庭婴幼儿托育面临的困境（见表 3-1）。

表 3-1　访谈对象基本信息

序号	性别	年龄	文化程度	籍贯	家庭情况
个案 1	女	28 岁	初中	江西吉安	丈夫的职业是厨师，育有两个孩子，大女儿 5 岁，小儿子 2 岁，从女儿出生开始就没有上班，之前因带小孩问题与婆婆有矛盾；未生育前在内衣厂工作，收入可观，生完孩子，内衣厂忙的时候也会去帮忙，但小孩没地方放，大多数情况是兼职
个案 2	女	26 岁	初中	湖南永州	丈夫是自由职业，偶尔与朋友做点小生意，经济收入不太稳定；女儿 1 岁 3 个月，在家以做微商为主，但有时候因为回复信息没看好女儿，导致女儿受伤，与丈夫争吵不断，心烦时会打孩子

序号	性别	年龄	文化程度	籍贯	家庭情况
个案3	女	30岁	高中	江西景德镇	丈夫是建筑工人，其本人是某民办学校代课老师，孩子刚出生，双方父母年纪大，无法过来照顾孩子，因带孩子收入锐减；其表示希望孩子上早教班，但没有条件，一旦不代课将没有收入，手头也不够宽裕
个案4	女	25岁	中专	江西丰城	丈夫是装修工人，孩子2岁1个月；孩子1岁前，交给农村婆婆带，后来与丈夫来到城市，也把孩子带过来，丈夫收入不稳定，加之孩子坏习惯很多，想将孩子送去幼儿园学习，但普通幼儿园不接收，私立幼儿园收费太高
个案5	女	31岁	大专	江西赣州	丈夫是某公司职员，儿子2岁半；之前孩子一直在赣州老家，但由于婆婆需要同时带小叔子的孩子，一人带四个孩子，每次看到孩子一身脏，心里不是滋味，家庭矛盾也很多；考虑小孩教育问题接到身边，辞职在家带小孩
个案6	女	25岁	初中	江西吉安	丈夫从事建筑业，生育之前在南昌一家私企工作，育有两个儿子；第一个孩子由老家婆婆带，生育第二个孩子后，将大儿子接过来，并将大儿子放入私人托育机构，但每月1800元的托育费太贵，无法承受；考虑大儿子即将上幼儿园，辞职在家，养育两个儿子
个案7	女	33岁	大专	安徽安庆	丈夫常年出差在外，一个月回来一次，由于其不是本地人，从外省嫁到南昌，周边几乎没有熟悉的亲朋好友，常常觉得孤单，加之与丈夫聚少离多，孩子又有许多不良习惯，经常与孩子发生冲突，缺乏亲子交流，常发脾气，家庭关系也很一般
个案8	女	35岁	初中	湖南邵阳	丈夫因工作原因常需要出国，经常半年不在家，其在家当全职妈妈五年，育有一儿一女；儿子已经上幼儿园，小女儿需要照顾，一个人常常忙不过来，因找不到临时照看幼儿的人，常带着女儿参与儿子幼儿园的亲子活动，女儿好动，有时会招来儿子幼儿园老师的不满

流动家庭大多数来自江西省内地级市，少数来自省外。在这8户家庭中，男性的职业主要是运输工、装修工、货车司机、建筑工等，女性则多数在家带孩子，家庭结构多与传统家庭的"男主外，女主内"结构相似——男性在外工作赚钱，女性则在家带孩子。在婴幼儿托育方面，与城

市家庭最大的区别在于，这些家庭身边都没有老人的帮助。选择在家带孩子就意味着无法工作，整个家庭收入就会锐减；选择出去工作则意味着孩子无人照看或是留在老家，成为留守儿童。多数流动家庭的女性是与丈夫随迁来到流入地的，基本上承担了育儿的工作。流动人口"家庭式"进入流入地主要有三个原因：一是家中父母年迈，无法更好地照顾孩子，或家中兄弟多，父母需要照顾很多幼儿，无法确保每位幼儿的安全；二是在城市的生活和工作经历，让他们希望孩子能接受更好的教育，期望孩子能在城市享受更好的教育资源与环境；三是家庭是流动人员在城市里的主要社会支持，希望家人在身边给予自己精神安慰。

（二）流动家庭婴幼儿托育现状

1. 幼无所托：流动女性就业瓶颈

女性在家育儿是当前流动家庭托育的主要方式。从南昌托育情况来看，大多数幼儿园能够为 3 岁及以上幼儿提供日常照料和学前教育服务，而针对 3 岁以下婴幼儿的正式服务机构相对而言就欠缺一点，这一阶段婴幼儿教育和照料的责任往往由家庭特别是由母亲来承担，并成为妇女出现家庭－工作冲突的主要原因。[①] 当前家庭流动成为人口流动的新趋势，在子女随迁的同时出现大量女性流动人口"流而不工"的现象。与子女未随迁的女性流动人口相比，子女随迁后其就业概率下降了 37.4%。随迁子女数量每增加 1 个，女性流动人口就业水平降低 23.4%。[②]

在访谈过程中，多数流动家庭的妈妈表示在托育问题上，自己常常陷入两难处境，带孩子出来是为了给儿童创造更好的环境，但现实却将她们的信念击垮。

　　个案 1：不上班后，一家人的开销全在我老公一个人身上，房租水电除去后，基本上就没有多少剩余，小孩生个病都害怕。

　　个案 2：没小孩前做微商收入还是可以的，现在没精力了，合作的

---

① 宋健：《托幼服务相关政策：中国现实与国际经验》，《人口与计划生育》2016 年第 11 期，第 23～24 页。

② 谢鹏鑫、岑炫霏：《子女随迁对女性流动人口就业的影响研究》，《中国人力资源开发》2019 年第 7 期，第 106～120 页。

人也嫌我没啥付出，很多矛盾，没意思，干脆就不做了。

个案8：从大儿子出生起，我就没去上班了，也不是说不想去，是压根没法脱手，我丈夫的工作性质需要常常出差。

在20世纪60年代，我国托育服务在经济复兴中起到了重要作用。那时，城镇职工可以依托企业兴办的托儿所、幼儿园进行婴幼儿的照顾，平衡了家庭与工作；农村妇女则可以依托在家务工的祖辈共同抚育，几乎没有育儿压力。如今，随着公共托儿所的消失，抚育婴幼儿的重担只能落回各自家庭，城市家庭因婆家或娘家在本地还能够给予婴幼儿祖辈帮助，在一定程度上能缓解带娃压力。但这一矛盾在养育婴幼儿的流动家庭中尤为突出：脱离原生态家庭来到流入地，失去原有的支持体系，面对婴幼儿时期需要成人全天照顾的孩子，大部分流动女性不得不退出劳动市场，独自完成婴幼儿的照料工作。

流动女性无一例外表达出了婴幼儿的照料是制约其外出就业的首要原因。脱离农村大家庭的支持后，流动女性只能依靠自己来完成婴幼儿前三年的养育工作，对婴幼儿的照料和教育是最容易让女性产生家庭-工作冲突的因素，同时需要独自承受更多的压力，如情绪无法疏通、无法融入群体等。

2. 望而却步：市场托育机构无力承担

流动女性独自完成婴幼儿前三年的养育工作，从侧面也表现了当前南昌市托育体系不够完善，流动家庭无法依靠政府的支持解决这一问题。从全国托育环境来看，公办托儿所消失、企业办幼儿园锐减、民办幼儿园良莠不齐。在这样的状况下，流动家庭要想获得有限的学前教育机会无疑是难上加难。笔者通过对南昌市的托育机构调查发现，公立托育机构学位相当少，高质量的私立机构费用高、门槛高。对于流动家庭来说，公立托育机构学位难以获得、高昂费用无力承担，想要进入托育机构实现"家庭事业两手抓"，几乎是一个难以实现的梦。

走访南昌市多个托育机构，笔者发现随着3岁以下婴幼儿的照料服务需求日益增长，市场上现有的托育机构在招收3岁以下的婴幼儿。这些机构并不是专业正规的托育服务机构，也没有取得相关的资质，而是以"教养咨询"为主的商业公司。这些机构仍需要家长在一旁看护，照顾方式以上课为主。而且在早教机构从业者中，相对专业的人员一部分是学前教育专业的毕业学生，一部分是参加过短期培训的幼儿园教师，他们接受短暂的训练便可上岗，"多数教师仅具有 3 岁以上幼儿园教育的专业知识技能，对 3 岁以下婴幼儿的相关知识了解甚少"①，对于缓解家庭的照料压力几乎起不到作用。

而商业早教机构多以高端为卖点。动辄几万元的收费，对于收入不高的流动家庭来说，简直是一个"天文数字"，压根无法承受。也有少数私人照看的托育方式，一般承接 1~2 个婴幼儿的照顾，这种方式以同一小区内熟人的照看为主，既没有安全保障也难以获得照看资质。

> 个案 5：我有去过早教机构咨询，一是收费太贵了，还有一个就是压根不符合托育的要求，还是需要有家长看护的，不然也不放心。
>
> 个案 6：我送孩子去过托育机构，（那里只）收 2 岁以上的孩子，费用一个月是 1800 元，太贵了。

托育机构高昂的托育费用限制了多数流动家庭，而社会经济分层也导致了流动婴幼儿失去了受照顾的机会。这也进一步反映出普惠性托育机构对于流动家庭的重要性。

3. 力不从心：婴幼儿的科学教养方式

在婴幼儿教养方面，流动的年轻妈妈受到年龄、经验、文化程度的影响，在喂养方面比较随意，对于婴幼儿是否饿了、病了、困了都不能及时掌握情况，加之又缺少长辈在一旁的指导与辅助，尤其是在婴幼儿刚出生那段时间，她们时常会因睡眠不充足而感到迷茫无助。在访谈中，新手妈妈们讲了自己在喂养方面出现过的各种问题。有些妈妈不了解婴幼儿的身心发展规律，不清楚婴幼儿成长的敏感期，不知道婴幼儿无故发脾气的原因，也不知道如何与婴幼儿进行有效沟通。对此，有的家长就一味地迁就婴幼儿，让他们养成了不良的行为习惯；有些家长则利用武力解决问题，导致婴幼儿叛逆、胆小或怯懦。

---

① 高向东、牟宇峰：《大城市社区 0~3 岁婴幼儿教养现状及对策思考——以上海市闵行区为例》，《上海教育科研》2009 年第 7 期，第 51~54 页。

个案 2：我比较瘦，生完孩子后吃东西更没胃口，就想着要给孩子吃母乳，也不知道自己母乳到底有没有营养，喂了几个月也不见孩子长，导致孩子营养不良，幸好及时发现了。

个案 4：我也不知道做什么给孩子吃，一般就是大人吃什么孩子就跟着吃什么，然后就是接受朋友推荐买点零食。

个案 7：我孩子一岁的时候，我和老公带着孩子在广东那边工作，住的地方条件不好，孩子身上起了很多"湿疹"，当时我以为是过敏了，隔了几天才去看医生。

由此可见，流动家庭对婴幼儿的成长规律不了解，很容易错过婴幼儿的各种敏感时期，对于孩子所需的微量元素又不清楚，总是认为"小孩长长就好了，没多大事"。也正是因为这样，流动家庭婴幼儿生病的概率较城市婴幼儿更高，加之抚养不精细，当流动婴幼儿出现问题时，妈妈无法及时地发现问题，从而错过治疗时间，给婴幼儿造成身体、心理上的伤害。由此可以看出，在婴幼儿的照料上，流动家庭需要得到正规托育机构的养育知识支持及干预，这对于婴幼儿的成长也是十分有必要的。

在家庭教育方面，婴幼儿主要的成长环境是家庭，家长的教育意识与教育能力对于家庭教育的质量具有至关重要的影响。笔者通过访谈，了解到多数流动家庭已经意识到早期教育的重要性，至少一半家庭为婴幼儿准备了智力玩具和图书，手机里也下载了很多婴幼儿早教软件，但受到自身文化水平、经济条件的影响，无法更为准确地对孩子认知、情绪情感和社会性行为进行引导。

个案 1：我不想我的孩子看起来比别人差，给她花钱我一点儿也不心疼，不是名牌但也要干净体面，她的衣服比我的还多呢！但对于教育，我真的力不从心。

个案 2：一般是用手机给她放（早教视频），我自己也不懂教。

个案 8：一整天下来真的很累，忙完大的忙小的，哪里还有心思去教孩子。

流动家庭离开家乡进入城市发展，离开了熟悉的生活环境，周围也没有熟悉的亲朋好友，家庭成员往往对外界充满防御。"害怕自己的孩子不如别人家的孩子""怕孩子受到欺负"等，这些都是流动家庭中父母的担忧。也正是因为这样，为了能快速融入城市生活，流动婴幼儿父母在教养观念上常会过度保护或干涉孩子。有研究证明：被父母过度疼爱的孩子的性格往往会有些偏执和任性；而父母过分保护，则会遏制孩子自主独立性的发展。① 如何更好地教养婴幼儿、如何培养婴幼儿自我照顾能力是当前流动家庭所强烈需要的。

　　个案 2：我家小妞很厉害的，什么都不怕。我就和她说，谁欺负你，你就还手，不然总欺负你。

　　个案 6：我家儿子在外面胆子很小，可在家发起脾气来可不得了。我常说他是窝里横。

　　个案 7：在这边挺孤单的，所以有种和孩子相依为命的感觉，我不太喜欢他出去玩，（因为）和人发生冲突时，外地人总是处在劣势。

笔者通过访谈和观察发现，流动家庭的妈妈存在过度保护孩子的情况，她们总是担心孩子会不会被其他小孩欺负、担心会不会因为衣服太脏受到别人歧视、担心孩子生病等，对于她们来说，孩子的父亲需要赚钱养家，并没有太多时间陪伴孩子，因此所有的育儿压力都需要自己承担。一方面她们担心照顾不好孩子受到丈夫的指责，另一方面担心自己的孩子压根无法跟上其他小孩的步伐。焦虑情绪导致了家庭矛盾不断，孩子也在这一过程中，学会了使用脏话骂人、随意抢夺其他小朋友的东西等坏习惯。这种家庭教育对于婴幼儿成长的环境十分不利。有家长表示，即便他们知道有些教养方式不对，但有时自己也有强烈的减压需要，对于孩子的问题要么是动粗草草结束，要么是放任不管。

通过对南昌市 Q 区流动家庭的走访及对深度访谈对象的资料分析可知，Q 区流动家庭在婴幼儿托育上具有以下三个特点。

第一，流动家庭的男性从事的工作大多不稳定、耗时长，大多数时间

---

① 万迪人、谢庆主编《0～3 岁婴幼儿早期教育事业发展与管理》，复旦大学出版社，2011，第 32 页。

花费在工作上，对于孩子的陪伴时间很少，加之大部分收入用于租房支出，因此用在婴幼儿教育上的费用几乎没有，仅能满足婴幼儿的生活必需品的开销。

第二，对婴幼儿的教育十分有限。受访 8 户家庭的婴幼儿均没有过托育服务经历，婴幼儿成长完全依靠家庭的抚育，3 岁以下的婴幼儿几乎没有接受过早期教育，也没有获得早期教育的渠道。

第三，由于流动人口在当地的社会支持网络十分欠缺，所以这些家庭与邻里之间的关系较为疏离冷漠，大部分人仅限于与邻居一起聊聊家常，社区活动也很少参加，生活上更是得不到太多帮助。

因此，建立完整的托育服务体系，会给流动家庭带来相当大的便利，同时也能使每一个婴幼儿站在同一条"起跑线"上。

（三）流动家庭婴幼儿托育的困境分析

家庭条件和照料者素质的参差，造成婴幼儿成长环境和可利用资源的千差万别，因为家庭经济状况和家长受教育程度的差异，会极大影响儿童的教育和照顾质量，使其一开始就处于不平等状态。① 从总体上看，流动家庭的经济收入都不高，由于女性是以抚养孩子为主，家庭的收入主要是依靠在外工作的男性来挣，家庭经济状况一般甚至有些仅能维持基本生活。同时，流动人员因受到文化程度、自身经验等因素影响，所从事的工作以体力劳动为主，对婴幼儿教育的重视程度也不会太高。流动家庭在对婴幼儿的养育等各方面都照顾不足，尤其是流动女性因生育和子女抚养的拖累更是陷入困境。

流动家庭育儿的困境主要体现在以下三点：一是女性就业与婴幼儿照料的冲突，影响家庭整体收入及生活质量；二是自身能力与教养婴幼儿的冲突，受限于自身的文化水平及生活经历，对于婴幼儿的心理活动更是知之甚少，加之正规专业的托育机构又十分稀少，无法给予婴幼儿良好的早期教育；三是社会关系网络薄弱，在育儿方面无法获取良好的社会支持，致使婴幼儿在流入地不能更好地成长。

---

① 宋健：《托幼服务相关政策：中国现实与国际经验》，《人口与计划生育》2016 年第 11 期，第 23～24 页。

1. 女性就业与婴幼儿照料冲突

流动家庭从流出地进入流入地的主要意图就是改变生活状态，获取更多的经济回报。但受到抚育婴幼儿的影响，流动家庭往往需要牺牲女性的就业机会照顾婴幼儿的生活，从而影响整个家庭的总体收入，加之城市的生活成本较高，导致家庭经济状况并无好转，甚至还需要承受更多的压力及心理负担。

> 个案2：之前我是做微商、代购这块的，收入有 6000 元左右吧，现在有孩子就没怎么做了，几次因为无暇顾及导致小孩受伤，和我老公吵了很多次架。
>
> 个案3：我是代课老师，收入也是由上课决定的，有孩子以后也上不了课了，没收入了，有时候想给自己买点东西都缩手缩脚。
>
> 个案5：老大出生不久，意外怀上了老二，也就没办法工作了，说实话，生活压力真的很大。

经济收入问题是流动家庭普遍关心的问题，妻子由于在家带孩子，全家收入都靠丈夫一人，家庭负担重、生活质量不高是流动家庭的生活常态。同时，受到学历、年龄等各种因素限制，选择在制衣厂工作是大部分流动女性的选择。在这类工厂工作时间较为自由，按件计算，尤其是遇到旺季，常常需要大批量兼职人员，这也是流动女性能通过兼职赚取工资的最佳选择。流动女性表示若有机构能提供短时的看护服务，每天几个小时的工作也能够赚取到一天的生活开销。这也反映出流动家庭对于托育服务的需求更为强烈，因为会直接影响到家庭的经济收入。

另外，流动女性缺乏来自祖辈亲朋的支持，需要亲自照料子女，增加了家庭照料的时间和成本，因此她们用于社会交往的时间逐渐减少，融入城市生活的阻力更大，始终游离在城市生活的边缘地带。南昌市 Q 区的流动女性自身的受教育程度不高，能参与的多为劳动密集型工作，因此在对于婴幼儿的教育上并不能起到关键作用。

> 个案2：原本我就是外地人，来这边以后也没啥朋友，现在没上班更是围着老公孩子转，有时候觉得没意思的。

个案 4：和婆婆关系不好，所以辞职自己带孩子，以前的同事圈、关系网什么的都断了，毕竟收入有限，跟不上人家的脚步了。

个案 7：在家待了这么（多）年，身边都是家庭主妇，谈论的都是家长里短，感觉和社会都快脱节了。

在没有幼儿园、托育机构这类正规的儿童照顾机构，又无法获得来自祖父母辈对婴幼儿的照料分担时，女性参与就业的可能性是十分渺小的，这一矛盾是女性无法跨越的鸿沟。即便流动女性已经意识到这一问题的存在，但流动家庭往往缺少自身的社会支持系统，压根无力去改变这一现实情况。抚养压力、就业压力、生活压力等也反映出流动家庭对正规且普惠性的托育服务有着强烈需求。

2. 正规照顾服务机构缺少

笔者通过访谈得知，流动婴幼儿父母与普通父母对比，有着更加强烈入托的意愿。他们表示目前面临的最大问题是育儿知识经验不够，对于婴幼儿身心发展的规律几乎不了解。更有访谈对象表示，在自身水平不够、经济条件不允许的情况下，无论家长如何重视家庭教育，也无法保证子女得到高质量的教育。在婴幼儿教育上，流动家庭的投入微乎其微，加之自身文化水平又普遍偏低，对孩子的教育方式也存在一定的问题，因此流动家庭有着强烈的需求——希望能得到免费或普惠性专业指导，不让自己的孩子输在起跑线上。

个案 4：我其实也没听过有社区托育机构什么的，印象中（别人）都是自己带娃，主要就是我自己文化水平也不高，也不知道怎么教孩子，火上来了我就揍她。

个案 5：虽然我学历不高，但也算是受过高等教育的人，知道早教对于幼儿的重要性，但就现在的条件而言，外面的早教机构动辄上万元，我们真没有办法负担。

个案 6：小宝出生后，我把老大送到私人的托育机构，一个班 8 个孩子，每月的收费是 1800 元，去了几个月，我觉得太不划算了，我自己一个月工资也就 2000 元多点，和我老公商量了很久，还是自己在家带吧。

综观当前我国对托育服务体系的构建，尽管各地都在不断强调早期教育的重要性、强调托育服务的重要性，但实际上针对儿童及其家庭所提供的公共服务较少，手段也比较单一。幼儿园作为提供幼儿教育类的正规服务机构，面向的是 3 岁及以上的幼儿，3 岁以下的婴幼儿并未纳入幼儿园服务范围，部分设置有托幼功能的幼儿园招生数量也十分少，城市普通家庭都无法获得托幼机构的服务，更别提流动家庭了。这也直观地反映出，正规的托育服务机构极其匮乏，供需关系的不平衡制约着流动家庭婴幼儿的入托。虽然市场对 0~3 岁婴幼儿的早期教育和托幼服务给予了极大关注，但市场上存在的私营早教机构和托幼机构收费标准不统一，且已超过普通家庭的经济承受能力，这也就将收入不高的流动家庭排斥在外了，市场上高昂收费机构是流动家庭踏不上的"高门槛"。

2019 年，南昌市根据《国务院办公厅关于促进 3 岁以下婴幼儿照护服务发展的指导意见》，提出将托育服务工作列入年度民生工程和为民办实事项目，纳入该市"1+5+X"社区邻里中心建设，打造便民、利民的 15 分钟生活圈，并分三阶段制订托育服务建设目标，即：2019 年底前，打造 5 个示范样板机构；2020 年实现标准化、规范化管理，争创 2~5 所省级示范机构；2025 年基本实现覆盖城乡婴幼儿照护服务体系。① 当前南昌市的正式托育服务机构处于积极探索和建设的过程中，全面覆盖城乡还需要一段时间。笔者在 Q 区调查时发现，城中村、社区内都配备了幼儿园，甚至一个社区周边有 2~3 个幼儿园，但这些幼儿园的规模都不大，多数为民办幼儿园，接收对象就是周边村民家庭、流动家庭的 3~6 岁的幼儿，而几乎没有幼儿园具备对 3 岁以下婴幼儿的教育服务这一资质。

3. 社会关系网络薄弱

与普通家庭相比，流动家庭从熟悉的家乡来到陌生的城市生活，失去原有家庭体系的关系网，同时也在不断地流动，无法在流入地建立稳定的社会关系网络。一方面，老人帮助年轻家长照顾婴幼儿是每个家庭的关键，但受到经济、住房、工作等各方面因素的影响，流动家庭无法将老人一起带入流入地生活，帮助他们照顾婴幼儿；另一方面，流动家庭多租住在城

---

① 江西省卫生健康委员会：《南昌市在全国托育服务工作现场推进会上作经验交流发言》，2019 年 12 月 23 日，hc. jiangxi. cn/art/2019/12/23/art_ 38176_ 2422457. html。

中村，有些条件不好的家庭，甚至租住地更为偏远。在这类城中村内，社区配套不足，卫生服务中心只能为婴幼儿提供普通服务，同时这类城中村社区或村委会在宣传各类知识过程中，往往带有主观性，会结合城中村居住人群的喜好进行宣传，加之当前托育服务体系的建设还处于摸索阶段，政策上还不够明朗。例如，南昌市在选择试点的社区打造托育服务中心时，重点是针对城市内资源较为丰富的社区进行试点，远郊社区或是老旧社区在托育服务的建设上还不够成熟。这意味着，流动家庭所居住的社区并不能为其提供婴幼儿托育、早教成长等各方面的支持。

个案3：我丈夫是东北人，我也不是本地人。刚搬来这边不久，邻居都不太熟，而且这是农民公寓，没物业管理，流动性很大。

个案4：小孩一直都是我自己带，我老公弟弟还没结婚，公公婆婆也一直在外面工作给他赚钱娶媳妇，不可能给我带孩子。

流动家庭在面对正式托育机构缺少、市场早教机构门槛高、祖父母辈无法提供支持的情况下，只能依靠自己的力量带孩子。但当流动家庭来到流入地，脱离了最为主要的家庭支持系统后，在流入地最先能够利用的外部资源就是社区的支持，相较于政府政策上的支持，社区能给予实质性的支持是最为重要的。社区托幼服务是托育服务体系建立的不二选择，选择在社区开展托幼服务，不但可以为社区内的家庭提供优质的服务，而且可以覆盖有需要的家庭，真正能为更多婴幼儿父母带去便利。社区托幼服务不仅能支持婴幼儿父母的工作，便于接送孩子，而且更加有利于婴幼儿的成长与安全。[①] 社区是维系每一个家庭的基本组织，将托幼服务机构与社区管理联系在一起，不但能缓解家庭在育儿与工作之前的矛盾，更能够覆盖社区内各种类型的家庭，这对于流动家庭来说，无疑是利好消息。此外，根据社区工作的性质，利用社区建立托育机构，才能真正实现托育机构的普惠性，为流动家庭提供必要的社会支持。

---

① 孙佩莉：《社区托幼点——上海托幼服务的新模式》，《中国市场》2017年第27期，第225~226页。

（四）流动家庭婴幼儿托育社会支持状况

社会支持网络决定着个体对生活环境的适应能力的强弱，社会支持网络越强，个体越能更好地应对来自环境的各种挑战。流动家庭在各方面的社会支持力度并不足以支撑他们的发展。因此，对于流动家庭来说，社会支持网络建设的重要性不言而喻，他们从原本稳定的环境剥离出来，其社会支持网络面临"由强转弱"的局面。尽管原环境的社会支持网络并不会完全失去，但缺乏链接这些社会支持网络的有效途径。对于现环境中存在的社会支持网络，流动家庭从主观思想上认识不到，利用网络的积极性也不强，社会支持网络的断裂造成了托育的困境。社会支持是家庭内部与外部联系的枢纽，包括正式社会支持与非正式社会支持。一般来说，正式的社会支持渠道主要是指政府、社区、社会组织、企业所提供的社会支持；非正式的社会支持相对来讲范围较广，主要是家族、家庭、朋友、同事和邻居等。

1. 正式社会支持

（1）政府支持力度不够

从社会支持网络视角来看，为流动家庭提供社会支持最重要的主体是政府。政府对于流动家庭托育问题的关注度越高，其走出困境的速度就越快，能在根源上解决流动家庭托育问题的责任主体非政府莫属。[1] 国家已经开始意识到民众对托育服务的强烈需求，出台了一系列政策来为家庭托育服务提供支持。2017 年，党的十九大报告把"幼有所育"作为保障和改善民生的任务之一，重视幼儿教育、健全托育服务体系已成为国家的首要任务。2019 年，《国务院关于促进 3 岁以下婴幼儿照护服务发展的指导意见》为处于空白期的 0~3 岁托育服务行业提供了国家级的发展指导意见；国家卫健委下发了《托育机构设置标准（试行）》和《托育机构管理规范（试行）》，全面推动了托育行业的发展。地方政府也相继出台了促进婴幼儿照护服务发展的实施意见或方案。但从实地调查来看，政策实践还在探索阶段，政府支持的力度依然不够。

首先，托育政策还不完善。尽管各项政策始终强调着力解决好婴幼儿

---

① 周国华：《流动儿童的教育管理与社会支持》，山东教育出版社，2015，第 89 页。

照护和儿童早期教育服务问题,但从国家层面统一开展的早期教育公共服务项目不足,依旧是主张以各地区政府为主体实施。有些国家在开展早期教育的普惠性服务项目上,已形成了一套适用于全国的服务体系,政府的支持力度显而易见,如美国的"提前开端计划"、英国的"确保开端计划"等。2020年4月23日,南昌市政府出台了《南昌市3岁以下婴幼儿照护服务体系建设实施方案》,明确了加强婴幼儿家庭养育照护的支持与指导、推进城乡社区婴幼儿照护服务供给、建立婴幼儿照护服务综合监管体系等八项主要任务,同时也明确了到2025年全市建成100家婴幼儿照护服务机构。南昌市政府关于婴幼儿照护服务机构的实施方案中,对托育服务体系建设似乎都有所涉及,但在实施托幼一体化模式中仍是以公办幼儿园为主要建设对象,对于民办幼儿园如何开设托班、如何给予政策支持、如何改扩建为普惠性机构等问题,则交由各区县人民政府管理,并未形成统一的管理机制。多数政策的制定针对托育服务的关注点集中在普通家庭、双职工家庭的托育问题上,对于流动家庭托育服务的关注度还是不够高,对于流动家庭的托育服务的治理和支持呈现混乱和边缘化的特征。另外,与流动儿童义务教育阶段相比,政府还未从国家层面出台统一的关于流动婴幼儿的管理与支持性文件。无论是从国家层面还是地方层面,托育服务机构的具体实施仍旧处于摸索阶段,而各地区因经济发展、教育水平、公共服务体系建设的差距,托育服务水平也是高低各不相同。经济发达的城市因拥有良好的教育资源和超前的社会意识,已经开始根据自身的资源整合,对托育服务体系建设展开了探索,部分城市取得了不错的成绩,成为全国学习的范本;而对于经济一般的城市,托育服务的探索进程十分缓慢。各城市因区域发展不同,在托育服务体系建设上,影响因素也各不相同。以南昌市Q区为例,该区处在城乡接合部,原有教育和照顾服务资源不足,托育服务无法覆盖到大部分家庭,流动家庭托育问题也无法得到有效支持。

其次,缺乏配套监管体制。尽管中央政府出台了一系列完善托育服务体系的政策文件,但就现实情况来看,各地在0~3岁婴幼儿早期教育、福利方面的政策法规不足,婴幼儿托幼服务未纳入公共服务,儿童的早期发展与家庭的需求支持未能得到有效保障。[1]公立托育机构"一位难求",一

---

① 薛生:《"托幼一体化"背后的隐忧》,《早期教育》2005年第1期,第5页。

些私立幼儿园存在管理混乱、乱收费、专业素质低等问题，部分早教机构打着"国际名牌"的旗帜，幼儿的教育没有统一标准且收费昂贵。片面谈及如何建立托育服务体系，但与之相匹配的配套监管体制却没有同步跟进，导致各地在推动普惠性机构的进程中，落实效果一般。有私立早教机构负责人表示，卫生部门有召开他们共同协商普惠性机构建设的会议，但商讨的核心问题就是政府对他们如何进行补贴，因为缺乏相关的补贴标准，多数民办幼儿园、私立早教机构都处于观望状态。

最后，支持政策执行力度不大。纵观政策发展史，婴幼儿教育的政策条文几乎是作为学前教育政策的"附属品"提及，以呼吁性为主，直到2019 年《国务院关于促进 3 岁以下婴幼儿照护服务发展的指导意见》发布，婴幼儿照护服务才有了独立的指导性政策。新的政策出台后，各地区政府仍在摸索实施。各地政府在政策执行上力度小，对托育服务支持是较为有限的，致使流动家庭在流入地的处境尴尬，无法融入城市享受资源，流出地的福利亦无法得到合理配置。同时，各地政府对 0~3 岁婴幼儿的托育服务缺乏有力的支持，这也是流动家庭在托育需求的问题上一直处于边缘位置，其所能获得的社会支持，尤其是正式社会支持严重不足的原因。

（2）社区服务支持动力不足

以社区为依托提供公共托幼服务，是不少发达国家或地区促进国民婚育、减少少子化冲击的一条重要途径。[①] 社区是每一个家庭生活的主要场所，社区的建设也逐渐朝着"小城市"的目标进行打造，育儿、学习、养老、休闲等公共配套服务一个都不能少。流动家庭在脱离原有社会支持网络系统进入新的系统时，最先建立联系的地方就是社区。社区是流动家庭生活的重要场所，对流动家庭的支持起着重要的作用。社区内拥有庞大的资源，流动家庭通过社区居委会可以链接到社区内资源，集结社区力量，建立关系网，从而得到帮助与服务。

当流动家庭自身内部资源无法满足婴幼儿父母的需求时，就只能寻求外部的帮助，[②] 而流动家庭外部的帮助最为直接的来源是社区。但社区能给

---

① 郑静：《我国内地社区公共托幼服务构建的思考——基于港台经验的视角》，《教育与教学研究》2018 年第 12 期，第 57~62 页。

② 张杨波：《代际冲突与合作——幼儿家庭照料类型探析》，《学术论坛》2018 年第 5 期，第 125~133 页。

予流动家庭托育服务的支持动力远远不足，一是因为我国社区的管理和服务体系还不够完善，社区治理也是近年来提出来的新概念，许多社区还没有摸索出好的治理方式；二是因为社区只是一个基层机构，依赖于政策的支持与保障，很多社区是心有余而力不足。此外，流动家庭的流动性相对较大，当他们无法在流入地获得生存保障时，就会转而前往另一个地方，这也导致了社区在流动家庭的管理上存在诸多困难，无法实时了解到流动家庭的情况，对于他们需求的收集就更是难上加难。事实上，对于流动家庭来说，自己始终是外来人口，社区提供实质性的托育支持不足，即便他们有托育需求也不会去找社区反映或寻求帮助，加之所在社区管理并不规范，具体针对婴幼儿照料的支持项目更是几乎没有。

社区存在支持动力不足的原因主要有三点。第一，政策上对社区实施托育服务、如何构建社区托育服务的体系还不够明确，同时在管理上也显得较为松散，儿童早期教育的主管单位没有明确，各部门之间也缺乏足够的协调性，社区没有行政级别，开展社区早期教育服务在很大程度上要受限于政府资金的投入及管理。第二，社区的行政事务仍是以户籍人口为主要服务对象，流动人口难以成为社区服务的主要对象。对于他们的服务以租房信息统计、发放计生用品为主，重点针对流动人口的服务项目不多。第三，流动家庭因其不稳定性难以建立长期的联系，流动家庭来到流入地大多是以租赁的形式居住在社区，一旦在流入地的生活未达到预期，就会选择离开。流动性强、不稳定的特性，也迫使流动家庭无法与社区建立真正的联系。社区无法获悉到流动家庭真实的需求，也无法提供实质性的支持。

（3）普惠性托育机构匮乏

20 世纪 80 年代初期，我国 3 岁以下婴幼儿入托率一度为 30% 左右。随着社会主义市场经济体制逐步确立，单位福利制度逐步退出历史，由政府、企事业单位办的托幼机构逐步解体，[①] 对托幼机构的资金投入逐步减少，导致托幼机构总量急剧下降，原有的托儿所消失，多数幼儿园已不开设小小班，托育机构严重匮乏。当前，我国 0~3 岁婴幼儿托育服务实践模式主要分为三种：政府主导模式、市场主导模式和企事业主导模式，根据托育服

---

① 张本波：《健全 0—3 岁婴幼儿托育服务体系》，《中国社会科学报》2018 年 5 月 30 日。

务实践模式的不同特点，服务理念可以分为公益性、普惠性和多样性。[①] 其中，政府主导模式分为政府直接提供和政府购买专业服务开办社区托育机构，具有公益性和普惠性。

江西省的家长托育需求高达 56.7%，29.9% 的家长希望托育机构设置在社区。但受经济、社会和教育发展水平等因素影响，江西省的托育服务发展较为滞后，不仅数量上供给远远小于需求，而且存在托育质量良莠不齐、缺乏有效监督和管理等问题。[②] 政府直接投入的托育机构以公办幼儿园托班、亲子班为主。公立的早教机构数量有限，难以覆盖到所有适龄儿童。随着相关托育政策的出台，南昌市公立和私立的托育机构逐渐增加，但受新冠疫情的影响，这些托育机构的生存和发展也受到了冲击。

我国的婴幼儿以家庭抚育为主，能进入托育机构的婴幼儿较少。除了托育机构匮乏外，符合普通大众的普惠性托育机构太少，不仅是流动家庭，实际上大部分家庭也是无力承担市场上的商业早教机构服务的。普惠性托育机构的认定标准、补助标准和收费指导价没有官方标准，混乱的管理状态使得低收费的普惠民办园得不到相应的政策扶持，也就没办法为有需求的家庭提供服务。从目前市场现状来看，由于托育需求缺口巨大，市面上存在的托育机构是以商业性质为主的营利机构，甚至是没有办理任何手续的家庭式托管，这些机构都与普惠性、公益性相悖，更多的是关注赢得利润的多少。

通过对市场早期教育机构的调查，绝大多数机构仅在工商部门进行注册，虽然打着思维开发、艺术欣赏等旗帜，但实际上这些机构并没有取得婴幼儿托育的相关教育资质，教育质量和安全性堪忧。这些早教机构商业气息浓厚，过高的收费使普通家庭难以承受，低收入家庭、流动家庭子女则更难涉足其中。对此，政府应加大对普惠性托育机构的扶持力度，为大众提供质量有保障、价格可承受、方便可及的普惠托育服务，让这类机构成为行业的"翘楚"，让更多婴幼儿家庭的托育需求得到满足，并且能享受到专业的服务。

---

① 杨雪燕、井文、王洒洒、高琛卓：《中国 0~3 岁婴幼儿托育服务实践模式评估》，《人口学刊》2019 年第 1 期，第 5~19 页。

② 谢永飞、马艳青、程剑波、李文利：《全面实施二孩政策对人口、教育发展的影响——以江西省为例》，《社科纵横》2020 年第 3 期，第 65~71 页。

（4）社会组织关注度不高

随着公益事业的发展，社会上出现不少自发的公益性组织、非营利公益性机构、社会工作机构等，这些机构利用自身的优势及获取资源的能力，通过物质捐赠、发动募捐、心理关怀等方式为弱势群体提供帮助。社会组织对弱势群体的支持程度不亚于政府和社区，其在一定程度上弥补了政策及社区支持的不足。在流动家庭托育问题上，社会组织若能介入其中，提供相应帮助或链接相关资源，就能为流动家庭分担不少压力。但笔者在调查中发现，社会组织给予流动婴幼儿的关注依然不足，组织成员多认为婴幼儿还小，沟通起来有一定难度，活动的开展需要家长的全程参与，活动后的评估无法取得效果。另外，在流动婴幼儿领域，对专业人才的需求很高，但很多社会组织内部并没有与之相关的专业人才，对于婴幼儿教育照顾各方面的了解不够，活动难以开展，因此也无法发挥社会组织特有的优势。其主要存在以下三点不足之处。

第一，专业性人才不多，且内部人员流动频繁。笔者在调查中发现，社会组织多是以志愿者形式出现，不少承接政府购买的项目也是由志愿者开展服务，并没有形成专业性的社会组织团队。社会组织在与婴幼儿接触的过程中，需要专业的育婴知识和早期教育知识，但社会组织里多数工作人员专业性不强，缺少专业性人才，很难介入这一领域，因此对于婴幼儿的关注度也不够高。

第二，流动家庭对社区开展的活动没有概念。自始至终流动家庭都将自己排除在社区活动范围之外，对于社区组织的活动他们很少参加，一方面是与社区内居民不熟悉，另一方面也受到自身意识的影响。这也就限制了流动家庭成员获悉信息的能力，尤其是对一些可以给予帮助的社会组织不够了解，他们也就无法通过自己的能力去改变现有的困境。

第三，社会组织受限于社区服务。社会组织是社区服务的补充，但从现有的活动轨迹来看，社会组织参与的各类涉及儿童的项目，以政府购买的方式为主，社会组织是以第三方服务的身份进入社区开展活动的，在社区内影响力远不及社区工作人员，各类活动的开展都需要通过社区进行宣传。社会组织机构对社区工作人员的依赖心较强，许多事情需要依靠社区工作人员进行协调，工作的开展幅度受到牵制。一旦社区不予以支持，项目就很难进行下去，其支持力度对于流动家庭来说无疑是杯水车薪。

2. 非正式社会支持

（1）家庭支持资源有限

当外部支持无法解决幼儿照料的问题时，流动家庭只能寻求自身的内部支持，如将孩子交给祖辈看护、婴幼儿父亲参与共同照料、从亲戚处获得支持等。祖辈参与婴幼儿的照料是每个家庭最为常见的方式，也是家庭内部支持最为直接的方式。但从流动家庭现状来看，流动人口携带子女来到流入地，他们自身因为经济、住房、工作等多重因素，几乎没有足够的条件将父母接过来帮忙照顾孩子，而父母的到来也将增加生活开支，造成更大的经济压力。加之年轻一辈的流动人员不舍得将孩子单独放在农村老家，他们希望自己的孩子能够接受城市文化的洗礼，彻底改变自身的命运，融入城市孩子的圈子，因此在选择将婴幼儿带到身边养育时，也就间接压缩了家庭支持资源的来源。

在得不到祖辈的支持情况下，流动家庭在育儿方面的支持，首先来自婴幼儿的父亲。但实际上，依据流动家庭男性的工作性质来分析，他们大多数人的工作强度、工作时间远远高于城市普通职工，无论是从时间还是精力层面，流动男性参与育儿的可能性都很小。个案8的访谈对象就表示，自己丈夫因为工作限制，在外地半年没有回家，自己独自带着两个孩子，而孩子与父亲的接触只是每天不到30分钟的视频通话，为了养家糊口根本没有多余的时间和精力来陪伴孩子，更无法为育儿提供支持。而有的流动男性则认为，自己在外面工作已经够辛苦了，自身压力也很大，而女性在家操持家务、相夫教子是最基本的责任，大家都分工明确，自己没有必要参与育儿工作。

家庭支持资源的有限，是导致流动家庭陷入育儿困境的主要原因。我国80%的婴幼儿照顾是由家庭完成的，而流动家庭仅凭女性一人完成这项工作，其需要承担很大的生活、心理压力。由于流动婴幼儿主要由流动女性独自抚养，那么母亲的抚养方式、情绪疏导方式、人际交流方式都对流动婴幼儿的成长有着极为重要的影响，但由于流动女性文化程度不高，在育儿过程中并不能完全采取科学和理智的方式，0~3岁婴幼儿可能得不到科学的照料和养育。

（2）亲友支持不够充分

我国乡村的社会关系以血缘和地缘为基础建立，人们以此来区别与他人的远近亲疏，并确立相应的处事原则。[①] 在以往的乡村社会中，社会支持系统不仅有祖辈，亲戚在家庭或家庭成员出现危机时，也能够在各方面给予重大支持作用，婴幼儿的照料问题几乎都不算事。随着城市化进程的推进，农村多数家庭外出务工，亲戚之间的联系越来越少，相互之间能够提供的帮助也越来越少，因此亲戚间的强关系支持系统日渐薄弱。有流动人员表示来到南昌工作是跟随亲戚过来的，也是考虑互相之间能够照应，但是在一般情况下，也不会去麻烦亲戚，尤其是和自己生活处境差不多的亲戚，寻求他们的帮助无疑是增加他人负担。大多数流动家庭与亲戚之间的联系并不密切，大家分散在各个城市，为自己的生活奔波，没有顾及别人的能力。

流动人员在流入地的另一个支持是朋友、老乡、同事。这类人能在流动家庭出现突发情况时，及时提供援助，加之大家处境差不多，彼此之间很容易产生共情。但即便如此，每个家庭都有自己的不易之处，老乡亲友间的支持具有即时性、短暂性等特点，无法一直维持。另外，流动女性因长时间不工作，交际圈狭小，能从亲友老乡处获取帮助的能力远远低于流动男性，尤其是在婴幼儿照顾问题上，亲友老乡认为这属于家庭私人的事情，并不愿意过多介入。

（3）社区邻里支持不稳定

"远亲不如近邻"，社区邻里间的关系一直都是社会支持网络系统里很关键的一环，邻里间的相互协作在一定程度上能帮助流动家庭缓解生活上的压力，尤其是境遇相同的邻里间相互交流比较多，在一定程度上可以起到排解不良情绪、交流育儿心得、缓解压力的作用。同时，关系稳定且良好的邻居在育儿方面也能起到支持作用，如在对方临时有事时帮忙照看婴幼儿、为婴幼儿提供二手的书籍等。邻里之间的支持能够为流动家庭提供直接且有效的帮助，是其家庭照顾的重要补充。

但笔者通过访谈过程中的观察发现，社区邻里间的支持是少量的。这种支持实际上是一种双向的沟通模式，对个人处理人际关系的能力要求很高，受助于他人的同时也要反馈于他人，因此并不是所有流动家庭成员都有能力构建好的邻里互助平台。

---

① 费孝通：《乡土中国 生育制度》，北京大学出版社，1998，第69~75页。

邻里间的支持虽然对流动家庭来说更为直接有效，但实际上它也是社会支持网络体系中最为有限的。邻里关系的好坏取决于彼此的亲近程度、居住时间、是否为老乡等因素。由于流动家庭的不稳定性，邻里间的支持实际上是难以持续和固定地进行的，居住时间过短难以形成邻里关系，加之邻居间的帮助是本着彼此间的交情，没有强制性的义务或责任，一旦婴幼儿在照看过程中出现安全问题，会直接导致双方交情的破裂，难以继续维系。因此，在流动家庭中能够与居住地邻居形成深厚、密切的邻里关系的情况相对较少。

综上所述，流动人员获取资源的能力有限，更不知道如何诉求，社会对他们托育需求的关注度不高。流动家庭对托育服务的需求非常强烈，对他们而言，价钱合理、可获得的托育资源并不多。因此，构建流动家庭婴幼儿托育社会支持网络，有助于解决流动家庭的托育难题，可以使他们从家务中解脱出来以赚取更多的工资，为下一代的早期教育提供坚实的基础，为社会未来的人力资源提供保障；可以帮助流动人口更好地融入城镇生活，进一步实现城镇化的建设；也可以为流动人口提供基本的社会保护和公共服务，增强人民群众获得感、幸福感和安全感。

（五）流动家庭婴幼儿托育社会支持网络构建

流动家庭婴幼儿托育的社会支持网络较为薄弱，受制于婴幼儿托育问题，流动家庭自身问题及女性就业问题尤为突出。因此，托育服务不应只是将焦点关注在城市的职业家庭上，对于流动家庭的托育需求也需要进行全面考量。应从正式社会支持和非正式社会支持两个方面，构建流动家庭婴幼儿托育的社会支持网络，建立以政府为主导、社区为依托、家庭为基础、邻里为补充的社会支持体系。

1. 完善流动家庭正式社会支持网络

（1）政府主导，完善托育服务政策

近年来，关于解决好婴幼儿照护和儿童早期教育服务的问题不断被提起，政府也制定了相应的政策，但总体上支持的力度十分有限，没有特别的政策和制度以增强家庭的儿童照顾功能。[①] 当前，政府未明确国家介入儿

---

① 石金群：《转型期家庭代际关系流变：机制、逻辑与张力》，《社会学研究》2016 年第 6 期，第 191~213 页。

童照顾的合理责任划分，各地区探索 3 岁以下托育机构的准入机制、相关的从业人员管理体制、相关质量监管等方面专业化的管理体系不清晰，各行政部门的职责和分工也不够明朗。

各地区之间经济发展不同，对婴幼儿托育体系的规划也存在千差万别，导致我国普惠性托育机构难以全面覆盖，尤其是对于流动家庭这类边缘群体，更是无法获取托育服务的"入场券"。这就需要政府承担婴幼儿托育事业发展的主导责任，进一步明确在托育市场或托育专业机构建立婴幼儿托育机构运营管理标准体系，加大对流动家庭婴幼儿专业化托育服务支持力度。

在幼儿教育上，政府应该将政策优惠服务、教育经费投入等适当地向弱势群体的婴幼儿身上倾斜，这样才能弥补弱势婴幼儿家庭教养的缺失，使得流动婴幼儿能与城市婴幼儿拥有平等的教育资本，享受到同等的教育资源及公共服务。同时，为了满足流动婴幼儿的早期教育需求，政府还应该建立扶助措施，如通过政府购买服务、链接基金会或公益组织等措施，帮助流动家庭解决托育服务问题。

在具体措施上，托育服务体系的建设不能只停留在浅层次，应形成一个闭合系统。在托育服务体系的建设上，政策的颁布及实施固然重要，但与此相关的配套措施也必不可少。托育机构的准入机制、相关的从业人员管理体制、相关质量监管等方面专业化的管理体系都需清晰明朗，形成管理制度，托育服务体系的建设才算完整。

（2）多元模式，扩大托育服务资源供给

国家发改委与国家卫健委联合印发的《支持社会力量发展普惠托育服务专项行动实施方案（试行）》指出，3 岁以下婴幼儿托育服务主要由地方政府事权，国家则通过中央预算内投资，支持和引导城市政府系统规划建设托育服务体系，并提到激发社会力量参与积极性，鼓励企业、事业单位和个人多方参与等。在当前学前教育经费整体短缺的现实情况下，探索扩大托育资源供给的新途径，整合各方资源，建立多主体、灵活多元、开放多样的托育服务供给体系，才能实现普惠性托育机构供需的平衡，更好地满足群众的托育需求。

流动家庭最缺乏的支持是无法匹配到适合的托育机构，只能按照传统方式养育幼儿，从而导致生活上的困境。建立托育机构与有效拓展资源的建议如下。

一是增设公办幼儿园托育班数量。现有公办幼儿园要求3岁及以上的孩子入学,托育班数量少且入托条件高,普通家庭几乎无缘公办托班。政府应加大政策支持力度,鼓励公办幼儿园增设托班数量,并对增设托位的公办幼儿园予以现金补贴、托育教师进行培养培训等支持。

二是支持民办幼儿园开办托育中心。在符合政策法规的前提下,鼓励运用社会力量办园,简化托幼机构的申办手续,支持有条件的民办幼儿园开办托儿所、托育中心、临时托管服务,满足不同家庭的不同需求。我国各小区内或周边基本上能有幼儿园,但开设托班的幼儿园较少。因此,通过"三社联动"的方式,社区可以与辖区内的民办幼儿园共同承担一部分托育机构职责,利用民办幼儿园的场地增设托班,满足社区内的托育问题。

三是鼓励和支持有条件的用人单位办托育服务机构。2019年10月,国家卫健委公布了《托育机构设置标准(试行)》和《托育机构管理规范(试行)》,其中明确提出,城镇托育机构建设要充分考虑进城务工人员随迁婴幼儿的照护服务需求,支持用人单位在工作场所为职工提供福利性托育服务,有条件的可向附近居民开放,且鼓励大中型企业自办或者合办托育机构。

南昌市Q区是南昌市最早的工业园区,大量的流动人口在园区上班。由于生活的不稳定性,园区每年都会出现大量人员流失的现象。作为省级工业园开发区,开发区内的企业完全可以单独或联合创办单位托育机构,针对双职工且缺乏代际支持的家庭提供整日的托育服务,可实行"月托""半月托""周托"等,一方面可以留住人才,另一方面可以提升员工的归属感。

(3)三社联动,建立社区型普惠托育机构

对于流动人口来说,来到流入地最先接触的就是居住地的人员,社区、居委会是他们出现诉求后最先能求助的地方。社区是人们聚集的地方,是他们社会生活的共同体,社区内拥有大量不同的资源,对于流动家庭来说,来自社区的支持是最为直接和有效的,也是各类支持体系中的重要力量。在托育服务发达的国家,社区承担婴幼儿托育及早期教育服务,是托育服务体系中的重要组成部分。在社区内开展各类亲子、教育活动,一方面为婴幼儿提供了安全保障,另一方面为家长提供了便利。

我国在社区治理过程中逐渐发现社区功能的多样性，依托社区进行小范围治理能取得不错成效。现阶段挖掘社区资源以满足社区内适龄儿童的托育需求是解决托育问题的有效路径，既能解决社区内普通家庭托育问题，也能为流动家庭提供全方位、多层次的社会支持网络。

"三社联动"是指社区居民委员会、社会组织和社会工作机构围绕社区建设、社区治理、社区服务协商、合作与协同的联合活动，这三个相对独立的行为主体也是社区服务、社区建设、社区治理的重要力量。[①] 通过"三社联动"的作用，将 0~3 岁婴幼儿托育服务纳入社区服务体系，充分利用各种社会资源，建立社区型的普惠性托育机构，满足公众托育需求。

第一，建立以社区为依托的托育机构。托育服务普惠性是以普遍惠及、人人享有为价值取向，普惠性的核心内涵表现为无排斥、无歧视、低收费、非营利、有质量。[②] 社区托育机构重点突出"普惠性"，除了解决托育难、托育机构少的问题外，最关键是要考虑所在社区居民对于托育机构的经济承担能力，所开设的托育机构是否能最大限度地帮到社区居民，为他们创造便利性。根据家庭需求不同，可以设置不同的入托及收费方式，如全托、半日托、临时托管等。

第二，链接社会各方资源参与社区托育机构。"三社联动"最强大的功能在于，能够织起一张庞大的关系网络，促进多种资源的整合，调动各方力量链接到丰富多样的资源为社区流动家庭提供服务。首先，通过社区居委会可以鼓励社区内有能力、有文化、有资源的人共同参与到托育服务中来，比如退休教师、全职妈妈、志愿者等，整合社区内可利用的资源编入托育服务的队伍，不但可以解决整个社区托育的问题，还可以帮助部分流动家庭的女性解决工作问题；其次，政府通过购买服务或是其他与社会资源合作的模式，吸引更多社会组织关注到流动家庭婴幼儿；最后，社会工作机构可以利用自身的专业性，帮助社区搭建高校合作平台，鼓励对口专业的大学生志愿者来到社区开展服务，如辅助流动家庭进行亲子沟通、增加亲子间感情。

---

① 王思斌：《如何理解"三社"联动》，《中国社会工作》2015 年第 13 期，第 62 页。
② 王海英：《公益性、普惠性、科学性——新政策背景下的幼儿园新文化建设》，《幼儿教育》2011 年第 26 期，第 1~4、19 页。

第三，加大对社区社会工作的运用力度。社会工作是一个"助人自助"的专业，专业方法的介入能够帮助服务对象解决互动过程中产生的各种问题，协助他们解决困境、重塑自信。流动家庭面临科学育儿服务缺乏、家庭教育观念落后、家庭教育能力较弱、家庭情感教育缺失、社区关怀和支持匮乏、家庭与社区和政府间互动不够紧密等困境。① 在流动儿童家长身上或多或少能看到他们的焦虑和无奈，他们想要改变生活状态却举步维艰，这使得他们对待生活的态度十分消极，尤其是女性在家中时间过长，抱怨、压抑、焦虑，情绪一直处于紧绷状态，这些不良的情绪若得不到及时处理，对社会和家庭都存在隐患。因此，社区应加大社会工作者对流动家庭的补充支持力度。专业社会工作者的介入，一方面可以帮助流动家庭成员缓解焦虑行为，帮助他们重建自信，从而改变其生存状态，达到自我支持的目的；另一方面可以帮助流动婴幼儿链接丰富的早期教育资源，拓宽流动家庭获得早期教育的渠道，达到教育支持的目的。

2. 完善流动家庭非正式社会支持网络

（1）提高家庭教育支持系统的质量

婴幼儿最早接触教育的场所就是家庭，父母是婴幼儿的启蒙老师，他们的生活习惯、学习能力都与父母有着天然的联系。婴幼儿的早期教育离不开自身所处的环境，而家庭的早期教育支持是流动婴幼儿早期教育最为重要的环节。提高家庭教育支持系统的质量，不仅是为了让流动婴幼儿获得更好的早期教育，也是为了流动家庭能快速地融入城市。

流动家庭中的父亲总将自己与婴幼儿教育"划界限"，认为赚钱就不需要教育孩子，而母亲也总以"文化程度不高"为由不肯与婴幼儿共同进步。流动家庭应多了解教育信息，转变传统教育子女的观念，陪伴孩子共同成长。一是可以多阅读婴幼儿早期教育相关的书籍，了解婴幼儿成长阶段的特性与共性；二是多参与社区、网络上的各类活动，多与其他家长进行互动，增加对婴幼儿早期教育的认识，形成正确的教育观念；三是帮助婴幼儿营造早期教育的环境，陪伴婴幼儿多进行亲子活动，多接触大自然及共同进行手工制作；四是男性应当自觉承担起家庭责任，参与婴幼儿照料，

---

① 刘军萍、李彦：《流动的关怀：家庭公共政策视角下城中村流动儿童学前教育支持研究》，《少年儿童研究》2019 年第 8 期，第 4~18 页。

充分发挥家庭在流动儿童早期教育中的作用。

（2）发挥自身力量拓宽支持网络

在当前现实的情况下，公共托育、普惠性托育机构和社区型托育机构都无法一步到位，除了通过外部力量为流动家庭搭建一个支持性网络平台外，流动家庭成员也应该发挥自身的力量，依托自己的朋友圈为自身拓宽支持网络。

第一，借助互联网优势，开展婴幼儿早期教育。流动父母应该意识到自身的重要性，应该积极努力地提高自身的素质。网络的发达实际上也为流动家庭提供了全面的信息，流动婴幼儿父母可以通过网络搜索了解育儿知识，可以加入微信群，与其他家长讨论育儿教养的方式，吸取别人的经验。在条件允许的情况下，可以观看一些较为实惠的网课，与婴幼儿一同学习。

第二，流动家庭从社区获取的社会支持较为有限，把希望完全寄托于外部力量是不明智的，流动家庭应该根据自身的实际情况，寻找家庭自我支持的途径。一方面与家庭成员、亲戚以及邻居等形成良好的互动，提升自我的人际沟通和人际交往能力；另一方面挖掘身边可利用的社会支援，多参与社区或单位组织的活动，创造机会接触并且认识更多的人，建立良好的互助关系。

总之，流动家庭脱离了原有的社会支持网络，举家来到陌生的城市，在婴幼儿照护方面陷入困境。流动家庭婴幼儿托育所能获得的社会支持十分有限，社会政策不够完善、普惠性托育机构不足、社区支持力度单薄、社会组织关注度不够、家庭支持资源有限、亲友支持不够充分、邻里之间支持不稳定，这些因素使得流动家庭婴幼儿照顾不得不以自我支持为主体，反映出当前流动家庭婴幼儿托育社会支持体系建设的不足。我国的儿童照顾政策不能只停留在残补型的政策模式上，应尽快建设普惠性托育服务机构以满足流动家庭需求。在正式社会支持方面，政府起主导作用，完善托育服务政策及配套措施；鼓励公办幼儿园、民办幼儿园、社会力量等多方参与托育服务体系的建设，扩大托育资源供给的渠道，助推普惠性托育机构的开办；充分利用"三社联动"的力量，将社区、社会组织及社会工作者联系起来共同发挥作用，以社区为基础开设普惠性托育机构，为流动家庭提供服务和资源链接。在非正式支持方面，流动家庭应该提升自我意识及家庭支持系统的质量；发挥自身力量拓宽支持网络，积极主动去链接身边资源。建立以政府为主导、社区为依托、家庭为基础、邻里为补充的社会支持体系，才能解决流动家庭婴幼儿照护方面的困境，保障流动婴幼儿的健康成长。

第二节　流动学前儿童教育照顾服务存在的问题及原因

对流动儿童早期教育照顾服务状况进行调查，重点从家庭教育照顾、托育机构、幼儿园、社区、社会服务机构等方面，呈现早期教育照顾的现状，揭示服务质量与获得的不平等问题。

一　存在的问题

从家庭教育照顾、托育机构和幼儿园教育照顾、社区和社会服务机构教育照顾、相关政策方面来分析流动学前儿童教育照顾需求及服务状况，可以发现以下问题。

（一）家庭教育照顾问题

流动学前儿童的家庭教育照顾存在不少消极因素，如父母陪伴孩子的时间少、父母不懂得管教技巧等。流动儿童的家长认识到了早期教育对 0～6 岁儿童的重要性。家长重视学龄前儿童的教育问题，因此更多的调查对象给自己的孩子买各类电子学习设备。在这些电子学习设备中，最主要的有平板电脑和学习机。父母陪伴时间少是学龄前儿童家庭教育照顾中一个较为突出的问题。在流动学前儿童的家长眼中，家庭对儿童成长的教育功能更多地表现在知识和行为方面，对心理健康方面的功能关注相对较少。流动学龄前儿童的父母认为家庭的文化素养是影响家庭教育的最重要条件，其次是家庭的经济状况。大部分流动学前儿童家长认为子女的情绪管理问题、饮食营养和安全问题是比较急迫需要解决的问题。由于大部分流动学前儿童家长并未接受过亲职教育（家长教育和培训、亲子教育），在教育孩子的过程中遇到了不懂管教技巧的问题，这一问题比无暇教育照顾流动儿童的问题更为突出。儿童早期的成长环境对其未来的人力资本发展有长期的影响作用。"早期的成长环境在儿童成长发展的过程中有着潜移默化的作用，父母的言行举止及与儿童的互动都在慢慢且深入地影响着儿童。父母可以通过多种途径为孩子提供具有良性刺激的教育环境，例如，父母可以投入时间给予儿童更多的关注，也可以通过为孩子购买益智类玩具等。"① 部分流动学前儿童家长已在积极实践，但仍然有很多流动学前儿童家庭并没有足够重视儿童早期发展或者缺乏相关的经验。

概括而言，流动学前儿童的家庭教育照顾存在的问题主要有以下几点。第一，家长缺少应对流动学前儿童习惯养成方面问题的有效方法。有调查对象表示自己的孩子有一些不好的习惯，比如挑食、爱吃零食，但自己在纠正孩子的不良习惯时，常常用命令的语气，导致孩子从来都不听自己的话，亲子沟通不畅影响亲子关系。第二，家长缺少育儿的正确方法，容易出现溺爱的错误育儿方式。有调查对象表示自己太过于溺爱自己的孩子，导致孩子过度地依赖自己，缺乏独立意识。第三，流动学前儿童父母长期在城市打拼，孩子早期跟随爷爷奶奶生活在老家或自己忙于工作，导致父母与孩子之间缺乏有效的沟通。一些调查对象表示自己与孩子不亲密，从前疏于陪伴孩子，现在意识到要寻求改变，改善亲子关系。第四，流动学前儿童跟随父母来到城市生活学习，面对一个陌生的环境更需要家长的陪伴。可是由于大部分家长担负着家庭经济上的重担，忙于工作，所以陪伴孩子的时间并不多，同时缺乏亲子教育方面的知识，亲子沟通都没有达到一致的理想状态，大多属于讨好型、责备型、超理智型或者几种类型混合。很多流动学前儿童父母尤其是父亲忙于工作，与孩子相处沟通的时间和机会减少，流动学前儿童看电视/玩手机平板等方面的时间多于和父母在一起的时间，父母也乐于让电视等陪伴孩子。孩子的教育和安全问题也成为家长主要关心的问题。

（二）机构和社区教育照顾问题

大多数流动子女没有在3岁前接受过托幼机构（如托儿所、日托中心）的照顾。目前，我国3岁以下婴幼儿的照料以家庭抚养为主。流动家庭因婴

---

① 弗拉维奥·库尼亚、李珊珊、王博雅、蒋琪、岳爱、史耀疆：《投资儿童早期人力资本：儿童早期发展项目设计的经济理论、数据及启示》，《华东师范大学学报》（教育科学版）2019年第3期，第157~163页。

幼儿照顾问题掣肘了流动女性就业，而流动家庭中的女性自身教育水平又不足以启蒙婴幼儿的早期教育，匮乏的社会支持网络致使家庭生活困难，在婴幼儿托育上陷入困境，流动家庭对托育服务有强烈的需求。影响家长幼儿园选择的主要原因有家校距离、教学质量和费用等。社区托育服务的功能主要包括补充并支持正向亲职角色、促进儿童身心发展、维护家庭完整性、连接社会服务网络、促进企业/工作单位生产力等。① 目前社区托育服务的设施和形式都不完善，制约着学龄前儿童及家长对社区托育服务资源的使用。同时，信息的不通畅也是妨碍家长使用这些服务的重要因素。调查对象认为促进儿童身心发展是社区托育最重要的功能，其次是补充并支持正向亲职角色。大部分调查对象很少了解和接触相关社会工作服务和公益服务。社区举办亲职教育、家庭教育讲座，流动学前儿童家长可以参加的亲子活动等较少。社区和社会工作者在提供托育服务方面仍然存在很大的空缺。

（三）教育照顾政策问题

流动学前儿童家长对我国儿童教育照顾相关的政策了解程度较低，享受到的来自国家和企业的相关补助、津贴及其他福利较少。大多数调查对象认为照顾子女是父母和家庭的责任，而非政府和社会的责任。大多数被调查者表示自己所在的企业不提供托育服务，企业没有承担托育方面的社会责任。在教育照顾儿童方面遇到困难时，大多数调查对象会选择向亲属求助，而较少选择政府、市场、企业、社会工作机构，儿童教育照顾服务的社会支持不足。绝大部分流动学前儿童家长希望在自己从事工作获取经济收入的同时，政府能够提供儿童教育照顾补贴等。调查对象希望政府提供的福利服务项目有儿童健康保险、儿童照顾补贴、贫困家庭儿童现金资助、儿童营养补助、困境儿童津贴补助、免费学前教育、免费托育服务、儿童照顾中心等。调查对象倾向于参加的社会工作服务形式有亲子户外活动、儿童健康服务、亲子活动/沙龙、家庭教育讲座、学前儿童成长发展小组、家庭互助会活动等。

---

① 刘翠华、黄泽兰、许雅乔、许芳玲：《托育服务概论——政策、法规与趋势》，台北：扬智文化事业股份有限公司，2007，第10~13页。

二 原因分析

流动学前儿童教育照顾服务社会支持不足主要体现在家庭支持资源有限、亲友支持不够充分、普惠性教育照顾机构不足、社区支持力度单薄、社会组织关注度不够、社会政策不够完善等方面。需要以家庭为核心，提升家庭支持系统的质量，转变家庭传统教养观念，同时发挥自身力量积极拓宽社会支持网络；通过社区、社会组织和社工"三社联动"模式，建立社区普惠性儿童教育照顾机构，为流动家庭链接资源和提供服务；建立多元模式，鼓励多方力量参与儿童教育照顾服务体系建设，扩大教育照顾资源供给的渠道；以政府为主导，完善教育照顾服务政策及配套措施。通过正式社会支持与非正式社会支持共同作用，建立起以政府为主导、机构和社区为依托、家庭为基础的社会支持体系，保障流动学前儿童的健康成长。

（一）微观层面：家庭

家庭有生育、养育、照顾保护、教育、情感与爱、娱乐、经济等功能。家庭是影响儿童教育照顾的重要因素，主要包括家庭的经济状况、文化素养、家庭关系等。已有的研究已经充分证明了"父母对儿童早期发展的投资对儿童未来各个方面的发展都具有较为稳定的预测作用，在儿童时期获得较大投资的儿童在未来有更优异的学业表现、更高的收入水平以及更健康的生活状况"[1]。然而，仍然有很多父母对儿童关键期和敏感期的投资显著不足，尤其是家庭经济状况较差的父母。家庭经济状况较差、受教育程度较低或缺乏合适的途径去获取促进儿童发展的具体方法等是影响家庭对儿童早期发展投资的重要因素。[2]

经济条件是个人、家庭、国家发展的重要基础，家庭经济是影响子女

---

[1] 弗拉维奥·库尼亚、李珊珊、王博雅、蒋琪、岳爱、史耀疆：《投资儿童早期人力资本：儿童早期发展项目设计的经济理论、数据及启示》，《华东师范大学学报》（教育科学版）2019 年第 3 期，第 157~163 页。

[2] 弗拉维奥·库尼亚、李珊珊、王博雅、蒋琪、岳爱、史耀疆：《投资儿童早期人力资本：儿童早期发展项目设计的经济理论、数据及启示》，《华东师范大学学报》（教育科学版）2019 年第 3 期，第 157~163 页。

教育照顾的重要因素。就幼儿而言，经济条件较差的家庭常影响幼儿的正常发展及教育机会的获得，例如，家庭经济状况不佳，幼儿容易营养不良，甚至体弱多病，无形中阻碍了幼儿心智及学习能力的发展。又如，在经济条件欠佳的家庭，父母较少为幼儿购买漫画、玩具及学习用品等，不但减少了幼儿在家庭中的学习机会，对于幼儿的心智成长、感官发展、肌肉协调、空间概念、语言学习等也有负面的影响。另外，贫困家庭的孩子较少参加才艺训练班，有些父母甚至未将子女送进幼儿园就读，这些现象都是家庭经济状况影响幼儿接受教育照顾机会的明显例子。[①] 流动学前儿童家庭高度关注和期待子女学业，但支持力度有限；家庭教育缺失；亲子互动频次少、质量差；家庭阅读资源匮乏。[②] 部分流动学前儿童家长也认识到了儿童早期发展投资的重要性，但家庭经济状况、家庭教育环境和家长教育能力等因素的限制，以及缺乏专业机构教育照顾服务的社会支持等，影响着流动学前儿童的早期发展的质量。流动学前儿童家庭居住条件艰苦、城市融入感较差、父母大都从事繁重体力劳动、子女缺乏心灵呵护，心理问题突出。[③] 流动人口的职业性质多为体制外的私营或个体，私营和个体经济领域较灵活的用工制度以及较低的技术和资金构成，使其成为吸纳流动人口尤其是农民工的主要场域。流动人口职业分布多为非制造性的第二产业以及技术含量比较低的第三产业，如建筑、装修、商贩、运输、修理、餐饮、护理、保洁、废品回收、雇工等，这是与城市发展和居民生活对劳动力的需求以及城市自身劳动力的供应状况相关联的。一般而言，上述领域的工作，是城市职业中最累、最苦、最脏、收入最低、最被人瞧不起的工作。[④]本书调查结果显示，流动学前儿童父母的职业以做生意、散工等无固定合同的职业为主，工资水平低，工作时间长，工作环境较差，工作满意度不高。流动学前儿童父母认识到学前教育的重要性并且愿意在这一方面投资，

---

① 许雅惠、李鸿章、曾火城、许文宗、郑琼月、谢义勇：《幼儿社会学》，台北：五南图书出版股份有限公司，2006，第94页。

② 陆建非主编《中国都市外来务工人员子女学前教育发展研究报告》，上海教育出版社，2016，第48~51页。

③ 陆建非主编《中国都市外来务工人员子女学前教育发展研究报告》，上海教育出版社，2016，第45~48页。

④ 古学斌、阮曾媛琪主编《本土中国社会工作的研究、实践与反思》，社会科学文献出版社，2004，第440页。

却没有时间和精力为孩子提供良好的家庭教育。调查对象大部分没有接受过亲职教育，在教育照顾子女时不懂得管教技巧是他们遇到的最大的问题。此外，流动学前儿童的居住环境与一般家庭相比较差，也不利于流动学前儿童的成长。

家庭的文化素养涵盖的范围较为广泛，包括父母的人格特质、语言能力、道德意识、价值观念、待人接物、教养方式等与生活文化有关的种种特性，这些文化特性，直接影响了父母与幼儿的互动质量，间接则影响幼儿在家庭中的各种学习机会。例如，如果父母的语言表达能力欠佳，平时可能较少与幼儿有言语上的沟通，幼儿在语言方面的学习及表达机会均相对减少，如果因此造成幼儿不擅或羞于言语表达，可能连带影响其思考能力、人际关系与自信心。[1] 如果父母实行的教养方式属于民主领导方式，平时可能会多接近、观察幼儿，了解幼儿一言一行的含义，并进行理性的互动，幼儿本身也能感受到父母的善意与关爱，愿意敞开心扉接受他人的教诲，无形中增加了许多学习的机会。如果父母实行的教养方式属于独断专行的方式，幼儿可能慑于父母权威，终日像被碰触的蜗牛一样，封闭心灵蜷缩在硬壳之内，日积月累将失去许多接受教育的机会。[2] 家庭要了解学前子女的生理、心理需求，提供安全、温暖和适龄、适性的成长环境和教养方法，以协助儿童健康成长与发展。父母在子女成长过程中，要给予其合理的照顾保护，使孩子免于恐惧与伤害，并给予关怀、支持和指导，以确保孩子的安全和能力的提升。家庭是孩子早期社会化的重要机构，是孩子人格、行为塑造学习的场合，父母除了照顾子女之外，也应在子女道德、行为、价值观和心智发展等方面负起教育的责任。家庭是提供爱与温暖的场所，和谐的夫妻关系、亲子关系对子女的健康成长至关重要，但家庭也是最容易伤害人的场合，如家庭暴力。因此，父母要对子女传输爱的信息，培养和谐的亲子关系。[3] 和谐的亲子关系，可使幼儿感受到家庭是温暖的、

---

① 许雅惠、李鸿章、曾火城、许文宗、郑琼月、谢义勇：《幼儿社会学》，台北：五南图书出版股份有限公司，2006，第94~95页。

② 许雅惠、李鸿章、曾火城、许文宗、郑琼月、谢义勇：《幼儿社会学》，台北：五南图书出版股份有限公司，2006，第95页。

③ 郭静晃：《儿童教保机构行政管理》，新北：扬智文化事业股份有限公司，2012，第226~227页。

安全的，愿意与家人互动，其学习机会就自然而然地增加了；相反的，幼儿的学习机会将趋于减少。① 我国亲子间的沟通，受文化因素影响，说理多于感受，尤其父母对孩子的爱意，通常比较含蓄甚至被刻意隐藏起来，父母的教养重点，基本上放在孩子智性、德性发展方面，在情感上的沟通较少。亲子间最重要的元素——爱意与关怀均是感受的领域。如果家长在管教孩子时，能够多留意感受的领域，尤其学习适当表达自己感受的技巧，则亲子关系必会明显得到改善。② 笔者在调查中发现，流动学前儿童家长由于生计和家务、文化素养和教育程度等因素的限制，羞于表达感受，亲子互动缺少情感沟通，难以为儿童提供一个良好互动的语言环境。流动家长普遍反映不懂得教养或管教子女的方法，教养方式多为独断严厉型或放任型。有些流动学前儿童家长工作忙碌，尤其是父亲早出晚归，这些情况都会影响幼儿在家庭中的学习机会，不利于良好亲子关系的建立，家庭教育照顾质量有待提升。

流动学前儿童家庭缺乏社会支持。在当代社会，一般家庭面临学前儿童教育照顾的压力，流动学前儿童家庭更是如此。对一般家庭而言，我国大多数城市目前还不能提供多样化的儿童看护机构与服务形态以补充家庭的亲职功能。儿童看护服务的缺失会造成妇女就业率下降，加大妇女照顾负担及角色冲突，加剧社会性别不平等及降低妇女社会地位，造成婚姻满意度下降、家庭冲突增多、家庭稳定和夫妻关系受到影响，也导致生育意愿改变及生育率下降，更严重的会导致儿童意外事件增加、死亡或致残，从而给儿童家庭造成致命打击等不良后果。妇女就业改变了"男主外，女主内"的家庭内分工模式，家庭结构的变迁使家庭趋向小型化，家庭关系的变迁使家庭趋向代际分居，成年子女的初婚年龄和初育年龄的推迟以及老年人病因的变换等多种因素，使儿童看护的家族内支持变得不可期待。政府和社会应介入儿童看护领域，为家庭提供优质低廉的托管机构和福利措施，以弥补家庭对年幼子女照顾与保护的不足。③ 我国的儿童一般是母亲

---

① 许雅惠、李鸿章、曾火城、许文宗、郑琼月、谢义勇：《幼儿社会学》，台北：五南图书出版股份有限公司，2006，第95页。

② 姚櫟主编《提升子女自尊感家长工作坊教师手册》，香港：东华三院社会服务科，1998，第7页。

③ 栾俪云：《变迁中的中国家庭与儿童看护的社会学考察》，《湖北社会科学》2009年第8期，第50~52页。

照顾。随着母亲外出工作,传统家庭照料模式发生改变,家中儿童的照料成为问题。工作的母亲不仅要面对家庭内部的冲突,还要受困于外部扶助的缺失。我国应借鉴北欧地区及日韩等国的儿童照料服务,借助于制度支持和政策扶助,增加儿童照料的社会服务供给,填补儿童照料领域的空白,建立适合我国的更公平、更普惠的儿童照料社会服务,以缓解工作母亲的照料压力,并提升整个家庭的福利水平。① 应该打破母亲一人负担儿童看护劳动的现行看护模式,建构儿童看护多元主体责任分工体系。例如,日本当代学前儿童看护劳动中"国家、市场、家庭和社区四个部门各自承担相应的劳动比例"②。

流动学前儿童家庭离开家乡,缺乏家族内支持,当然,部分流动学前儿童家庭因为有随迁流动老人陪伴或与亲戚朋友一起出来打工,可以获得代际支持等非正式网络照顾支持。但大多数流动学前儿童家庭以母亲照顾为主,教育照顾支持不足,儿童母亲压力大,尤其早期教育方面面临困境。"流动学前儿童家长难以化解家庭教育的症结,在育儿理念、育儿焦虑、育儿知识上备受困扰。"③ 由于社会变迁,家庭的教育子女功能也由其他专业化机构,如托儿所、幼儿园、早教机构等托育服务机构,以及电视、电脑和手机、平板所取代。家庭传统教育照顾儿童的功能因社会变迁而弱化,家庭之外的正式和非正式社会支持体系应该建立并发挥作用。

(二) 中观层面:托育机构、社区、社会组织

托儿所、幼儿园等机构是儿童一生中第一个正式的接受照顾和教育的场所,也是儿童进入团体生活中成长学习的第一站。托育机构提供的照顾和教育在儿童的童年生活中扮演着非常重要的角色,对儿童的身心健康、良好生活习惯的养成、团队合作意识的培养等发挥着重要作用。由于流入

① 刘璐婵:《儿童照料社会服务:"工作母亲"的福利——以北欧和日韩为例》,《人口与社会》2015年第4期,第97~105页。
② 杨静:《日本儿童看护劳动社会化进程中各部门分担比例测算及影响因素分析》,博士学位论文,北京外国语大学,2015。
③ 梁入文:《上海市郊区幼儿园流动儿童发展及家庭影响因素分析》,硕士学位论文,华东师范大学,2019。

地教育资源的有限性（公办、普惠性民办园和托儿所等非营利园所不足）以及户籍制度等因素，流动学前儿童面临入园难、入园贵等困境。在很长一段时期内，我国强调儿童照顾的家庭化，托儿所等公共托育服务资源缺失，一般家庭的托育需求难以得到满足，流动学前儿童家庭因为经济条件等情况，更是难以得到普惠性的托育服务。

托儿所、幼儿园等托幼机构是正式的教育机构，为学前儿童提供专业的教育照顾。"机构式托育又称为集合式托育，收托人较多，以 0~6 岁儿童为主要服务对象。此外，还有专门服务从出生到 3 岁幼儿的托婴中心或照顾新生儿的月子中心。"① "我国的 0~3 岁婴幼儿托育服务曾经以机构照顾为主，其主要做法是政府出资创办各种形式的托育机构（如各种形式的保育园），通过机构集中照料的方式对双薪家庭中无人照看的 0~3 岁婴幼儿进行保育服务。但我国机构式托幼资源长期存在供需矛盾。公办和民办幼儿园定位于招收 3~6 岁儿童，0~3 岁幼儿的机构托育服务基本上处于空白状态。"② 托育服务短缺非常严重，0~3 岁婴幼儿在我国各类托幼机构的入托率仅为 4%，远低于一些发达国家 50% 的比例。截至 2018 年底，全国共有幼儿园 26.7 万所，在园幼儿 4656 万人，教职工 453 万人。其中，全国共有民办园 16.6 万所，在园幼儿 2639.8 万人。相比 2010 年，民办园总数增加 6.4 万所，民办园在园幼儿增加 1240.3 万人，全国在园幼儿增量的 70% 以上在民办园。虽然幼儿园数量在增加，但相对于学前儿童的数量来说，学前教育资源尤其是普惠性资源依然不足，公办园少，民办园贵。小区配套学前教育资源的严重流失，是造成城镇"入公办园难""就近入园难"的主要原因。③

入托入园机会、教育经费等因素影响着流动学前儿童的教育照顾。教育起点的均等是教育机会均等的重要内涵之一，幼儿教育不属于义务教育，幼儿教育的入学率通常会比义务教育的入学率低。相关研究显示，种族、族群、性别、家庭背景等都是影响幼儿进入幼儿园接受教育的重要因素。例如，低社会阶层的家庭，其子女进入幼儿园就读的比重比中高社会阶层

---

① 亓迪：《促进儿童发展：福利政策与服务模式》，社会科学文献出版社，2018，第 228~229 页。
② 亓迪：《促进儿童发展：福利政策与服务模式》，社会科学文献出版社，2018，第 228~229 页。
③ 《学前教育报告：学前教育规模快速扩大普惠程度不断提高》，中国政府网，2019 年 8 月 22 日，http://www.gov.cn/xinwen/2019-08/22/content_ 5423488.htm。

的家庭低，这种现象表明幼儿教育的入学机会存在不均等现象。[①] 教育经费和师资是影响幼儿园教育质量的重要因素。公立幼儿园的教育经费由政府资助，私立幼儿园的教育经费主要源于自筹。私立幼儿园由于办学理念及筹款能力各有不同，有些是"贵族幼儿园"，有些是"平民幼儿园"或一般幼儿园。幼儿园有足够的空间、师资、设备教材等，才能为幼儿提供充足的学习机会，例如一些公办幼儿园或高收费、高质量的民办幼儿园设有球池、秋千、滑梯、娃娃屋、表演舞台、音乐教室及各类综合性器材等，也经常举办有益幼儿身心健康的户外教学活动，为幼儿创造许多游戏、学习的机会，而且能够招聘到优秀的教师，保证教育质量。一般价廉低质的民办幼儿园则受限于经费不足，师资缺乏且流失严重，各项设备及器材相对匮乏或简陋，幼儿的学习机会相对较少。[②] 流动学前儿童入园难和入园贵、所在幼儿园条件差、师资力量薄弱、阅读资源严重不足。[③] 流动学前儿童家庭由于工作、经济收入等因素的限制，入托入园面临困境，公办幼儿园难进，高质量民办园因收费高也难以进去，大多选择价格较低的一般幼儿园，教育照顾质量受到影响。流动学前儿童面临城市地区（尤其是大城市）的"入园难""入托难""早教过度商业化"等困境。由于公办幼儿园难进，而一些质量好的民办幼儿园太贵，很多城市低收入家庭（特别是农民工家庭）的儿童甚至不上幼儿园。不管从 0~3 岁儿童的发展需求和受教育权利来看，还是从教育的教育属性和福利属性来看，早期教育都是儿童福利的重要内容。我国的大多数早教机构是逐利的，高昂的费用使得早期教育"商业性"过重，"教育性"和"福利性"遭到损害。[④] 大多数流动学前儿童家庭也难以在早教机构接受早期教育。城市 0~3 岁儿童的早教服务大多由商业机构举办，带有明显的营利性质，[⑤] 流动学前儿童更难以接受早教服

---

① 许雅惠、李鸿章、曾火城、许文宗、郑琼月、谢义勇：《幼儿社会学》，台北：五南图书出版股份有限公司，2006，第 96~97 页。

② 许雅惠、李鸿章、曾火城、许文宗、郑琼月、谢义勇：《幼儿社会学》，台北：五南图书出版股份有限公司，2006，第 97 页。

③ 陆建非主编《中国都市外来务工人员子女学前教育发展研究报告》，上海教育出版社，2016，第 45~48 页。

④ 黄冠、尹海元：《儿童福利视角下我国早期教育事业发展初探》，《新西部》2018 年第 2 期，第 134~135 页。

⑤ 姚建平：《国与家的博弈：中国儿童福利制度发展史》，格致出版社、上海人民出版社，2015，第 180 页。

务。在儿童早期发展工作中，"我国还面临着发展状况不均衡、服务不充分等挑战。为全面加强儿童早期发展工作，要积极传播儿童早期发展理念和知识，提高全社会重视程度，同时加强服务机构和人才队伍建设，提高儿童早期发展服务能力"[1]。

大多数流动学前儿童上过幼儿园，但他们很少接受托育机构的服务，托育机构的普及率明显不足，提供早期教育照顾服务的社会服务机构严重缺乏。由于公立幼儿园门槛高，大多数家庭会选择门槛低、学费较低的私立一般幼儿园。流动学前儿童家庭选择幼儿园的主要原因是离家近，其次才是教学质量高，流动学前儿童入园难、入园贵等问题突出。

调查对象肯定了社区托育服务促进儿童身心发展和补充并支持正向亲职角色的功能。但是，他们对于社区、社会服务机构教育照顾了解很少，而且只有极少部分人享受过托育服务，家长缺乏相关知识以及资源。社会工作机构提供的针对流动学前儿童及家长的服务也较少，不能发挥其应有的价值。社区教育照顾服务供给的不足、正规机构教育照顾服务的供应不足等成为流动学前儿童的成长和发展的制约因素。流动学前儿童的社区教育十分重要，流动学前儿童数量不固定，使得社区教育在开展过程中存在一定的难度。为了有效地提高流动学前儿童社区教育水平，社会工作者的介入显得尤为必要。[2] 调查显示流动学前儿童进入公办园的比例低，流动儿童教育公益组织（社工机构、基金会等）的回应策略包括研究与政策倡议、直接办学、开办社区活动中心和将教育产品递送到学校或社区四类。很多公益组织和社会工作机构在充分利用社区资源开展流动学前儿童教育照顾服务，发挥了积极作用，但对于数量庞大的流动学前儿童及其家庭来说，这些服务是不够的，本研究中的调查对象大多表示社区服务不足，获得的支持有限。

（三）宏观层面：政府的政策法规

户籍制度和教育制度是流动学前儿童难以进入公办幼儿园、托育机构的原因。户籍制度所导致的户籍与定居地的分离是我国流动人口的本质特

---

[1] 《国家卫健委：建立健全儿童健康服务网络》，中国网，2019 年 11 月 26 日，http://guoqing.china.com.cn/2019-11/26/content_75448944.htm。

[2] 张彦花、刘丽彬：《关于社会工作介入流动学前儿童社区教育探讨》，《智库时代》2019 年第 30 期，第 239~240 页。

征，流动人口问题的本质特征是"我国的户籍制度及依托之上的公共管理及社会服务制度的不合理而导致流动人口在社会融入、劳动力市场和公共管理及社会服务体系中难以维护其合法权益和获得平等的地位。解决流动人口问题的责任主要在政府方面，政府的流动人口政策还需要不断完善"①。在一定程度上流动人口政策发展的目标和方向应该是公平、普惠，每一个生活在城市社区的流动学前儿童都应该就近入园入托，而不应因为户籍限制进不了公办幼儿园，只能选择低价低质的城乡接合部的民办幼儿园。

我国保障城市困境儿童福利权实现的福利提供仍然存在地域化排斥和户籍身份排斥。"适度普惠型儿童福利制度"本身就要求各地按照自己的财力和实际情况制定符合本地社会经济发展的试点政策，这就使得不同试点城市的困境儿童社会权实现程度会因为经济社会发展水平的不同而存在差异，从而造成了地域化的排斥；社会政策的属地化管理方式和区域社会政策不同造成的流动人口福利的隐性剥夺，也使得非本市户籍的流动困境儿童不能获得与本市困境儿童无差异性的福利。②

2014 年 7 月 30 日，《国务院关于进一步推进户籍制度改革的意见》中明确规定："建立城乡统一的户口登记制度。取消农业户口与非农业户口性质区分和由此衍生的蓝印户口等户口类型，统一登记为居民户口，体现户籍制度的人口登记管理功能。""尽管我国户籍制度经历过多次重大调整与改革，这些调整与改革也对我国市场经济发展和城镇化发展起到了一定程度的推进作用，但我国户籍制度中蕴含的深层次矛盾尚未从根本上解决，这些调整与变革没有改变固有的户籍权益化格局。我国户籍制度改革中出台的一些新制度、实行的一些新措施依旧建立在固有的农业户口和非农业户口二元户籍性质划分的基础上，建立在农业户口和非农业户口的二元户籍性质基础上的权益分配体系和社会福利和保障体系始终未能得到深层次的变革，这也使得我国户籍制度改革始终难以取得成效。"③ 国家虽然取消

---

① 关信平：《中国流动人口问题的实质及相关政策分析》，《国家行政学院学报》2014 年第 5 期，第 70~76 页。

② 王梦怡、彭华民：《地域与户籍身份：城市困境儿童的福利排斥》，《河海大学学报》（哲学社会科学版）2019 年第 4 期，第 97~104、108 页。

③ 龙家榕、刘烁瞳、陆杰华：《新中国成立以来户籍制度变革路径及其研究议题回顾与展望》，《人口与健康》2019 年第 8 期，第 30~33 页。

了农业户口和非农业户口之分，但流动人口依然难以享有城市居民的社会福利和社会保障等待遇，比如流动学前儿童入公办幼儿园就遇到了困难。

我国党和政府十分重视学前教育。2010 年颁布的《国家中长期教育改革和发展规划纲要（2010—2020 年）》中就专列一章"学前教育"，要求到 2020 年"基本普及学前教育"。学前教育的体制机制、如何"办好学前教育"、"入园难入园贵"等问题仍然是政策研究、理论研究和实践研究的重大课题。[1] 2017 年 3 月，21 世纪教育研究院和新公民计划编著的《中国流动儿童教育发展报告（2016）》指出，"我国尚未制定全国统一的有关随迁子女学前教育的管理规范，也未将其纳入基本公共服务范畴，使得外来务工人员子女的学前教育机会难以得到保障，学前教育品质难以得到有效提升"。

在家庭福利政策方面，一些国家和地区都建立了支持家庭的政策。例如，"家庭支持日益成为美国应对家庭育儿功能弱化的重要工具，形成了一种以预防为重点、以社区为基础、强调家庭优势的育儿模式，在促进儿童发展与提升家庭育儿能力方面发挥了很大作用。我国家庭育儿仍以自身保障为主，缺乏政府和社会的支持。面对由家庭育儿功能弱化引发的社会问题，政府有必要借鉴美国等其他国家的经验，通过制度化的家庭政策和社会化的家庭支持服务来分担育儿责任，以弥补家庭的功能缺失，促进儿童发展"[2]。从调查结果来看，国家在流动学龄前儿童福利方面的政策还不够，儿童福利制度不完善，无法满足社会的需要。由于长期以来国家和社会的责任缺失，大部分调查对象认为照顾子女是父母和家庭的责任，而非国家、企业和社会的责任。调查对象对于免费学前教育、免费托育服务、发放困境儿童津贴补助及在社区建立儿童照顾中心都有大量需求。

三　总结与思考

对流动儿童早期教育照顾服务状况进行调查，重点从家庭教育照顾、托育机构、幼儿园、社区以及社会服务机构等方面，呈现早期教育照顾的

---

① 霍力岩等：《美、英、日、印四国学前教育体制的比较研究》（上、下册），北京师范大学出版社，2013，序 1。

② 何芳：《美国家庭支持服务育儿模式之审视》，《比较教育研究》2016 年第 7 期，第 7~13 页。

现状，揭示服务质量与获得的不平等问题。宏观层面有制度、政策等原因，中观层面主要是社区教育照顾服务的不足、正规机构教育照顾服务的供应不足与质量参差不齐，以及提供早期教育照顾服务的社会服务机构的缺乏等，微观层面主要是家庭的经济因素、父母工作压力和家庭教育缺失等。

要解决流动学前儿童教育照顾方面的不平等问题，需要完善儿童政策内容与配套措施。我国提出了普惠性、有质量的学前教育政策和目标，但在实施和操作层面有待明确，具体包括：应强化政府责任，建立高层级协调管理机制；政府购买学前教育照顾服务，制定儿童教育照顾法、家庭教育照顾政策，发展面向家庭的儿童社会服务政策，加强对贫困流动家庭的支持和服务；积极发展社区照顾，大力发展正规机构教育照顾服务，完善家庭、社区、托育机构、幼儿园与社会服务机构等的支持和协同照顾，明确它们的角色和功能。其中，构建一个由流动学前儿童教育照顾需求导向带动、结合社会工作专业手法的早期教育照顾服务模式，即建构"家庭-社区-正规机构"三者协同教育照顾的综合服务模式十分必要。"加强社会工作的专业支持，大力发展儿童社会工作和家庭社会工作，建立社会工作服务网络"[1]，为流动学前儿童提供能够反映其生存状态与真实需求的"教育照顾服务"型的社会工作服务。例如，广州法泽社会工作服务中心的流动儿童亲子早教班和家长课堂，使流动儿童和家长能享受到高质量的普惠的早期教育。

综上所述，针对流动学前儿童教育照顾问题、需求和原因，政府需要提供政策支持和服务支持。流动学前儿童家庭希望政府提供的福利服务项目有儿童健康保险、儿童照顾补贴、贫困家庭儿童现金资助、儿童营养政策等。绝大部分流动学前儿童家长希望自己能工作，以获取经济收入，同时希望政府和工作单位等能够提供儿童照顾补贴等。他们希望政府从实行免费学前教育、在社区建立儿童照顾中心、发放困境儿童津贴补助、免费托育服务等方面支援弱势家庭，满足流动学前儿童的教育照顾需要。父母确实要担负起养育孩子的责任，我国宪法和法律也对此做了规定。但"仅靠家庭养育儿童存在缺陷，必须要以足够大的力度对儿童的生活和成长加以社会干预；而由政府全面制定和实施儿童福利政策是这种社会干预的必

---

[1] 李莹、赵媛媛：《儿童早期照顾与教育：当前状况与我国的政策选择》，《人口学刊》2013年第2期，第31~41页。

要路径。儿童既是父母的，也是社会的，父母的关爱体现了父母的责任，而社会对儿童的责任则需要通过国家的儿童福利来体现。由于儿童期的脆弱、儿童期是成长的关键期、投资儿童就等于投资未来，国家和社会应该优先关注儿童早期发展"①。党的十九大报告和十九届四中全会都强调"幼有所育"，我国的儿童福利政策要结合我国的国情，确定合理的目标。在目前情况下，实施免费学前教育和免费托育服务可能还不现实。但优先支持弱势儿童、困境儿童的政策导向是明确的，"至少应该做到儿童基本生活和成长的平等化，即通过儿童福利事业促进儿童在营养、照料、教育、生活环境和发展机会等方面的平等化"②。

　　流动学前儿童家庭倾向于参加亲子户外活动、儿童健康服务、亲子活动/沙龙、家庭教育讲座、学前儿童成长发展小组、家庭互助会活动等社会工作服务和公益服务。本书还针对流动学前儿童及其家庭的教育需求（家庭教育、生命安全教育、社区教育等），在深圳、广州、福州等社区和民办幼儿园开展社会工作服务支持。本书的社会工作服务主要运用小组工作、社区工作等方法开展，这些服务凸显了社会工作介入的积极作用，证明社会工作在为流动学前儿童及其家庭提供服务方面有其独特优势和作用。同时，借鉴北京四环游戏小组、广州法泽流动儿童早期发展项目以及台湾地区社区托育服务的案例等，总结社会组织在流动学前儿童教育照顾方面的经验做法和作用。针对流动学前儿童教育照顾需要，本书开展了流动学前儿童家庭亲子关系、亲子阅读、亲子早教课堂、情绪管理以及生命安全教育等社会工作服务。

---

① 关信平：《为了中国的儿童福利事业》，《社会工作与管理》2019 年第 4 期，第 5~6 页。
② 关信平：《为了中国的儿童福利事业》，《社会工作与管理》2019 年第 4 期，第 5~6 页。

第四章 社会工作介入流动学前儿童
教育照顾服务的实践

《不平等的童年：阶级、种族与家庭生活》一书指出，"父母的社会地位会以一种在很大程度上是无形的但又是强有力的方式冲击着孩子的人生经历，并影响教育方式。处境不利家庭的孩子已经输在起跑线上，这深刻影响着他们以后的发展"①。这一研究发现和结论对理解和介入我国流动学前儿童问题有启发意义，抓住流动学前儿童发展的关键期和敏感期，为处境不利儿童提供早期教育照顾服务，支持流动学前儿童家庭，是十分必要的。

本章主要开展社会工作介入流动学前儿童教育照顾的实践研究，探讨社会工作介入早期教育照顾服务的途径、方法，通过社会工作服务和实践研究，进一步补充和完善儿童早期教育照顾政策。实践研究以在深圳、福州、济宁的三所流动学前儿童为主的民办幼儿园、深圳流动学前儿童家庭生活的某社区以及广州一个社会组织开展的流动学前儿童早期教育服务为例，以流动学前儿童及其家庭的早期教育需求和问题为基础，以儿童早期发展相关理论为指导，开展社会工作介入流动学前儿童生命教育、亲子阅读、情绪管理、亲子关系和亲子沟通以及亲子早教课堂等实践。

第一节 流动学前儿童生命教育小组工作实践

笔者通过访谈法和观察法对深圳市民办 H 幼儿园进行调研，发现流动

---

① ［美］安妮特·拉鲁：《不平等的童年：阶级、种族与家庭生活》（第 2 版），宋爽、张旭译，北京大学出版社，2018。

学前儿童生命安全教育主要存在以下问题：流动学前儿童所居住的小区属于城中村，基础设施差，安全隐患大，享受社区资源极少；幼儿园师资不足，教师比较注重知识教育，缺乏素质教育。流动学前儿童家庭综合条件差，儿童自我保护意识差、亲社会行为较少、社会适应性较低。无论从硬环境还是软环境来看，生命教育小组活动的开展都势在必行。本调查以游戏理论、人格发展理论和体验式学习理论为指导，运用小组工作的方法，为 H 幼儿园内 8 位 4~5 岁对生命教育有迫切需求的儿童提供社会工作专业服务，以提高他们的自我保护能力、生命认知能力和爱的能力，从而提升生命质量，促进其良好人格的形成。开展生命教育小组是幼儿园社会工作服务的一次探索，取得了积极效果。笔者在总结经验的基础上进行了深入反思：第一，社会工作者角色的模糊性和介入的技巧性；第二，生命教育小组对组员各方面能力提升的差异性；第三，生命教育小组的复制性与推广性；第四，家长参与在生命教育小组中的重要性；第五，幼儿教师、家长及社会工作者在教育观念上的一致性；第六，幼儿园社会工作本土化发展的必要性与策略性。

一　问题的提出

家庭流动使儿童的生活环境发生了变化，城乡二元制所形成的制度壁垒，使得流动学前儿童在学前教育方面受到了一些不公平的待遇，一些民办幼儿园的流动儿童甚至遭受暴力虐待、性侵，基础设施方面也存在安全隐患。另外，父母工作忙碌导致家庭教育缺乏，流动家庭多数难以融入城市生活，儿童社会适应性低。民办幼儿园教育偏向"小学化"，缺乏素质教育课程。儿童自身安全意识较差，关爱他人、合作等亲社会行为较少，且有些儿童表现出一些攻击行为。因此，流动学前儿童作为弱势群体，对他们开展生命教育显得尤为重要。2014 年 7 月 30 日，《国务院关于进一步推进户籍制度改革的意见》提出，将会逐步完善并落实随迁子女普惠性学前教育的政策，这份纲领性文件使流动儿童学前教育问题进一步得到重视。

生命教育就是人对自己、他人、社会及环境的看法，这会影响个人对自己在成长、学习、生活等过程上所扮演角色的态度。生命教育的内容包含人与自己、他人、自然环境、社会、宇宙的关系等五大向度。[①] 幼儿生命教育指教育幼儿初步体会生命的意义和存在价值，达成认识生命、欣赏生命、尊重生命、爱惜生命的目标。[②] 幼儿生命教育是指教育幼儿认识和爱惜生命，使他们朝着个人身心健康和促进社会进步的方向发展。[③] 4~6 岁幼儿认为任何东西都有生命，实施幼儿生命教育的方法有讲解或说明、讨论、体验（游戏、角色扮演等）和实践（借由参访了解真实生命的面貌）。[④] 综合以上观点可知，学前儿童生命教育的目标有两个。第一，对生命有初步认知，能够欣赏和感受生命的意义。第二，塑造美好的心灵，培养儿童良好人格，提升其生命质量。

生命教育是流动儿童学前教育的主要内容之一。《国家中长期教育改革和发展规划纲要（2010—2020 年）》中明确指出将生命教育作为国家教育和发展的战略主题之一。虽然幼儿生命教育逐渐得到国家重视，但现实中的幼儿生命教育有被窄化为安全教育的趋势，实际上生命教育不仅关注安全，而且关注真实生命的丰富与多元，注重培养良好的人格特质，这与社会工作的理念不谋而合，社会工作者介入可行性强。社会工作者（以下简称"社工"）将社会工作理念与流动儿童学前教育相结合，与幼儿教师、家长和社区共同合作，以生命教育为主题，运用小组工作方法为流动学前儿童开展服务活动，可以帮助他们树立生命意识，培养良好人格。

教育部在《关于加强家庭教育工作的指导意见》中提出要给予困境儿童更多关爱帮扶，流动学前儿童属于困境儿童，他们正需要社会各界的关爱和帮扶。2014 年 12 月，民政部发布了《儿童社会工作服务指南》（以下简称《指南》），促进了儿童社会工作服务的专业化和职业化建设。儿童社会工作者在《指南》的指导下进行实务工作，更好地推动了流动学前儿童生命教育活动的开展。考虑到学前儿童对生命的理解能力，本研究主要针

---

① 吴金香等：《幼儿教保概论：教保关键概念与实例分析》（第二版），台北：心理出版社股份有限公司，2013，第 98 页。

② 王云峰、冯维：《论幼儿生命教育的可行性及实现途径》，《幼儿教育》（教育科学版）2006年第 6 期，第 11~15 页。

③ 郭晓轩：《我国幼儿园生命教育初探》，《现代教育科学（小学教师）》2011 年第 1 期，第64~64 页。

④ 吴金香等：《幼儿教保概论：教保关键概念与实例分析》（第二版），台北：心理出版社股份有限公司，2013，第 99 页。

对 4~5 岁的流动儿童开展生命教育活动。

二　流动学前儿童生命教育小组实施背景和方案设计

（一）小组工作实施背景

1. H 幼儿园流动学前儿童的生活和学习环境

深圳市 L 区 A 社区聚集了大量的流动人口，该社区共有 11992 户家庭，总人口约为 4 万人，其中户籍人口只有 8512 人。本研究所调查的主要是 A 社区的一个流动人口小区，该小区 90% 以上是流动人口，他们的孩子主要就读于 H 幼儿园。观察发现，小区居民楼周围垃圾随处可见，卫生条件较差，小区居民楼的第一排的正前方有一栋被拆掉的房子，由于拆迁工作还未完成，该区域存在很多危险物品，如石砖、钉子等，这给平时喜欢到该区域玩耍的孩子们带来极大的安全隐患。此外，在人文环境方面，小区形成了其特有的文化圈，来自相同地域的人往往会有更多交集，这在一定程度上限制了流动学前儿童融入城市生活。另外，小区里赌博风气盛行，晚上 12 点之后麻将声还经常不绝于耳，严重到警察经常来小区突击检查。家长之间偶尔玩一下麻将本来无可厚非，但如果影响到小区环境和儿童的健康成长就难辞其咎了。该小区内流动学前儿童平时的监护人主要有父母、爷爷奶奶，有些家庭是母亲全职在家带孩子，父亲上班，有些则是父母上班，爷爷奶奶从农村到城市来帮忙照顾孩子。不管何种情况，时间一长监护人难免会觉得烦躁，于是打麻将对他们来说便成了最好的娱乐方式。笔者在与幼儿教师沟通的过程发现了很多让人啼笑皆非的情况：第一，部分家长为了打麻将，常常让麻将馆的老板来接孩子；第二，家长嫌孩子们吵，直接将小孩关在家里让他们自己玩；第三，直接放养，让孩子在小区自由玩耍。当然也有一部分家长选择将孩子送到兴趣班或托管中心由专职老师看管。

笔者通过电话访问的形式与多家民办幼儿园进行了沟通，其中 H 幼儿园的园长对生命教育小组有较大的兴趣，于是笔者与该幼儿园园长进行了更深层次的面对面交流，该幼儿园的园长正在学习生命教育的相关课程，她也一直想让幼儿园的孩子受到更好的素质教育，但由于教研人员有限，她的生命教育课程在开展过程中遇到了很多困难。H 幼儿园是深圳市 L 区的一所私立幼儿园，现有教师 35 人，本科以上学历 2 人，少部分教师获得教师资格证。在硬件设施上,幼儿园也有很多现代化设备,但与公立幼儿园相比,差距较大。园内现有 300 多名幼儿,90%以上是流动家庭的孩子。在课程设置方面,H 幼儿园以往注重基础课程学习,偏向小学化。近几年由于当地教育部门的严格监管和培训,园长和教师们接触了很多素质教育方面的课程,H 幼儿园正在朝优质民办幼儿园的方向努力,但由于师资力量参差不齐,影响了幼儿园素质教育的推进。

2. H 幼儿园生命教育课程开展现状

笔者在与园长的沟通中,对 H 幼儿园现有的生命教育课程有了初步了解。园内主要有安全教育视频观赏、消防演习、小小植物角、晨谈分享等生命教育课程。笔者通过参与式观察,发现这些课程存在如表 4-1 所列的一些问题。

表 4-1 H 幼儿园生命教育课程存在的问题

生命教育课程	存在的问题	共同的问题
安全教育视频观赏	幼儿教师只是播放动画片,缺乏必要的语言引导	部分幼儿教师在语言引导方面做得不够好,不能用孩子们理解的语言进行沟通; 家园合作较为缺乏,生命教育活动的开展应与家庭教育紧密联系,与家长保持沟通; 每次课程参与的人数太多,无法保证课程的效果; 课程内容不够有趣,游戏效果较差,课程设置有待进一步丰富
消防演习	教师在引导过程中存在错误的口令	
小小植物角	教师只是让孩子们自由观赏植物,对孩子们提出的疑问常常无法给出合理解释	
晨谈分享	教师引导孩子们相互分享自己的玩具,但对话内容很生硬,没有通过游戏活动展现	

为了解园内幼儿教师对生命教育的认知情况,笔者对部分教师进行了访谈,当被询问是否了解幼儿生命教育的内容时,只有 10%的教师表示非常了解,有些教师甚至以为生命教育是关于生孩子的。对于幼儿生命教育应该包含哪些内容时,有两个关键词被 70%的教师提到,一个是安全,另一个是健康。所以她们列举的课程案例也都与安全和健康有关,这说明大部分教师是从字面意思去理解的,并没有去深入挖掘生命教育的内涵。出现以上问题的原因在于大部分教师平时是按照园长的计划来教课的,但实际上她们并不清楚她们所上的课到底属于什么类型,园长的培训内容她们没能完全吸收,而自己本身也缺乏学习的积极性,所以她们完全是被动的

执行者，对生命教育内涵的理解自然也就比较少。总体来说，大部分幼儿教师对生命教育的内涵缺乏准确认知，且没有掌握一些常用的生命教育教学方法。但园内所有的教师都觉得开展幼儿生命教育是非常必要的，因而教师们都希望社工能在园内组织一些以生命教育为主题的小组活动，这样不仅能帮助教师减轻教学压力，也能让教师受到启发。

（二）小组工作方案设计

儿童生命教育不仅是幼儿发展独特性和全面性的需要，更是幼儿园教育以及社会发展的迫切要求。在开展幼儿园生命教育的过程中，要遵循活动与生活化、启发与内化的原则，整合幼儿园、教师、家长、社区以及社会工作服务机构的力量。[①] 小组工作是社会工作的重要方法之一，社会工作者通过有目的性的小组活动使组员从中获得小组经验，解决个人、人与人之间、人与环境之间的问题，帮助个人恢复与发展社会功能，开发个人潜能，从而获得成长。[②] 生命教育小组属于成长小组，成长小组是通过组员间的互动，使他们在思想、情感和行为等方面有一个不断改变的过程，最终获得更好的成长。以体验式学习理论、游戏理论和人格发展理论为指导，运用小组工作法开展生命教育活动的优势体现为以下两点。第一，小组工作的团体性和趣味性更加适合小组游戏活动的开展，3~6 岁儿童生命教育活动开展需要游戏精神引领，而游戏活动以小组团体形式来呈现也能取得更好效果。孩子们在愉悦的小组氛围中体验团体游戏的快乐，共同成长。第二，小组工作中组员之间的互动能使他们相互启发。小组工作过程中，社工会引导组员相互探讨、共同思考，在这种相互交流的过程中，组员能相互学习，加强交流。对于流动学前儿童来说，他们的理解能力还未达到成人小组的程度，但在社工合理的语言引导下，小组中相互启发的作用也能在学前儿童中形成。

1. 生命教育小组工作的理论基础

（1）体验式学习理论

D. A. 库伯在其著作《体验学习：让体验成为学习与发展的源泉》中正

---

① 刘斌志：《论幼儿园生命教育的实施》，《教育评论》2011 年第 5 期，第 39 页。
② 刘梦主编《小组工作》，高等教育出版社，2013，第 6 页。

式提出了体验式学习理论。① 体验式学习理论注重为学习者创造真实的活动
环境，或者模拟一些相对真实的活动场景，学习者在体验活动中通过与他
人交流和沟通，获得个人的经验和感受，并与他人进行交流和分享，然后
通过不断反思总结提升为结论或理论，最后将理论或结论投入实践检验它
的意义。主体性、情境性、行动性和反思性是这一理论的主要特征。根据
这一理论，在具体的实务过程中，社会工作者要为学前儿童生命教育的开
展提供具体的情境，例如，在教室里多挂一些反映生命意义的图画，另外
可以组织一些种花、种树苗的小组活动，让儿童在活动体验中感受生命培
育的意义。由于学前儿童尚不具备将经验提升为结论或理论的能力，社工
作为体验者之一，可以对体验的结果进行理论总结。

（2）游戏理论

J. 皮亚杰与 B. 英海尔德认为，儿童需要游戏，尤其是象征性游戏，因
为象征性游戏能满足他们自己的需要，使他们的情感和智慧达到平衡。游
戏有两个作用：一是愉快，或纯粹的乐趣；二是适应，幼儿能在游戏活动
中使自己的行为更加适应现实世界的规则与要求。② 儿童在不同的认知发展
阶段会有不同的游戏方式。J. 皮亚杰提出了练习性游戏、象征性游戏和有
规则的竞赛游戏三种不同类型的游戏。练习性游戏对应认知发展的感知运
动阶段（0~2 岁），象征性游戏对应认知发展的前运算阶段（2~7 岁），有
规则的竞赛游戏则是对应具体运算阶段（7~12 岁）。③ 本研究的对象基本是
处于前运算阶段的孩子，因此游戏活动要以象征性游戏为主，象征性游戏
的表现形式有：假装、假扮和幻想。社工可以通过角色扮演的方式来开展
游戏活动。根据游戏理论，教育界的很多学者倡导游戏精神。游戏精神是
幼儿教育的核心价值，也是对幼儿教育的最本质把握。④ 孩子要在游戏中成
长，课程设计要与游戏精神相结合，重视音乐游戏、语言游戏、体育游戏、
创造性游戏等游戏活动的开展。因此，社会工作者也应在游戏理论的指导

① ［美］D. A. 库伯：《体验学习：让体验成为学习与发展的源泉》，王灿明、朱水萍等译，华东师范大学出版社，2008。
② ［瑞士］J. 皮亚杰、B. 英海尔德：《儿童心理学》，吴福元译，商务印书馆，1981，第 46 页。
③ 杨宁：《皮亚杰的游戏理论》，《学前教育研究》1994 年第 1 期，第 12~14 页。
④ 樊人利：《游戏精神引领下幼儿行为习惯的养成》，《学前教育研究》2014 年第 9 期，第 67~69 页。

下开展生命教育活动。①

（3）人格发展理论

埃里克森的人格发展理论认为，4～6 岁的儿童对周围的事物和环境有着很强的好奇心，因为在这个阶段他们的第二信号系统得到长足发展，想象力和创造力也开始变得丰富。这一时期，儿童的各种探索行为如果能及时得到成人的回应和鼓励，他们的主动性就会进一步得到强化，从而形成主动、执着、创造等积极的人格特征。② 生命教育小组的部分活动能满足流动学前儿童探索自然生命和周围环境的好奇心，从而激发他们的创造力和想象力。因此，人格发展理论的运用对生命教育小组活动的开展具有重要的指导意义。

2. H 幼儿园流动学前儿童的问题和需求评估

笔者通过观察和访谈，发现该园流动学前儿童面临如下一些问题和需求。

（1）存在的问题

从家庭背景来看，流动学前儿童生活在流动家庭之中，属于农村户口，父母受教育程度较低，且父母多从事一线服务行业或劳动强度较大的工作，因而无暇顾及孩子早期教育。从流动学前儿童的自身表现来看，他们的生活卫生习惯较差，安全意识较差，攻击行为多，在语言发展、情绪控制、自我保护、社交发展等方面存在较多问题。从流动学前儿童的受教育环境来看，他们未享受到充足且优质的家庭教育和学校教育，就读的幼儿园以办学质量差的民办幼儿园为主。具体到所调查的 H 幼儿园，该园的流动学前儿童主要面临以下几个问题。第一，身体保护意识差，园内儿童对自己及他人的身体部位缺乏了解，常伴有攻击行为。第二，安全问题多，幼儿园楼层高、地面滑，儿童上下楼梯喜欢相互推拉。第三，儿童情绪问题多，脾气暴躁。第四，较少融入城市生活，儿童与父母长期居住在城中村，与村外城市儿童的生活方式相差甚远。第五，儿童与父母常年在外，对自己家乡缺乏基本的认知。第六，儿童之间分享合作的行为少，喜欢将玩具占为己有。第七，部分儿童家庭教育方式两极化严重，或粗暴或溺爱，从而

---

① 吴瑞传：《倡导游戏精神 促使幼儿园课程游戏化》，《教育教学论坛》2015 年第 1 期，第 220～221 页。

② 王家军：《埃里克森人格发展理论与儿童健康人格的培养》，《学前教育研究》2011 年第 6 期，第 37～40 页。

导致儿童性格古怪、情绪不稳定、同伴关系差。另外，部分家长对幼儿园的一些做法不理解，认为老师让儿童从家里带玩具来幼儿园和其他幼儿分享是幼儿园抠门儿，不愿意投资买玩具，而幼儿园的解释是为了培养儿童分享的品质，以后玩具还可以带回去。有的家长则喜欢把自己的想法强加于儿童身上，自己觉得做人要霸道，便经常给儿童传达这样的思想，要求他在幼儿园样样都做第一，家长的教育观念与生命教育的理念存在严重偏离。

（2）需求评估

流动学前儿童需求评估的信息来源主要是幼儿教师、家长和儿童本身。当家长和教师被问及儿童是否需要生命教育这一问题时，90%的家长和教师表示非常需要。对于儿童本身来说，由于他们目前判断能力有限，笔者主要运用观察法来仔细观察他们的生活环境和学习环境，以及他们的行为习惯等，经过评估发现他们主要存在以下四个方面的需要。当然也会和孩子们进行一些简单的沟通，以评估他们是否对小组活动感兴趣。

①获取安全知识的需要

从幼儿园的房屋构造来看，该园是由住房改造而成的，有三栋房子，大班、中班、小班各一栋，每栋四层，楼层的高度不太适合幼儿园布局，而且儿童好动的行为容易在楼梯上引发安全事故。楼梯地板全部由油漆喷刷而成，表面光滑，容易滑倒。从儿童的行为来看，部分儿童有好动、上下楼梯推拉别人、咬手指头的习惯，男女生经常同时使用同一个卫生间，部分男生有攻击其他儿童隐私部位的行为。从观察中可以看出，流动学前儿童在认识身体、自我保护，园内安全等方面映射出社工介入的可行性与迫切性，而认识身体、安全教育也正好属于生命教育的范畴。

②开展户外生命教育活动的需要

幼儿园有观赏花草、认识动植物、安全教育之类的课程，但教师的教学活动多在园内进行，且只是单纯让孩子们观察、看动画资料，没有让孩子真正到大自然中去感受生命的多样性。据幼儿园的教师反馈，他们已经有一年多没有开展过户外活动，家长和一些教师其实也希望能有一些户外活动，只是没有专门的负责人，也没有找到合适的内容和方法。对于孩子们来说，他们的天性就是玩，长时间把他们封闭在幼儿园内不利于他们的身心发展，90%的孩子听到要带他们出去玩时，会变得非常开心，连那些平时不爱说话或情绪问题多的孩子也立马变得活泼了。

③融入城市生活的需要

流动学前儿童长期生活在城中村，这不利于他们的社交发展，引导家长和教师带领儿童积极融入城市生活非常必要，社工在与儿童的交谈中发现儿童也憧憬着丰富多彩的城市生活，会时常问问他们去过深圳哪些好玩的地方，但大多数孩子的答案很单一，基本就是去过附近的某某商场、超市、公园等，少数儿童能说出世界之窗等知名度高的地点。其实在深圳有很多免费对儿童开放的教育设施，如科技馆、图书馆、少年宫、博物馆、安全教育基地等。社工为了评估孩子们的需求，给他们看了很多类似的电子图片，在图片播放过程中，孩子们对这些地点表现出了极大的兴趣。

④儿童增强亲社会行为，获得综合发展的需要

在每一位教师和家长的内心深处，其实都希望孩子能得到优质的教育资源，获得全面发展，比如增强儿童自我保护能力、培养儿童的礼貌礼仪行为、促使儿童相互尊重、发展和谐的同伴关系等。通过参加以生命教育为主题的系列素质拓展活动，流动学前儿童将会获得更全面的发展，良好的人格也会逐渐形成。在进入幼儿园后，一些家长也会主动来咨询，这说明家长们其实是可以改变观念的，他们缺少的只是资源和途径。所以每一个流动家庭的孩子都有获得综合发展的需要，这其实也是他们的权利。

3. 组员情况

笔者根据访谈和观察，经过家长知情同意，选取了 8 名流动学前儿童作为小组成员（见表4-2）。

表 4-2　组员基本情况

序号	姓名	年龄	原籍	现居住地
1	PYX	5	湖南省	深圳市 L 区 B 小区
2	DYX	5	湖北省	深圳市 L 区 B 小区
3	ZXY	5	广东省	深圳市 C 街道
4	HSH	5	福建省	深圳市 L 区 B 小区
5	CSY	5	广东省	深圳市 L 区 B 小区
6	XTE	4	陕西省	深圳市 L 区 B 小区
7	HJY	4	广东省	深圳市 L 区 B 小区
8	HST	4	湖南省	深圳市 L 区 B 小区

4. 生命教育小组工作的目标和内容

（1）总体目标

协助幼儿园老师为流动学前儿童开展生命教育活动，通过小组活动的开展，提升儿童对自我生命的认知，增强生命安全意识，同时与儿童共同探讨大自然的奥秘，让他们懂得植物和动物生命的可贵。在此基础上，生命教育小组进一步与家庭、社会相联系，引导儿童关心家庭成员、爱护同伴，学会分享与感恩。此外，通过生命教育小组活动，加强家园合作，促进家长和幼儿教师教育理念的转变。

（2）具体目标

①使流动学前儿童能了解自己身体的各个部位，并知道如何保护身体和控制情绪，能准确判断周围常见的危险物品和危险场所。

②协助流动学前儿童识别常见的交通安全标志，遵守交通规则。

③使流动学前儿童能够认知到大自然的生命力，通过看动画视频、走进植物园、参观海洋公园等方式让他们感受生命的多样性，帮助他们识记一些基本动植物的名字，让他们知道动植物也有生命，通过给小树浇水、给大树穿衣的方式，让他们学会关爱动植物。

④引导流动学前儿童在小组中运用照片介绍自己的家庭成员，介绍内容有：家庭成员的称呼、工作及特点。引导流动学前儿童帮助家庭做一些力所能及的事情，让他们学会对家庭成员说一些温暖的话语或关爱行为，如"爸爸妈妈，我爱你们"等。

⑤了解自己的家乡和现在生活的城市，能准确说出家乡和城市的名称，并能大致介绍家乡的特色之处。同时懂得城市生活中的交通规则，学会初步观察城市生活中的人和事，熟悉城市生活。

⑥使流动学前儿童之间能相互分享一些玩具，减少流动学前儿童之间争吵或冲突的频率，让流动学前儿童学会关爱他人的生命，不要伤害他人。

⑦帮助幼儿教师提升教学技能，加强理论素养。同时，引导家长积极参与每一次小组活动，从而促进他们错误教育观念的转变。

（3）生命教育小组工作的活动内容

经过与幼儿教师沟通，同时在校内督导的指导下，笔者将生命教育小组的活动内容分为生命与自我、生命与自然、生命与社会三个方面，分三个阶段进行，每一阶段的小组活动结束后，都会进行过程评估与反思。具体小组活动安排见表4-3。

表4-3　小组活动总计划汇总

阶段	活动主题	活动目标
第一阶段：生命与自我	1. 保护身体我知道； 2. 我是安全小卫士； 3. 多变的情绪宝宝	1. 了解自己的身体，并知道如何保护自己的身体； 2. 能够区分校园生活中的危险行为，懂得保护自己和他人； 3. 能够有意识地控制自己的情绪，提升生命质量
第二阶段：生命与自然	1. 公园里的植物； 2. 海洋公园快乐游	1. 乐意观察周围的植物，培养孩子初步探索植物生命的兴趣，并学会爱护身边的植物； 2. 喜欢小动物，愿意亲近和照料小动物
第三阶段：生命与社会	1. 我爱我的家庭和家乡； 2. 关爱同伴，快乐自己； 3. 我是深圳的新成员	1. 培养孩子主动了解自己家乡的兴趣，热爱家乡； 2. 培养孩子的爱心和助人为乐的意愿； 3. 能够观察并感知身边的人和事，学会遵守交通规则，初步培养新市民意识

以上活动内容不仅关注流动学前儿童的安全问题，而且将生命教育的内涵进一步拓展到关爱大自然、保持积极情绪、发展良好的同伴关系以及分享等方面。同时，活动的形式也比较多样，不仅有室内活动，而且有室外活动，都以游戏的形式来开展，努力为孩子们创造一个愉悦、欢快的体验环境。另外，活动内容也会注重多方参与，孩子的成长需要家长、老师和社工共同努力，因此，本研究的活动设计将会提升家长和教师的参与积极性，并通过参与活动帮助他们培养正确的育儿观念，学会与孩子沟通，掌握更多好的教育方法。

三　流动学前儿童生命教育小组工作介入过程

（一）小组第一阶段：生命与自我

1. 活动一：保护身体我知道

活动缘由：在日常观察中，发现部分组员有一些不文明行为或语言出现，如：以好玩的心态相互触碰彼此的隐私部位、小男生和小女生一起上洗手间、经常把手放到嘴里等，这些现象表明孩子们对自己的身体还不够了解，且不懂得如何去保护身体。

活动日期：2015 年 10 月 14 日。

活动地点：H 幼儿园活动室。

活动流程与具体活动安排见表 4-4。

表 4-4　第一次小组活动计划

时间	目标	内容	所需物资	负责人
15 分钟	1. 使组员对社工有进一步了解； 2. 订立小组规则建立专业关系	在正式开展小组活动前，社工已与组员有了多次接触，活动正式开始时，社工需进一步明确自己身份，并告知组员自己的称呼，同时与组员订立小组规则，并将小组规则写在大纸上，张贴在墙上，每次小组聚会时，要和组员共同回顾，巩固专业关系	纸张	社工 幼儿教师
20 分钟	1. 帮助组员认识身体的各个部位； 2. 使组员知道哪些是不安全或伤害身体的行为	1. 让组员观看动画视频《我的身体》，初步了解身体的各个部位，讲解中社工要适当做一些动作游戏带动组员； 2. 让组员观看危险行为图片，并识别	电脑	社工 幼儿教师
10 分钟	总结	1. 让组员自己识别图片中不恰当的行为，并主动贴上"×"的标志，以此巩固小组活动效果； 2. 引导组员分享心得	标志牌	社工 幼儿教师

正式开展小组活动之前，社工与小组成员有过多次接触，为顺利与组员订立小组规则做铺垫，在接触的过程中，发现组员对"小朋友不能大吵大闹""小朋友不能乱跑"之类的表达比较抵触，回应较少。于是社工在正式建立小组规则时全部将否定式的语句换成积极的表达方式，组员对积极语言的回应明显增多。建立小组规则的同时，社工介绍了自己的身份，告诉组员自己是学校新来的一位很特殊的老师，当小朋友们需要帮助的时候都可以找老师。第一节小组的内容主要是让组员了解自己的身体部位，并知道如何去保护身体，活动在观看动画视频《我的身体》中开始，视频中的老师是以儿歌的形式来教学，为了让组员更有兴趣往下听，社工增加了"身体会说话"的环节，即将各个身体部位拟人化，用游戏表演的形式让组员积极参与。

社工："小朋友们仔细听哦，老师的身体要开始说话了。小手说，危险物品不能碰，身体不能让坏人摸。小嘴说，我不喜欢吃手指。耳朵说，我要认真听老师的话。眼睛说，上洗手间，要关门，男孩女孩要分开……"

组员看到社工表演很开心，于是自己也开始边说边做动作。到了总结阶段，社工给组员看了一些危险性或不当行为的图片，如：用手摸插孔、用手或脚触碰他人的隐私部位、男生女生一起上厕所等。看完后，组员们拿着手中的对错标识牌贴在对应的图片上。在贴的过程中，有的组员发现别人贴错了，于是马上就告诉社工。

CSY："老师，ZXY 和 PYX 贴错了。"

见此情况，社工立刻让 CSY 帮助其他组员更正，并让他做分享，小组中榜样的存在会带动其他组员共同进步。

2. 活动二：我是安全小卫士

活动缘由：安全问题是幼儿园和家长最关心的问题，社工在考察幼儿园及其周围的环境后，认为让组员掌握一些安全知识非常重要。幼儿园内的班级分布在一楼到四楼，每天孩子们上下楼梯的次数大约有 6 次，稍有不慎，安全事故就会发生。在本小组内，男孩偏多，且大多数比较好动，上下楼梯时经常推拉前后的小朋友，安全隐患大。

活动日期：2015 年 10 月 20 日。

活动地点：H 幼儿园。

活动流程及具体安排见表 4-5。

表 4-5　第二次小组活动计划

时间	目标	内容	所需物资	负责人
5 分钟	使组员初步理解什么是安全	1. 安全就是要保护自己的身体和他人的身体； 2. 再次展示一些危险性的图片	电子版图片	社工 幼儿教师
30 分钟	1. 能够自觉排队，右手扶护栏，有秩序地上下楼梯； 2. 遇到紧急情况时，能够听从老师和社工的指令； 3. 防止在上下楼梯过程中奔跑或蹦跳	1. 组织组员观看动画视频《上下楼梯要注意》； 2. 看完视频后，带领组员在实际情景中体验，并及时告知组员的不当之处，以寻求改变； 3. 游戏环节，每位组员轮流担任安全小卫士，时刻提醒其他小朋友	电脑	社工 幼儿教师

时间	目标	内容	所需物资	负责人
10分钟	总结	组员分享，并让组员回家数一数周围的哪些危险性事物不能碰，同时通过微信群布置家长和组员在家一起观看《幼儿安全教育系列动画片》		社工

社工首先通过展示一些危险性图片来引导组员了解安全是什么，考虑到组员的理解能力，在看完图片后社工选择用简洁易懂的语言形式来引入，让组员知道如何保护自己的身体和他人的身体。经过社工引导，组员对保护身体之类的话语都能耳熟能详，并争着抢着和其他组员交流，到了看视频阶段，组员 PYX 开始对视频中所讲的规则有所回应，立马对社工说道："老师，DYX 下楼梯推我。"顺着 PYX 的思路，社工反问："那小朋友们应该怎么上下楼梯啊？"其他组员立刻开始抢答，纷纷复述视频中所讲的规则："上下楼梯要排队，慢慢走，不推拉，不蹦跳。"组员之间争先恐后说个不停。为了让组员亲自体验，社工带领组员到楼梯口一起玩"上下楼梯，我当安全小卫士"的游戏，组员们轮流担任小卫士，并提醒其他组员注意安全，上下楼梯的过程中井然有序。分享阶段，社工肯定了组员们的行为，并问道："小朋友们回到班级后还要不要做安全小卫士啊？"组员们异口同声说："要。"社工顺着组员的思路继续发问："那我们应该怎样告诉其他小朋友呢？"视频中所讲的规则又一次被组员重复。在接下来的一天中，社工与老师沟通后，在班级内其他小组中各分配一位受过社工教导的组员担任安全小卫士，以期在班级内起到示范效应。

3. 活动三：多变的情绪宝宝

活动缘由：学会认识和控制情绪是生命教育的重要内容之一。据深圳市 L 区 H 幼儿园的老师反映，很多孩子存在比较严重的情绪问题，在与部分家长沟通后，家长也反映了同样的问题。在本研究小组内，有一位情绪问题非常严重的组员，若其需求没有得到满足，便开始愁眉苦脸、烦躁不安，在幼儿园每天的学习时间内，该组员情绪困扰的时间占 1/3。基于此，社工希望运用小组的力量来帮助该组员培养积极情绪，同时也让其他组员学会认识情绪，防患于未然。

活动日期：2015 年 10 月 23 日。

活动地点：H 幼儿园。

活动流程及具体安排见表4-6。

表4-6　第三次小组活动计划

时间	目标	内容	所需物资	负责人
5分钟	使组员对情绪的概念有初步了解	向组员展示笑、哭、生气、愤怒等一些基本的表情图片	电子版图片	社工
30分钟	1. 使组员初步认知自己的情绪； 2. 能够识别一些积极情绪和消极情绪	1. 和组员一起用碟片制作哭、笑、生气等不同表情的情绪宝宝； 2. 让组员选择哪些是积极的情绪，哪些是消极情绪，并选择一个自己最喜欢的情绪宝宝，简要说明原因； 3. 社工带领组员对着镜子做各种表情，体验不同情绪的感受	碟片、纸张、笔、双面胶、细绳、镜子等	社工幼儿教师
10分钟	总结	社工引导组员分享		社工

社工首先通过电脑向组员展示了各种情绪图片，在看图片的过程中，组员之间开始有不同的回应，ZXY说："老师，那个小朋友在生气。"CSY说："老师，那个小朋友哭的时候好像我弟弟。"总体来看，组员对哭、笑、生气、不开心这几类情绪比较熟悉，对愤怒、抓狂等复杂一些的情绪则比较陌生，这与他们现年龄段词语的掌握程度有关，但这不影响组员对情绪概念的初步理解，社工因此顺势抛出情绪的概念。之后，社工和组员、老师一起合作制作情绪宝宝，制作完成后，组员们开始区分积极情绪与消极情绪，当组员一开始听到这两个词的时候，完全摸不着头脑。在此情况下，社工意识到组员们的理解能力有限，于是用"不开心"和"开心"两个词来让组员做区分。接着，组员们开始选择自己喜欢的情绪，有7位组员选择了微笑的情绪，原因是他们觉得微笑的情绪很开心，社工在小组中没有直接对选择生气情绪的那位组员给出回应，但活动过后需对该组员进行个案辅导。在对着镜子做表情环节，组员们玩得不亦乐乎，互相之间比较看谁做的表情最多。

在总结环节，社工问："小朋友们最喜欢什么表情啊？"

组员："微笑的表情。"

社工问："为什么喜欢微笑的表情？"

组员："因为很开心。"

社工："那老师给你们做一个很开心的表情好不好？"

组员："好啊，好啊，要和情绪宝宝一样。"

社工："看着老师笑你们开不开心？"

组员："开心啊。"

社工："那小朋友们在幼儿园和家里也要多微笑哦！因为微笑就会让其他小朋友开心，也能让爸爸妈妈开心。"

在社工的引导下，组员在总结阶段都积极回应，并且对"微笑就能开心"这样积极的情绪表现已经能牢记于心。

（二）小组第二阶段：生命与自然

1. 活动一：公园里的植物

活动缘由：据幼儿园教师反映，幼儿园的活动地点以园内为主，教师们本学期有计划组织幼儿进行户外活动，但迫于人员有限一直没有落实，正好生命教育小组中的生命与自然主题和户外活动相关，所以教师们希望借助社工的力量，合作开展感受大自然户外活动。在与园长沟通和评估幼儿出行的安全系数后，社工组织了此次活动。

活动日期：2015年10月28日。

活动地点：H幼儿园、L公园。

活动流程及具体安排见表4-7。

表4-7 第四次小组活动计划

时间	目标	内容	所需物资	负责人
10分钟	使组员对植物有初步的概念	1. 利用园内的盆景植物向组员发问，引导组员认识植物； 2. 观看动画视频《成长的小种子》	盆栽、电脑	社工 幼儿教师
30分钟	1. 使组员在亲近大自然中感受生命的多样性； 2. 感受季节变化，激发组员对大自然的热爱之情	1. 指出各种植物的不同之处（颜色、形状），引申到生命的多样性； 2. 叶子为什么会飘落，引申到季节的更替； 3. 给大树盖被子，引申到保护植物	树叶	社工 幼儿教师
5分钟	总结	与幼儿一起讨论，为什么要给大树盖被子，植物为什么不同？以巩固前面的学习内容		社工

社工首先通过介绍盆栽植物让组员对植物的概念有初步的了解。

社工问："小朋友们，你们知道老师手上拿的是什么吗？"

CSY："我知道，这个是树叶。"

XTE："不对，这个是小草，我家里有两个。"

其他组员："是草、是小树。"

社工："小朋友们说得都挺对，但它还有另外一个名字，就像小朋友们的小名一样，比如你们班上的 WX 小朋友，大家也叫他豆豆对不对，这个盆栽的真正的名字叫植物，小朋友们所说的树叶、小树都可以算它的小名哦！"

接着，社工引导组员观看动画视频《成长的小种子》，通过动画视频的讲解让组员了解植物生命孕育的过程。

社工："小朋友们是不是觉得动画里的种子宝宝很可爱啊？它也和你们一样是慢慢长大的哦！"

CSY："对啊！小种子是从土里面冒出来慢慢长大的，就和我从妈妈肚子里出来是一样的。"

社工："CSY 非常棒，其他小朋友也要记住哦，接下来老师将带大家去参观公园里的植物。"

在参观公园的过程中，组员对公园里的植物充满了好奇，开始接连不断提出疑问。

组员："老师，这个大树也是从小种子开始的吗？"

社工："是啊。"

社工拿起三片大小不同、颜色不同的叶子问道："这三片叶子是一样的吗？哪里不一样？"

XTE："颜色不一样，有一个枯萎了。"

ZXY："有一片最大。"

社工："很好，小朋友们都发现了很多不同哦！那大家知道为什么会有那么多不同的树叶啊？"

组员集体保持沉默，似乎完全不理解社工的问题。于是社工开始让每个组员报自己的名字，报完名字后，社工问："小朋友们也有不同的名字哦，你看，每个小朋友的鼻子、眼睛、嘴巴是不是都不一样啊？树叶宝宝也和小朋友们一样，他们也有不同的颜色、不同的大小，不同的爸爸妈妈，大自然是不是很奇妙啊?"

组员们都听得非常认真,似乎对社工的解释有了初步理解,HST 问道:"可是有的叶子死了。"

组员们渐渐开始探索植物生命,社工忙解释:"是因为秋天来了,所以树叶才会枯萎的,可是小树叶有很顽强的生命力哦,明年春天的时候,树叶又会变得很绿,明年春天小朋友们要记得来公园看望大树哦!"

组员们在社工的引导下逐渐对生命的多样性、四季的更替有了初步认知,接着,社工问:"冬天快来了,小朋友们有没有穿多衣服啊,有的大树也会觉得冷哦!"

CSY 说:"那我们也给大树穿衣服吧!"

于是社工开始组织组员们玩"我为大树盖被子"的游戏,游戏分两组进行,每组组员团结合作,在十分钟内为两棵大树盖被子,看哪一组做得又快又整齐,考虑到环保的因素,被子的材料为树叶,社工在提问用什么东西给大树盖被子时,有极个别思维能力强的组员也想到了树叶。过了一会儿,两组的被子都盖好了,于是社工组织大家围着大树唱歌,走的时候社工暗示组员对大树说再见,大家都积极响应。返程途中,社工和组员一起总结,当再一次问起相同问题的时候,组员们都能快速并准确回答,当问到还可以如何保护植物时,组员们也冒出了很多新点子,如:不能像光头强(动画片《熊出没》主人公)一样砍大树,要给大树浇水等。

2. 活动二:海洋公园快乐游

活动缘由:海洋公园快乐游是幼儿园教师组织的一次大型亲子活动,目的是增进家长、老师和孩子三者之间的共融,让刚来深圳的孩子去感受一些深圳的特色。在本研究小组内,刚好有四位组员是从老家转学过来的,他们还没有去过海洋公园,此次活动对组员来说是认识动物生命的一次很好机会。由于车载人数有限,参观海洋公园主要由幼儿教师带领,社工主要负责游玩后的回园分享。

活动日期:2015 年 11 月 2 日。

活动地点:海洋公园、H 幼儿园。

活动流程及具体安排见表 4-8。

表 4-8　第五次小组活动计划

时间	目标	内容	所需物资	负责人
一天	使组员能愉快体验海洋公园中动物世界的乐趣	由幼儿教师带领组员去深圳海洋公园参观体验，参观过程中教师引导组员感受动物生命的存在		幼儿教师
35分钟（回园后）	1. 使组员能准确表达在海洋世界所见到的动物；2. 使组员了解一些动物的简单习性，并培养爱护动物的意识	1. 以游"海洋公园"为主题将组员带入小组活动情境；2. 让组员简单表述在海洋公园的所见所闻；3. 用图片、动画视频的形式向组员介绍常见动物的习性	电脑	社工
10分钟	总结	引导组员围绕如何保护小动物分享，并鼓励组员去主动发现身边的小动物		社工

活动开始时，社工首先以"海洋公园"为主题引入。

社工："小朋友们昨天在海洋公园都看到了哪些动物啊？"

PYX："我看到了海豚，还看了表演。"

社工："那小朋友们能说说海豚的特点吗？"

CSY："我妈妈说海豚闻到血腥的东西就会咬人。"

社工："海豚是一种很聪明的动物哦，它有高超的游泳技能和异乎寻常的潜水本领。海豚也是十分善良的动物，小朋友们不要怕！"

社工接着和组员一起观看动画视频《游动物园》，边看边讲解一些常见动物的习性。到了总结环节，社工引导组员如何保护小动物，组员们都踊跃举手发言。

HJY："我很喜欢兔子，我妈妈说我是属兔子的，我会给小兔子吃糖。"

ZXY："我姑姑家有一只很可爱的小狗，我每次（去）都喜欢给它洗澡。"

社工："小朋友们都很棒，是的，我们要爱护小动物，因为它们也是我们的朋友，而且小动物也有小生命哦，它们会像小朋友们一样慢慢长大。"

（三）小组第三阶段：生命与社会

1. 活动一：我爱我的家庭和家乡

活动缘由：流动学前儿童跟随父母来到深圳生活，每年回老家一两次，对家乡的一切并不熟悉，与家乡其他家庭成员的关系也比较疏远，但家乡是他们永远的根，因而增进他们对家乡的了解，引导他们关心家庭成员十分有必要。

活动日期：2015 年 11 月 4 日。

活动地点：H 幼儿园活动室。

活动流程及具体安排见表 4-9。

表 4-9　第六次小组活动计划

时间	目标	内容	所需物资	负责人
10 分钟	使组员加深对"家"的理解	1. 通过组员学过的汉字卡片"家"引入； 2. 告知组员他们有两个家，一个是现居地，一个是老家（家乡）	汉字卡片	社工 幼儿教师
30 分钟	1. 使组员认识家庭成员，并知道他们的称呼； 2. 对家乡有初步认知	1. 观看动画视频《我的家庭相册》； 2. 语言游戏活动：数一数，说一说。数家庭人数，简单介绍家庭成员，如：我家有三个人，个子高高的是我的爸爸，在超市工作等； 3. 通过玩拼图游戏的方式，让孩子们在中国地图上找自己的家乡	电脑、拼接地图、组员提供的家庭照片	社工 幼儿教师
5 分钟	总结	引导组员分享，并布置组员回家后完成亲子作业：第一，家长和组员利用废旧材料完成以"幸福一家人"为主题的手工作品；第二，家长利用中国地图再次向孩子介绍家乡，并尝试让孩子利用全家福照片介绍自己的家庭成员（亲子作业同时也会公布在家长微信群）		社工 幼儿教师

小组工作开展之前，组员们已经在教师的教导下学会了一些基本的汉字。为了让孩子顺利进入活动主题，社工利用组员们熟知的汉字卡片"家"引入，果然组员们很快就进入了小组环境，都争着抢着说："老师，这个字我学过，是'家'字。"汉字卡片上配有的家庭图片也加深了组员对家庭的理解。见此情形，社工开始顺势引导。

社工："小朋友们说得很对，这是'家'字，老师告诉大家一个秘密哦，每个小朋友都有两个家哦！"

HSH："老师，我的家在花园坪，我只有一个家。"

社工："小朋友们还有一个老家，老家就是你们的家乡，是爷爷奶奶住的地方。"

部分组员依然保持沉默，似乎没有理解社工的意思，于是社工换了另一种说法。

社工："过年的时候小朋友们是不是要坐火车回去啊？回去的那个家就是你们的家乡哦！那里有爷爷奶奶和伯伯婶婶。"

CSY："我知道了，我过年坐过，要5个小时。"

组员们有了初步理解后，社工开始播放动画视频《我的家庭相册》，看完视频后，社工开始引导组员模仿视频中的小孩介绍自己的家庭成员，但大多数组员都不愿意说，在社工示范下，组员渐渐愿意开口，但表达断断续续，可能是之前没有过这样的训练，且部分组员语言表达能力欠佳，为了避免组员对活动失去兴趣，社工立刻将组员引入下一个环节，做拼图游戏，一听到玩拼图游戏，组员们马上就喜笑颜开。

社工事先把各个组员家乡所在的省份剪下来交给他们，然后让他们观察形状完成拼图，在相互合作中，组员们都在地图上顺利找到了自己家乡的位置。

社工："老师手上拿的这个叫中国地图，小朋友们刚刚都顺利找到了自己的家乡，很棒！现在老师要带着大家'开火车'回家啦！"

于是社工开始引导组员用线条连接深圳与他们各自的家乡，整个活动室都充满了欢声笑语。

2. 活动二：关爱同伴，快乐自己

活动缘由：鼓励组员学会合作与分享，相互关爱，培养其良好的人际关系是生命教育的重要内容，同时也是他们日后的学习生活和社会生活中所需要的良好品格。部分组员的情感表达能力非常欠缺，关爱同伴的语言或行为很少，帮助他们培养情感表达能力极其重要。

活动日期：2015年11月10日。

活动地点：H幼儿园活动室。

活动参与人数：6人，另外两位组员请假。

活动流程及具体安排见表4-10。

表 4-10 第七次小组活动计划

时间	目标	内容	所需物资	负责人
10 分钟	使组员初步理解同伴之间要相互关爱的道理	观看动画视频《帮助小伙伴》	电脑	社工
30 分钟	1. 使组员懂得关心他人的感受； 2. 使组员感受与他人分享物品和互帮互助时的积极情绪体验	1. 游戏活动：与组员一起布置玩具城（玩具来源于上节活动亲子合作完成的手工作品）； 2. 有一些没做亲子作品的组员有点失落，社工引导有作品的组员和他们分享，关心他们的感受； 3. 游戏活动：分花生，拿少于组员数量的花生让组员自己解决如何让每个小朋友都能分到花生	组员手工作品、分花生	社工
5 分钟	总结	关心别人，别人就会快乐，别人快乐，我们自己也快乐。对组员在活动中的表现给予肯定，并引导组员表达下次要带什么玩具或图书来幼儿园与其他组员分享		社工

小组活动开始时，社工用播放动画视频的方式让略显无序的小组氛围稳定，组员在动画视频的吸引下逐渐保持安静，进入活动主题。动画视频的主要内容是关爱小伙伴，看完视频后，社工简单向组员讲述了视频中所传达的主要信息，让组员初步明白伙伴之间要相互关爱的道理。接着，社工带领组员把和爸爸妈妈一起做的手工作品摆成一个圆形的玩具城，组员们看着自己做的手工作品，都非常高兴，且迫不及待地想要向周围的组员介绍。社工观察到小组中有一位组员安静地坐在原地，撇着嘴巴，显得很难过，于是开始顺势引导。

社工："小朋友们，我们刚刚看了动画视频，蓝猫是不是很喜欢和他的伙伴分享，并帮助小伙伴啊？因为 HSH 今天忘了带手工作品，小朋友们愿不愿意把自己的玩具分享给他玩呢？"

这时，组员 DYX 和 PYX 都大声说愿意，并主动把玩具送到 HSH 手中，但其他组员却不愿意分享。

社工问 HSH："很棒，DYX 和 PYX 愿意分享玩具给你玩，你开不开心？"

HSH："开心。"

社工看到 HSH 脸上露出了微笑，便鼓励他向组员说谢谢。听到 HSH 说开心，CSY 和 ZXY 马上也说要分享自己的手工作品给 HSH 玩，但另一位组员 HST 还是不愿意分享。此时组员们已经完全沉浸在玩玩具的氛围中，场面非常热闹，为了使秩序得到改善，社工开始下一环节。

社工："看，我的手上有 5 颗花生。"

这时，组员们都开始目不转睛地看着花生，并希望老师分给自己。

社工："5 颗花生分不到 6 个小朋友，你们自己想想办法怎么分？"

CSY："那你就把花生米弄出来再分啊，我也可以分给别人一个。"

社工："我们为什么要这样做啊？"

CSY："因为有一个小朋友吃不到啊，他可能会难过吧。"

在组员 CSY 的带动下，组员们都开始加入分花生米的活动，并在社工的引导下一起说着："我们都是好朋友、好伙伴儿，要一起分享。"

总结阶段，社工高度赞扬了组员们在活动中的表现，并重申：关心别人，别人就会快乐，别人快乐，我们自己也快乐。当周围的小伙伴不开心时，我们可以和他们分享自己的玩具和零食，这样大家都会变得很开心。整个活动在愉悦的气氛中结束。

3. 活动三：我是深圳的新成员

虽然流动学前儿童生活在城市，但他们和拥有城市户口的儿童相比有很多不同。本研究小组内的成员都居住在一个流动人口较多的小区，家庭平时的交际圈也仅限于小区内的同乡或其他外来务工人员家庭，组员从小就成了城市的边缘人群。本次活动目的就是让组员熟悉深圳的各种环境，如：交通环境、人际环境等。帮助他们提升学龄前阶段的生命质量，享受生命的美好。

活动日期：2015 年 11 月 20 日。

活动地点：公园、H 幼儿园。

活动流程及具体安排见表 4-11。

表 4-11　第八次小组活动计划

时间	目标	内容	负责人	后续工作
10 分钟	1. 使组员能准确说出所生活城市的名称； 2. 使组员初步明白父母来深圳的目的	1. 用提问的方式开始小组活动； 2. 直接告诉组员父母来深的目的是为了工作，有了工作才会有更幸福的家	社工 幼儿教师	通过微信家长群布置组员回家后完成亲子作业：第一，鼓励家长和组员多参加深圳市志愿者/义工活动。第二，希望家长多带组员去市区图书馆或少年宫转转，感受当地儿童的生活氛围，主动融入
35 分钟	1. 使组员走出学校，走出小区，多与深圳的本地文化接触，并学会观察周围的人和事； 2. 作为新成员，要懂得城市生活中的交通规则，做讲文明、有礼貌的新市民	1. 带领组员走从幼儿园到公园之间的路，引导组员观察路途中的人和事，如：和长辈打招呼，认识城市中保安、警察、快递员、建筑工等职业，并懂得感恩这些人； 2. 与组员玩"我是发现大王"的游戏，用玩游戏、获奖励的方式引导组员寻找路途中常见的城市交通标志，遵守交通规则	社工 幼儿教师	
5 分钟	总结	引导组员分享，以提问的方式再次让组员回顾重要信息	社工 幼儿教师	

本次小组活动的内容对组员的理解能力来说存在一定难度，所以社工同样采用户外体验的方式来开展活动。活动开始时，社工问组员自己现在生活的地方叫什么，多数组员的第一反应就是"花园坪"，从组员的回答中可以看出他们对深圳的了解太少，他们的生活已经被局限在所生活的小区里面。经过社工引导，多数组员准确说出了城市的名字，并告诉他们父母到深圳来是为了工作。接着，小组户外体验开始。此次户外活动，也是对小组前面两个阶段活动效果的一次考验，值得肯定的是，大多数组员从下楼梯开始都能一直遵循社工之前所讲的规则，这说明前面两个阶段的小组活动已经起到了不错的效果。在路途中，组员们开始了他们的发现之旅。

CSY："老师，有一个斑马线的标志，要车停的时候才可以过去。"

社工："那如果有红绿灯的时候呢？"

组员："红灯停，绿灯行。"

走了一段路，前面有一个快递员经过。

社工："小朋友们，刚刚骑摩托车过去的那个叔叔是送快递的哦，他们很辛苦，要给很多大人送快递。"

HSH："我知道啊，因为我爸爸就是快递员，他每天很晚才回来。"

社工："你爸爸真棒，我们一起为爸爸鼓掌。"

PYX："快看，那边有一个警察亭。"

社工："对，这也是警察叔叔上班的地方哦，当我们迷路了或者是遇到坏人了可以找警察叔叔帮忙哦！"

XTE："老师，那边公园蓝色的牌子上有好多图案，是我们要找的那个吗？"

社工："很好，牌子上面有各种标志。"

在社工的带领下，组员开始认真学习各类标志，包括交通安全、垃圾分类、入园须知等。组员看到很多爷爷奶奶在公园跳舞，经过提醒，组员都能主动向爷爷奶奶问好，在社工的指引下，组员也会将公园里的垃圾捡到垃圾桶。返校途中，小组经过一处施工现场，社工也即刻引导组员认识工人叔叔，并让他们知道工人叔叔给深圳建造了很多很高很大的房子，他们也很伟大。回到幼儿园后，社工表扬了组员的行为，并请组员进行了分享。通过微信群，社工布置了亲子作业，但本次小组活动亲子作业的效果并不好，主要原因在于家长对义工活动的认知并不高，部分家长由于教育水平受限，带孩子到少年宫参观也不知道怎么讲。

四　流动学前儿童生命教育小组工作评估

小组工作服务成效的评估是社会工作专业化进程中的重要一环。小组成效评估的作用主要体现在三个方面：一是对服务对象来说，小组评估能量度服务对象在小组中的改变和成长情况，这是对服务对象及其家庭的最好回馈；二是对社工来说，小组成效评估能让社工重新回顾并反思小组进程中所运用到的小组工作技巧、活动内容等，这不仅是对实践中已有成功经验的总结，而且将会为日后的工作提供借鉴和参考，以促进小组工作的不断创新；三是对项目的投资者来说，小组评估将是他们决定是否再次购买该项服务的重要依据之一。

（一）过程评估及反思

每一阶段的小组活动结束后，社工都会对该阶段组员的表现情况进行评估，评估方法主要是访谈法。

1. 生命与自我阶段的评估及反思

生命与自我阶段重在强化组员对自己身体的认知，学会保持积极情绪，并形成保护身体的意识。从本阶段的三个活动效果来看，《保护身体我知道》和《我是安全小卫士》的效果相对较好。主要是因为这部分活动家长和老师都非常关注，小组活动过后，组员们回家都会主动和父母提起，这也再一次让父母重视提升孩子的自我保护意识，并主动和他们一起看相关的知识手册和动画片，孩子们的安全行为也就进一步被强化了（见表4-12）。

表4-12　小组第一阶段评估

小组阶段评估	对组员的过程评估		部分家长反馈
	社工提问	组员回应	
生命与自我	社工："小朋友们，我们要怎么保护身体啊？" 社工："小朋友们，安全小卫士要怎么做啊？"	ZXY："我要保护我的眼睛，不能看电视、玩手机，我现在戴着眼镜，医生说再看电视眼睛就看不到了。" HSH："上下楼梯不能推别人，要慢慢走。" HST："也不能跑得很快。" DYX："要往右边走，扶着东西。"	HSH妈妈："昨天孩子和我一起看电视，他看到那个电视里面的奥特曼就想模仿，我担心他会像奥特曼一样从楼上跳下去，于是就问奥特曼从楼上跳下来危不危险，他立马就说奥特曼很厉害，不危险。但当我问他小朋友能不能跳时，他还是说比较危险，因为他说小朋友没有翅膀，幸好孩子能区分，不然我还真担心他模仿那些动作。"

参加完小组活动后，组员在生命安全保护意识方面都取得了较大进步，但部分组员在自我情绪管理方面的改变并不明显，甚至没有改变。本研究小组内情绪问题最严重的组员是家中的次子，父母工作忙，他长期由奶奶照看，该组员由于头脑灵活，比较聪明，所以一直得到父母及奶奶宠爱，稍有不顺心，就会生气，一整天都会闷闷不乐。另一名组员性格特别急躁，经常因为一些不顺心的事暴跳如雷。经过分析，社工认为导致部分组员情绪问题改变不大的原因有两点。第一，家长存在观念上的误区，缺少承认孩子有太多负面情绪的勇气。有些家长甚至觉得自己的孩子这样比较有个性，只要孩子聪明，一切都不是问题，所以家长在教育观念上无法遵循社工的建议，难以做到家园教育一致性。第二，由于帮助组员培养积极情绪

只是生命教育的一部分，所以以情绪为主题的活动不多，组员的改变程度自然也会降低。

2. 生命与自然阶段的评估及反思

本阶段主要向组员介绍了动物和植物，让组员了解了生命的多样性，并对动植物生命的意义有初步认知。本阶段主要运用访谈法对小组效果进行评估，总体来说，本阶段两个小组活动的效果都很好，因为活动内容都很符合组员们爱玩的天性，同时，3~6岁的孩子好奇心很强，户外活动对他们来说比较新鲜，孩子们的参与感自然也非常强。以下内容来自组员及组员家长在访谈中的表述（见表4-13）。

表4-13　小组第二阶段评估

小组阶段评估	对组员的过程评估		部分家长反馈
	社工提问	组员回应	
生命与自然	社工："小朋友们，大家周末看到了哪些有生命的植物宝宝和动物宝宝啊？" 社工："小朋友们在家有没有做爱护植物宝宝和动物宝宝的事情啊？"	CSY："我爸爸买了两只乌龟，妈妈说乌龟可以活很多岁，我每天都给乌龟吃肉。" PYX："我周末和爸爸一起去公园玩，然后我又看到了我们盖被子的那棵大树，可是它的被子不见了，爸爸说可能是被风吹走了吧，然后我就捡了好多树叶给大树盖被子。"	XTE妈妈："周末的时候，孩子爸爸把我们养了很久的鸽子杀了，孩子看到后非常难过，并不停地向我为什么要把鸽子杀掉，我告诉她鸽子经常拉屎，会把屋子里弄得很脏，孩子听后立马就哭了，事后她告诉我，老师说动物有生命的，夜晚睡觉的时候，她还抱着我说鸽子好可怜。后来我回头想了一下，孩子平时很喜欢和鸽子玩，只是我不知道她对生命的理解会达到这种程度，早知道就不把鸽子杀了，面对这种情况，我们家长也不知道怎么向孩子去解释。"

社工通过与XTE妈妈的访谈，发现通过第二阶段的小组活动，该组员对"动物有生命"已经有了很深的认识，而且她还能对死去的鸽子表达自己的情感，能够意识到鸽子好可怜，说明她对生命的可贵有了基本的领悟。因为孩子已经亲眼看到爸爸将鸽子杀了，在这种情况下最好的做法是家长和孩子一起将死去的鸽子埋葬，并告诉孩子鸽子去到了美丽的天堂，从而再一次引导孩子认识到生命的伟大与可贵。由于有些组员在语言表达上较为欠缺，性格也较为内向，所以他们并没有像以上两位组员一样侃侃而谈。因而社工

在访谈中采用一问一答的形式与他们沟通，如："小兔子有没有生命啊？小朋友可以怎么关心小兔子呢？"通过这样的引导，所有组员都能准确回答。

3. 生命与社会阶段的评估及反思

本阶段主要对组员社交发展方面的能力进行了评估，三个活动的效果总体上不错，组员们对家庭和家乡形成了基本的认知，也开始懂得去关爱他人。评估结果如表 4-14 所示。

表 4-14　小组第三阶段评估

小组阶段评估	对组员的过程评估		部分家长反馈
	社工提问	组员回应	
生命与社会	社工："小朋友回家后帮爸爸妈妈做过哪些事情？" 社工："小朋友们的老家在哪里啊？那里有什么好吃的或好玩的？"	HJY："我今天帮妈妈捶背了，还给妈妈倒了一杯水，妈妈还表扬了我。" PYX："我爸爸说我的家乡在湖南长沙，我还有一个老家在常德，我奶奶说老家有好多红辣椒，还有很辣的牛肉粉。" DYX："我的老家在湖北，那里有好大一条江。" HJY 在社工表扬她给妈妈捶背后，之后放学的时候经常会在老师和社工面前给妈妈捶背	HST 妈妈："孩子昨天晚上睡觉说要抱着妈妈睡，我还感觉挺诧异的，因为我平时对她比较严格，她一般很怕我，倒是和她爸爸比较亲近，她说这话的时候我心里觉得很温暖。"

本阶段活动需要家长的积极配合，但少部分家长的参与情况并不乐观。原因主要有如下两方面：第一，部分家长时间在外地打工，自己本身对家乡和家庭的情感比较欠缺；第二，部分家长教育水平有限，有的自己连中国地图的各个省份都认不清。总体来说，本阶段生命教育的活动内容特别注重对组员情感上的教育，而这正好是家庭教育中欠缺的，很多家长过于注重知识教育，平时与孩子在情感上的交流甚少。如果家长平时多与孩子交流对家庭的爱、对家乡的爱以及对社会的爱，小组活动的整体效果将会更好。另外，在本阶段的亲子合作环节，部分组员会因为父母没和他一起完成亲子作品而沮丧，面对这种情况，社工在小组进行过程中要有同理情绪，并在活动结束后鼓励组员将不满的情绪说出来。另外，本阶段的第三个活动《我是深圳的新成员》对流动家庭来说是一个非常重要的活动，目的是想增强流动家庭的新市民意识。流动家庭从外地迁入深圳，虽然生活

在深圳这个繁华的大都市之中，但其实他们并没有完全融入这座城市，也没有真正享受到这座城市给他们带来的便利，现在很多父母把孩子带到深圳这边来读书，其实也是希望孩子们能够得到更好的教育，希望他们见见大世面，从而变得更加开朗、有文化、讲礼貌。但由于家长们自身不自信或知识水平有限，他们并未真正走出城中村，也许他们确实是不知道一些途径和方法。在活动结束后，社工总结了深圳市一些对儿童免费开放的文化设施场所，并通过微信群告知了家长，但家长们的执行情况一般。在组员中，只有三位孩子的家长非常关注，主动咨询社工，并且在周末就立马带孩子去参观了深圳市安全教育基地。当然，有些家长执行较慢的原因可能是工作太忙，也可能是对这些设施缺乏了解。社工在本小组结束后的一段时间，依然向幼儿教师了解了情况，后期在一部分家长带动和幼儿教师的宣传下，大部分家长开始走出城中村，逐渐参与各种各样的市民活动，如：带孩子一起参加徒步活动、社区志愿者活动等，幼儿园也组织了一些周末郊游活动。所以，活动结束后家长和教师们在积极融入城市方面的改变还是挺大的。这也提醒研究者在做实务研究的时候，不能过早下结论，因为有些观念的改变并不是一蹴而就的，社工必要时要做后期回访调查，以检验活动的真实效果。

（二）结果评估

1. 组员的成长情况

（1）组员生命安全意识提高

小组成员总体上都获得了成长和变化。小组成员知道如何去保护自己的身体，能够辨别哪些是不安全的触摸，对自我生命有了初步的认知与理解，也能对生活中的安全物品做出判断。

（2）组员探索生命的兴趣增强

生命教育小组活动开展期间，组员对生命探索的兴趣逐渐增强。组员每次见到树叶、花草、蚂蚁等动植物，就会主动和社工交流，并有很多关于生命的疑问。有一次 DYX 和 PYX 两人在植物角观赏植物的时候发现一只蜘蛛，PYX 想要将蜘蛛踩死，DYX 马上制止他不要踩，并说道："我爸爸告诉我蜘蛛也有生命的，它会织网杀死别的虫子。"PYX 也不甘示弱，说道："可是它会咬人怎么办？"类似的场景还有很多，根据表 4-15，组员参与完小组活动后，在生命方面的问题和对话明显增多。

（3）组员表达关爱的语言和行为增多

学会关爱家庭成员，关爱同伴是生命教育的重要内容之一。通过生命教育小组的努力，组员们家庭关系、同伴关系中都出现了更为积极的表现，与家庭成员和同伴之间的关爱行为增多，生命教育倡导的感恩和分享的品质也逐渐培养起来。

表 4-15　生命教育小组前后测频率

	小组活动前一周（次）	小组活动后一周（次）	活动后具体表现（举例）	评估方法
分享行为	2	8	组员主动带玩具、图书和零食来学校和同伴分享	观察法
关爱语言	6	12	组员看到老师咳嗽，告诉老师多喝水。周末见到老师会说老师我好想你	观察法
关爱行为	3	15	主动给老师搬椅子。组员帮助同学扣衣服纽扣。看到同伴不开心，组员主动和他玩等。组员帮妈妈捶背。组员主动和老师拥抱	观察法
对动物、植物生命的兴趣或爱护	8	22	我在家每天给小树浇水。海洋公园有很多有生命的动物。我很喜欢小狗。树叶全部变黄掉下来了，我还可以把树叶放上去吗	观察法
保护身体的行为或语言	8	20	女生上厕所不许男生看。我从来不去拆房子的地方玩。我在家不看电视，也不看手机	观察法

注：次数为所有组员的总次数。

2. 家长的参与积极性提高

（1）家长主动与社工的探讨增多

从组建生命教育小组开始，社工一直与家长保持良好的沟通，沟通的方式主要有三种。第一，创建家长微信群，定期在群里与家长分享生命教育理念，并询问家长组员回家后的表现情况。第二，每天放学时向家长反馈组员在小组中的互动情况，并嘱咐家长回家多与组员交流，同时及时反馈信息给社工，以便社工做中期评估。第三，利用幼儿园组织的家长会获取信息。通过这三种沟通方式，大多数家长也逐渐转变之前较为沉默的状态，选择以积极回应的方式来面对社工。

（2）家长参与亲子互动的活动增多

在参加完小组后，大部分家长在育儿观念上转变较大，逐渐接纳学校组织的一些亲子活动，对社工所布置的亲子作业也能按时完成，但仍有少部分家长需要进一步改变。当然，社工在后期回访过程中了解到之前比较沉默的家长也已经开始改变，他们也会主动和幼儿教师沟通，咨询幼儿园的亲子活动信息。

3. 幼儿教师教育理念有所转变

社工在需求评估阶段与幼儿教师有过交流，当时大多数幼儿教师对生命教育没有太多认知，最多也只是听过这样的概念，但对其具体内容并不了解，有些老师甚至以为生命教育就是生孩子。在实务开展过程中，老师们逐渐对生命教育有了初步认知，并经常与社工探讨。另外，社工在最后一次生命教育小组分享会上也系统阐述了生命教育的相关知识，从而让幼儿教师对生命教育的内容有了更深入的理解。总体来说，幼儿教师学到了很多新的教育理念，他们对生命教育小组的活动内容也表示非常满意，同时，幼儿教师也非常希望有更多的社工介入幼儿园，以帮助他们整合资源，为家长、教师和儿童提供各种支援服务。幼儿园园长也对生命教育小组活动的开展给予了高度评价。

园长："我觉得生命教育小组的活动内容非常好，不仅户内活动多样，而且户外活动也非常丰富，能让孩子们真正接触大自然，感受自然生命的美好。同时，活动内容很系统，能让孩子们学会保护生命、欣赏生命、尊重生命、热爱生命。"

五 流动学前儿童生命教育小组工作研究反思

（一）研究结果

社工对幼儿园内流动学前儿童的生活环境进行了全面评估，并从平时观察和教师反馈的过程中了解到其生命教育的具体需求，从社会工作和生命教育的理念出发开展生命教育小组活动，通过实践检验小组活动的有效性和可行性。每一次活动的开展都设置了体验环节或游戏环节，从而让组员更易理解活动内容，积极融入小组氛围。小组工作非常适用于流动学前儿童生命教育活动的开展，小组活动内容的设计基本符合流动学前儿童的实际需要，能够促进流动学前儿童生命质量的提升。

1. 幼儿园社会工作可行性强

针对幼儿园的现实环境和流动学前儿童本身的需求为其提供支援服务，是对幼儿园社会工作实践模式的一种探索。幼儿园的家长过于关注儿童的知识教育，总是将儿童的学习进步全部寄希望于教师，或是希望幼儿园多开设一些实实在在的数学课、英语课等"小学化倾向"的课程，幼儿园园长迫于多数家长的要求也无可奈何。幼儿园社工可以作为协调者为园长提供帮助，协调家长的需求与学校的安排，并通过家长座谈会的形式向家长传达正确的育儿观念。通过小组活动的开展，社工有效传达了双方信息，兼顾了各方需求，使家长的教育观念有所转变。

2. 生命教育小组优势明显

本书发现，生命教育小组的特有优势主要体现在四个方面。第一，与幼儿园以往举办的安全教育、行为习惯养成教育等一系列活动相比较，本书小组在活动内容上有了深入拓展，把安全上升到对生命的尊重与欣赏。生命教育小组涵盖的服务内容较广，在生命与自我、生命与自然、生命与社会三方面都有涉及，而且小组活动的内容呈现层层递进的关系。第二，小组合作主体存在多元性，由于生命教育小组直接在幼儿园内进行活动，社工能及时与流动学前儿童相关的各方主体沟通，从而能快速从家长、教师那里获取信息，并能直接观察组员在幼儿园的表现。而社区活动中心或其他地方小组活动的开展只是联络了家长和孩子。第三，社会工作所倡导的理念与生命教育小组的活动内容有很高的契合度。社会工作是一个用生命影响生命，运用专业技术和方法助人自助的专业。社会工作强调尊重生命的价值，欣赏每个生命的独特性，这与生命教育所强调的尊重生命、珍惜生命等不谋而合，二者具有高度关联性。第四，小组工作方法在流动学前儿童生命教育中效果明显。在前文已阐述过小组工作的整体优势性，但没有与具体活动内容联系。实践表明，小组工作非常适用于生命教育活动的开展。据观察发现，有些组员在班级内并不怎么爱说话，比较拘谨，但参加小组活动时都很乐意表达自己的想法。

（二）研究反思

生命教育小组总体的服务效果是令人满意的，基本实现了小组目标。社工通过对小组实施过程的回顾，也发现一些值得继续思考和探讨的问题，对服务过程的反思也是社会工作专业化的体现。具体来说，有以下一些问题值得继续反思与研究。

1. 社会工作者角色的模糊性和介入的技巧性

在小组活动开展之前，社工首先告知了幼儿教师社工在幼儿园的职能与作用，并阐明社工扮演的更多是协调者的角色，当幼儿教师发现孩子有某些方面的问题或需求时，要主动寻求社工的帮助。尽管如此，在活动进行过程中，幼儿园的教研人员依旧将社工等同于幼儿教师，误以为社工所开展的小组活动就是在上一门课程。出现这样的现象主要有以下两个原因：第一，社工在自我介绍时没有把握准确的方法；第二，学校社工发展较为缓慢，多数学校对社工还未形成基本的认知。在日后的实践中，社工可以将自己的职能与作用以文字的形式加以表述，并配上合适的职能结构图，从而让幼儿园的工作人员对社工这一角色有更清晰的认识与理解。但对组员来说，社工角色的确定更为困难，尽管社工在与组员初次见面时介绍自己是一位特殊老师，但组员们可能并不理解，如果直接给组员讲社工的概念，他们则更加不知所云。由于长期以来受幼儿教师权威地位的影响，组员在称呼"老师"的语境中会更加遵守小组规范，这反而有助于小组工作的开展，但社工与幼儿教师确实存在很多不同，如何塑造一个让学前儿童易懂的社工形象是一直困扰社工的问题。

社工介入低龄小组时需要掌握一定的技巧。首先，在订立小组规则时，要尽量使用积极语言表述，如"我要做一个听话的小朋友""我要做一个积极回答问题的小朋友"等，因为积极语言的表达能协调社工与组员之间的认知，更容易强化组员的积极行为，有助于流动学前儿童积极情绪的培养，并能引导他们关注生活中的美好事物，而这本身也是生命教育的目的所在。其次，学前阶段的流动儿童理解能力有限，社工在带低龄小组时，应多避免使用抽象化的词语，多用具象化的词语解答组员的问题，同时注意运用反映和澄清等技巧。最后，要充分发挥小组里中心人物的作用。生命教育小组内有一位思维非常敏捷的组员，每当小组中出现集体沉默时，社工便会发挥该组员中心人物的作用，请他率先回答问题，从而启发其他组员思考。

2. 生命教育小组对组员各方面能力提升的差异性

通过生命教育小组的训练，组员在自我保护能力、情绪控制能力、生命认知能力、情感表达能力和语言表达能力等方面均有了较大提升，但在评估的过程中，社工也发现了一些差异。相比较而言，组员对于识记性或辨别正误类型的知识掌握程度更好，所有组员都能准确辨别各种危险行为，也能很快对动植物生命是否存在的问题做出回应。3~6岁儿童语言能力发展迅速，语言能力的提高促进了他们思维和认知的发展，所以儿童在回答社工问题时显得更加积极主动。在情绪控制能力和情感表达能力方面，有两位组员提升不大，影响因素主要有个人性格、家庭教育方式和校园生活融入程度。性格内向的组员在情感表达上显得不够主动，出现关爱语言和行为的频率也较低。在家庭生活中越受家长过度宠爱的组员情绪变化越快，易生气和发怒，情绪控制能力提升不大。校园生活融入程度低的组员不愿意主动亲近社工、其他组员以及幼儿教师，情感表达能力有待进一步提升。

3. 生命教育小组的复制性与推广性

教育伴随人的一生，学习也永无止境。生命教育是一种全人教育，在学习的过程中，学生不仅要建构知识和掌握学习技能，更重要的是要强化对生命素质的培养，建立健全的人格，让学生学会欣赏生命、珍惜生命、尊重生命、探索生命。生命教育培养的是一种内在力量，这种力量具有持续性，有助于儿童的健康成长和日后潜能的开发。生命教育包含的内容非常广泛，社工只是针对深圳市H幼儿园流动学前儿童的具体情况和需要制定了活动计划。生命教育的其他内容，如禁毒、预防自杀、灾难后心灵创伤治疗等对有类似需要的群体也同样适用。因此，生命教育小组可以推广到各个年龄阶段，但在活动内容和专业技巧方面需要根据实际情况做出调整。

4. 家长参与在生命教育小组中的重要性

家长参与生命教育小组的相关活动对流动学前儿童生命质量的提升及家长教育观念的转变具有重要意义。美国开端计划非常注重家长参与，把家长参与作为一项教育政策来发展，实践结果也表明，开端计划的家长参与政策给很多有特殊需求和低收入的美国家庭带来了福音，不仅给儿童的学业成就和人格培养带来积极影响，而且帮助家长获得文化技能和育儿技能，甚至帮助家庭获得脱贫致富的技能，家长参与惠及家长和儿童两代人。我国台湾地区相关法律对家长或监护人的义务做出了规定，明确规定"父母或监护人有义务参加教保机构因其儿童特殊需要所举办的个案研讨会或相关活动，家长也有义务参加教保机构所举办的亲子活动"。2015年，《教育部关于加强家庭教育工作的指导意见》阐述了家庭教育的重要意义，明确了家长在家庭教育中的主体责任。

在生命教育小组开展的过程中，每一个阶段都会设计家长参与的活动，考虑到家长工作繁忙等因素，有些活动并不一定要求家长到幼儿园参加，在家与孩子合作即可。即使这样，在小组活动初期也收效甚微。家长参与的缺失也会影响孩子对家庭的看法，当有些孩子看到同伴的父母在家一起做亲子作品，第二天在小组分享的时候，他们的内心会产生失落感。从那些缺少家庭合作的孩子口中常常听到消极的表达，如"我爸爸说不给我做，他很忙，很晚才回来""我爸爸说拍全家福不好看"等。如果相关行政法规在家长参与这一块有更多明确详细的要求，将会为幼儿园社会工作及家园合作提供更多的政策依据。

5. 幼儿教师、家长及社工在教育观念上的一致性

研究发现，如果教师、家长和社工没有共同的教育理念，孩子在小组活动结束后改变不大。社工在另外一位幼儿教师所在的班级开展过几次小组活动，由于那位带班老师主要教拼音和数学，教学风格比较严格，与社工所倡导的生命教育理念有些分离，再加上家长的不配合，小组工作效果甚微。相比老师而言，家长在教育观念上的同步性就显得更为重要，因为孩子与家长相处时间更长，如果家庭成员在育儿观念上与教师和社工之间产生过多的分歧，会使孩子在不同的教育方式中无所适从，逐渐失去是非观念。因此，家长、教师和社工之间务必要多沟通，各方要尽量协调在教育观念上的冲突，保持教育的一致性，作为扮演协调者角色的社工应在各个主体中发挥主导作用，具体可通过小组工作坊、家长会等活动来向教师和家长传达正确、科学、合理的教育理念。当然，社工自身也要加强专业修养，多参与社工技能培训，与同行之间保持畅通交流，在与家长和教师沟通的过程中也要运用优势视角的方法挖掘他们身上的优点，并加以学习。实践表明，体验式学习理论和游戏理论对生命教育小组活动的开展有非常

强的指导意义，游戏是儿童的权利，也是他们学习的重要方式，当家庭教育和幼儿园教育都重视游戏理论时，儿童学习和发展的主体性地位就能得到更好体现，所以幼儿教师、家长和社工也应加强对游戏理论和体验式学习理论的学习。

6. 幼儿园社会工作本土化发展的必要性与策略性

香港的一些幼儿园设有驻校社工的岗位，驻校社工的服务对象主要是幼儿、家长和教师，服务内容主要有：第一，辅导服务，如幼儿情绪、亲子管教等；第二，转介服务，即初步评估幼儿是否有学习障碍、自闭症、多动症等；第三，幼儿发展性活动，如幼儿情绪小组、幼儿品德教育等；第四，家长发展性活动，如家长义工训练、家长工作坊等。其他的服务还有校园危机处理、原创刊物出版、社区联系工作等。[①] 美国开端计划（开端计划是美国历史上第一个由联邦政府创办的为低收入家庭的儿童提供学前教育、心理健康、营养、健康保健等服务的综合性计划。其目的是为低收入家庭的儿童提供一个良好的开端，为他们一生的发展打下坚实的基础，从而斩断贫困循环的链条。开端计划不仅针对低收入家庭的儿童，对其家长也有相应的培训或帮助，有官方网站）项目中的一些幼儿园社工，主要分两类，一类是 Case Worker，一类是 Mental Health Specialist。Case Worker 主要扮演协调者、资源整合者的角色，他们在接案的过程中会收集案主的各种信息，并将所获信息输入个案工作管理系统，以便更好地为家长匹配资源需求。除此之外，他们还要定期去幼儿园探访，每周不少于 3 次，在探访的过程中与幼儿教师互换信息，从而发现幼儿的潜在问题与需求。Mental Health Specialist 主要关注幼儿的心理和情绪层面，他们会在 45 天之内为新招募的孩子做社交和情绪方面的测试，也会针对家长开展有压力管理、幼儿行为指南等培训活动，为家长派发育儿资料或活动通知等。幼儿园社工很重视幼儿园教室探访服务，因为实地自然观察和访谈交流才能真正理解儿童的需求和问题。一个教室有 20 名左右的儿童，配有 3 名老师，每位 Case Worker 负责三个教室。为了与家长和老师保持信息畅通，Case Worker 每周最少需要进行两次教室探访，如果儿童有需要，家长和幼儿教师可随时求助社工。

---

① 《幼稚园学校社会工作服务汇编（一）》，香港：大埔浸信会社会服务中心，2005，第 7 页。

　　幼儿园社会工作服务有着重要意义与作用，幼儿园社工能够及早辨别儿童问题并适时介入，也可以为有需求的家长提供专业支援服务，同时也能为幼儿园教职工减轻工作压力。在民办幼儿园引入社会工作主要有如下路径。第一，机构社工送服务。部分社工机构有社工送服务的项目，这样一种送服务的形式完全可以顾及当地的民办幼儿园，因为在园内开展幼儿小组活动相对安全，而且有老师和其他工作人员的协助。从民办幼儿园的角度看，他们对这样一种服务也存在较大需求。由于师资力量有限，幼儿教师无法兼顾各项活动，尤其是亲子互动类的活动，社会力量的介入将会解决人员不足问题，并能极大拓展社工服务范围，促进各个领域社会工作的发展。第二，高校社工专业在幼儿园建立实习基地。目前高校社工学生的实习基地主要有社工机构、社区、医院或一些政府公共事业部门，民办幼儿园将是一个新的实习基地拓展领域。高校与民办幼儿园合作，每年实习期派送一批学生到幼儿园开展社工服务，由高校实习督导或科任教师负责指导学生实习工作。高校社工学生在实习过程中，应多与幼儿教师沟通，宣传社工理念，组织幼儿教师社工小组培训活动，以帮助幼儿园培养具有社工思维的幼儿老师，从而避免社工学生实习期满后出现角色空缺。另外，从家庭和社区合作的角度来说，幼儿园发展与开发利用社区教育资源有着重要的意义，联合国教科文组织在 1981 年指出，幼儿教育不能局限在学校内，家庭和社区要各自发挥自身优势，推动家庭、幼儿园、社区三个主体之间的合作，为幼儿提供更好的服务。英国的幼儿园充分利用社区资源进行教育，邀请消防队员带着消防设施到幼儿园，让儿童体验喷洒和其他项目，还有警察被邀请到幼儿园进行安全教育和生命教育。由于民办幼儿园学生的流动性特征，他们确实更有必要积极融入社区，融入城市生活，幼儿园社工的存在能协助民办幼儿园和社区之间做出一些改变，他们不仅是服务的直接提供者，而且更要成为家庭、幼儿园、社区关系的协调者以及资源的链接者。具体建议有以下几点。第一，幼儿园社工积极联系社区，及时将社区的一些活动信息反馈给学校和家长，鼓励家长陪同孩子参加。第二，幼儿园社工联合社区的力量为当地社工机构入园举办活动牵线搭桥。第三，鼓励有条件的社区设立公益性岗位，与幼儿园社工对接。以生命教育小组为例，幼儿园社工可以与社区联系后，组织组员参观社区警察局、消防局，在真实的环境中学习安全知识。幼儿园社工还可以鼓励组员家庭共同参与社区志愿者活动，在助人的过程中培养组员尊重他人生命、关爱他人的良好品质。从深圳一些社工机构了解到，他们有开展生命教育的小组活动，但以招募 6 岁以上组员为主，在这种情况下，幼儿园社工可以与机构进一步接洽，允许 6 岁及以下儿童在家长的陪同下参加。总之，利用社会工作的理念为流动学前儿童幼儿园教育的发展整合资源，促进幼儿园社会工作的发展，从而构建流动学前儿童教育综合服务体系，为流动学前儿童提供更好的教育环境，实现幼有所育。

第二节　流动学前儿童家庭亲子阅读小组工作探索

当前我国流动学前儿童家庭亲子阅读主要存在以下问题：流动学前儿童家长的亲子阅读意识片面，带有功利性色彩，为幼儿识字和上学做准备的观念居多；家长陪伴幼儿阅读的时间少，亲子阅读带有随意性；幼儿阅读材料的选择缺乏针对性；家庭亲子阅读中家长指导策略单一，有效性不足。本书运用小组工作方法，结合认知行为理论和人格发展理论，在福州市仓山区 W 幼儿园开展流动学前儿童家庭亲子阅读小组活动，探究解决流动学前儿童亲子阅读问题的专业途径，以提高和修正流动学前儿童家长对亲子阅读的认知水平和指导策略，从而改善流动学前儿童家庭亲子阅读状况，推动流动学前儿童身心健康发展。通过研究发现，小组工作强化了亲子阅读的内涵和效果，亲子阅读小组推动了家庭教育的改善，促进了家园合作的发展。在总结成效的基础上，从亲子阅读小组介入的专业性、社会工作者的角色和链接资源能力、组员的差异性、小组的复制性和推广性这四个角度进行了反思。同时，从民办幼儿园、社区、政府和社会工作机构四个层面提出了相应的建议：民办幼儿园应加强家园合作，组织亲子成长活动；社区应加强家庭教育宣传，建立亲职教育平台；政府应健全流动人员的劳动保障制度，加强家庭服务功能；社会工作机构应重视对流动学前儿童的介入服务。

一　问题的提出

在福建省福州市仓山区 Y 城中村的实地调查中发现，该城中村流动人口多于本地人口，大部分租户为流动家庭，他们在此忙于挣钱谋生，往往忽视孩子成长过程中的陪伴和教育。在流动家庭中，很多年轻父母将 3 岁以下的孩子放在老家交由爷爷、奶奶（或外公、外婆）照顾或者老人跟随到外地照顾小孩；当小孩到了上幼儿园的年龄时，有些家长会选择接孩子到务工地一起生活、学习，因为孩子可以托管在幼儿园，不需要花费他们太多的时间和精力。但流动家庭考虑到自身工作、生活的不稳定性和孩子在原籍获得教育资源的便捷性及就学的稳定性，会将学前儿童送回老家上学。流动家长和自己孩子相聚的时间很少，他们陪伴孩子最长的一个成长阶段应是学前阶段，该阶段也是孩子身心飞速发展的一个阶段，而且家庭的早期教育会对孩子的一生产生至关重要的影响。因此，流动家长应更加重视自己子女的学前家庭教育。

家庭教育是人类的一种教育实践活动，主要表现为父母对子女的教育影响活动，也包括家庭中各成员间发生的各种互动。① 父母是孩子成长的第一任老师和第一负责人，既肩负着抚养、监护孩子的义务，也承担着教育孩子的责任。本书中的家庭教育是流动学前儿童父母对子女实施的教育。

阅读是指"一种从书面语言和其他书面符号中获得意义的社会行为、实践活动和心理过程"。② 阅读是"大脑接受外界视觉符号信息并对其进行加工，以理解符号所代表的意义的过程"。③ 早期阅读是儿童一岁半以后开始的阅读，主要是由成人将儿童读物中的内容读给儿童听，等儿童识字后进入独立阅读。④ 亲子阅读是基于成人儿童互动式的早期阅读，是家长和孩子在多种阅读形式下，"以书为媒，以阅读为纽带"的共享过程。⑤ 在亲子阅读中，儿童通过成人形象地读、讲来理解读物。⑥ 亲子阅读要在轻松愉快的环境下，以多元阅读材料为主。⑦ 阅读不仅仅局限于图书，阅读材料无处

---

① 黄河清主编《家庭教育学》，华东师范大学出版社，2014，第 7 页。
② 徐雁、王余光主编《中国读书大辞典》，南京大学出版社，1993，第 337 页。
③ 张明红：《从信息加工心理学的理论看早期阅读的教学策略》，《学前教育研究》2005 年第 1 期，第 27～30 页。
④ 卢乐山、林崇德、王德胜主编《中国学前教育百科全书·学科教育卷》，沈阳出版社，1995，第 25 页。
⑤ 周倩芬：《少儿图书馆开展亲子阅读推广的思考》，《图书馆》2012 年第 4 期，第 122～124 页。
⑥ 曹桂平：《试论公共图书馆亲子阅读服务》，《图书馆杂志》2014 年第 7 期，第 47～52 页。
⑦ 汪娟：《多元互动的亲子阅读指导策略探析》，《基础教育研究》2011 年第 5 期，第 51～52 页。

不在。本书将亲子阅读界定为：在轻松愉悦的氛围中，父母以儿童为中心，运用各种形式（朗读、表演、绘画、提问、手工、游戏等）和儿童互动、沟通、分享和学习，引导儿童对多元阅读材料（文字、图画、图像、声音、风景、物体等）认知的过程。

教育部在《关于加强家庭教育工作的指导意见》中指出，要积极发挥家庭教育在儿童成长过程中的重要作用，促进儿童健康成长和全面发展。[①]而流动学前儿童家长因自身文化水平偏低、工作生活压力大和生存环境复杂等原因，往往无法正确认识和处理子女的家庭教育问题。家庭是社会的基本单位，家庭教育关系到家庭的幸福，更是事关社会发展、国家稳定和中华民族伟大复兴的大事。[②] 亲子阅读是家庭教育的有效途径。亲子阅读对培养孩子的想象力、创造力、语言表达能力、认知能力、情感发育、学习兴趣等都有潜移默化的影响。亲子阅读还有助于提高亲子互动质量，促进亲子沟通，改善亲子关系，进一步推动流动学前儿童身心健康发展，与亲子共同成长。通过文献研究与实地调查我们发现，流动学前儿童家庭亲子阅读现状不容乐观，存在家庭阅读氛围不浓厚、每周亲子阅读次数少、亲子阅读功利性强、亲子阅读方法不科学、家中图书不多、亲子沟通不顺畅等诸多问题。

随着社会和经济的快速发展，阅读在社会主义精神文明建设中起着日益重要的作用，有助于国民素质的提升和经济的可持续发展，因此党的十八大以来，"全民阅读"已被多次写入政府工作报告。《3—6岁儿童学习与发展指南》对儿童阅读环境、阅读兴趣和阅读习惯也提出了明确要求。《幼儿园教育指导纲要（试行）》将早期阅读纳入语言领域目标。习近平总书记在党的十九大报告中提出幼有所育，加强流动学前儿童家庭教育，提倡和改善亲子阅读是应有之义。因此，基于流动家庭的庞大规模和独特性，流动学前儿童家庭亲子阅读问题应该引起社会各界的重视。通过对福州市仓山区Y城中村的实地调研，结合该城中村流动学前儿童家庭教育现状，以该城中村中W幼儿园流动家庭为例，了解流动学前儿童家庭亲子阅读状

---

① 《教育部关于加强家庭教育工作的指导意见》，中华人民共和国教育部官网，2015年10月16日，http://www.moe.gov.cn/srcsite/A06/s7053/201510/t20151020_ 214366.html。
② 郑益乐主编《学前儿童家庭教育》，西安交通大学出版社，2016，前言第1页。

况，具体分析流动学前儿童亲子阅读问题的成因，选取存在亲子阅读问题和需求的流动家庭亲子为研究对象。针对其具体问题和需求，从社会工作专业理论和方法的角度出发，运用小组工作方法进行介入，探究解决流动学前儿童亲子阅读问题的专业途径，以改善流动学前儿童家庭教育状况，保障流动学前儿童身心健康发展。

二 流动学前儿童家庭亲子阅读的需求及方案设计

（一）流动学前儿童家庭亲子阅读的需求分析

1. 福州市 W 幼儿园概况

福州市 W 幼儿园位于福州市仓山区盖山镇 Y 城中村。盖山镇是福州市实施"南进"发展战略的重点区域，也是福州市东部新城建设的中心区。在福州市统计局官网和福州市仓山区人民政府官网上搜索相关数据得知，盖山镇面积 36 平方公里，2015 年盖山镇有 22832 户人口，常住人口 79188人，2017 年盖山镇外来人口 131062 人，可以发现盖山镇人口构成是以流动人口为主。Y 城中村是行政村，有 4 个自然村，总户数为 900 多户，常住人口 3145 人，流动人口约 1 万人，辖区内的大小型工厂至少有 60 家，周边都是企业、工厂和建筑工地，吸引了很多流动人口来此谋生，又因为该城中村都是民房，房租便宜，所以聚集了众多流动人口在此居住生活。Y 城中村 W 幼儿园成立于 2011 年，是由民房改造而成的，该民房有 4 层，幼儿园合伙人租用了 2 层，教学设备简陋，学费便宜，学生人数 180 人，90% 以上的学生是居住在该城中村的流动人口的子女，教师和保育员共 16 名，园长 1名，幼儿园合伙人 3 名。

2. W 幼儿园家庭亲子阅读的现状和需求评估

前期在 Y 城中村对流动人员和 W 幼儿园非本地户籍教师进行了关于流动学前儿童教育照顾服务现状的问卷调查和访谈，对 Y 城中村和 W 幼儿园的流动学前儿童家庭教育情况有了初步的了解；后期进一步对 W 幼儿园孩子的家长进行了亲子阅读相关的访谈，了解到 W 幼儿园家庭亲子阅读的现状和问题如下。

第一，流动学前儿童父母对亲子阅读的认识片面。他们认为阅读就是为了识字，为上学做准备，他们对阅读的认识带有较强的功利性色彩。他们对阅读的认识仅限于书本，认为阅读就是看书。

第二，观念与实际行动存在冲突。流动学前儿童父母普遍认为阅读对孩子的成长很重要，可是在家庭中开展亲子阅读的父母却很少，且亲子阅读没有时间计划安排，家庭亲子阅读具有随意性。美国经济学家罗斯高（Scott Rozelle）在一项研究中发现，"将近80%的农村家庭只有一本儿童书或者没有一本书"[①]，他们没有想过给孩子读书。流动学前儿童父母大部分来自农村，他们同样也存在没有必要给孩子读书的错误观念。家长陪伴孩子阅读的时间远不及陪孩子玩玩具、看电视、逛超市的时间多。

第三，家中儿童读物很少且家长在图书选择上不够合理。儿童图书主要由家长单方挑选，家长不了解孩子成长阶段的特点，几乎没有依据孩子的喜好和身心发展特点选择图书。

第四，家长开展亲子阅读的方法存在诸多问题。家长在指导孩子阅读过程中互动方式单一，缺乏引导和设问，缺乏培养孩子各方面能力及阅读兴趣的意识等。流动学前儿童家长一般通过手机从海量网络信息中零星地获取指导亲子阅读的知识，缺乏亲子阅读的专业指导，缺少系统性和科学性。

第五，亲子阅读的环境不理想。一般情况下，一家人住在一间三四十平方米的房间里，没有一个安静、独立的阅读环境。小孩子本来就比较好动，集中注意力的时间也较短，大人的言行举止或电视的声音等都会影响到孩子的阅读质量。

在对该幼儿园流动学前儿童家长进行问卷调查和访谈的过程中了解到，他们都认为亲子阅读很重要，但他们不知道如何有效地指导孩子进行阅读，在阅读过程中存在亲子沟通不畅、亲子关系紧张、孩子坐不住等问题，他们对阅读过程中发生的问题往往不知所措。在询问家长是否愿意参加亲子阅读活动时，他们都表现出积极参加的意愿。可见，流动学前儿童家长有接受亲子阅读指导的迫切需求。

（二）亲子阅读小组的方案设计

在已了解 W 幼儿园的概况和该幼儿园流动学前儿童家庭亲子阅读的

---

① 罗斯高：《农村儿童的发展怎样影响未来中国》，《新华月报》2017 年第 20 期，第 56~61 页。

现状，以及经过该幼儿园负责人同意在该幼儿园开展活动后，根据前期的相关调研，制订亲子阅读活动计划。鉴于小组工作的优势，亲子阅读活动采取小组工作方法。小组工作是一对多的社会工作专业方法，将有共同问题和需求的若干个人组成一个小组，通过社会工作者的引导和小组成员的互帮互助解决问题。运用小组工作的方法，亲子阅读小组的成员不仅可以从社工那里得到帮助，也可以从其他成员那里得到帮助，他们既可以通过社会工作者系统地学习亲子阅读相关知识，也可以与其他组员共同面对亲子阅读问题并共同解决问题，能使小组成员学习效果更加具体、快速和行动化，从而使亲子阅读小组成员个人获得行为的改变，并实现小组的整体改变。

1. 亲子阅读小组的理论基础

（1）认知行为理论

认知行为理论认为，在认知、情绪和行为三者中，认知起着中介与协调的作用。家庭图式是指个体对自己的家庭生活以及普遍的家庭生活的所有认知。家庭图式是个体从方方面面的生活经验中发展而来的认知集合，强调认知在解决问题中的重要作用。认知行为家庭治疗的方法与技巧包括认知行为分析与评估、父母培训治疗和认知干预策略。当孩子出现不良行为之后，父母对其行为给予不恰当的情绪管理，会"训练"和"强化"儿童的问题行为。大部分流动学前儿童父母对亲子阅读的认识片面，带有较强的功利性色彩。他们不了解亲子阅读对孩子的情感需求和各项能力发展的重要作用，在这样的认识下，家长在亲子阅读中的指导方式难免过于极端，方式单一；有的家长把孩子当成"小大人"，对孩子的言行给予不恰当的回应。只有家长修正对亲子阅读的认知，亲子阅读指导策略才能有所改变，流动学前儿童家庭亲子阅读现状才能得到改善。因此，本书采用认知行为理论，指出流动学前儿童父母在亲子阅读方面的不当认知，对其进行修正，引导其重塑正确的亲子阅读观念和科学的亲子阅读方式。

（2）人格发展理论

埃里克森（E. H. Erikson）提出人格发展八个阶段理论。它们分别是：基本信任对基本不信任；自主性对羞怯和疑虑；主动对内疚；勤奋对自卑；

同一性对角色混乱；亲密对孤立；繁殖对停滞；自我完整对失望。[1] 这八个阶段在一个人的一生中以何种顺序发展，埃里克森认为，遗传是决定因素，而由一个阶段顺利过渡到另一个阶段则是由所处的环境决定。"环境特别是父母的态度和社会的思潮会影响儿童的回应方式。"[2] 人格发展理论在流动学前儿童家庭亲子阅读中的运用主要体现在了解和正确把握儿童不同发展阶段的身心特征，明白儿童不同阶段发展的关联性。在亲子阅读过程中，家长能够对儿童的言行举止给予理解，引导儿童不同阶段能力的良好发展，满足儿童的心理需求，营造一个良好的亲子阅读家庭环境，加强亲子互动和沟通，帮助儿童逐渐形成健全的人格，避免问题的发生。3~6岁的儿童属于主动对内疚阶段，在这个阶段，儿童会检验各种各样的限制。如果家长鼓励儿童的"独创性行为"和想象力，儿童就会顺利健康地度过这个阶段；如果家长不认可甚至批评儿童的"独创性行为"和想象力，儿童就会缺乏自信心和自主性。[3] 在亲子阅读中，家长应积极引导儿童去想象、去创造，家长应对儿童的探索性行为给予积极的鼓励，使儿童的好奇心可以得到满足，使他们的想象力得以发展。

2. 亲子阅读小组的组员情况

亲子阅读小组的服务对象是流动学前儿童及其家长，主要服务对象是流动学前儿童家长。根据 W 幼儿园园长高老师的建议，小组成员在小班招募。由于园长和幼儿园教师熟悉学生和其家长的情况，小组服务对象的招募主要由园长和小班班主任负责。园长在小班家长交流群里发布活动消息进行宣传和招募，邀请有家庭亲子阅读需求的流动家庭亲子参加活动。考虑到小组服务质量和学校设备的问题，最初计划招募 5 对亲子参加亲子阅读活动，但在招募过程中，流动学前儿童家长参加活动积极性很高，报名人数超过预期计划，最后确定 6 对亲子参加活动，其中有一个家庭的孩子是双胞胎，所以小组成员的服务对象为 6 名家长和 7 名幼儿，7 名幼儿的年龄都

---

① ［美］B. R. 赫根汉：《人格心理学》，冯增俊、何瑾译，作家出版社、海南人民出版社，1988，第 163 页。

② ［美］Paula Allen-Meares：《儿童青少年社会工作》，范志海、李建英译，华东理工大学出版社，2013，第 36 页。

③ ［美］B. R. 赫根汉：《人格心理学》，冯增俊、何瑾译，作家出版社、海南人民出版社，1988，第 148~149 页。

是 3~4 岁。小组家长成员中，除了 FJY 的家长是爸爸，其他成员的家长均是妈妈。FJY 爸爸是二手房销售员，LJQ 妈妈是服装销售员，SZH 妈妈是淘宝客服，ZLY 和 ZLM 双胞胎的妈妈是在亲戚所办公司的财务部门就职，这四名家长工作时间弹性较大，可以调出时间参与小组活动。另外，FQJ 和 LWY 的妈妈是全职妈妈。亲子阅读小组组员的基本信息见表 4-16。

表 4-16　组员基本信息

编号	幼儿姓名	性别	年龄	籍贯	家长组员	家长组员工作情况
1	LJQ	男	4 岁	四川渠县	妈妈	服装销售员
2	FQJ	男	3 岁半	福建宁德	妈妈	全职妈妈
3	FJY	男	3 岁	福建南平	爸爸	二手房销售员
4	SZH	男	3 岁	山东聊城	妈妈	淘宝客服
5	LWY	女	3 岁	四川渠县	妈妈	全职妈妈
6	ZLY	男	3 岁	江西铅山	妈妈	财务人员
7	ZLM	男	3 岁	江西铅山		

通过对小组家长组员的访谈和前测调查，发现组员亲子阅读问题如下。

第一，家长亲子阅读意识片面，功利性色彩较浓。其中，亲子阅读量表题项"我陪孩子阅读就是想让他早点识字，为上学做准备"，有 4 名家长选择"完全符合"，占 66.7%；2 名家长选择"比较符合"，占 33.3%。

第二，家长陪伴幼儿阅读时间少，亲子阅读没有具体的时间安排。亲子阅读量表题项"我想起给孩子讲故事时才会给孩子读书"，4 名家长选择"完全符合"，占 66.7%；题项"我会经常陪孩子阅读书本"，3 名家长选择"比较符合"，占 50.0%；而"我每天陪孩子阅读书本"和"我有计划地安排亲子阅读"这两个题项，均仅有 1 名家长（不是同一名家长）选择"比较符合"，占 16.7%。

社工："您和孩子平时会亲子阅读吗？每次亲子阅读进行多久呢？多长时间一次呢？"

SZH 妈妈："会呀，但是平时工作经常加班，每周就休息一天，一般轮休时才会给孩子读读书。每次读书就几分钟吧，这个也没留意。"

第三，家长在幼儿阅读材料的选择上缺乏针对性。亲子阅读量表题项"孩子的读物大部分是根据我的喜好挑选"，5 名家长选择"比较符合"，1

名家长选择"不确定"。

社工:"阅读材料有什么?如何选择的?"

LJQ 妈妈:"图画故事书啊,平时就自己在网上挑一挑,看看评价和详情,觉得合适就买了。"

LWY 妈妈:"家里没买什么书,学校发什么书就看什么书。"

第四,家庭亲子阅读指导策略单一且缺乏有效性。家长经常采用的亲子阅读策略是手指着字讲故事或让孩子跟着自己读,33.3%的家长选择"我会用绘画、游戏、手工等方式把故事内容表达出来"。

ZLY/ZLM 妈妈:"有空的时候,我想给他们讲故事,可是讲的过程中,他们动来动去或溜号,都不爱听。"

LJQ 妈妈:"很多时候我给他讲故事时,还没等我讲到两页,他就跑去玩积木或其他玩具了。"

FJY 爸爸:"有时候我给他读图画书时,他就在玩别的,讲完问他这个故事讲了什么,他也答不出来。"

3. 亲子阅读小组的目标

根据以上小组组员家庭亲子阅读的问题,制定亲子阅读活动目标。亲子阅读活动的总目标是提高组员家庭亲子阅读质量,改善组员亲子阅读的家庭环境。具体目标如下。

第一,家长组员建立更全面更正确的亲子阅读观念,加强亲子阅读意识,提高他们对亲子阅读和家庭教育的重视程度。

第二,亲子阅读时间有所增多,亲子互动得到加强。

第三,家长组员了解并掌握幼儿阅读材料的选择和亲子阅读指导策略。

第四,提高幼儿组员的阅读兴趣,使其能更充分地参与到亲子阅读中去。

第五,在此活动中,建立亲子阅读互助小组,小组组员共同解决亲子阅读难题和分享育儿经验;加强家园互动合作,丰富幼儿园教学模式,提高幼儿园教学服务质量。

4. 亲子阅读小组的活动过程安排

根据前期对 W 幼儿园亲子阅读情况的调研,在校内老师的指导下,依据活动理论和目标,经过与幼儿园园长高老师的沟通,制订"阅读无处不在"的亲子阅读小组活动计划。亲子阅读小组为教育成长性小组,计划开展 5 次活动,5 次活动的主题分别为亲子阅读真重要、阅读书本有窍门、阅读生活在身边、阅读大自然欢乐多、将亲子阅读进行到底。通过与园方协商，活动时间安排在每周五 15：30~16：20。这是因为周五下午小班学生是手工课，对园方正常教学影响较小；园方是 16：30 放学，每次小组活动结束后，组员家长可以顺便接小孩回家。因园方没有多余的教室，活动地点安排在园长办公室。具体活动内容安排见表 4-17。

表 4-17　"阅读无处不在"的亲子阅读小组活动计划

节数	活动主题	活动时间	活动目标
第一节	亲子阅读真重要	2017 年 10 月 27 日	组员了解小组的性质、活动内容和目标，共同订立小组契约
			组员之间相互认识
			组员了解阅读对儿童多方面的影响，建立亲子阅读意识
			组员共迎重阳节
第二节	阅读书本有窍门	2017 年 11 月 3 日	让家长了解孩子在该年龄段的特点，更加客观地了解自己的孩子
			为家长提供有效指导幼儿书本阅读的策略
第三节	阅读生活在身边	2017 年 11 月 10 日	建立在生活中阅读的意识
			指导家长在生活中引导孩子阅读，将书本阅读和生活相结合
第四节	阅读大自然欢乐多	2017 年 11 月 17 日	建立在大自然中阅读的意识
			指导家长在大自然中引导孩子阅读，将书本阅读和自然相结合
第五节	将亲子阅读进行到底	2017 年 11 月 24 日	总结、分享与交流、展望、评估

亲子阅读小组活动内容不仅涉及流动学前儿童家长亲子阅读观念和书本阅读指导策略，还将亲子阅读的内容进一步扩大到生活和大自然。首先，提到阅读，人们常常会想到书本，可是生活和大自然就是活生生的书本，阅读是无处不在的，生活和大自然比书本生动、具体。生活和大自然中熟悉的事物不仅能提高幼儿的认知能力，还能提高他们的阅读兴趣，而且有助于他们开拓思维空间。然后，考虑到流动学前儿童家长的工作性质、文化水平和自身阅读习惯，即他们陪伴幼儿阅读的时间较少且大部分家长自身没有阅读习惯，但在生活中流动学前儿童亲子接触较多，如看电视、玩

玩具、逛街、逛超市、买菜等，流动学前儿童家长在下班休息时间或周末也会带孩子去公园、去海边等地，幼儿常常也会和大自然接触。因此，充分考虑到流动学前儿童家庭亲子阅读的特殊性，结合阅读材料的广泛性，将亲子阅读活动的主要内容分为阅读书本、阅读生活和阅读大自然三个方面，提高家长对亲子阅读的全面认识，引导家长利用与孩子相处的一切时间和场所进行亲子阅读，从而提高流动学前儿童家庭亲子阅读的有效性。

三 流动学前儿童家庭亲子阅读问题的介入过程与成效评估

(一) 亲子阅读小组工作的介入过程

亲子阅读小组采用小组初期、小组中期、小组后期的阶段划分方法，根据小组的介入内容和组员的发展情况，第一节活动为小组初期，第二节至第四节活动为小组中期，第五节活动为小组后期。

1. 小组初期：欢乐破冰，建立关系

第一节活动：亲子阅读真重要。

第一，活动主题介绍：社工向小组成员自我介绍，并告知相关项目经验，让小组成员了解社工并建立信心，相信社工可以指导他们的家庭亲子阅读，可以在这个活动中有所收获。随后，介绍该活动主要围绕阅读书本、阅读生活和阅读大自然三个主题展开，让小组成员对活动内容和活动目标有一个初步的认识。

第二，组员之间相互认识：社工和组员们围圈而坐，以便社工更好地观察组员亲子的反应，也方便组员之间更好地互动。首先是每对亲子的自我介绍，使组员之间建立初步的认识，然后进入破冰互动环节。在背景律动音乐《开火车》下，社工扮演列车长，小组成员扮演车厢，手臂折叠转动起来扮演车轮，社工在圆圈外围缓慢绕着小组成员走，分别和每个组员打招呼，"咕隆隆，火车开来了，你好，我是小杨社工，请问你是谁?"，被打招呼的组员要回应，比如"你好，我是LWY"，随即每个人都叫出该组员的名字，"LWY，LWY"，随后，LWY和家长站到列车长后面，一起沿圈"开"到下一个组员那里，当所有小组成员都加入列车后，游戏结束。

通过自我介绍和欢迎仪式，小组成员之间对彼此有了初步的印象，然后通过互动游戏，在欢快轻松的氛围下，加深小组成员之间的认识和了解。

在较短的时间内，让小组成员相互认识并快速融入活动中，使小组成员得到归属感。

第三，订立小组契约，建立专业关系：社工向小组成员介绍亲子阅读活动的主要目标，即提高家庭亲子阅读的意识和提供家庭亲子阅读指导策略，希望小组成员坚持参加每次的活动，家长组员协助孩子遵守小组纪律，建立小组成员责任感，共同实现小组目标。随后，当社工询问小组成员是否了解小组目标和契约时，小组成员都表示了解小组目标并愿意遵守小组契约。在该活动过程中，建立微信亲子阅读互助群，以此建立线上亲子阅读互助小组，社工在该微信群分享家庭教育和亲子阅读相关知识，在线上指导组员进行亲子阅读，组员也可以在该微信群分享亲子阅读问题和家庭教育难题，社工和其他组员一起解决问题。

第四，社工介绍亲子阅读的重要性：为了让家长对亲子阅读有更加明确清晰的认识，社工向家长介绍了亲子阅读的概念和亲子阅读在各方面的重要作用。主要围绕亲子阅读能培养孩子各方面能力的发展，有利于孩子大脑发展、孩子学习、亲子关系等几个角度展开介绍。

这个环节运用了认知行为理论，纠正流动学前儿童家长片面的阅读观念，使他们建立正确的阅读认知，让他们意识到亲子阅读的重要性，提高亲子阅读的意识，积极主动地投入到亲子阅读中去。

第五，组员共迎重阳节：考虑到学前儿童的专注时间不长和正好重阳节将至，通过该环节的亲子互动提高孩子的参与度和融入度。幼儿组员轮流观察能够体现重阳节信息的一张图片并将观察到的内容告诉自己的家长，家长再引导孩子去获取更多的图片信息。幼儿在获取图片信息时也是在阅读，并在此过程中锻炼了他们的观察力和语言表达能力。学前儿童对新鲜事物永远保持着高度的好奇心，每个幼儿都积极参与观察并说出自己观察到的事物。幼儿组员观察图片后，社工向他们介绍重阳节的内涵和风俗习惯，然后通过情景模拟来体验图片上的场景。

在这个过程，将中华民族传统节日的元素运用到活动中来，亲子通过阅读图片发现重阳节的内涵，通过角色扮演和手工制作更加深刻地认识了重阳节。社工在此环节不仅传承了中华传统节日，也向组员传递了从生活中去阅读的意识。

第六，评估活动初期组员亲子阅读情况：家长组员填写亲子阅读量表和分享家庭亲子阅读情况，便于社工评估活动初期组员亲子阅读情况，对后期活动做出适当的调整，制定更加适宜的小组活动方案，提高小组服务质量，同时在填写量表和分享的过程中，也让组员更清晰地了解自己家庭亲子阅读的现状。亲子阅读量表是整个活动成效评估方式之一，最后一次活动也会向家长发放该量表，通过对比两次量表，评估活动整体效果。

在活动开展过程中，社工通过观察发现，组员家长都积极参与活动，认真配合社工，以寻求家庭亲子阅读情况得到改变，并不像园方所说家长活动参与度低。特别是社工在讲解亲子阅读重要性的过程中，每个家长都听得非常认真和投入，有的家长还时不时地会点头或托腮。

活动结束后，社工对组员进行访谈，其中 FJY 的爸爸说："之前都是通过网络零散地了解到一些育儿及阅读的知识，没有这么系统地接受过指导和学习，在您介绍亲子阅读重要性时，对我的触动很深，我回去要把孩子妈妈也拉进群里学习。"通过社工和家长组员的共同努力，第一次活动开展得较顺利，为后期活动开展起了很好的奠基作用。但本次活动内容和活动时间长度存在不匹配的问题，活动时间有限，但活动内容较多，最后本次活动拖延了十多分钟，影响了孩子放学。第一节活动情况见表 4-18。

表 4-18 第一节活动情况

活动目标	活动内容	所需物资
组员了解亲子阅读整个活动主题	1. 社工向小组成员介绍亲子阅读整个活动的主题	电脑、橡皮泥、擀面杖、彩纸、亲子阅读量表
组员之间相互认识	2. 组员之间相互介绍 破冰游戏：《开火车》	
组员了解小组的内容和目标，订立小组契约	3. 社工在活动前制作好 PPT，用 PPT 讲解小组内容和目标、亲子阅读的概念和重要性	
家长能够对亲子阅读有初步的正确的认识	4. 组员观察能体现重阳节信息的图片，社工介绍重阳节基本内涵和风俗习惯，之后模拟图片上的场景	
组员共迎重阳节	5. 让家长填写亲子阅读量表 家长分享亲子阅读情况	
评估活动初期组员亲子阅读情况		

2. 小组中期：共同努力，实现目标

第二节活动：阅读书本有窍门。

幼儿组员都是 3~4 岁，考虑到这个年龄段孩子的专注时间较短，他们能够安静坐下来的时间不长，又因为此次活动主要服务对象是家长，为了防止孩子在社工向家长讲解的过程中出现坐不住的现象，确保服务质量，本次活动前部分只有家长参加。在活动开始前，向园长和小班班主任说明情况，并请小班班主任在下午 4 时带小朋友们来参加活动。

第一，介绍 3~4 岁儿童的特点：社工在介绍孩子该年龄段会出现的某些行为时，有的家长会无奈一笑，他们觉得孩子是在无理取闹，但听到社工讲解为什么会出现这些特点时，他们表现出的是恍然大悟和对孩子的理解，如这一年龄段的孩子形成了一种秩序的内在模式，当他们出现执拗时，很有可能是成人破坏了这一秩序，导致了他们的哭闹和焦虑。接下来，社工向家长介绍了孩子在语言、色彩、思维逻辑、实用工具等方面的特点。社工特别提到在该年龄阶段的亲子阅读中要注重培养孩子的逻辑思维和注意力并提供了培养策略，如家长要给孩子多念图画书、要用条理清晰的语言跟孩子讲话、孩子在家中做事时要有始有终并且家长要给出具体的指导等。等社工讲完，有家长问："我孩子总是坐不住，喂个饭都东走西走的，怎么办？""我孩子总是晚睡，一到晚上就很兴奋，怎么办？"社工考虑到活动时间长度的原因，对他们的问题逐一进行了简单的回答，活动结束后，在小组微信互助群里进行了详细的解答。

第二，阅读材料的选择及亲子阅读策略：在了解完孩子特点之后，则是根据孩子年龄段来选择阅读材料。阅读材料除了根据孩子的年龄特点进行有针对性的选择外，在选择的时候还要选择图文配合的书、选择不同题材的书、选择幼儿喜欢的图书。在家长掌握阅读材料选择的基础上介绍如何有效进行亲子阅读，如家长给孩子朗读故事、引导孩子猜测故事情节的发展、让孩子复述故事等方式。亲子阅读主要目标之一是培养孩子的阅读习惯和阅读兴趣，培养以后独立阅读能力，要实现这些目标则需要家长和孩子的持之以恒。在介绍完有效的阅读策略之后，社工便介绍了在家中如何培养阅读习惯、如何建立家庭阅读环境和阅读文化，以及在亲子阅读过程中家长需要注意的事项。

在本次活动开始前，社工告知家长 PPT 上的内容都在纸质材料上，但在第一环节和第二环节中，家长听得都非常认真，时不时拿出手机来拍要点。在这两个环节中，社工修正家长对幼儿某些行为的错误认识，帮助家长获得亲子阅读的指导策略，使家长对孩子的成长和亲子阅读获得正确的理性的认识，全面地提高家长指导幼儿阅读书本的有效性，进而引导家长提升家庭亲子阅读意识和在家庭亲子阅读中指导行为的改变，也为之后的亲子阅读小组活动奠定基础，在接下来的活动中将分别运用到各种亲子阅读指导策略。

第三，故事分享：等到小组成员的孩子都到齐后，小组进入讲故事环节。社工询问家长后了解到，大部分家长在家中是用手指着书本上的字念给孩子听。该年龄段的孩子识字不多，可以指导孩子先通过观察图画去了解故事情节，对故事有个大概的了解，再跟孩子一起阅读书本中的文字。在孩子的该年龄段，主要是培养孩子的阅读兴趣，孩子有了阅读兴趣，自然而然识字就会越来越多。本次活动的故事是《小猫钓鱼》，社工在讲故事时生动活泼、表情夸张，尽量吸引孩子的注意力，引导孩子到故事的情节中来。故事讲完后，社工邀请小朋友们复述故事，小朋友们都踊跃举手，FJY 小朋友复述："猫妈妈带着小猫去钓鱼，小猫抓蝴蝶和蜻蜓去了。"社工接着引导问："小猫最后有钓到鱼吗？"FJY 小朋友回答："没有。"然后社工将最后一页小猫钓到的大鱼展示给他及其他孩子看，并强调"后来，很多的蝴蝶和蜻蜓在小猫身边飞来飞去，但是小猫一心一意地钓鱼，不一会儿就钓到了一条大大的鱼"。

随后，社工问"小朋友们，如果你们去钓鱼，想钓什么样的鱼呢？"，引出手工制作环节。家长握着孩子的手一起在白纸上画出鱼的形状，孩子用不会伤手的塑料剪刀将自己喜欢的彩纸剪成各种不规则的形状，并用胶水把剪好的彩纸贴在鱼的身上制作鱼鳞。其中，FQJ 和 LJQ 比较追求完美，他们想把所有的彩纸剪完都贴到鱼的身上，当时他们的家长就责怪他们贴太多，社工就跟他们解释："追求完美也是这个年龄段孩子的一个特点，我们应该成全他们，如果阻断他们，他们会很不高兴的。"之后，他们的家长陪着他们将所有的彩纸剪完并贴在了鱼的身上。活动结束后，每个孩子都开心地拿着他们的作品回家了。

在本节活动前，通过查阅和收集亲子阅读各方面的资料，准备好亲子阅读家长指南，在活动过程中可以让家长更好地掌握和了解此次活动的相关内容，他们可以将其带回家，若在亲子阅读过程中遇到问题或许可以为其提供参考。

活动的第一环节和第二环节，通过观察家长课堂表现，家长全身心地投入到社工的讲解中去，进一步修正家长对亲子阅读的认识，提高了家长亲子阅读的指导技巧。在讲故事的时候，各位家长积极主动配合社工，引导孩子到社工讲的情节中去。在手工制作环节，亲子双方都积极配合，这个过程锻炼了孩子的创造力、想象力和对色彩的敏感度，孩子使用剪刀锻炼了他们的手眼协调能力和专注力。亲子共同合作也使家长更加了解自己的孩子，提升亲子亲密度。通过彩鱼的制作增强了孩子听故事的兴趣和他们对故事的理解。

鉴于上次活动的经验和反思，此次活动不管是在内容安排设计上还是在服务效果上都很不错，整体服务效果很好，亲子双方各有收获。此次活动也进一步巩固了社工和小组成员的专业关系。第二节活动情况见表4-19。

表4-19　第二节活动情况

活动目标	活动内容	所需物资
家长从孩子在该年龄段特点的角度客观地了解孩子的成长需求	1. PPT讲解幼儿组员在当前年龄段的特点和在亲子阅读过程中应侧重培养该年龄段幼儿哪方面的能力 2. 社工给每一位家长发放纸质版《亲子阅读家长篇》，结合制作好的PPT讲解阅读图书的选择、亲子阅读策略、阅读习惯的培养、良好家庭阅读环境和文化的创建以及家长在亲子阅读过程中的注意事项 3. 故事分享：图画故事《小猫钓鱼》手工制作彩鱼	电脑、纸质版《亲子阅读家长篇》、黑色卡纸、A4纸、彩色卡纸、儿童塑料剪刀、胶水、铅笔、橡皮擦
向家长介绍阅读书本各方面的事宜，全面提高家长在指导书本阅读时的有效性		

第三节活动：阅读生活在身边。

第一，阅读生活主题的引出：社工向幼儿组员展示了一张菜单，问他们在菜单上看到什么食物，他们争先恐后地回答着，然后社工逐一问他们平时都喜欢吃什么，FJY说喜欢吃鱼、FQJ说喜欢吃鸡蛋、ZLY说喜欢吃土豆……由此打开了话匣，引出了阅读生活的主题。

第二，亲子互动。社工问："小朋友们，不管是在家里还是在饭店，我们都得用到钱，是不是？"小朋友们异口同声地回答："是。""好的，现在，让爸爸妈妈扮演卖家，坐成一排销售商品（社工分发物品给每位家长），每个小朋友来我这里取钱，取完钱后去自己爸爸妈妈那里或者去别人爸爸妈妈妈那里购买自己喜欢的东西，买东西时要问多少钱，商家也要跟他们说商品的价格，小朋友买完东西后拿着东西坐在自己的位置上。"等大家明白规则之后，所有家长坐成一排来销售商品，每个小朋友认真地挑选自己喜欢的商品，有的孩子自己会询问商品的价格，有的爸爸妈妈会引导孩子怎么去进行交易。几分钟过后，各位爸爸妈妈收摊，每个小朋友也都坐回自己的位子，随后每个孩子都介绍了自己购买的商品。最后，社工对这个环节做了小结："生活就是一本活生生的书本，它比书本更加生动、更加形象。在超市的时候，可以教他们认识各类物品；在菜市场的时候，可以教他们认识各种菜；在逛街的时候，可以通过认识广告牌、招牌、商标增加幼儿的识字量等。"

此环节运用现场模拟体验的方法，提升了家长在生活中进行亲子阅读的意识，不管是在逛街、逛超市还是在买菜，都可以教小朋友认识物品和认识生活规则。

第三，故事分享：绘本故事是跟上一环节相联系的与吃有关的故事，本次分享的绘本故事是《鳄鱼怕怕 牙医怕怕》。社工问："小朋友们，刚刚我们买完好吃的，请问晚上我们吃完饭后，你们会刷牙吗？"有的小朋友说"会"，有的说"不会"。社工首先介绍了一下绘本封面，并提出设问："鳄鱼先生为什么会牙痛呢？"社工向组员提问时，家长组员也会轻轻地问自己的孩子，让幼儿组员思考一会后，社工便生动形象地讲述着故事，有的组员本来还很闹腾，听着听着就被吸引过来了，很专心地听着。"鳄鱼先生和牙医先生都很怕怕，可是鳄鱼先生牙齿痛得厉害不去不行，牙医先生是医生，不去给鳄鱼看病也不行，但最后他们都很勇敢地面对"，给孩子传输要勇敢面对的人生态度，在讲述过程中还提出"最后牙医先生有没有给鳄鱼先生拔掉牙""为什么明年他们都不想再见到对方"等设问引导他们到故事情节中来。故事一讲完，社工就问他们"为什么鳄鱼要拔牙呀"，与故事开场相呼应，强调刷牙的重要性。在社工讲故事时，家长会紧随社工的节奏，观察自己的孩子，适时进行引导。

本次亲子阅读中运用到的技巧之一是绘画。家长协助孩子用铅笔在已剪好嘴巴形状的 A4 纸上画好 28 颗牙齿，上下各 14 颗，之后用红色蜡笔涂好嘴巴的颜色。在该环节，社工还听到 ZLY 小声跟妈妈说："妈妈，鳄鱼先生明年不想再见牙医先生了，因为他怕怕。""是啊，所以晚上要刷牙呀。"

ZLY 妈妈边握着 ZLY 的手画着牙齿边说。FJY 爸爸拿出红色蜡笔，而 FJY 不过一会就拿出绿色蜡笔进行涂色，社工问他为什么要用绿色蜡笔，他说因为鳄鱼的嘴巴是绿色的。可见，小朋友都被绘本故事吸引住了，并将故事在绘画环节呈现。

在此环节，通过绘画和涂鸦，小朋友加深了对绘本故事的印象，也加深了对牙齿和色彩的认识，了解自己的五官，在绘画过程中锻炼了小朋友涂鸦的能力，为书写做好准备。

流动人员文化水平偏低，平时缺乏阅读书本的习惯，亲子在家中阅读书本的机会较少，但在日常生活中亲子相处的时间较多。本次活动让组员亲子贴近生活，建立生活是书本的意识，生活中的点点滴滴其实都是生动具体的文字。在绘本故事环节，社工具体地指导家长亲子阅读技巧，并指导他们将故事与生活结合，培养孩子的生活常识和生活能力。第三节活动情况见表 4-20。

表 4-20　第三节活动情况

活动目标	活动内容	所需物资
建立在生活中进行亲子阅读的意识	1. 小朋友分享爱吃的食物，引出阅读生活的主题 2. 亲子互动：现场模拟商品买卖 3. 故事分享：《鳄鱼怕怕 牙医怕怕》 绘画：嘴巴和牙齿	菜单、钱、仿真水果模型道具、各类玩具、素描纸、彩色蜡笔、铅笔
指导家长在生活中引导孩子阅读，将书本阅读和生活相结合		
培养孩子生活常识和生活能力		

第四节活动：阅读大自然欢乐多。

第一，四季的观察：社工准备了春夏秋冬四个季节当季的且组员平时都能接触到的花和树的图片，通过欣赏图片，让幼儿组员去辨识大自然。社工介绍一年四季树木生长的基本特征，然后请每个小朋友把四张图片和春夏秋冬四个季节匹配起来，7 个小朋友中只有 LWY 匹配成功，其他小朋友在家长的引导下也进行了逐一匹配。在分享环节，SZH 说爸爸妈妈带他去过动物园，那里有老虎、狮子；LJQ 说他去过花海，那里有好多花；ZLM 说他见过好多鱼……在孩子们七嘴八舌的讨论中，家长们表现出若有所思的样子。

孩子们分享完后，社工带着组员来到幼儿园的操场，寻找幼儿园内的植物，并向组员介绍园内植物的名字和外观特点，在介绍的过程中让孩子们去观察，家长也积极地带着自己的孩子去认识园内的花和树。

最后，社工做了小结，平时家长带孩子去公园或游玩看到动植物时可以留意给小朋友介绍，在大自然中去长见识、开眼界。

第二，故事分享：本节活动选取的故事是《小熊种树》。该故事主要讲述的内容是小熊每次路过牛爷爷的果园时，牛爷爷都会送水果给小熊吃，小熊就想种果树，送水果给牛爷爷吃，小熊先后种了桃树、杏树，可是每次都没耐心等待，还没等结果子就把树砍了……社工讲述本次故事的时候运用了设问引导和复述的技巧，如"小熊一共种了几棵树""小熊为什么要种树"等，故事讲完之后，请小朋友复述故事，引导他们掌握该故事，锻炼他们的语言表达能力、想象力和逻辑思维能力。小朋友复述完，社工向各位家长做了小结，家长应建立阅读大自然的意识，学习社工在讲故事时运用到的技巧。

在手工制作环节，社工准备了红豆、绿豆、黑豆和黄豆，让父母向孩子介绍各豆子的颜色和名字。然后，社工将已画好花轮廓的素描纸分发给每对亲子，介绍制作过程，既让孩子认识了豆类又用豆子来制作。用豆子的颜色代替颜料，将混合好的豆子自由洒在涂好胶水的花轮廓的内部。在撒豆子的时候，家长们都纷纷地"帮"孩子撒豆子，如 FQJ 按着妈妈的话一步一步地撒豆子、LWY 妈妈还指责 LWY 撒得纸上到处都是、FJY 爸爸就干脆自己动手替 FJY 撒。社工见状向家长指出，在撒豆子和涂色的过程中，尽量由小孩自己动手自由制作，不要担心他们把豆子弄得到处都是，这年龄段的孩子不具备大人的思维，由孩子动手可以锻炼他们的思维，在撒豆子拼色中能锻炼他们的想象力、创造力和专注力。

活动最后，社工告知组员亲子阅读活动即将结束，并告诉组员最后一次活动的大致内容，让服务对象有结束的心理准备。

本节活动旨在建立家长组员在大自然中也可以进行亲子阅读的意识。在介绍园内植物的时候，家长用体验学习法了解了阅读大自然，结合图画书和手工制作，进一步加深了家长指导技巧。在本节活动小结时，社工提到家长可以选择与孩子这段体验、经历相关的书，增强孩子的阅读兴趣，有针对性有计划地安排亲子阅读。第四节活动情况见表 4-21。

表 4-21 第四节活动情况

活动目标	活动内容	所需物资
建立在自然中阅读的意识	1. 欣赏和观察四季的花和树 小朋友们分享与爸妈一起接触大自然的事情 发现和观察幼儿园内的植物 2. 故事分享：《小熊种树》 手工制作：豆子花	电脑、《小熊种树》图画书、红豆、绿豆、黄豆、黑豆、胶水、素描纸、彩笔
指导家长在大自然中引导孩子阅读，将书本阅读与大自然相结合
提高幼儿对大自然的认识，接受大自然的熏陶

3. 小组后期：全程回顾，巩固效果

第五节活动：将亲子阅读进行到底。

本次活动的总结、分享与交流两个环节针对的服务对象是家长，孩子不参加这两个环节。到故事分享与交流环节时，小班班主任再将孩子们带来参加活动。

第一，总结：本次亲子阅读活动的主要服务对象是家长，因为只有家长成长和改变了，孩子才能得到改变。因此，在第一次活动、第二次活动和最后这次活动，运用认知行为理论，着重对家长进行了指导，特别是第二次活动和本次活动单独面向家长开展活动。本环节，社工对前面四次活动每个环节的要点都进行了回顾，让活动内容重现，并分析了每个环节设计的用意，让家长对整个活动都能清晰明了，巩固家长在整期活动中的收获。

第二，分享与交流：社工引导每位家长逐一分享自己在活动中的收获，帮助服务对象回顾在活动中取得的进步和成长。

ZLY/ZLM 妈妈说："参加活动后，改变了我对亲子阅读的看法，我以前就知道买书给孩子看，现在看来，书都挑得不合适，文字太多，画面又不清晰。"

SZH 妈妈说："我现在知道了为什么给孩子念故事时，孩子老不听，因为我讲得太单调了，相当于在给孩子念字，也没有站在孩子的角度去讲。"

……

每个家长都分享着自己的收获，并希望以后幼儿园能多组织这样的活动。在提出问题的环节，SZH 妈妈说上课老师跟她反映 SZH 上课有时注意力不够集中，但老师提问他，他都能回答上来，社工追问 SZH 妈妈在家是否教过孩子相关知识时得知，SZH 已经在家学过并掌握了课堂的知识点，所以才会表现出不专心的样子。ZLY/ZLM 妈妈和 LWY 妈妈也提出了问题，社工和其他家长共同解决了她们的问题，其他家长表示他们也有类似的问题，分享了他们的育儿经验。

第三，故事分享：流动人员居住的地方人员流动都比较复杂，经调查，Y 城中村周边工厂较多，流动人口复杂，因此，在本次活动中安排了与安全相关的图画故事，提高家长的安全教育意识和孩子应对的能力。社工依然先介绍了图画书的封面，从封面开始讲。该故事主要讲述的是小黄鸭一个人在家时，狐狸和大灰狼先后来敲门想抓走小黄鸭，但小黄鸭都机智地试探门外的人到底是不是自己的爸爸妈妈。社工在故事结尾处进行小结，提醒小朋友若一个人在家时不要随意开门，不要随便相信陌生人的话，或一个人在其他场所待着时，不要随便跟陌生讲话，建议家长在这复杂的环境中加强对孩子的安全教育。

然后，社工邀请一位小朋友扮演小黄鸭，两位家长分别扮演大狐狸和大灰狼。FJY 小朋友比较活跃，他站在办公室门后扮演小黄鸭，FQJ 妈妈和 ZLY/ZLM 妈妈分别扮演大狐狸和大灰狼。FQJ 妈妈和 ZLY/ZLM 妈妈在办公室门外诱惑 FJY 小朋友开门，但 FJY 小朋友将他们拒之门外，直到他爸爸来敲门时才开了门，社工对 FJY 小朋友的机智进行了表扬，同时鼓励其他小朋友在家中可以和自己的爸爸妈妈进行角色扮演。通过该故事，社工建议家长可以将故事延伸到生活中来，比如《有人来敲门》，爸爸妈妈除了给孩子讲述书本的故事内容之外，可以告诉孩子在生活中遇到这样的事情该怎么办，以提高他们的自我保护能力。

第四，展望：本次活动是亲子阅读小组活动的最后一次活动，社工在这一环节进行展望，希望小组成员能将亲子阅读进行到底，所以本环节的主题是"希望之帆"。社工在活动前，用素描纸剪成一艘艘轮船的模型，用黑色卡纸剪成一只只海鸥的模型，然后将这些准备好的模型分发给每对亲子。亲子先在完整的素描纸上涂上海的颜色，然后用彩色蜡笔在轮船模型上涂上自己喜欢的颜色，涂好之后将轮船模型贴在素描纸上，再将海鸥贴在海面上。每对亲子都认真地配合着，制作自己的小轮船。并在该环节中社工强调，家庭教育是一条漫长且布满荆棘的路，就像海面上的轮船一样会经历波澜。父母只有不断提升自己，让父母的角色扮演得越来越好，给予孩子理性的科学的爱，孩子才能拥有健康的身心，孩子的未来也一定不会差。

第五，填写亲子阅读量表：活动的最后，社工给每位家长发放亲子阅读量表。通过前测和后测的方法，评估整个活动的服务效果。

社工回顾整个活动，强调每次活动的主题和目标，分析每次活动过程中运用到的阅读技巧，并多次强调亲子阅读的重要性，加深组员对活动的认识，增加组员在活动中的收获。社工也再次指出了在活动过程中自身安排不妥的地方，如《小熊种树》这本图画书的选择有误，这本书文字较多、图画不清晰且幅面较小，因为社工身边图书资源有限加之为了契合活动主题，所以用了这本书，并提醒家长在家不要用这类的书。通过家长的分享与交流，帮助组员确认在活动中的成长和收获，促进组员的持续成长，并再次鼓励他们将学到的策略运用到亲子阅读中。在图书故事环节，社工将故事延伸到生活中的安全教育，提高家长在复杂生存环境下的安全意识，并从小培养孩子的自我保护能力。最后，通过"希望之帆"的绘画，社工与组员共同展望未来，绘画的过程锻炼了孩子对色彩的敏感度和涂鸦能力，当然在涂色和粘贴时也锻炼了他们的创造力和想象力。在访谈过程中，家长都表示在家中有跟孩子一起阅读，阅读的时间比以前长，大多数家长表示将来也会抽出时间陪孩子阅读。

在本次活动结束后，社工在微信互助群里再次总结了 3~4 岁孩子各方面能力发展的特点，推荐了适合该年龄段阅读的书给小组成员参考，提供了运营较好的公众号，如童梦奇缘、鱼爸童书服务、江西家教，让家长在结束后有继续学习的途径。第五节活动情况见表 4-22。

表 4-22　第五节活动情况

活动目标	活动内容	所需物资
总结	1. 社工总结回顾前期活动	
分享与交流	2. 家长提出问题和分享收获	图画故事书《有人来敲门》、彩色蜡笔、胶水、素描纸、黑色卡纸
加强组员的安全意识	3. 故事分享：《有人来敲门》角色扮演：大灰狼和小黄鸭	
展望	4. 绘画："希望之帆"	
评估	5. 填写亲子阅读量表	

（二）亲子阅读小组成效评估

1. 成效评估方法

评估是社会工作介入的一个重要环节，对社会工作介入的效果、服务对象的变化和社会工作者工作效率的提升具有非常重要的作用。评估的目的主要有两点：一是，为了掌握社会工作者介入后的结果，社工和服务对象都有必要了解介入后服务对象的改变，有必要了解是否实现了介入后的目标；二是，为了了解社会工作服务的有效性，总结经验，反思不足，提高社会工作能力，提升社会工作的服务质量，为社会工作未来更好的发展奠定基础。亲子阅读小组活动运用了过程评估和总结评估。

（1）过程评估

过程评估的内容包括：组员的表现评估、社工的表现和技巧评估等。[1]过程评估可以及时发现社会工作者介入时遇到的问题并进行解决；可以及时发现服务对象的各种变化，制定适宜的介入方案；可以及时发现活动内容的不足，避免下次活动重犯一样的错误，保证服务的有效性；可以有序地促进服务目标的实现等。

在活动前期，社工通过填写量表和访谈，了解小组成员在家庭亲子阅读过程中遇到的问题。在每次活动后，社工通过活动期间对亲子的观察和访谈，整理活动材料，填写活动日志，及时对每次活动进行总结和反思。活动期间对亲子的观察内容包括亲子投入度、亲子互动程度，访谈的内容包括家长对活动内容的掌握程度、家长对活动内容的评价。

（2）总结评估

总结评估是对产出结果的评估，通常在助人过程结束时进行，关注的是预期的目标或结果是否达成。[2]小组的有效性、小组的活力和小组的责任感是衡量小组目标是否实现的主要标准。[3] 在最后一次活动中，运用了访谈法和问卷法。访谈法的内容主要包括组员对活动前后亲子阅读情况的自评、在整个活动中学习到的内容，问卷法包括填写亲子阅读量表。

---

[1] 刘梦主编《小组工作》，高等教育出版社，2013，第232页。
[2] 朱眉华、文军主编《社会工作实务手册》，社会科学文献出版社，2006，第83~90页。
[3] 吕新萍等编著《小组工作》，中国人民大学出版社，2005，第76页。

2. 评估结果分析

（1）目标达成度

家庭亲子阅读小组目标基本达成。亲子阅读量表的内容主要涉及亲子阅读观念、亲子阅读指导方式、亲子阅读材料的选择和亲子阅读时间，共26道题，其中第4题、第20题和第25题采用反向评分，总分130分。分数越高表明家庭亲子阅读情况越好，反之则表明家庭亲子阅读情况越差。第一次量表的填写是对组员亲子阅读现状和问题的评估，第二次量表的填写是为了与第一次填写的量表进行对比，评估组员是否收获成长和改变。每个小组组员的后测量表总分均高于前测量表总分（见表4-23），表明每个组员的亲子阅读情况都有所改善。通过小组活动，小组整体在亲子阅读观念、亲子阅读指导方式、亲子阅读材料的选择、亲子阅读时间这四方面均有所改善，特别是在亲子阅读观念和亲子阅读指导方式这两个方面有明显改善，小组亲子阅读指导方式的均分差为15.5分，意识和重视程度的均分差为7.0分（见表4-24）。通过访谈，每个家长成员都认为自己对亲子阅读的认识在活动前后有改变，基本上都认为能更全面地看待亲子阅读，会更加注重花时间陪伴孩子阅读，亲子之间的交流增多，其中有5位家长能较好地说出活动中介绍的亲子阅读指导策略。以下为选取的一小部分访谈内容。

ZLM/ZLY妈妈说："我以前总觉得这么小的孩子，让他们玩得开心点就行，但经过这几次的活动，觉得阅读比我想象的要重要。"

FJY爸爸说："他妈妈就知道给他买玩具，家里玩具实在是太多了，但她都不怎么陪孩子看书，我后来把她拉进群里学习后她也开始会给孩子讲讲故事了。我呢，了解了更多的指导技巧，我现在给孩子讲故事的时候都会注意用上这些方法，孩子也更加喜欢听，讲故事的效果比之前要好。"

因为幼儿组员年龄较小，社工主要通过对活动过程中亲子互动的观察以及对家长组员的访谈和电话回访了解幼儿阅读兴趣的变化情况。在亲子互动中，幼儿参与活动的投入度明显提高，能较充分地参与到阅读中去。社工观察到幼儿参与活动的积极性提高，溜号、说话的现象有所减少，注意力集中时间变长，思路会紧跟故事情节走。通过访谈和电话回访，社工更清晰地了解到幼儿组员的阅读兴趣有所提高，根据家长组员反馈的信息，得知有的幼儿会主动找父母陪伴自己阅读，还有的幼儿会要求讲故事给父母听等。

FQJ 妈妈说："现在给孩子阅读时，他比以前爱听，有时候都能把故事的大致内容复述出来。"

LJQ 妈妈说："他对书中的图画感兴趣，会把喜欢的图画让我帮忙画下来。他有时候还会期待我下次给他讲故事呢。"

FJY 爸爸说："我讲故事的时候，他的表情会随着我的语气和表情变化，他有时还会打断我，告诉我他对故事中出现的事物的理解。"

SZH 妈妈说："他觉得我现在讲故事很好玩，他最喜欢角色扮演了。"

表 4-23 亲子阅读量表前后测总分对比

单位：分

量表	LJQ 妈妈	FQJ 妈妈	FJY 爸爸	SZH 妈妈	LWY 妈妈	ZLY/ZLM 妈妈
前测	69	61	70	63	51	71
后测	93	93	98	100	84	96

表 4-24 亲子阅读量表每个维度前后测平均值对比

单位：分

项目	前测平均值	后测平均值	均分差
意识和重视程度	19.3	26.3	7.0
指导方式	32.0	47.5	15.5
阅读材料	6.8	11.2	4.4
阅读时间	6.0	9.0	3.0

（2）服务对象参与度

社工开展第一次活动时，家长成员大部分迟到，个别家长也是踩点到达幼儿园。第二次开展活动时，小组成员小部分迟到，大部分家长能准时参加活动，还有一两个家长提前 10 分钟左右到达幼儿园。第三次活动之后基本上都能准时。在第三次活动开始前 5 分钟的时候，ZLY/ZLM 的妈妈气喘吁吁地跑进办公室，坐下来的第一句就是说她总算赶到了，说她还好没迟到。虽然在前两次活动时有部分家长迟到，影响活动的开展，但社工没有强迫他们要准时参加活动，家长是否参与活动都是家长自愿和主动的。从小组成员参加活动的积极性由刚开始的散漫到后来每次活动的积极参与可以看出，他们对亲子阅读的认知在发生改变，他们能够从活动中得到收获。

（3）专业理论与方法的运用

在亲子阅读活动中，流动学前儿童家长能够了解和学习亲子阅读的概念、重要性以及有效的亲子阅读策略等。尤其是第一次活动、第二次活动和第五次活动中，通过家长课堂，对家长开展有针对性的活动，修正和加强了家长对亲子阅读的认知，帮助家长正确有效地开展亲子阅读，提高了家长指导亲子阅读的科学性和有效性，这是认知行为理论的实践运用。结合人格发展理论，在整个活动安排上，社工根据幼儿年龄段的特点制定活动内容，如孩子不参加家长课堂，亲子互动过程中剪、贴、涂的设计，亲子阅读活动寓教于乐、富有趣味性，等等。其中，在第二次活动中，社工向家长介绍了 3~4 岁幼儿的特点，让家长从生理成长的角度客观了解并理解自己的孩子。社工在每次活动中都向家长传递了要注重和尊重幼儿身心发展的理念。通过小组活动，修正和加强了家长亲子阅读的观念，提高了家长亲子阅读指导能力，提高了亲子互动质量。

（4）家园合作方面

在亲子阅读活动之前，考虑到外来务工人员家长参与校方活动积极性不够、外来务工家长对园方活动的敏感性和园方条件有限，幼儿园没有举办过类似的活动。社工也是经过多次与园方合伙人田老师进行沟通，取得园长高老师同意后才开展活动。此次亲子阅读活动的开展，丰富了幼儿园的教学模式，在一定程度上提高了家长对幼儿园教学服务质量的认可，同时也改变了幼儿园对家长参与活动积极性的看法，加强了家园合作。在活动结束后，社工接到幼儿园合伙人田老师的电话，他对此次活动给予了肯定。

四 结论、反思和建议

（一）结论

1. 小组工作强化了亲子阅读的内涵与效果

在介入内容上，通过前期调研，从流动学前儿童家庭亲子阅读的现状、问题和需求入手，制订以"阅读无处不在"为主题的亲子阅读小组服务计划，具有针对性。服务内容不仅涉及书本阅读，还将阅读的内容延伸到生活和大自然，内容全面而立体，阅读方式丰富多样。流动人员普遍文化水平偏低，大多数人无阅读书本的习惯，基于此特点，在修正亲子阅读意识和提供亲子阅读书本的指导策略后，增加从对书本的单维度阅读到对生活、大自然的立体式和多维度阅读的内容，书本上的内容是平面的，生活和大自然中的事物是立体的，平面与立体相结合，提高亲子阅读的有效性。

在介入形式上，小组组员不仅可以从社会工作者处得到帮助，组员之间也可以进行相互帮助和支持。小组成员由具有相同或相似问题的人组成，在这样的小组环境中，组员之间可以得到共鸣，并从中学习新的知识、产生新的行为习惯，扩大交际圈，增强小组的凝聚力。通过组员对家庭亲子阅读的分享和反馈，推动小组成员之间交流、互动和学习，使得小组成员清楚自己的问题并得以修正。小组工作以一对多、花费较少的人力和较短的时间，实现多个人的改变。小组工作的形式富有专业性、教育性和趣味性，能为流动学前儿童家庭提供亲子阅读服务。在具体介入中，采用家长课堂、示范引导、亲子互动、寓教于乐等多种方式。考虑到幼儿专注时间较短，在家长课堂环节，只有家长参加该环节，该环节安排在活动的前面，该环节结束后再由家长从班里接出幼儿一起参加活动，实现亲子双向成长。

在介入成效上，首先，在社工和小组成员的共同努力下，亲子阅读小组活动取得较好的成效。家长陪伴流动学前儿童参加亲子阅读小组活动，修正了片面的阅读认知，建立了正确的亲子阅读观念，学习并掌握了亲子阅读指导策略，从而改善了流动学前儿童亲子阅读的家庭环境，进而促使流动学前儿童家庭教育环境的改善。其次，社工帮助小组成员家长建立互助小组，并建立微信互助交流群，在结束后，可在线上或线下将活动的成效延续。通过家庭亲子阅读活动，小组成员之间已建立沟通与分享的关系，通过微信互助交流群，家长依然可以继续互相交流和帮助小组成员解决育儿问题。

2. 亲子阅读小组推动了家庭教育的改善

每个孩子的成长之路各有不同，他们的家庭教育也都存在差异，但是所有的孩子都可以通过阅读得到成长。亲子阅读小组帮助幼儿培养良好的读书习惯和学习兴趣，帮助孩子获得身心的健康发展，让孩子在优秀的图书中实现自我成长，让家庭教育事半功倍。亲子阅读是家庭教育的一部分，亲子阅读小组服务对流动学前儿童的家庭教育起到以点带面的推动作用，亲子阅读小组的内容涉及亲子阅读观念和亲子阅读指导策略。亲子阅读观念的改善和指导策略的丰富，影响了家庭教育观念和方式，积极地推动了家庭教育的实施，改善了流动学前儿童的家庭教育情况，提高了流动学前儿童家庭教育的质量，保障了流动学前儿童的健康成长。

3. 亲子阅读小组促进了家园合作的发展

流动人员子女就读的民办幼儿园一般条件简陋，师资力量单薄，教学服务方面也是为了迎合家长的学习要求，即教学课程偏小学化。幼儿园和家长在家园合作这方面缺乏配合。社会工作者秉承"以人为本"和"助人自助"的专业价值观，应不断适应社会发展的现状和需求，应关注并介入流动学前儿童这一边缘群体的教育。运用专业理论和方法，对流动学前儿童家庭亲子阅读问题进行介入并取得不错的成效。研究表明，亲子阅读小组活动的开展在一定程度上密切了家园合作，协调了幼儿园和家长的沟通，同时发挥了幼儿园的引领作用，提高了幼儿园的教学服务质量，加强了家园联系。

（二）反思

1. 亲子阅读小组介入的专业性

总体来说，流动学前儿童亲子阅读活动取得一定的成效，小组活动的总目标基本实现，但是在活动开展的过程中，仍然存在一些不足，亲子阅读小组工作还需进一步改进和完善。

第一，在服务对象方面。首先，主要是由幼儿园筛选素质较高的父母为服务对象，社工没有参与筛选服务对象且缺少对素质一般或低下的家长的家庭亲子阅读的干预；其次，家长成员是父母一方且以母亲为主，家庭亲子阅读不只是父母一方的责任，可对父母双方进行介入，使父亲参与到亲子阅读中来，充分发挥父亲角色在家庭教育中的作用。

第二，在介入技巧方面。该小组是教育性小组且以小组领导者为中心，组员的自我发挥要求较少，但是在小组活动过程中，降低和减少了组员自由与他人沟通的自由度和机会，又因为活动时间有限，组员之间沟通和互动较少，特别在小组中缺乏亲子阅读互动。在整个小组活动过程中，主要由社工向家长组员传输亲子阅读的重要性和指导策略，如通过故事分享环节强调亲子阅读时语言、表情的丰富性和生动性以及结合手工、绘画、剪贴等亲子互动形式让家长组员感受到亲子阅读形式的多样性。在活动开展前，原计划每节活动由一两对亲子自由挑选图画书来分享、展示阅读过程，然后由小组其他成员讨论改善的地方，但由于活动时间有限，该环节在活动中没能得到实施。

2. 社会工作者的角色和链接资源能力

亲子阅读小组活动主要由社工负责，其角色得到充分展现。社工从客观的立场出发，通过访谈和问卷帮助服务对象正确地评估自己家庭教育的问题，并建立亲子阅读小组介入解决问题，扮演着支持者和服务者的角色。社工在小组活动中是教育者和领导者，社工向组员传输亲子阅读相关知识，修正家长组员亲子阅读观念和提供亲子阅读指导策略。在活动开展中，社会工作者还起着协调者的作用，幼儿年龄偏小，会存在幼儿多动或与父母说话的问题，纪律难以控制，结合第一节活动开展的经验，在后期活动中，社工将家长课堂安排在活动的最前面，家长课堂只有家长参加，待该环节结束后，再让幼儿一起参加活动，保证家长课堂的质量；在图画故事环节，幼儿一般会被社工的讲解吸引，对于闹腾的幼儿，社工会请家长遵守小组契约，配合社工安抚幼儿，遵守活动纪律；在亲子互动环节，对亲子互动中的一些行为和情绪需要进行协调，如在第二次活动中 LWY 用胶水把剪好的彩纸粘在鱼模型内部时，手上沾到了胶水，LWY 妈妈想伸手打她，社工对这一行为及时进行了制止。若有相关专业人士和资源的协助，活动一定会取得更理想的效果。

社工需加强链接资源的能力。在网上查阅当地社工机构的动态，了解到有的机构也在做流动儿童阅读项目，但服务对象主要针对的是义务教育阶段的儿童。面对服务对象的多元化和问题的非专业化，社会工作者需要为服务对象链接合理的资源，为服务对象提供专业化的服务，为服务对象提供更多的支持，如在亲子阅读小组中，社工除了运用专业方法介入外，还可以邀请育儿专家针对亲子阅读进行辅导，向公共图书馆或绘本馆申请图画书赞助，倡导社区开展流动学前儿童亲子阅读指导活动等。资源的合理链接能使专业介入发挥得更好。

3. 亲子阅读小组组员的差异性

组员家庭亲子阅读情况存在差异，部分组员重视亲子阅读的程度较高，亲子阅读意识较全面，家中有孩子学习的挂图、图画书等资料，在家中亲子阅读的频率也较高；而有的组员对亲子阅读的重视程度一般，亲子阅读功利性强，家中没有学习资料，亲子阅读指导方式单一，亲子阅读频率低。小组注重整体目标的实现，又因为时间和精力有限，对亲子阅读情况较差的个别组员的关注度不够。社工在引导组员提出或分享问题时，不同组员表现不同，对个别沉默组员没有做到很好地沟通和互动。在小组讨论过程中，若能发挥亲子阅读情况较好的组员和积极分子的作用，带动沉默组员，对其进行引导，他们能获得更大的改变。如果对个别情况较差的组员进行个案服务，针对他们的问题进行家访，结合适宜的个案服务，能实现小组组员的均衡发展。

4. 亲子阅读小组的复制性和推广性

亲子阅读小组不仅可以促进亲子共同成长，改善家庭亲子阅读情况，培养幼儿的阅读习惯，促进各方面能力的发展，也可以加强亲子互动和沟通，密切亲子关系和改善家庭教育等。因此，亲子阅读小组可以运用到亲子关系问题、家庭教育问题、儿童能力发展问题等的解决中去。在全民阅读的时代要求下，亲子阅读不仅可以运用到流动学前儿童群体，也可以推广到不同年龄段的不同群体。不管是运用到解决亲子教育问题还是推广到不同群体，活动的内容和专业方法都要根据实际情况进行调整，亲子阅读小组在服务对象、服务内容、组员互动程度、评估、服务跟进等方面都存在不足，需要进一步得到改善。

（三）建议

家庭教育是学校教育和社会教育的基础，亲子阅读是有效的家庭教育途径。学前期是儿童身心发展最迅速的时期，亲子阅读对儿童的人格形成和心理发展等各方面都会产生深远的影响，具有永久性和潜移默化性。流动人员受到客观和主观诸多因素影响，流动学前儿童家庭亲子阅读存在各种问题，需要得到多方面的支持，使更多的社会力量关注到流动学前儿童的教育。若本次亲子阅读小组得到多方面的关注和支持，将有利于本次小组服务更加深入、更加完善，也有利于本次小组服务得到持续性发展，探索一条流动学前儿童家庭亲子阅读的可持续性发展道路，推动小组服务于更多儿童和更多区域，最终推动流动学前儿童相关服务项目的发展，为流动学前儿童的成长保驾护航。根据亲子阅读小组的研究实际，结合《关于加强家庭教育工作的指导意见》等相关指导政策，从民办幼儿园、社区、政府和社会工作机构四个角度提出如下建议。

1. 民办幼儿园应加强家园合作，组织亲子成长活动

在与园长访谈中，了解到该幼儿园考虑到流动学前儿童家长的特殊性和幼儿园各方面条件有限，很少组织和开展家长课堂、家长沙龙和亲子成长活动等，该幼儿园既没有活动室也没有绘本区域。民办幼儿园需增强社会责任感，应注重引导亲子阅读。幼儿园可以通过创设良好的阅读环境和积极开展丰富的亲子阅读活动，对儿童的家庭亲子阅读进行直接指导，不仅为家长提供系统进行家庭亲子阅读的场所，提高家长的家庭教育效果，也能提高幼儿的阅读能力，加强家园合作，推动儿童身心健康发展和幼儿园服务质量的提升。在阅读环境和设施方面，幼儿园可以通过购买图书或募捐等方式设置图书室，各个班级可以通过园方和家长双方出资购买图书设置图书角，不管是图书室还是图书角，孩子都可以选择自己喜欢的图书带回家跟父母一起阅读。在亲子成长活动方面，幼儿园可以经常开展家长课堂、专家讲座、亲子活动等，为流动学前儿童家庭提供家庭教育指导。在课程任务设置方面，幼儿园可以设置读书卡片，实行亲子共读奖励制度，鼓励、推动亲子阅读，切切实实地开展亲子阅读。

2. 社区应加强家庭教育宣传，建立亲职教育平台

首先，要加强对家庭教育的宣传，通过村委会、居委会、妇联等建立宣传组织，引起流动儿童父母的重视，提高流动人员家庭教育的意识和责任感。然后，社区可以开展流动学前儿童教育和照顾专题活动，提供一些儿童早期教育服务的设施和活动，举办家庭教育讲座、亲子活动，组建学前儿童成长发展小组，提供儿童健康服务等，为流动家庭提供家庭教育学习的渠道。

3. 政府应健全流动人员的劳动保障制度，增强家庭服务功能

通过搜索福州市仓山区人民政府网站发现，该网站专门设置了外来流动人员办事窗口、服务机构、政策法规和常见问题答疑，但是政府在流动人口方面的服务还需逐渐完善。政府应完善和监督流动人员的用工制度，保障其 8 小时工作制、双休日和国家合法节假日的权益，保障流动人员的劳动合法权益，以保证流动学前儿童父母有时间进行亲子教育。政府针对流动家庭提供的服务薄弱，建议由教育部和民政部主管，建立跨部门协调工

作机制。将早期教育指导纳入公共服务范畴，构建政府购买家庭教育指导服务的制度体系，理顺管理机制，加大对社会组织的扶持力度，建立家庭教育指导服务购买市场的培育机制等。①

4. 社会工作机构应重视对流动学前儿童的介入服务

社会工作机构应重视对流动学前儿童的介入服务，根据流动家庭不同的需求，采用个案工作、小组工作、社区工作的专业方法，运用专业理论，链接合理资源，为流动学前儿童家庭教育提供专业服务，如一对一的家访服务、小组工作为流动家庭提供交流沟通平台、社区开展家庭教育讲座或亲子活动等；可以综合运用这三种实务方法为流动家庭提供全面的服务，赋权家长，提高其家庭教育意识和能力；还可以通过政策倡导，完善流动人口相关福利政策，从而改善流动学前儿童的家庭教育。

第三节　流动学前儿童情绪管理的小组工作介入

学龄前时期是人生发展的重要阶段，良好的情绪管理能力对学前儿童行为养成、认知观念以及人际交往具有重要作用。调查发现，流动学前儿童不同程度地存在易暴易怒、情绪认知能力弱、情绪管理能力差、有攻击性行为、亲社会行为较少、社会适应能力较差、社交障碍等问题。情绪管理小组以人格发展理论和多元智能理论为指导，为流动学前儿童提供社会工作服务，目标是使他们掌握情绪管理方法、增强情绪管理能力和人际交往能力。通过小组工作的介入，流动学前儿童掌握了情绪管理的基本方法，小组目标基本达成。实践研究证明了情绪管理小组工作的优势以及发展儿童社会工作的必要性。在情绪管理小组工作中，家长参与不足、社工介入技巧有待提升、社工角色模糊等问题，有待于在实践研究中继续完善。

一　问题的提出

我国第一部心理健康蓝皮书《中国国民心理健康发展报告（2017~2018）》指出，我国约有3000万儿童青少年有心理困扰，抑郁、自闭、沟

---

① 辛斐斐、范跃进：《政府购买家庭教育指导服务：价值、难题与路径选择》，《中国教育学刊》2017年第11期，第18~23页。

通障碍等问题困扰着儿童青少年，这些问题与其情绪管理能力密切相关。儿童在 6 岁以前的情感体验会影响其未来的成长发展，儿童如果专注力较低、性格暴躁、想法过于消极、行为具有破坏性、易产生孤寂感、时常自我怀疑，就会对其未来个性发展和品格培养产生不良影响。若经常产生负面情绪并且持续较长时间，则会产生不良的影响，不利于儿童的身心健康发展和人际交往。① 只有幼儿时期的情绪问题得到正确处理和及时疏导，才有助于其以后的身心健康发展。

情绪管理是指能正确识别自己及他人的情绪，通过适宜的方式来表达情绪，与他人建立良好的人际关系。情绪管理属于非技能认知。经济合作与发展组织等权威机构数据证明，早期对情绪管理的培养更能够改善未来人们的就业状况以及提高生活的幸福度。2012 年，教育部印发的《3—6 岁儿童学习与发展指南》明确指出，健康是人在身心发展和适应能力方面的一种状态。人体健康与良好的情绪管理能力密不可分，学龄前阶段是儿童具备积极的心态和产生安全感的重要时期，其他领域学习与发展的基础也受正面情绪的影响。对于情绪目标，该指南对每个阶段的幼儿进行了不同的划分，3~4 岁为保持情绪的稳定性，4~5 岁为在教师或家长的引导下缓解情绪并保持正面情绪，5~6 岁为保持积极情绪以及掌握表达情绪的合理方法。②

情绪在幼儿的自我认知、人际交往等方面都发挥着重要的作用。幼儿期处于人生发展的基础阶段，此时身心迅速发展，也是幼儿情绪管理能力提升的关键时期，因此应该重视对幼儿情绪管理能力的培养。③ 流动学前儿童作为最弱小的流动人口，面临着发展的脆弱性和社会适应的脆弱性。④ 他们跟随父母来到新的城市，对新环境不适应、有恐惧感，家长忙于工作也无暇顾及孩子，管教方式存在不当之处，造成流动学前儿童自身产生负面

① 侯敏：《浅谈家庭教育中的儿童情绪管理》，《科学咨询（教育科研）》2017 年第 1 期，第 45~46 页。
② 冯亚、卢曼斯、徐兆儿、王倩、阚丽：《国内幼儿情绪管理研究现状的系统回顾》，《教育现代化》2019 年第 25 期，第 209~211、220 页。
③ 周扬扬：《体验式学习在中班幼儿情绪管理中的应用研究》，硕士学位论文，陕西师范大学，2016。
④ 赵记辉：《困境儿童：概念、类型及脆弱性分析》，《社会福利》（理论版）2020 年第 4 期，第 34~38 页。

情绪，家长需要及早关注和干预。基于服务地方经济社会发展的需要，我们选择山东省济宁市 Y 幼儿园的流动学前儿童作为服务对象，运用小组工作理论和方法开展情绪管理，提升儿童的情绪管理能力。

二　情绪管理小组服务方案设计

济宁市 Y 幼儿园创办于 2013 年 7 月，地处济宁市经开区附近，周围多为食品加工厂、手套厂等企业。Y 幼儿园属于民办幼儿园，由平房进行改造，共三间教室，园内有园长 1 名，教师 12 名，保育员 6 名，学生共 124 名。学生 70% 以上为流动学前儿童，其家长多是在周边工厂打工。幼儿园教学设施相对比较简陋，师资力量较弱，学费便宜，班级人数较多。12 名教师中取得教师资格证书的有 5 人，大部分教师为专科学历。在课程设置上，幼儿园多偏重于幼小衔接的相关课程，倾向于小学式教学，对相关学前儿童情绪管理方面的知识涉及较少。幼儿园内的图书多为拼音识字类，与情绪管理相关的图书几乎没有。园长也希望能够开设情绪管理类综合课程与活动，但幼儿园设备和人员有限，也没有相关专业人员的指导，实施较为困难。因此，幼儿园非常欢迎社会工作者在此开展儿童情绪管理服务。

1. 存在的问题

流动学前儿童在与同学相处的过程中，会出现争执、吵闹、动手打人的情况。幼儿园教师则会对其进行训斥，而不是及时进行教导。在教室内，教师禁止学生大声吵闹、喧哗，这在一定程度上限制了学前儿童的情绪表达。教师会对难以管教的学生采取一些不当措施，例如把学生放到某一房间，让其自己思考对错，以这种方式来达到纠正错误的效果。流动学前儿童大部分时间是在幼儿园内，如果教师不能使其对情绪形成正确认知，以及识别、应对自身和他人的情绪，则会影响流动学前儿童行为发展。

在与朋辈交往过程中，流动学前儿童不能很好地管理和控制自我情绪，易与同学发生矛盾，一般表现为动手打闹、抓挠、吐口水，久而久之，朋辈会与其保持距离，不愿与其玩耍、交流。这反映出流动学前儿童在交往过程中没有适当地进行自我情绪管理，也没有正确识别情绪。

2. 需求分析

首先，流动学前儿童有了解情绪相关知识的需要。大部分流动学前儿童对情绪没有准确的认知，无法合理地管控情绪。幼儿园教授的课程内容较少涉及综合能力的提升，对情绪、行为习惯等并没有较多的关注。其次，流动学前儿童需要掌握情绪管理的方法，合理宣泄情绪。最后，流动学前儿童有学习正向社交行为的需要，以便与朋辈群体建立良好的人际关系。流动学前儿童可能存在易怒、脾气暴躁以及一些不良行为习惯，迫切需要社会工作者介入，以促进流动学前儿童健康成长。

3. 组员基本情况

通过访谈和观察，选取6名情绪波动较大、无法合理控制和发泄情绪的4~6岁流动学前儿童作为小组组员，WZQ和LXM两位组员是女孩，其他组员是男孩，如表4-25所示。

表 4-25　组员基本信息

序号	组员	年龄	所在年级	所在户籍	情绪及行为
1	ZJD	5岁	中班	山东临沂	大哭大闹、咬同学
2	PMN	6岁	大班	山东菏泽	发脾气、乱丢东西
3	WZQ	5岁	中班	河南郑州	发怒、抓挠同学
4	HYD	4岁	小班	山东枣庄	发怒、抓挠、打同学
5	LXM	5岁	中班	山东兖州	发脾气、躺在地上哭闹
6	WPY	6岁	大班	山东微山	发怒、吐口水

4. 理论依据

该小组以流动学前儿童为服务对象，以人格发展理论和多元智能理论为指导，开展情绪管理的相关活动，以便能提高流动学前儿童情绪管理能力，学习建立良好的人际关系，为未来成长发展奠定基础。

（1）人格发展理论

埃里克森（E. H. Erikson）认为，学前儿童（4~6岁）面临主动对内疚的冲突。这个阶段儿童的主要任务是发展主动性。在这一时期，儿童浅显地意识到活动都是有目的性的，时常以破坏性行为来表现自己与他人的不同，并且会产生自我矛盾的心理。此时，如果家长或教师对他们的行为极为否定，或让他们感到自卑，儿童就会产生内疚的心理。相反，如果家长对儿童所表现出的好奇行为进行鼓励和支持，儿童就会产生自信心，为未来人格的发展奠定良好的基础。① 人格发展理论重视情绪的作用，在开展实践的过程中，应该对服务对象出现的负面情绪及时进行正确的引导，而不是采取否定、批判的态度，同时也要重视家庭环境和家园合作的重要性。

（2）多元智能理论

霍华德·加德纳（Howard Gardner）认为，人类存在多种智能，即语言智能、逻辑-数学智能、身体-动觉智能、空间智能、音乐智能、人际智能、自我认知智能等。其中，人际智能是留意其他人之间差异的能力，特别是观察他人的情绪、性格、动机、意向的能力。人际智能是能够理解他人所表达的语言并与他人和谐交往的能力，对肢体语言、情绪、声音、感受等比较敏锐，更注重换位思考他人的感受，并且做出回应。自我认知智能是对自己内心世界的认知，如了解自己的感情生活和情绪变化，有效地辨别这些感情，最后加以标识，是理解自己和指导自己行为准则的能力。② 每个孩子都有多元智能，不能过度关注一种智能而忽略其他智能，3~6岁幼儿已具备个人内省及人际沟通智慧。多元智能理论揭示了情绪和情感的重要性。情绪智能（情商）就是管理情绪的能力，具体包括认识自身情绪的能力、妥善管理情绪的能力、认识他人情绪的能力、管理人际关系的能力等，情商教育应该惠及边缘群体，比如贫困家庭（这种家庭的儿童更易受到情绪的伤害）。③ 在流动学前儿童情绪管理过程中，要及时关注情绪智能，为其创设情境，在情境中培养自身认知情绪的能力。

5. 小组目标

小组工作的总目标是提高流动学前儿童的情绪管理能力，使其具有识别情绪的能力，进而影响自身行为的发展，提高人际交往能力，保持良好的人际关系。具体目标包括：使流动学前儿童了解有关情绪的知识，学会辨别情绪；使流动学前儿童掌握情绪管理的方法，合理宣泄情绪；使流动学前儿童明白负面情绪的来源以及如何面对情绪。根据小组目标，小组活

---

① 王家军：《埃里克森人格发展理论与儿童健康人格的培养》，《学前教育研究》2011年第6期，第37~40页。

② ［美］霍华德·加德纳：《多元智能新视野》，沈致隆译，中国人民大学出版社，2012，第9~19页。

③ ［美］丹尼尔·戈尔曼：《情商——为什么情商比智商更重要》，杨春晓译，中信出版社，2010，第 XVI ~ XXXIII 页。

动计划如表 4-26 所示。

表 4-26　小组活动计划

主题	目标	主要内容
情绪连连看	(1) 组员之间打破陌生感，建立关系；(2) 制定小组规范与奖惩机制；(3) 使小组成员认识情绪、识别情绪	(1) 社工与组员之间相互自我介绍，社工对此次活动做必要说明；(2) 进行破冰游戏，与组员一起制定小组规范；(3) 对基础表情进行识别；(4) 社工对每个表情进行编号，并说出相应的形容词来让组员进行连连看，在此基础上进一步了解积极与消极情绪
角色扮演	(1) 通过游戏的方式，使组员互相体会发脾气时对方的心理感受；(2) 了解情绪管理的方式	(1) 通过角色扮演的方式，每两个组员形成一个小组，按照社工讲的有关情绪的小故事来进行扮演；(2) 扮演结束后，由扮演者口述体会与感受；(3) 社工进行总结
绘本中的道理	(1) 深化组员对情绪的了解；(2) 通过绘本内容引导组员减少负面情绪	(1) 给组员阅读绘本内有关情绪方面的小故事；(2) 询问组员绘本中谁的行为是错误的，怎样做才是正确的；(3) 社工带领组员对本节活动进行回顾
情绪涂鸦	(1) 引导组员产生正面情绪；(2) 锻炼组员表达能力和人际沟通能力	(1) 组员随意绘制有关情绪的表情；(2) 对自己绘制的作品说明绘制理由；(3) 社工讲解有关情绪管理的方法
以面塑形	总结与交流	(1) 首先让组员用橡皮泥捏制人物形象，最后进行评比打分，发放礼物；(2) 社工与组员共同回顾以往活动的内容，加深对情绪的了解，使组员知道如何管理情绪，引导组员分享收获和感受

三　情绪管理小组工作的实施过程

流动学前儿童情绪管理小组于 2019 年 8 月 ~ 2019 年 9 月共开展 5 次活动，主要目的是提高流动学前儿童情绪管理能力，掌握有关情绪的知识，减少攻击性行为，以保持和谐良好的人际关系。

(一) 情绪连连看

第一次小组活动目标是组员之间打破陌生感，建立关系；制定小组规范与奖惩机制；使小组成员认识情绪、识别情绪。由于初次开展活动，组员相对比较拘谨。在破冰游戏过程中，通过社工的引导以及组员之间相互鼓励，大家都逐渐加入整个游戏环节中，小组氛围也活跃起来。在制定小组规范过程中，组员也踊跃参加，根据社工的提示来发言，并且一起制定了小组规范。在后期情绪识别活动中，大部分组员集中注意力去观看图片，并结合实际发表自己的观点看法，达到认识情绪的目的。在本次小组中，组员间相互熟悉，打破陌生感，能够制定小组规范，并共同遵守。通过对图片的学习，组员也能清晰地认知情绪，基本达到了预期目标。

这次小组活动也存在不足之处：一是在小组纪律方面，因组员年龄较小，没有很好的自控能力，有的组员会不自觉地与其他组员聊天，需要社工不断强调纪律问题，耽误了进程，延长了活动的时间；二是在小组凝聚力方面，各个组员之间还不够熟悉，凝聚力不足；三是在内容方面，活动内容应更加贴近流动学前儿童的理解能力，如果服务对象对活动内容理解困难，易影响服务效果。在下次小组活动开展前，社工要提前做好各项准备，邀请幼儿园教师协助管控纪律，合理设置适用于流动学前儿童的活动内容，使活动更具有趣味性，激发组员参与的积极性。

（二）角色扮演

第二次小组活动目标是通过游戏的方式，使组员互相体会发脾气时对方的心理感受，了解情绪的管理方式。在活动过程中，组员的表现是比较积极的，推动了整个小组的进程。本次小组活动的侧重点在于通过情景模拟的方式，使流动学前儿童认识到自己的哪些行为是不合适的，以及运用同理心来让组员体会自己的负面情绪给他人带来的消极影响。当组员在活动过程中出现冲突时，社工的及时介入起到关键作用。例如，ZJD 组员在未参加活动时，经常有恶意破坏同伴玩具或者游戏的行为，未达到目的时经常躺在地上大哭大闹，严重影响上课秩序，偶尔还会去咬同学，幼儿园教师经常把他抱在身上，避免他的攻击性行为伤害到其他同学。在这次角色模拟中，ZJD 与 PMN 在游戏过程中出现了摩擦，ZJD 紧接着躺在地上大哭，这时社工就紧急询问，ZJD 一直哭，PMN 则说明了事情缘由，并且主动退让。对 PMN 的这一做法，社工进行表扬；对 ZJD 则需要合理引导，他想通过这种行为来达到满足自己需求的目的，并且认为以这种方式会引起社工的注意力。在社工循序渐进的引导下，ZJD 说："我觉得 PMN 应该听我的，我想干嘛就干嘛。"社工又问："假如你是 PMN，你觉得你喜欢这样吗？"

ZJD 边擦眼泪边摇头，社工顺势说："那你还认为这样做对吗？"ZJD 小声地说："不对。"通过社工的追问，组员 ZJD 逐渐转变自我的认知，明白这种负面情绪和行为是不合适的。活动中这种相互交流的方式，可以使组员清楚彼此的情绪变化，对组员进行及时的归因，缓解矛盾冲突，从而更好地进行情绪调节。

本次小组较上次而言比较顺利。第一，在纪律上，幼儿园教师的协助以及社工不断地强调小组规范，使组员都有了一定的规则意识，保证了活动进展的顺畅性。第二，在问答环节，组员 PMN 的积极回应带动了大家的参与，小组动力也越发增强。依据人格发展理论，社工注意到服务对象的阶段性特征，充分考虑其自主性，对流动学前儿童并没有进行过多的保护和限制，而是在过程中进行适当的指引和鼓励，使其体验到愉悦的情绪。第三，从小组出勤率来看，采用奖励机制是具有激励作用的，内容设置的趣味性也激发了组员的参与性。

（三）绘本中的道理

第三次小组活动目标是深化组员对情绪的了解，通过绘本内容引导组员减少负面情绪。阅读素材的选择应以儿童为中心，尊重儿童的视觉特点与心理需求。[①] 社工带领组员阅读和欣赏幼儿绘本《气球小熊》，帮助组员了解情绪产生的原因，学习情绪管理的方式。幼儿绘本的故事性与趣味性比较强，绘本是图画与文字相结合，图画更加吸引组员的注意力。气球的大小代表着负面情绪的多少，以特有的方式向组员传递高兴与愤怒的情感，使组员了解情绪以及表达情绪的方式。同时，放映《气球小熊》动画，利用视频开展活动，可以提高组员的参与度。当社工说观看动画片时，组员主动搬起板凳坐下等待视频的放映。在放映过程中，当气球小熊生气时，社工会把视频暂停，询问组员气球小熊生气的原因。每位组员都有被提问的机会，并且可以清楚地答出气球小熊生气的原因，但 WZQ 问道："为什么气球小熊会越胀越大？"社工对组员进行解答，当一个人负面情绪越来越多时，就会积攒在心中，肚子里的气越来越多，最后就像气球一样会爆炸。

---

① 郑艳芹：《儿童早期阅读的价值定位与素材选择》，《青少年学刊》2015 年第 4 期，第 43~46 页。

社工询问组员怎样可以使气球不爆炸。PMN 说道："把气球里面的气放出来不就好了。"随后社工教给组员如何管理自我情绪，可以通过深呼吸的方式，并进行示范，先深吸一口气憋住，再呼出来，带动组员一起学习，反复练习几遍，并且询问组员的感受。有的组员说感觉身体变轻了，还有组员说感觉内心轻松了许多。最后，社工让组员进行相互练习，并总结本次小组活动的内容。

本次小组活动也存在不足之处，首先，在颁发奖品时，没有及时顾及每位组员的感受，导致组员参与下一环节的积极性有所降低，影响活动效果；其次，在活动过程中，观看视频时有组员时不时地发出声音，影响其他组员观看效果；最后，在活动总结时，社工发现有的组员注意力无法集中，会做些小动作。

（四）情绪涂鸦

第四次小组活动目标是引导组员产生正面情绪，减少负面情绪的存在，并且锻炼组员表达能力和人际沟通能力。组员有自主需求以及进行独立活动的想法，因此以"情绪涂鸦"为主题，促使他们在绘制的同时获得自主感，并在活动过程中对他们进行鼓励，增强其自信心，从而提高自我控制情绪的能力，改变其行为。运用"情绪涂鸦"的方式，把流动学前儿童带入特定的情景中，挖掘服务对象的情绪智能，用绘画的方式来认知自我情绪，表达和宣泄情绪，增强人际交往的能力。在分享交流过程中也可以锻炼其语言表达能力，通过组员之间的相互鼓励，提高彼此之间的亲密度。但在活动过程中，组员之间喜欢讨论，容易打断其他组员，无法集中注意力绘画。社工要注意观察小组成员关系的变化，让组员在小组中获得友谊的支持与力量。游戏环节充分调动了组员的积极性，活跃了小组气氛。有的组员因为输赢影响了心情，但经过社工引导与沟通后，可以很快调整自我状态。在进行热身游戏的时候，要考虑安全性问题，此次游戏需要在户外进行，保障组员的安全尤为重要。社工也要极力营造信任、融洽的小组氛围，促进组员之间的互相融合和接纳。

（五）以面塑形

第五次小组活动目标是对以往活动进行总结与交流，巩固小组目标，并邀请组员发表感受与收获。这是最后一次小组活动，主要是对前四次活动进行回顾总结，检验组员能否掌握情绪管理的方法和辨别情绪，能否保持良好的人际交往能力并与他人建立和谐的关系。首先，进行"以面塑形"的手工活动，社工把准备好的橡皮泥分发给各位组员，要求组员在30分钟内捏制成一个表情人物，完成后进行展示，大家互相点评，并进行打分。每个组员在制作过程中都比较认真，投入度较高，对活动内容比较感兴趣。在塑造时将表情刻画得淋漓尽致，多是微笑、露齿笑的表情，充分说明组员对未来的美好憧憬。6位组员的规则意识越发增强，较少出现注意力不集中、东张西望、窃窃私语的情况。在制作上，组员LXM制作认真，对手工方面也较为擅长，对人物的塑造想法新颖，最终获得大家的一致好评。社工也会指导其他组员进行制作，有的组员由于年龄较小，在塑造手法上并不熟练，但在社工的鼓励与支持下还是成功制作出来了。在最后的分享与总结环节，每位组员都表达了自己的想法，流露出对小组活动的不舍之情，社工也对组员寄予了祝福和希望，并给每位组员发放礼物，合影留念，宣告小组工作结束。

四 情绪管理小组效果评估

流动学前儿童情绪管理小组的效果评估主要依据组员对活动的反馈、社工对6位组员的观察以及对家长和教师的访谈。

（一）组员满意度

小组活动结束后，社工组织组员填写满意度问卷调查表，以便了解小组工作开展的成效。考虑到服务对象的年龄问题，其认知和理解能力有限，问卷选项采取表情符号来替代文字，以确保问卷的有效性。满意度问卷分为四个等级，4分为非常满意、3分为满意、2分为不满意、1分为非常不满意，组员用A~F表示。对6位组员反馈的满意度问卷进行整理分析，可以看出组员对小组活动的时间、形式以及参与活动的满意程度保持在较高水平，对社工的服务态度与满意程度也给予肯定评价，均值均为4分（见表4-27）。由于幼儿园活动室内设施条件不足，组员对活动场地满意度相对较低，均值为3.7分。

表 4-27　满意度问卷汇总

单位：分

评估项目	A	B	C	D	E	F
参与活动的满意程度	4	4	4	4	4	4
活动场地的满意程度	4	3	4	4	3	4
活动时间的满意程度	4	4	4	4	4	4
活动形式的满意程度	4	4	4	4	4	4
服务对象对社工的满意程度	4	4	4	4	4	4
服务对象对社工的服务态度	4	4	4	4	4	4
是否会再次参加类似小组活动	4	4	4	4	4	4
均值	4	3.9	4	4	3.9	4

（二）组员的变化情况

小组成员通过参加情绪管理小组活动，能够正确认知情绪，清晰识别其他同学的情绪变化，自身情绪控制力也得到了相应的提升，能够合理宣泄情绪，及时向教师以及家长倾诉影响情绪变化的缘由。组员的不良行为逐渐减少，人际关系得到改善。例如，组员 ZJD 在初次参加活动时，常与其他组员发生矛盾，有时会出现攻击性行为，在第三次活动中逐渐发生转变，情绪波动较小，能够冷静下来与组员沟通交流，出现矛盾时会谦让他人。组员 ZJD 前期每次活动出现哭泣、打人现象在 5 次以上，随着活动的持续开展，逐渐减少为 2 次，并且学会合理宣泄情绪，能够清晰辨识自我及他人的情绪，人际交往能力也有了明显的提高，与其他组员建立了良好的伙伴关系，如表 4-28 所示。

表 4-28　情绪管理小组前后测试情况

组员	小组工作前	小组工作后
ZJD	在班级中易大哭大闹、抓咬同学，平均每天次数为 5 次	在班级内不良行为减少，学会倾诉自我情绪，平均每天次数为 2 次
PMN	发脾气时喜欢乱丢东西，在幼儿园经常随意丢掉玩具，平均每天次数为 7 次	小组工作结束后，自身有了很大进步，平均每天次数为 3 次
WZQ	在班级内易抓挠同学，这种行为平均每天发生次数达到 3 次	小组工作结束后，基本不会发生这种不良行为，有事会及时报告老师

续表

组员	小组工作前	小组工作后
HYD	一言不合就动手打人，平均每天发生 4 次	不良行为逐渐减少，平均每天次数为 1 次
LXM	达不到目的就哭闹，平均每天达到 6 次	类似行为平均每天 3 次
WPY	发脾气时习惯性地向同学吐口水，平均每天达到 5 次	小组工作结束后，该行为减少为平均每天 1 次

（三）家长和幼儿园的评价

小组工作结束后，社工与家长沟通交流，家长都给予积极回应，表明自己孩子的不良行为逐渐减少，与其他同学也可以和谐相处，情绪上有所改观，懂得与家人倾诉和分享。家长也提到要多陪伴孩子，及时关注孩子的成长。

幼儿园园长和教师认为，情绪管理小组促进了流动学前儿童的发展，使他们可以辨识自我及他人的情绪，能正确处理自我的负面情绪，提高了人际交往的能力，也增强了班级内和谐的氛围。例如，组员 ZJD 平常在班级内不会坐在座位上学习，和同学玩积木时会有意搞破坏，一言不合就会咬其他同学。在小组工作结束后，ZJD 减少了随意去咬其他同学的行为，可以与同学和谐相处，生气闹情绪时也不会躺在地上大哭大闹，会主动向老师倾诉情绪产生的原因。

五 总结、反思和建议

（一）总结

1. 小组工作介入儿童情绪管理优势明显

小组工作介入流动学前儿童情绪管理，一方面，对服务对象来说，能够较强地回应其需求，有针对性地通过集中学习和训练来提高其情绪管理的能力。活动形式比较贴近于服务对象的年龄阶段，内容设置与情绪相关知识紧密相连，易让组员理解与接纳。活动内容设置贴近于还原日常生活，以游戏的方式来提高流动学前儿童的参与度，有助于其辨识情绪以及掌握情绪管理的方式和技巧。在小组工作开展过程中，具有相同需求的组员可以在活动中相互学习与交流，增强其人际交往能力。另一方面，流动学前儿童的情绪管理离不开家庭与学校教育。在小组工作过程中，幼儿园教师协助社工开展活动，维持小组的纪律与秩序，学校积极提供各项资源，家长也及时反馈相关信息。三者均起到服务与支持的作用，保障了小组工作的顺利开展，提高了流动学前儿童情绪管理能力，增强了其人际交往能力。

2. 儿童社会工作发展的必要性

社会工作在幼儿园普及度较低，民办幼儿园与公办幼儿园相比，办学质量差、教学环境不佳，较少开展儿童社会工作，然而多数流动学前儿童处于家庭环境及社会环境不利的状态，需要社会工作者给予帮助。民办幼儿园内的大多数流动学前儿童面临情绪管理等发展问题，家长在育儿方面存有困惑，缺乏正确的观念，更多的是以自身的生活经验来教育孩子，多以惩罚、打骂为主，易造成流动学前儿童错误的认知，从而影响其行为习惯。幼儿园教师最常抱怨的问题，一是流动学前儿童爱哭闹、发脾气等情绪问题，二是流动学前儿童打人、抓咬人、多动等行为问题。幼儿园教师难以给予流动学前儿童在情绪、行为和社交等方面更为专业化和个别化的帮助，不利于流动学前儿童的健康发展，需要专业社会工作者利用专业的方法和理念进行及时干预。儿童社会工作服务有助于儿童心理、情绪和朋辈交往等方面的发展，也可以为幼儿园教师和家长答疑解惑。针对流动学前儿童情绪、行为和社交方面的问题和需要，儿童社会工作者可以为幼儿做情绪、行为和社交方面的测试，及早协助在情绪、行为和社交方面有问题的幼儿，开展情绪疏导、情绪管理小组工作等专业服务。

（二）反思

1. 家长参与不足

流动学前儿童情绪管理能力的提升与家庭教育、幼儿园教育是密不可分的，家长需要掌握正确的育儿方法，幼儿园教师也应正确看待每一位儿童。在前期的访谈中，家长与幼儿园都积极配合，向社工反馈有效信息。在设置活动内容阶段，社工想让服务对象与家长共同参与其中，一是为了帮助家长树立正确的育儿观念，二是使流动学前儿童与家长之间的亲子关系更加融洽，形成和谐的氛围。但经过社工与家长的几次沟通，发现家长工作较为繁忙，无暇参加活动，所以对活动内容又进行了调整。在活动开展过程中，仅依靠社工对服务对象的引导和启发是不够的，有的组员在活动中保持了良好状态，但在活动结束后受到家长教育方式的影响，又会回到原状态。情绪管理小组活动只有流动学前儿童参与，幼儿园教师作为辅助，家长并未参与其中，是小组工作的不足之处。在小组活动中，家长的参与是必要的。在以后开展此类活动时，要考虑全面，合理安排时间，促使家长能够共同参与，以达到小组活动的最佳效果。

2. 社工介入技巧有待提升

情绪管理小组工作开展过程中，设置的奖励机制易影响组员的情绪，引起争端，降低组员参与活动的积极性。经常有组员说"为什么我没有"等一些话语，拖延小组活动的进程。首先，社工应多用一些积极的话语，提高组员参与活动的热情，带动小组气氛，增强流动学前儿童的积极情绪，提高其情绪认知能力，以便更好地领悟情绪知识的内容。其次，流动学前儿童目前理解能力有限，对较为抽象的话语理解相对困难，社工与组员沟通过程中，应该使用浅显易懂的语言，让组员清晰地明白所表达的含义，对活动内容也要进行反复强调，加深组员对情绪的认知，掌握情绪管理的方法。

3. 社工角色较为模糊

在幼儿园开展社会工作服务时，社工与教师两者角色易被混淆。在 Y 幼儿园调研初期，与园长及教师进行沟通时，虽然强调了社工的身份，但是幼儿园教师习惯性地向儿童介绍"社工是教师"的身份，导致在小组活动中，儿童及其家长把社工和教师两者角色混为一谈。在小组活动开展初期，社工向服务对象强调社工与教师身份的区别，但在活动中，流动学前儿童常把社工当作教师。社工也尝试用其他方式来解释自己的角色定位，但对学前儿童来说，其言语理解能力有限，仍把社工作为教师看待。社工与家长沟通时，经常有一些家长说"这节课我家孩子很有进步""这几节课很有意义"之类的话语，家长也认为情绪管理小组活动与上课形式相同，社工与教师一样。在幼儿园设置驻校社工岗位，明确社会工作者的角色，开展常态化的社会工作服务十分必要。当前，我国儿童社会工作处在探索阶段，在幼儿园设置社工岗位、发展专业社会工作仍然任重而道远。

（三）建议

儿童社会工作实践是社会工作实践中最具挑战性、技能性和回报性的领域之一。流动学前儿童作为社会弱势群体需要社会工作界的服务和关怀。作为一种行动力强的专业服务力量，社会工作在流动学前儿童情绪教育方面有其优势和独特作用。通过对情绪管理小组工作实践的总结与反思，为进一步改善流动学前儿童情绪管理服务，提升其情绪管理能力，我们提出了以下三点建议。第一，政府应完善儿童早期教育和照顾政策，在幼儿园设置社工岗位，或者通过购买服务形式，实施困境儿童早期发展项目，支持儿童社会工作机构在民办幼儿园开展社会工作服务，通过送专业服务到幼儿园助力流动学前儿童情绪健康发展。第二，社会工作管理和教育部门大力培育儿童社会工作者。2014 年，民政部发布的《儿童社会工作服务指南》指出，社会工作者应根据儿童的生理、心理特点和成长、发展的需要，以专业的价值观为指导，以科学的理论为基础，运用社会工作的专业方法和技巧对儿童开展服务，通过整合现有的家庭、社区、学校和其他部门的资源，为儿童及其家庭提供服务，通过动员和拓展的方式，为儿童争取新的正式及非正式资源。通过教育和培训，儿童社会工作者掌握了社会工作理论，实务工作能力得到增强，能够胜任流动学前儿童情绪管理服务工作。第三，家园积极合作，为流动学前儿童创建良好的情绪发展环境。家长应树立正确的情绪教育理念，对孩子的情绪及时做出回应，合理引导其行为；幼儿园教师应关注流动学前儿童的情绪和行为问题，采取适当的方式疏导其负面情绪，有意识地去培养其情绪管理能力。儿童社会工作者需要在家园合作方面发挥支持、组织协调等作用，一方面，在开展儿童情绪管理服务时，鼓励家长和幼儿园教师积极参与到服务中来；另一方面，开展家庭教育指导服务或在幼儿园举办情绪教育讲座，使家长和幼儿园教师了解情绪教育的重要性以及掌握儿童情绪管理的知识，共同促进流动学前儿童的健康成长。

第四节 流动学前儿童家庭亲子关系问题的小组工作介入

亲子关系在儿童的成长发展阶段扮演着重要的角色，良好的亲子关系有利于儿童行为和心理健康的发展，亲子关系的缺失或偏离不仅会对其身心发展不利，也会给父母乃至整个家庭带来负面影响。以深圳市 A 社区流动学前儿童家庭为例，社工通过访谈法和观察法了解流动学前儿童家庭亲子关系方面的问题和需求，采用小组工作方法，依据社会工作沟通理论，为流动学前儿童家庭开展"幸福加油站"亲子沟通小组活动。服务对象通过参加亲子沟通小组，认识到良好的亲子关系对儿童成长发展的重要性，进而主动改善亲子关系；学习了有效的亲子沟通方法，达到了改善亲子关系的目的。亲子沟通小组帮助服务对象建立了家长互助支持组织，在小组活动结束后，依然可以延续小组的成效。小组工作介入流动学前儿童家庭亲子关系已取得积极效果，证明了小组工作在改善亲子关系方面的独特优势。

一 问题的提出

流动学前儿童作为流动儿童中年龄最小的群体，其教育照顾问题逐渐引起学术界关注。一方面，他们的父母文化水平普遍较低，平时忙于生计，无暇照看孩子，导致家庭教育不当或缺失；另一方面，由于户籍制度限制和经济条件有限，流动学前儿童很难进入公办或民办的优质幼儿园。教育具有不可逆转性和延续性，如果流动儿童的学前教育缺失，将对他们未来的发展产生严重的负面影响。儿童的问题种因于家庭，显现于学校，恶化于社会，由此可见家庭教育和照顾的重要性。家庭教育是流动学前儿童教育和照顾的重要组成部分。家庭教育包括家长对孩子的教育行为、教育方式、教育期望、亲子关系等，其中，亲子关系在儿童的成长发展阶段扮演着重要的角色，也是最基本的家庭关系。良好的亲子关系是学前儿童成长的营养素，对儿童行为和心理健康有着重要的影响。而亲子关系的缺失或偏离不仅会对其身心发展不利，也会给父母乃至整个家庭带来负面影响。而现有的研究显示，流动学前儿童家庭的亲子关系并不乐观，由于流动学前儿童的家长多为外来务工人员，他们大多文化水平较低，忙于生计，生活作息不规律，忽视亲子关系的建立。因此，帮助流动学前儿童家庭改善亲子关系就显得非常必要。

以深圳市 A 社区流动学前儿童家庭为例，了解该社区流动学前儿童家庭亲子关系的现状及问题，分析产生亲子关系问题的原因。从社会工作专业的角度出发，以社会工作沟通理论为基础，选取有改善亲子关系需求的流动学前儿童及其家庭作为研究对象，采用小组工作的方法，提出相应的小组活动策略，开展小组活动，从而改善流动学前儿童家庭的亲子关系，使流动学前儿童身心得到健康发展。

二　流动学前儿童家庭亲子沟通小组方案设计

（一）亲子沟通小组的需求分析

1. 深圳市 A 社区背景介绍

A 社区位于深圳市龙岗街道东北部，属于典型的流动人口聚集社区，且辖区产业发达。从社区工作站的工作人员口中了解到该社区的流动人口绝大部分在社区附近的市场、企业工作，还有一部分自己经营小生意，主要在社区内经营一些小商品店、小餐馆等，并且社区儿童众多。社区工作站针对儿童青少年的服务只有"四点半课堂"。社区工作人员表示，由于学前儿童年龄太小，考虑到安全因素及对学前儿童开展服务的专业度不够等，所以针对流动学前儿童的服务较少。

2. 需求分析

（1）在社区讲堂观察发现需求

在协助专业育儿老师开展家长公益讲堂时，通过观察家长在讲堂中对育儿知识的渴求度，以及在分享环节家长谈到的有关自己和孩子沟通中遇到的问题，发现家长的需求不仅局限在对育儿知识的学习上，同时也希望能多参加一些与孩子共同参与的亲子活动，这样亲子教育就会变得更完善，更有成效。

（2）通过社区访谈确认需求并确定服务对象

在通过观察法发现流动学前儿童家长有参加亲子活动改善亲子关系的需求后，运用访谈法确定服务对象的需求。在问及流动学前儿童家庭在亲子关系方面的需求时，被访者分别表达了自己与孩子间需要解决的亲子关系问题，归纳起来，有如下三个方面。

第一，家长缺少在应对流动学前儿童习惯养成方面问题时的有效方法。被访者 A 表示自己的小女儿有一些不好的习惯，比如挑食、爱吃零食，但自己在纠正其不良习惯时常常用命令的语气，导致小女儿从来都不听自己的话，被访者对如何帮助小女儿改正不良习惯感到非常困惑。

第二，家长缺少育儿的正确方法，容易出现溺爱的错误育儿方式。被访者 B 表示自己太过于溺爱自己的孩子，导致孩子过度地依赖自己、缺乏独立意识，导致自己感到非常苦恼，不知如何让孩子培养独立意识。

第三，流动学前儿童父母长期在城市打拼，孩子早期跟随爷爷奶奶生活在老家，导致父母与孩子缺乏有效的沟通。被访者 B 和被访者 C 都表示自己与孩子不亲密，从前疏于陪伴孩子，现在意识到问题要寻求改变，融洽亲子关系。

流动学前儿童跟随父母来到城市生活学习，面对一个陌生的环境更需要家长的陪伴。可是由于大部分家长担负着家庭经济上的重担，忙于工作，所以陪伴孩子的时间并不多，同时缺乏亲子教育方面的知识，亲子沟通没有达到一致型的理想形态，大多属于讨好型、责备型、超理智型或者混合型。[①] 但幸运的是，这些家长已经有了陪伴孩子、学习亲子沟通知识的意识。另外，在学前儿童的成长阶段，存在一些普遍问题，诸如良好行为习惯的培养、对幼儿园的适应能力等，家长需要有正确的引导和处理办法，才能有效地帮助孩子解决问题，并避免出现亲子冲突，建立良好的亲子关系。在是否有必要开展针对学前儿童亲子关系服务的问题上，家长都表示有这个需求，所以，开展流动学前儿童亲子沟通小组工作是很有必要的。根据流动学前儿童家庭所反映的亲子关系方面的需求，最终在深圳市 A 社区确定了 6 对有改善亲子关系需求的亲子作为亲子沟通小组的组员，如表 4-29 所示。

表 4-29　组员基本情况

编号	孩子姓名	性别	年龄	家长姓名	籍贯
1	YZH	男	5 岁	LMJ	江西
2	GTY	男	6 岁	MDM	湖南
3	HY	女	5 岁	HB	河南
4	CKY	女	5 岁	GMJ	江西
5	HJH	男	5 岁	LJ	河北
6	ZYY	男	6 岁	ZTH	安徽

①　[美] 维吉尼亚·萨提亚等：《萨提亚家庭治疗模式》，聂晶译，世界图书出版公司，2007。

（二）"幸福加油站"亲子沟通小组计划

根据 A 社区的背景以及对流动学前儿童亲子关系需求与小组活动开展的资源分析，确定了亲子沟通小组的实施计划。亲子沟通小组采用社会工作中的小组工作方法。小组工作是将若干个有共同需求和问题的人组成一个小组，由专业的社会工作者进行引导，通过组员与社会工作者的互动、组员与组员间的互动，大家彼此分享和支持，最终带来组员态度和行为的改变。① 亲子沟通小组是将有共同需求（即改善亲子关系的需求）的流动学前儿童及其家长组成一个小组，以帮助其学习有效的亲子沟通技巧、分享亲子沟通的经验、融洽亲子关系、解决亲子关系问题，最后达到改善亲子关系的目的。

1. 亲子沟通小组的理论依据

以亲子沟通为小组活动的主题，以社会工作沟通理论为依据，该理论的主要观点如下。

第一，沟通在人际交往中是非常重要的。很多人际沟通问题的产生是沟通不畅导致的，社会工作的任务之一就是使人们领会到沟通的重要性，并帮助其发现沟通过程中存在的障碍，寻找正确的解决办法使沟通顺利进行。

第二，良好的沟通必须是双向的。父母与孩子间的单向沟通是亲子关系出现紧张问题的原因之一，这种沟通是不对等的。父母在沟通中占主导地位，总是在不断地向孩子发出各种信息，而忽视孩子反馈的信息。

第三，在沟通中只有适时地根据不同的环境和对象改变沟通工具，才能达到更好的沟通效果。在亲子沟通中，父母必须选择能被孩子接受的语言和方式进行沟通，并且根据实际环境使用不同的语言。

第四，倾听是促进沟通顺利进行的重要技巧。父母和孩子均需学会有效倾听，只有这样才能进行良好的亲子沟通，通过倾听了解对方的内在感受，使亲子沟通顺畅进行。

亲子沟通小组以社会工作沟通理论为指导，围绕沟通理论的几个关键要素开展小组工作，主要包括沟通的重要性、沟通的重要技巧、沟通的正确方法、影响沟通的因素等。

---

① 刘梦主编《小组工作》，高等教育出版社，2013，第 6 页。

2. 亲子沟通小组的目标

亲子沟通小组的目标是帮助组员加强亲子交流，学习正确的亲子沟通技巧，改善亲子关系。具体目标是：第一，提升组员对亲子沟通的重视程度，引导组员选择恰当的沟通方式；第二，学习正确的亲子沟通方法，注重彼此倾听，让组员在亲子沟通中体会到被尊重的感觉；第三，为组员提供彼此澄清期待的机会，融洽亲子关系；第四，在小组活动中，加强组员间的交流，帮助组员建立亲子教育互助支持小组。

3. 亲子沟通小组的活动内容安排

亲子沟通小组计划开展五节活动，根据组员的需求，分别设定认识彼此、学习尊重与倾听技巧、有效进行亲子沟通、亲子户外寻宝以及澄清亲子彼此期待的主题。根据主题，设计出契合各个主题的活动，活动以多元化的形式，如精彩的亲子互动游戏等形式呈现，具体安排如表4-30所示。

表4-30　"幸福加油站"亲子沟通小组活动安排

小节	活动名称	活动目标	活动内容	时间和地点
1	玩转中秋，快乐go	组员了解小组的性质、活动内容和目标；组员相互认识彼此；订立小组契约；与组员共迎中秋节	1. 社工自我介绍及活动介绍 2. 相互认识活动：我是哆啦A梦 3. 孩子游戏活动：中秋节送礼物之地上捡宝 4. 亲子游戏活动：一起"烹饪"中秋大餐之亲子摆POSE 5. 家长填写亲子关系自评量表1	2015年9月26日上午9：30~11：00　A社区服务中心活动室
2	尊重与倾听，沟通第一步！	认识到亲子沟通的重要性；学习尊重与倾听技巧；建立合作意识	1. 热身游戏：快乐拍掌123 2. 学会倾听亲子活动：将军与武士 3. 亲子互动环节：家庭装置艺术 4. 分享与总结	2015年10月10日上午9：30~11：00　A社区服务中心活动室
3	智慧爸妈，如何有效进行亲子沟通	学习如何有效进行亲子沟通	1. 破冰游戏：你是我的宝贝 2. 回顾上节活动，观看不恰当亲子沟通方式给孩子带来不良影响的视频 3. 亲子分享沟通问题 4. 学习有效亲子沟通的技巧 5. 情景模拟，分享总结	2015年10月17日上午9：30~11：00　A社区服务中心活动室

小节	活动名称	活动目标	活动内容	时间和地点
4	奔跑吧，伐木累！奇趣寻宝户外活动	融洽亲子关系；提高亲子协作能力	1. 讲解活动内容与规则 2. 游戏：亲子合力踩气球 3. 寻找目标点，完成通关任务 4. 分享与总结	2015 年 10 月 24 日上午 9：00 ～ 11：30 龙潭公园
5	为幸福加加油！	回顾小组内容；分享活动感受；评估小组成效	1. 热身游戏：你比我猜 2. 澄清亲子间的期待 3. 回顾整期活动，分享收获 4. 家长填写亲子关系自评量表 2	2015 年 10 月 31 日上午 9：30 ～ 11：00 A 社区服务中心活动室

三　亲子沟通小组工作的实施和评估

（一）小组工作的实施过程

1. 第一节：玩转中秋，快乐 go

小组活动的目标是以中秋节为契机，开展小组活动的第一节，通过游戏相互认识彼此，订立小组契约，形成对亲子沟通小组的初步认识。

第一，社工自我介绍及活动介绍。欢迎各位组员加入亲子沟通小组，对小组的性质、目标和内容做简单的介绍，在介绍完后，社工询问大家是否认识了小组的目标，大家都表示明白了并订立了小组契约。这个环节的目的是让组员了解小组的内容安排及目标，并订立小组契约让大家共同遵守，保证小组活动的顺利进行。

第二，相互认识活动：我是哆啦 A 梦。组员围成一圈，闭上双眼，主持人拍一拍其中一位组员的肩膀，被拍肩膀者即成为哆啦 A 梦。全体张开眼睛，不断找其他组员问："你是哆啦 A 梦吗？"组员可以回答："不是，我是××（名字）/我是××的爸爸或妈妈。"在被问到的前三次都不能承认自己是哆啦 A 梦，直至被问第四次时，哆啦 A 梦就要举手并大喊："我是哆啦 A 梦！"当哆啦 A 梦出现，所有组员必须在其身后搭胳膊排成一队，比比谁的反应快！在游戏过程中，组员表现非常积极踊跃，在较短的时间里，帮助大家认识了彼此，并营造了融洽欢乐的活动氛围。通过这个游戏，组员相互认识，在欢快的气氛中，拉开了小组活动的帷幕。

第三，孩子游戏活动：中秋节送礼物之地上捡宝，由孩子们参加。工作人员事先把准备好的月饼和棒棒糖分散撒在地上，组员围成一圈，组员要与不同的人玩"剪刀、石头、布"的游戏，每赢一次，便可以在地上选一样东西，直到地上的礼物被捡完。组员们看到地上多种多样的小食品，都非常开心激动，在活动开始前就已经跃跃欲试。在几轮的游戏结束后，有两位小朋友拿到了最多的食品，而有一位小朋友只拿到了2个。在社工的引导下，拿得多的小朋友很愿意将自己的食品分享给这位小朋友。在这个游戏中，孩子不仅获得了快乐，而且学会了分享。通过这个游戏，社工为组员送出了中秋节的祝福，同时让孩子们通过玩"剪刀、石头、布"的游戏相互熟悉彼此，为后续活动的开展奠定了基础。

第四，亲子游戏活动：一起"烹饪"中秋大餐之亲子摆POSE。组员分成两组，根据给定的POSE图片，每完成一个POSE，就可从黑板上贴着的中秋节食物图片（月饼、柚子、板栗、螃蟹等）中选取一种贴在自己组的餐桌上（用大白纸画成的餐桌），完成的POSE越多，获得的"食物"就越多。游戏中，6个家庭被分成快乐队和幸福队两队，每队家庭在3分钟内摆出的POSE数量，即为获得的食物数量。快乐队在分工和合作时更讲究技巧，最终得到了6道中秋节食物，幸福队也得到了5道食物。此活动仍然结合中秋节的元素，让亲子合作完成摆POSE的任务，并将中秋节的元素添加进来，亲子合作，欢乐无穷。

第五，家长填写亲子关系自评量表1，了解亲子关系现状，同时也作为小组活动的一种评估方法。在小组活动的最后一节，家长填写亲子关系自评量表2，通过对比两个量表的得分数，评估小组是否达到了改善流动学前儿童亲子关系的目标。填写亲子关系自评量表1，让组员了解亲子关系的现状，引起组员对亲子沟通的重视，并且量表也是评估小组工作成效的方法。

此节活动的主要目标是让组员了解小组活动开展的目的、内容、形式等，并订立小组契约，将其作为组员在活动中应遵守的守则，并借中秋节的契机，让组员在中秋节来临之际，度过一个愉快的亲子时光。

2. 第二节：尊重与倾听，沟通第一步！

小组活动的目标是以亲子游戏为载体，让儿童和家长认识到良好沟通的第一步是要学会尊重和倾听。

第一，热身游戏：快乐拍掌123。组员听社工的口令拍掌，通过这个简单的游戏引出今天的主题——尊重与倾听，当社工喊到 3 的时候，大家拍掌并保持安静，通过这个游戏让孩子和家长学会倾听。

第二，学会倾听亲子活动：将军与武士。每组家庭选出一人做武士，一人做将军，武士的职责是保护将军，听将军的指令，上前线杀敌，在杀敌的过程中要被蒙上眼睛戴上眼罩，兵器是一根狼牙棒。由将军指挥武士向哪个方向走几步，每次只能发出一个指令，比如向左走两步，目的是让武士更靠近敌人，当将军发出杀敌的口令时，武士需要用手里的狼牙棒向四面八方扫描敌人，当狼牙棒碰着哪位武士，则该武士被淘汰。在第一轮中，很多孩子选择做武士，家长做将军，由将军发出作战口令，口令只说一遍，武士必须认真倾听，做出行动，才能接近成功。在过程中，社工发现大部分孩子能够遵守游戏规则蒙眼按照指示去做，但也有孩子打开眼罩偷偷地看旁边武士的位置，没有按照将军的指示去行动。在第二轮中，角色互换，家长成为武士，孩子成为将军，在这一轮中，大家都能够很好地遵守游戏规则，也意识到倾听的重要性。在两轮游戏结束后，社工邀请家长和小朋友分享在刚才的游戏中应注意的要领，很多小朋友和家长表示学会倾听才能获胜。这个活动的意义在于告诉组员：在日常生活中，亲子之间也要学会相互尊重与沟通，才能达到共赢。

第三，亲子互动环节：家庭装置艺术。这个环节的目的是通过亲子合作，用报纸制作出各种物品。首先，每个人都拿到一张报纸，大家坐在地上围成一圈，按顺时针的顺序，从第一个人开始，撕下报纸上的一条，在撕的时候，其余的人注意倾听撕纸的声音，下一个人要模仿上一个人撕纸的声音。在刚开始，有些小朋友拿到报纸很开心，就自顾自地撕，这样就导致别人在撕纸的时候，其他人就听不到是什么节奏。在社工提醒大家认真听后，大家都认真听起来。最后，报纸在大家的相互撕纸声音模仿中被撕成一条条。之后，将 6 个家庭分成 3 组，每组将撕下来的纸经过创意制作，做成想做的物品。大家马上就进入制作阶段，有些家长为自己的孩子做了条"印尼风"的条条裙，上面还扎了个蝴蝶结。有的小朋友将报纸做成了篮球，还有配套的篮球架！在限定的时间里，每组家庭都做出了几样颇具创意的作品，各组还进行了展示。令社工感动的是，小朋友还做了话筒和背包送给社工，而有一位小朋友还贴心地做了一条报纸围裙送给了妈妈，让妈妈感动不已。这个活动既考验了组员的倾听技巧，又让孩子发挥了创造力，同时也体现了亲子间的合作能力。

第四，分享与总结。在此环节，每个家庭分别分享了此节活动的收获，大家都表示在活动中学到了尊重和倾听的重要性，有些家长表示孩子在游戏中带给了自己很多惊喜，这在平常生活中自己是看不到的。

3. 第三节：智慧爸妈，如何有效进行亲子沟通

小组活动的目标是继续让组员学习如何有效地进行亲子沟通。

第一，破冰游戏：你是我的宝贝。组员围成一圈坐下，每个家庭依次向大家做介绍，由父母介绍自己的孩子，由孩子介绍自己的父母，例如，这是我的宝贝××，我很爱他；这是我最爱的妈妈××。这个游戏是让大家加深彼此的认识，使用这种较亲密的方式介绍，让亲子明白彼此是自己重要的人。

第二，观看不恰当亲子沟通方式给孩子带来不良影响的视频。早期阶段的亲子沟通方式在孩子的一生中有着关键的影响。不恰当的沟通方式，使用过激不当的语言和孩子沟通，对孩子未来的发展将产生极其不良的后果。通过视频的播放，组员意识到不良亲子沟通方式带来的不良作用。

第三，分享环节：父母和孩子分别分享在亲子沟通中遇到的一些问题。

1号家庭的妈妈表示："我的孩子特别喜欢吃零食，不喜欢吃饭，每次让他坐下来好好吃饭，他就不听话，跑来跑去的，这个时候，语言起不到作用的时候，我总是忍不住想骂他。"妈妈说完后，社工问孩子："为什么妈妈叫你吃饭，总是要花费很长时间呢？"孩子很委屈地表示："妈妈每次叫自己吃饭的时候，语气都会变得越来越凶，我就很害怕，但是她越凶我就越不愿意坐下来。"

2号家庭的妈妈说："我们家就这一个孩子，全家人都当个宝一样，但是我发现他太依赖我们了。晚上睡觉要我和他爸爸给他关灯、盖被子，他今年都6岁了，又是个男孩子，总是在我们面前撒娇，我就接受不了。"妈妈还没说完，孩子有些不好意思，让妈妈不要说了。

3号家庭的爸爸说："平时我的女儿不听话的时候，我实在拿她没办法就会打她，我也知道这样不对，但就是控制不住自己。"爸爸在说话的时候，女儿坐在凳子上不说话，可以看出女儿是有些害怕爸爸的。

4号家庭的妈妈表示孩子是自己的骄傲，当孩子不开心时，她总是把她抱起来，微笑地与孩子交流，并且与孩子有眼神交流，让孩子能感受到妈

妈带给她的安全感。女儿为此还写了一篇日记叫《妈妈的微笑》，虽然女儿才5岁，认识的字非常有限，但认认真真写出来的夸赞妈妈的话，让妈妈着实很感动。坐在妈妈旁边的女儿很乖巧地告诉社工在她眼里妈妈最美了！

5号家庭的妈妈表示孩子有时从幼儿园回来，看起来不是很高兴，但询问他是不是跟其他小朋友闹矛盾了或者被老师批评了，他总是说没事，可是明明就是出现了问题。而孩子表示每次妈妈问我一个事情，总是问得太多了，太啰嗦了，我就不想和她说了。

6号家庭的爸爸："说我的孩子就是过于乖巧了，有点内向，可能是我们之前太少陪他了，他很不爱说话，不过现在我们已经意识到要多陪陪他了。"旁边的孩子真如爸爸所说，没说一句话。

通过各个家庭的分享，了解每个家庭亲子沟通中存在的问题，从问题出发，有针对性地学习有效沟通的方法。

第四，学习有效沟通的方法。在上面的分享环节，每个家庭都分享了各自在与孩子沟通时存在的一些问题，也听到了孩子对父母的一些反馈。大部分家庭在与孩子沟通时是存在一定问题的。社工向组员介绍了美国非常有名的正面管教中的方法，即"我句式"。在孩子做了一些你不愿看到的行为或是一些不良习惯时，家长可以使用"我句式"的方法，即首先不加任何感情色彩地陈述这件事情，然后家长表达自己的感受，最后表达自己希望孩子能做出何种改变。如果孩子对父母的建议不能接受，那么孩子也可以提出自己的看法，双方可通过协商达成一致的约定。在这个过程中，双方是平等的，父母不应该是孩子的权威。另外，家长应更多地关注孩子的心灵和情绪，经常性地询问、关注孩子的一些变化，适时地给予一些帮助，但帮助不应该是替他去解决。孩子有自己成长、自己解决问题的权利，家长在其中起到的是支持和引导的作用。最后，用赞扬替代责骂是很有利于孩子成长的方法。通过学习有效亲子沟通的方法，帮助每个家庭纠正不良的亲子沟通方式。

第五，情景模拟。在学习了有效亲子沟通的方法后，给组员一个共同的场景：假如今天孩子把家里的花瓶打碎了，家长和孩子共同以真实的反映去模拟这个情景。正如在上个分享环节里组员描述的亲子沟通问题一样，1号和3号家庭的父母对孩子做错事会很严厉地批评；2号和5号家庭的父母对孩子做错事，更多地会关注孩子本身有没有受伤；6号家庭的父母看孩子做错事不说话，自己也就无可奈何了；只有 4 号家庭的妈妈比较平和地询问女儿是不是无意的，不会用责备的口吻质问孩子。

当组员在此情景中表现出真实的反映后，社工引导组员运用学习到的有效亲子沟通方法解决这个问题。在这一环节，组员用到了"我句式"方法与孩子沟通。例如，2 号家庭的家长对孩子说："你打碎了家里的花瓶，我不是很开心，如果是无意的，妈妈希望你下次能够小心一些。如果是有意的，那能告诉妈妈是什么原因吗？"孩子听到妈妈这样说笑了起来，社工问孩子："妈妈用这样的语气和你说话，你会害怕承认错误吗？"孩子摇摇头说："当然不会！"在这个环节，通过情景模拟的形式，组员将学习到的有效亲子沟通的技巧运用到实际中来，给组员一个真实的例子，鼓励组员在日常生活中多运用。

第六，分享环节。组员在此节活动结束之前，在便利贴上写下当日的收获，社工看到组员均表示参加亲子沟通小组自己和孩子都收获了快乐，家长也学习到了有效亲子沟通的方法。

4. 第四节：奔跑吧，伐木累！奇趣寻宝户外活动

本节活动选在户外进行，在视野开阔、环境放松的大自然中，通过让孩子和家长参与丰富有趣的户外亲子互动游戏，为家长和孩子提供一个亲密接触、放松身心的机会，并达到改善和融洽亲子关系的目标。

第一，在活动开始时，社工为组员讲解了活动内容。此次活动在公园的 6 个位置设立了 6 个目标点，通过分组，每两个家庭为一组，根据地图上的指示，到达目标点，在目标点 2、4、6 分别有不同的通关任务（活力转圈圈、亲子夹吸管、智力和默契大比拼之夹乒乓球猜成语）要完成，各组成员需要以最快的速度通过目标点，完成相应的任务，用时的长短将决定最终的名次。深圳的 10 月份，天气还没有丝毫的凉意，通过这种在公园寻宝完成相应亲子任务的形式，家长和孩子有一个户外亲子互动的机会，在奔跑中锻炼身体素质，在游戏中考验亲子默契和协作能力，共建和谐、健康家庭。

第二，在组员表示都明白了活动规则后，每个家庭签订了温馨约定，并通过抽签完成了分组，分别是红队、蓝队和绿队。在小组出发之前，每组要先进行"踩气球时间大战"，在这一环节，所有人脚上分别绑 4 个气球，在指定的区域内去踩其他队成员的气球，限时 2 分钟，气球全被踩爆的

成员出局，最后剩下的成员所代表的队伍将获得 5 秒钟的时间，最后比赛用时可减去 5 秒，获得时间上的优势。孩子们一看到气球就格外兴奋，家长和孩子纷纷将气球吹起来，绑在脚上，激烈的"气球大战"就开始啦！红队的一名小组员表现得非常伶俐，一下子就踩爆其他队组员的 2 个气球，最后，红队和蓝队分别有一名组员坚持到了最后，均获得了 5 秒钟的时间优势。

第三，在"气球大战"之后，此次奇趣寻宝活动正式开始。每组在出发前 2 分钟获得一个信封，信封内装有地图和各目标点的照片，地图上用红旗标明了各目标点的位置，组员通过地图和目标点照片寻找各个位置，在找到各个目标点时，需完成任务或是寻找"宝藏"（拼图）。

活动开始后，红队家庭迅速向最近的目标点 1 奔去，率先开始做第一个游戏"活力转圈圈"，此游戏的规则是所有组员手拉手围成一圈，借助拉着的手将呼啦圈按顺时针顺序传给最后一个人即可。红队家庭迅速明白游戏的规则，开始游戏，可是由于家长和孩子身高上有很大的差距，所以红队在一开始并没有那么顺利，家长帮助孩子穿越呼啦圈比较容易，而由于孩子身高比较矮，就要靠家长自己弯下腰去穿越。而就在红队寻找诀窍之时，其他两队家庭也赶到了目标点 1。这次绿队很快掌握了技巧——手要抬高，身子要放低，最终绿队率先完成任务，赶往下一个目标点。"活力转圈圈"这个游戏不仅体现了亲子互动的宗旨，也告诉家长和孩子在亲子沟通中要找到能够促进沟通顺利进行的诀窍，彼此配合，这样沟通才会变得很容易。

目标点 2、4、6 是藏宝点，组员在经过这三个点时，要在附近的草丛、树边寻找锦囊，锦囊上分别贴有队名，组员根据锦囊上的队名拿取属于自己队的"宝藏"。社工在组员每经过一个目标点时，在组员的地图上盖一个章。在寻宝的过程中，社工发现了一个有趣的现象。黄队的组员找到了绿队的锦囊，绿队恰好找到了黄队的锦囊，他们会相互交换。因为锦囊里放的是每个队的拼图小块，每个队的图案是不一样的，拿到其他队的拼图对最终获胜是没有帮助的，所以组员懂得通过交换获取属于自己的锦囊。

目标点 3 的游戏是"亲子传吸管"，每组家庭排成一排，从第一个人开始，用鼻子和上嘴唇夹住吸管，依次传给最后一个人。社工提前准备的吸管是正常吸管的一半长度，这样就加大了游戏的难度。蓝队在这个游戏中的表现突出，一名组员告诉社工："我最喜欢玩这个游戏，我很有经验的！"

果然有经验的蓝队组员很讲究技巧，传吸管的两人在传的时候都保持同样的高度，虽然两人碰到嘴唇时会忍不住笑，但还是很快速地完成了这个游戏。"亲子传吸管"的游戏旨在培养亲子间的合作能力，并且游戏时动作较亲密，使亲子在快乐中体验到亲子协作完成游戏的趣味性。

目标点 4 是通过夹乒乓球和猜成语相互配合完成游戏，两人夹乒乓球，两人猜成语。首先由一人将乒乓球从起点夹起，夹到终点交给另一人，终点上的另两人以你比我猜的形式猜成语，猜对 3 个后，由另一人将乒乓球由终点夹到起点，方可完成游戏。红队率先到达这个目标点，迅速选出擅长夹乒乓球的两人和擅长猜成语的两人。但游戏过程并没有那么顺利，一位爸爸夹起乒乓球，刚走两步，乒乓球就落在了地上，孩子大喊："爸爸，快夹起来继续走！"最后终于成功地将乒乓球送到了终点。猜成语的两个人是一位妈妈和孩子，孩子已经快上小学了，认识了不少成语，在比画"九牛一毛"这个成语时，惟妙惟肖的表演把旁边的人都逗乐了。

最终，红队以 49 分 03 秒获得了第一名，绿队和蓝队分别以 50 分 23 秒和 51 分获得了第二名、第三名。三个队伍都获得了相应的奖品。各队在分享此次活动的收获时，纷纷表示这种亲子户外活动不仅可以融洽亲子关系，在大自然中运动也代表着一种健康的生活态度。此节户外活动的目标是希望组员能在开阔的大自然环境中，亲子共同协作完成相应的任务，提高亲子协作能力，融洽亲子关系。

5. 第五节：为幸福加加油！

此节为小组活动的最后一节，旨在让组员回顾和总结在小组中的收获，并帮助组员建立家长互助组织。

第一，热身游戏：你比我猜。将组员分成两组，站成两列，由社工分别给最后一名组员出示词语卡片，由最后一名组员通过肢体语言向前一位组员演示这个成语，组员依次向前一个人表达，最终到第一个人，由第一个人猜出这个成语。社工准备的成语都是适合学前儿童的比较简单的词语，如牙膏、青蛙、西瓜等，对于家长而言，这些词语很简单，可是要怎样表达才能让小朋友明白还是不容易的。这个热身游戏活跃了活动氛围，并考验了亲子间的默契，加强了亲子互动。

第二，澄清亲子间的期待：孩子画出"我心目中的爸爸妈妈"并说出画的含义。有的孩子将妈妈画成了漂亮的公主，有的孩子画出了一家三口温馨的画面。有孩子更是别出心裁地将爸爸画成了大海、自己成了沙滩、妈妈成了太阳，他说："大海包容又宽广，太阳热情又炽热，爸爸像大海一样包容我，妈妈像太阳般照耀着我，给我温暖，所以我才像沙滩一样柔软，过得舒适。"孩子们纷纷谈了自己心目中的爸爸妈妈，一个孩子说："爸爸妈妈总是为我遮风挡雨。"另一个孩子说："爸爸妈妈总是尽可能地满足我的愿望。"也有孩子写下爸爸妈妈在心目中的形象是不知情理、鼓励、开心与训斥。在每个孩子讲给爸爸妈妈听后，爸爸或妈妈也谈了自己对孩子的期望，一位妈妈朴实的回答道出了做父母最简单的心愿，她说："希望孩子能平平安安、快快乐乐的就够了。"一个孩子也写道："爱，是发自内心的。"亲子间的这种简单温暖的爱令人动容。通过澄清亲子间的期待，可消除亲子沟通的阻碍，帮助亲子在平等的基础上沟通。

第三，分享收获环节：此节活动是小组工作的最后一节，社工引导组员依次分享了在小组活动中的收获。大多数家庭表示自己使用了有效亲子沟通的方法，在自己要对孩子生气前，尽量使自己变得平和，不加责备地和孩子讲一些事情，并且懂得关注孩子的情绪和心灵。参加完小组活动后，孩子变得和父母亲近了，有问题可以在相互平等的基础上讨论了，同时组员希望以后能够多参加一些类似的活动，多学习一些亲子沟通方面的知识，从而改善亲子关系。在分享后，社工帮助组员建立家长交流微信群，在小组工作结束之后，方便大家交流亲子教育经验，建立起互助网络。通过分享，见证彼此的改变。通过总结收获，深化改变，并听取组员对小组的建议。

第四，家长填写亲子关系自评量表 2，为了让组员检测自己与孩子在亲子沟通方面的能力是否得到提升或改善，以及评估小组的成效。在第一节组员填写亲子关系自评量表 1，在最后一节填写亲子关系自评量表 2，通过前后测的方法，帮助组员评估亲子关系。

（二）小组工作的评估

采用过程评估和结果评估两种方法对流动学前儿童家庭亲子沟通小组工作进行评估。

1. 过程评估

"幸福加油站"亲子沟通小组共分为五节活动。第一节活动以中秋节为契机，以游戏为载体，达到了让组员相互认识的目的。第二节活动让组员认识到倾听在亲子沟通中的重要性。第三节活动让组员学习如何进行有效的亲子沟通。第四节活动让组员在开阔的大自然环境中，给彼此一个亲子互动的机会，从而融洽亲子关系。第五节活动让组员澄清亲子间的期待，并对小组活动进行总结和分享。

在活动过程中，对组员在小组中的表现做好观察记录，在每一节活动结束后，将观察记录进行及时整理，通过这种方式对小组进行过程评估。从小组活动开展过程中发现的一些主要问题及应改善的方面如下。

第一，家长缺少有效的亲子沟通方法。在小组活动开展过程中，发现当组员不知道如何与孩子顺畅沟通时，往往会使用不合适的言语和行为，这些不合适的语言和行为必然会导致不良亲子关系的产生。小组的第二节和第三节活动主要从如何有效进行沟通方面为组员提供指导。

第二，家长不注重孩子的心灵和情绪。组员对学前儿童的教育存在错误认识，他们认为只要将孩子的衣食住行照顾好就可以了。教育具有不可逆转性，在孩子成长的早期阶段，如果忽视孩子心灵的发展和情绪上的变化，那么对孩子一生的影响是巨大的。在小组的第三节活动中，社工向组员着重强调关注孩子心灵和情绪的重要性。

第三，家长缺少对孩子的赞扬。在活动分享环节中可以看出，家长对孩子的不满成分占多数，而吝啬于赞扬孩子，将赞扬代替责备，孩子才能茁壮成长。在小组活动"你是我的宝贝"中，亲密的介绍方式让组员彼此感受到爱。

第四，流动学前儿童家庭的沟通形态偏向"权威型"，由于家长受传统教育观念的影响，教育方式多偏向"权威型"，小组以"亲子平等沟通"的主旨贯穿始末。

第五，流动学前儿童更需要家长的陪伴。流动学前儿童跟随父母来到城市生活，面对陌生的环境，他们在适应城市生活方面更需要家长的陪伴。亲子沟通小组活动的开展为家长和孩子提供相处的机会和时光，同时也帮助家长认识到陪伴孩子的重要性。

2. 结果评估

（1）亲子关系自评量表

在"幸福加油站"亲子沟通小组开展的第一节和第五节活动中，组员分别填写了亲子关系自评量表 1 和亲子关系自评量表 2。亲子关系自评量表 1 是对组员在参加小组活动之前的亲子关系现状进行评估，在小组活动结束后，亲子关系自评量表 2 是对家长今后如何处理亲子关系进行评估。在小组活动结束后，通过对两次量表分数的比较，评估小组的成效。通过对两次亲子关系自评量表的得分进行比较，发现亲子关系自评量表 2 的分数均明显高于亲子关系自评量表 1 的分数（见表 4-31），这说明亲子沟通小组活动的开展对改善流动学前儿童亲子关系有一定的积极作用。

表 4-31　亲子关系自评量表前后测得分对比

单位：分

家庭编号	1 号	2 号	3 号	4 号	5 号	6 号
量表 1 分数	52	70	65	73	86	80
量表 2 分数	85	90	92	94	96	93

（2）小组活动意见表

在小组活动结束时，通过组员填写的参加者意见表，对意见表中的意见进行收集，从而了解组员对小组活动的意见建议和满意度，对意见表的内容做了整理和评估，结果如下。

第一，小组的目标达成情况良好。亲子沟通小组的目标是改善流动学前儿童家庭的亲子关系，让组员学会有效地进行亲子沟通。在组员填写的参加者意见表中，组员在活动是否达到目标一项，均选择的是非常同意。

第二，小组活动的时间、内容安排较合理。小组的各节活动均安排在周六，是家长闲暇时间较多的时候。每节活动的内容安排以改善亲子关系为主题，以丰富多样的活动为载体，得到了服务对象的普遍认可。

第三，组员希望将来多参与此类活动。在意见栏中，组员都讲到了希望多参加此类活动的意愿，小组活动受到了家长和孩子们的喜欢。

（3）小组活动成效

第一，通过对小组活动的成效进行评估，证明组员通过参加小组活动意识到亲子沟通的重要性，学习到有效亲子沟通的技巧，亲子沟通能力有明显提高，并且家庭教育观念有所改变。

第二，社会工作小组的方法在改善亲子关系中的作用得到家长的充分肯定，亲子沟通小组帮助组员建立了一个互助支持组织，在活动结束后仍能延续小组的成效。

第三，亲子沟通小组为组员建立微信交流群。在小组活动结束后，组员可通过微信群相互交流在亲子沟通中遇到的难题，相互交流育儿经验，为组员建立互助支持组织。

第四，亲子沟通小组活动的开展得到了 A 社区服务中心和社工机构的认可，拟将亲子沟通小组活动作为亲子沟通系列活动在社区进行推广。

四 结论与反思

以社会工作沟通理论为依据，运用专业的社会工作方法和技巧，探索能够改善流动学前儿童亲子关系的有效途径，同时在实践中检验社会工作理论和方法在改善亲子关系方面的有效性。

（一）结论

第一，流动学前儿童家庭通过参加亲子沟通小组活动，学习亲子沟通的方法，能够改善其亲子关系。相较于深圳本地的儿童，流动学前儿童需要更多的社会支持。亲子沟通小组帮助其认识到亲子沟通的重要性，并学习有效亲子沟通的方法，从而改善其亲子关系。

第二，亲子沟通小组帮助流动学前儿童家长建立互助支持组织，可延续小组的成效。亲子沟通小组帮助服务对象建立家长互助支持组织，小组活动结束后，家长依然可以在亲子沟通教育方面交流经验，相互支持，使小组的成效具有延续性。

第三，亲子沟通小组将小组工作和社区工作方法有效地结合在一起，取得了很好的服务效果。开展小组活动时，依托社区，充分利用社区资源，综合采用社会工作实务方法可以得到更好的服务效果。

第四，服务对象对小组工作介入流动学前儿童家庭亲子关系问题，具有很高的满意度。通过过程评估、结果评估以及服务对象取得的改变可以看出，A 社区的服务对象对社会工作方法在改善亲子关系方面的作用具有较高的满意度，有较强的小组活动参与意愿，说明社会工作介入流动学前儿童家庭亲子关系问题具有积极作用。

第五，在开展社会工作服务时需具备一定的条件，对于社会工作者而言，一方面，必须熟练掌握小组工作方法和社区工作方法，并能将两种方法有效结合；另一方面，需要具备一定的方法和技巧，引导服务对象寻求改变。另外，在链接社区资源方面，社区的支持与配合是必不可少的，由于 A 社区以及社工机构的支持，活动得以顺利开展。

（二）反思

亲子沟通小组虽然在介入流动学前儿童家庭亲子关系方面取得了一定的成效，也基本达到了改善服务对象亲子关系和解决服务对象亲子关系问题的总目标，但还有一些方面需要反思和加强。

第一，介入采用的是小组工作方法，虽然招募的服务对象均为有改善亲子关系共同需求的亲子，但是通过服务对象填写的亲子关系自评量表及服务对象在活动中的分享，可以看出组员的亲子沟通水平是参差不齐的，但以小组的介入方法为主，对于亲子沟通水平较低的家庭无法提供更个别化的服务。在以后的社会工作服务中，可采取个案工作的介入方法，为亲子沟通水平较低的服务对象提供个别化的辅导。

第二，亲子沟通小组帮助服务对象改善了亲子关系，解决了亲子关系问题，但父子关系和母子关系具有一定的差异性，亲子沟通小组活动缺乏对这两种关系的差异性考虑。在将来的亲子关系研究中，父子关系和母子关系的差异性还需进行深入分析。

第三，由于亲子沟通小组的服务对象是父子或母子，活动只能改善其父子或母子的亲子关系，而未参加亲子沟通小组活动的父亲或母亲就不能达到改善亲子关系的目的，所以在将来的研究中，社会工作者可以鼓励家长双方共同参与到亲子沟通小组活动中，从而达到父母双方都能改善与孩子关系的目的。

总之，亲子沟通小组是改善流动学前儿童家庭亲子关系的一次积极探索。流动人口为了生计来到城市打拼，为城市的发展贡献了巨大的力量，他们却无法享有与城市人一样的权益，生活在城市的边缘，做着繁重的体力劳动，以微薄的收入承担着高昂的生活成本。他们将未来的希望寄托在子女身上，但由于文化水平较低，又常常忙于工作，没有足够的时间与精力去关注孩子的成长变化，使得孩子与父母的关系疏离。流动学前儿童正处于社会化早期阶段，这一阶段对一个人的成长具有深远影响，若亲子沟通方式不当，必然会给他们的成长带来不良的影响。了解流动学前儿童家庭亲子关系方面的需求及问题，采用社会工作小组方法，为流动学前儿童家庭提供一种新的改善亲子关系的途径，有利于流动学前儿童的早期社会化发展，促使流动学前儿童健康快乐的学习和成长，也有助于流动学前儿童家长减少在家庭教育方面的担忧，让他们更专心地投入到工作中。

第五节　流动学前儿童的社区教育

随着我国经济的迅速发展和城镇化进程的加快，大量的农民工涌入城市，流动人口的规模日趋庞大，家庭化趋势增强，流动儿童的数量逐渐增加。0~6岁是人的大脑发育最关键和认知发展最为迅速的时期，学前教育能为人的发展奠定坚实的基础。然而，流动儿童父母由于文化程度、经济条件和户籍制度的限制，忽视孩子的早期发展，家庭教育方式不科学。同时流动儿童不能享受与城市户籍儿童一样的学前教育，社区学前教育资源相对匮乏，导致其得不到很好的早期教育，这不利于流动儿童的健康发展。通过社会工作链接资源发展流动学前儿童的社区教育，改善流动儿童的学前教育显得尤为重要。

通过访谈法与观察法对广州市S社区的流动学前儿童及其家长进行调查，了解他们面临的问题与需求，以广州市流动学前儿童早期发展项目为平台，探索社会工作对流动学前儿童社区教育的介入。一方面，本节阐述了流动学前儿童早期发展项目的相关实务现状。另一方面，通过参与F中心开展的亲子早教课堂，评估组员的需求，在现有的课程体系上，策划与调整亲子早教课堂的主题活动，观察并记录组员在课堂中的表现，运用家长反馈表对亲子早教课堂的成效进行评估。

社工介入流动学前儿童社区教育的实践模式具有立足社区需求、多元主体参与、强调助人自助、运用多种活动方式、注重社区教育的可持续性和充分整合资源的实务介入等特点、优势和经验。社工在开展流动学前儿童社区教育时容易出现如服务对象流动性较大、社区的重视程度不够、项目的资金和人才不足等问题。对此，本节提出了加大政府对流动学前儿童社区教育的支持力度、充分整合社区资源和完善服务队伍结构等相关建议，为推动流动学前儿童社区教育的发展提供参考和借鉴。

一　问题的提出

城乡二元体制导致流动人口在城市中的社会保障滞后，流动儿童同他们父母一样遭受着城市基本公共服务的缺位。流动儿童的成长发展问题受到全社会的关注。流动儿童在学前教育方面受到了很多不公平的对待。一方面，由于户籍制度的限制，他们很难进入公办幼儿园，大部分只能选择学费便宜的民办幼儿园，入园质量差，存在安全隐患等问题；另一方面，他们的父母由于自身的文化程度与社会资本的限制，较多从事劳动时间长且强度大的工作，教育资源匮乏，导致家庭教育的缺失或者教育方式的不科学。因此，为流动学前儿童这类弱势群体开展学前教育尤为重要。

2014 年 9 月，国务院印发《关于进一步做好为农民工服务工作的意见》，提出积极创造条件，着力满足农民工随迁子女接受普惠性学前教育的需求。这份文件将会使流动儿童学前教育得到进一步关注。学前教育为儿童的人生发展奠定良好的基础，而在学前教育中，家庭教育、幼儿园教育和社区教育是缺一不可的。社区教育为儿童健康成长创造良好的家庭环境和社会环境，发挥着越来越重要的作用。2015 年 10 月，民政部召开的全国社区社会工作暨"三社联动"推进会，明确提出了推进社区、社会组织、专业社会工作"三社联动"的思路。2016 年 6 月，教育部、民政部等九个部门联合发布《关于进一步推进社区教育发展的意见》，提出到 2020 年我国初步形成社区教育治理体系，基本形成具有中国特色的社区教育发展模式，这份文件将会使社区教育逐渐得到重视。因此，通过发展社区教育，加强流动学前儿童与伙伴、家庭、社区的联结，弥补他们在城市接受教育时资源的缺失，优化教育环境，促使流动学前儿童积极适应城市和健康发展。2017 年党的十九大报告明确提出了"幼有所育"和"办好学前教育"，国家越来越重视学前儿童，政府部门将加大对学前儿童教育和保育的投入与政策支持力度。同时，"专业社会工作"一词连续多年被写进政府工作报告，政府越来越重视社会工作的发展，使得越来越多社会工作机构被引进社区。社会工作通过专业理论和方法，联动各方资源，探索介入流动学前儿童教育策略，为流动学前儿童社区教育发展提供了新思路。

社区教育是一种社区性的教育活动和过程，旨在实现社区生活质量和成员素质的提高以及社区的发展。① 社区教育是一种教育的组织形式，是依照社区居民的需求及社区建设发展，充分、有效地挖掘和利用社区的教育资源来组织和实现各级各类的教育。②学前儿童社区教育是面向学前儿童的，以社区资源为基础开展的各种各样的教育活动，旨在促进每个儿童健康快乐地成长、发展。③ 社区学前教育是社区为 0~6 岁学前儿童或全体居民设置的教育设施和教育活动，是多层次、多内容、多种类的社会教育。④ 社区学前教育是指对社区内的学前儿童实施保育和教育，而且对家长和社区内有关成员开展关于儿童的营养、健康、教育等方面的活动，使社区成员提高教育儿童的意识和掌握相关技能，为儿童的健康发展提供良好的环境。⑤ 本书中的流动学前儿童社区教育是指以社区为基础，根据流动学前儿童的需求，链接可利用的资源，为流动学前儿童及其家长开展各种活动，促进流动学前儿童健康成长。根据项目所招募的服务对象，本书主要针对 2~3 岁的流动学前儿童开展社区教育。

儿童时期是个体社会化最为关键的时期，流动学前儿童处于个体社会化和大脑发育的重要时期，作为处境不利的儿童，需要社会组织开展社区教育为其提供支持性的儿童福利服务，弥补其早期教育的不足。流动学前儿童父母多从事体力劳动，工作强度大且工作时间长，教育资源匮乏，因而他们忽视了孩子的早期教育。即便父母关注孩子的教育，更多的是关注孩子的学习和健康方面，这样的理念不利于流动学前儿童兴趣爱好的培养，不利于孩子的健康发展。通过社会工作改善流动学前儿童家庭教育和社区教育的不足显得尤为重要。因此，可以将社会工作与流动学前儿童社区教育相结合，发掘和整合社区资源，运用社会工作方法，为流动学前儿童开展服务活动，丰富社区教育的形式，为传统社区教育注入新的活力。同时，社工在与老师、家长和社区共同联动下帮助提高学前教育的质量，优化社区教育环境，弥补家庭教育不足，促进流动学前儿童早期健康发展。

---

① 厉以贤：《社区教育的理念》，《教育研究》1999 年第 3 期，第 20~24 页。
② 夏征主编《家庭与社区教育》，武汉大学出版社，2015，第 34 页。
③ 李生兰等：《学前儿童家庭与社区教育》，高等教育出版社，2015，第 66 页。
④ 周雪艳编著《学前儿童家庭与社区教育》（第二版），复旦大学出版社，2015，第 129 页。
⑤ 范玉晓：《中国社区学前教育的发展趋势》，《中华少年》2016 年第 29 期，第 205 页。

二 流动学前儿童早期发展项目介绍

(一) 项目背景

1. 项目概况

广州市 F 社会工作服务中心 (简称 F 中心) 是在广州市民政局注册登记成立的民非公益组织, 创办了国内首家城中村社区大学和广州市第一家来穗人员融合大学堂, 是广州市 5A 级社会组织。F 中心培育的品牌项目有流动学前儿童早期发展项目和外来工社区融入项目, 其中外来工社区融入项目在 2016 年被列为中央财政支持社会组织示范项目。F 中心连续 3 年承接广州市公益创投重点项目。

F 中心的主要服务对象包括流动人口及其子女。服务内容包括为外来务工人员及其子女提供亲子早教课堂、流动儿童周末兴趣班、流动青少年就业技能培训、"小候鸟"暑期夏令营、留守儿童暑期成长班、流动人口社区骨干能力建设培训, 组建流动人口志愿者服务队, 开展流动人口与本地居民联谊会和社区文化艺术节等活动, 旨在提高流动人口的生活质量, 培育流动人口社区骨干, 增强其社区参与意识和能力, 增加流动人口与本地居民的交流, 促进流动人口融入社区。

流动学前儿童早期发展项目于 2014 年开始启动, 是专门为 2~3 岁的流动儿童及其家长提供早期教育和亲子课堂的社区教育项目, 旨在帮助流动人口解决子女的早期教育问题, 增强流动人口的早教观念, 改善流动学前儿童的家庭教育, 建立良好的亲子关系。该项目每年都会开设春季班和秋季班亲子早教课堂, 每期的授课时间为 3 个月。为了提高社工开展亲子早教课堂的专业性, F 中心链接了高校老师和专家团队设计亲子早教课堂内容, 聘请了儿童早期教育专家担任流动学前儿童亲子早教课堂的专业总指导。目前, F 中心的流动学前儿童早期发展项目被复制推广到全国 10 个社区, 项目的发展得到中国关心下一代工作委员会儿童发展研究中心科学早教专业委员会指导。

2. 广州市 S 社区介绍

F 中心位于广州市白云区, 是广州市流动人口密集度最高的区域, 全区流动人口 153 万人, 占广州市流动人口的 23%。项目实施的地点主要是白云区三元里 S 社区，该社区常住人口约 15500 人，其中本地户籍人口约 4560 人，外来人口约 10940 人。外来人口主要来自湖北省洪湖市、广东省潮汕地区、湖南省等地，主要从事印刷品、化妆品、皮具等行业。据 F 中心前期调查发现，该社区的外来工平均居住年限为 8.5 年，社区流动人口中女性占 56.10%，人口呈现年轻化趋势，19～35 岁的人口占比为 58.24%。由此可见，S 社区是一个典型的城中村，人口结构呈现"倒挂"特征，外来人口是本地居民的 2 倍以上。

3. 需求分析

通过观察和与流动学前儿童家长的访谈，发现 S 社区的流动学前儿童及其家长存在如下一些问题和需求。

第一，流动学前儿童的家长早教意识淡薄。一方面，流动学前儿童的家长由于忙于生计，很少有时间陪伴孩子，文化程度较低，一些家长对早教的认识比较模糊，并没有意识到早教的重要性，忽视对孩子的早期教育。另一方面，学前儿童需要家长的照顾，特别是 0～3 岁的孩子，如果妈妈辞职留在家里照顾小孩，养孩子的成本变成孩子的费用加上妈妈辞职的收入，这对于一个打工的流动家庭来说是不能承受之重。因此，一些流动学前儿童是由老人照顾，老人的文化水平有限，照顾孩子更多是只养不教或者采用老一辈的教育方法。如 ZHZ 的妈妈说："孩子这么小，就算带他上早教班，他也听不进去，学不到什么东西，等他上幼儿园或上小学再教他。"SJJ 的妈妈说："平时我要上班，都是他奶奶带他，奶奶文化水平不高，都是让他看电视，孩子会跟着学。"项目开始的初期，对于受访家长为什么带孩子过来参加早教课堂，一些家长认为希望孩子上了早教课，能变乖一点、聪明一点，提前适应幼儿园生活，其对早教的认识比较模糊和单一。有的家长回答："孩子在家很无聊，让奶奶带他过来打发时间，有人一起玩儿挺好的，孩子学不学得到东西无所谓。"

第二，家长缺乏实施早教的方法和途径，社区教育资源匮乏。有些流动儿童的父母开始重视孩子的早期教育，但是父母的文化水平和经济条件在一定程度上影响了早期教育的实施和质量，大多数流动儿童的父母无法承担将孩子送到早期教育机构的费用。社区里面除了小公园和 F 中心提供的让流动儿童娱乐玩耍的设施，幼儿园、小学等地方不会开放给流动学前儿童，而且提供儿童绘本图书借阅的只有 F 中心，流动学前儿童的教育资源缺乏。在访谈中发现，虽然有些家长会给孩子买故事书、绘本书和益智玩具，但是他们要么没有时间陪孩子一起使用，大多数是让孩子自娱自乐，要么不知道怎么给孩子讲、引导孩子玩。在访谈时，一些家长说："我有买故事书和绘本书给孩子，我有给他讲，他不愿意听，静不下来，但是孩子在听黄老师讲绘本的时候，就会很乖地坐着听，可能我讲得没有黄老师那么有趣吧，反正他不喜欢听我讲。"有几个家庭条件较好的家长反映，他们平时比较忙，老人又不太懂，于是他们在网上买了一套《巧虎》早教教材，里面有配套光碟，让孩子看视频听故事，这样他们就不用头疼怎么给孩子讲故事了，而且教材生动有趣，孩子也愿意看。因此，家长缺少对早期教育方法的学习，缺乏专业指导，影响对孩子早期教育的质量。

第三，家长的教育方式单一，多以说教打骂为主。在观察时发现，一些家长对于孩子的不良行为习惯，多采取打骂的方式，比如在项目初期，孩子由于还没适应早教课堂，对环境有陌生感而哭闹着要回家或者有的孩子对于课堂还没建立规矩感，在课堂乱跑乱动，家长在安慰安抚的同时多采取强制威胁命令的话语要求孩子坚持上完课，有时甚至直接动手打孩子。在访谈时，有些家长说："孩子不打他不会听话的。"有的家长说："有时候脾气上来会忍不住打他几下，我也知道不应该打孩子，但是我也没其他办法了。"FYX的妈妈说，自己曾在多个城市漂泊，遇到过社会不同行业的人，自己只有中专文凭，经常会羡慕读过大学的人，因为自己小时候是留守儿童，明白孩子没有父母陪伴的孤独感，所以她不希望孩子像自己一样，不管多辛苦也要把孩子带在身边教育他，让他以后能够读大学。但是，自己从小父母不在身边，不知道怎么和孩子沟通，也没有人教她怎样教育孩子，孩子不懂事就会打和骂，渐渐地孩子与其他孩子玩时也喜欢打人，有时候甚至会咬人，因此"打人，关小黑屋"时常上演，结果孩子没有任何改变的迹象，她的性情越来越粗暴，对于孩子的教育也越来越迷茫。因此，流动学前儿童的家长缺乏沟通技巧，教育方式单一，与孩子住在一起并不代表能提供有效科学的教育。

第四，2~3岁的流动学前儿童生活圈子狭窄，缺少同伴，人际交往能力薄弱。由于语言和文化存在差异，本地居民习惯使用粤语进行交流，而流动人口大多数不会粤语，并且本地居民对流动人口存在一定的排斥。因此，流动人口很少与本地居民交往，流动人口的交往对象一般是老乡，交往圈子窄。由于父母忙于生计，而2~3岁的孩子还没到上幼儿园的年龄，只能由家人照顾，平时老人很少带孩子外出活动，一般要等到父母双方都放假有空了才能带孩子去市儿童公园、博物馆、科技馆等地方玩。流动学前儿童的活动范围一般是出租屋或者社区的小公园，缺乏人际交往的环境，缺少同伴一起玩耍。因此，一些流动学前儿童存在腼腆、害羞、孤僻和胆小的现象，很难融入集体，经常单独自己玩。在与家长访谈时，LY 的妈妈说："白天基本就是待在家里，因为邻居家的小朋友要上幼儿园，只能放学了才有人和他玩，有时候带他去社区公园玩，看到其他孩子在玩，让他加入一起玩，因为不熟悉，每次他都害羞不愿意，都是自己一个人玩。"

受入托年龄或经济条件所限，社区内 2~3 岁的流动学前儿童主要由妈妈或老人在家照看，而这一时期正是幼儿在身体、语言、认知等方面发展的重要时期。由于流动学前儿童的家长早教意识淡薄，或者因不了解科学的养育知识而缺乏早期教育的科学方法，遇到困惑又难以寻求支持，同时，城中村社区内也没有相应的公共设施及场所供其玩耍，也没有任何早教活动可以参加，孩子的成长发育受到影响。针对这些需求，流动学前儿童早期发展项目通过开展流动人员亲子早教课堂、亲子运动会、家长课堂等活动，让社区内 2~3 岁的流动学前儿童及其家长也能和城里人一样享受到系统科学的亲子早教课程。

（二）项目目标与理论基础

1. 项目目标

流动学前儿童早期发展项目，通过整合社区资源，在社区内开展亲子早教课堂、家长课堂、亲子运动会等活动，帮助流动人口解决子女的早期教育问题，改善流动人口的早教观念，改善流动学前儿童的家庭教育，增强亲子关系。希望通过项目的开展达到以下具体目标：第一，85%的家长能了解早教的理念和重要性并学习到一些育儿方法；第二，80%的流动学前儿童在运动、语言、认知和社会等方面的能力有所提高；第三，80%的家长之间能够建立良好的关系，形成相互支持网络；第四，80%的家长能掌握亲子互动、亲子沟通的技巧，从而改善亲子关系。

2. 理论基础

（1）生态系统理论

生态系统理论也称作社会生态系统理论，是用来考察人类行为与社会环境的相互关系的理论，强调生态环境在分析和理解人类行为时的重要性，注重各系统相互作用对人类行为的作用与影响，揭示了个人、家庭、社会系统对个人成长的重要影响。生态系统分为三种基本类型：微观系统、中观系统和宏观系统。微观系统是独立的个人；中观系统指小规模群体，包括家庭、职业群体或其他社会群体；宏观系统包括文化、社区、机构和组织等大规模群体。这三种系统相互影响、相互作用。[①] 借助生态系统理论，社工在实务开展中要发掘和调动流动学前儿童及其家庭、社区的资源与能力，把各个系统联系起来，改善流动学前儿童的社区教育环境。

（2）人格发展理论

埃里克森的人格发展理论把人的发展分为 8 个阶段，每个阶段都有特定的任务、矛盾和冲突。1～3 岁是儿童期，是自主性与羞怯和疑虑的冲突，发展自主性是这一阶段的基本任务。随着机体的发展，儿童能越来越准确地控制肌肉活动，学会爬、走、说话等技巧，会产生一种渴望独立的需要。在这一阶段，父母对儿童形成独立、自信等品质扮演着重要的角色。一方面，父母要根据社会要求对儿童的行为给予控制，使其符合社会规范；另一方面，要给儿童一定的自由，不伤害儿童的自主性。[②] 因此，流动学前儿童的社区教育要重视家长的作用，社工通过人格发展理论对学前儿童有一个初步的了解，帮助流动学前儿童解决他们在这一阶段所面临的冲突，和家长一起完成流动学前儿童在这一阶段所需要的早期教育。在活动开展中，社工运用人格发展理论分析流动学前儿童的行为与家长的教育方式之间的关系，帮助家长意识到孩子的发展特点，促进流动学前儿童的家长改善教育方式，重视孩子的早期发展。

（3）游戏理论

皮亚杰（Jean Piaget）认为，游戏是儿童心理发展的内在需要，游戏能让儿童巩固新的认识结构以及发展情感，儿童在游戏中增加认识，形成概念，使思维变得更灵活。游戏对儿童的认知发展以及心理建构都具有重

---

① 师海玲、范燕宁：《社会生态系统理论阐释下的人类行为与社会环境——2004 年查尔斯·扎斯特罗关于人类行为与社会环境的新探讨》，《首都师范大学学报》（社会科学版）2005 年第 4 期，第 94～97 页。

② 赵琳：《从埃里克森的人格发展理论探学前儿童的学习过程》，《幼儿教育》1995 年第 12 期，第 4～5 页。

要意义。① 皮亚杰根据儿童的认知发展提出了三种类型的游戏：练习性游戏（0~2岁）、象征性游戏（2~7岁）和有规则的游戏（7~12岁）。② 象征性游戏发生在前运算阶段，儿童语言开始发展，主要靠符号表征认识世界。此阶段儿童通过象征方式去同化新事物，根据自己的意愿展开想象、创造和组织游戏。游戏具有嬉戏性、组合性和个体性。③ 社工在为流动学前儿童提供社区教育时，主要是在游戏理论的指导下策划和开展亲子早教课堂的主课活动，根据流动学前儿童的发展特点设计相应的象征性游戏，用游戏的方式向流动学前儿童介绍周围的事物和交往技巧。

（三）项目实务内容

1. 亲子早教课堂

亲子早教课堂于2014年开展，经过三年的发展，社工不断调整课堂形式和课堂内容。一开始社工把课程安排在周末，每周开展两次小组活动，方便流动学前儿童的父母在放假休息时陪孩子过来参加活动，但是这种短期的、间断性的早教课堂形式，服务效果不如意。因为小孩需要熟悉环境和适应课程，而这种间断的活动形式使孩子一直很难融入课堂，认识其他小伙伴，与社工建立信任关系。因此，F中心为了让项目效果更好，流动学前儿童及其家长能熟悉和融入课程，增进组员之间的感情交流，扩大流动人口的社会交往网络，社工把亲子早教课堂改为每周二至周五上课，周一或者周六开展家长课堂和社区活动，3个月为一个学期，让亲子早教课堂形成常态和持续的社区活动，让社区逐渐形成早期教育的氛围，提高流动学前儿童家长对早期教育的意识。

2. 家长课堂

家长课堂是流动学前儿童早期发展项目的品牌活动，有线上课堂和线下课堂两种形式，主要面向亲子早教课堂的家长们和社区内其他流动儿童的父母而开展。社工链接高校老师和社区中有学前教育经验的幼儿园老师

---

① 陆晓燕：《皮亚杰认知发展游戏理论及启示》，《文山师范高等专科学校学报》2008年第3期，第68~70页。
② 杨宁：《皮亚杰的游戏理论》，《学前教育研究》1994年第1期，第12~14页。
③ 王娆、李宏超：《皮亚杰认知发展游戏理论对儿童游戏之意义》，《学理论》2013年第32期，第279~280页。

在社区大学和家长微信群为家长们授课,为家长们解答在教育孩子时遇到的困惑和难题。这种线上加线下的课堂让因为工作不能参加家长课堂的流动学前儿童的父母能随时随地进行学习,同时在每节家长课堂结束后,社工会把老师的授课内容整理成文字稿发布在微信公众号上,方便家长进行回顾和复习,通过这样的方式加深家长对早期教育的认识,掌握科学的教育方法。社工通过在亲子早教课堂中观察流动学前儿童及其家长常遇到的问题、教育误区和困惑,并调查社区内家长们最关心的教育问题,汇总起来反馈给早期教育的专业老师以此设置系列课程,开展有针对性的家长课堂。

从2017年6月到11月,社工一共开展了6节线上家长课堂和8节线下家长课堂,主题包括亲子沟通、感统训练、家庭关系、健康养育等。家长课堂让流动学前儿童的家长有学习育儿技巧的机会,让家长了解儿童在各个阶段的特点与需求以及如何引导孩子发展,帮助他们学习科学的教育观念和方法,并提升他们的亲子沟通能力和情绪管理能力。同时,通过参加家长课堂,流动学前儿童家长互相探讨和学习科学的教育方法,在课堂中互相分享困惑,然后分享自己的经验,最后和老师一起讨论出最恰当的解决方法。这个过程让家长们认识了新朋友,扩大了其社交网络,增加了社区内流动人口间的交流,增强了其对社区的归属感。

3. 早教志愿者队伍

流动学前儿童早期发展项目在为流动学前儿童及其家长开展课堂的过程中,把有爱心、对早期教育有兴趣的父母组建成一支家长志愿者队伍。社工每年会举行两次学前教育培训,为家长志愿者队伍的成员提供学习学前教育知识与技巧的机会,帮助他们掌握提供服务的技巧和方法,提高志愿者服务水平,提高流动人口的能力。通过参加志愿活动,提高流动人口对社区建设的参与度,发挥其潜能和自主性,使他们不再是社区教育的被动者,而是社区教育的主体,促进流动人口融入社区。同时,为社区教育储备教育骨干人才,发展社区的人力资源,形成教育共同体,为项目的持续发展奠定基础。在早教志愿者队伍里存在一些全职妈妈,F中心为了给这些年轻妈妈提供再就业的机会,因此会挖掘有潜质的全职妈妈成为项目的助教老师,给予她们专业的学习培训。项目的黄老师说:"那时候我在家带了几年娃,与社会有一些脱轨,而且自身文化水平又不高,很难找到工作。在参加亲子早教课堂的时候听说了这个机会,我就去尝试,从全职妈妈到家长志愿者到助教，再经过师资培训和一年的助教实践，成为项目的主讲老师，真的很感谢 F 中心的支持。"S 社区有多名流动学前儿童的母亲从全职妈妈发展为主讲老师、助教老师和家长志愿者，这有利于增强流动人口对社区的归属感，促进项目的顺利进行，推动项目的可持续发展。

4. 其他社区活动

流动学前儿童早期发展项目通过定期举办社区活动，让社区的居民和流动人口有更多的交流，加深相互认识，促进流动人口融入社区。同时，通过社区活动让更多的流动人口了解项目，在参加活动中认识早期教育和亲子陪伴的重要性。亲子手工活动、亲子运动会、亲子户外活动、"21 天亲子阅读打卡"等是流动儿童早期发展的主要社区活动。其中，社工每年都会策划两次亲子户外活动，此次其与其他社工一起策划组织了一次亲子户外活动，组织 30 对亲子去广州市儿童公园游玩，让流动学前儿童及其家长在活动中放松心情，了解广州，扩大流动学前儿童的活动范围。同时，通过户外活动加强亲子之间的沟通，促进良好亲子关系的建立。社工通过链接有经验的华德福手工老师为社区内的流动学前儿童开展面塑课、染围巾、制作羊毛球等亲子手工活动，通过精彩多元的亲子活动锻炼流动学前儿童的动手能力和创造能力，让家长掌握与孩子互动的技巧，帮助流动学前儿童及其家长改善亲子关系。社工利用网络平台在社区里开展了"21 天亲子阅读打卡"活动，家长每天抽出 15~20 分钟的时间陪伴孩子一起读绘本或者故事书，连续坚持 21 天，找家人把每天亲子阅读的情况通过小视频或者照片记录下来发到朋友圈进行打卡，然后把 7 天、14 天和 21 天的打卡记录截图发到中心的微信公众号就可以领取一份精美的礼物，通过这个活动推动社区形成良好的早教氛围，让社区的流动学前儿童的家长重视孩子的阅读和亲子陪伴，在阅读中形成高质量的亲子时光。

本节重点以亲子早教课堂为例来谈社会工作的介入。因为在流动学前儿童早期发展项目中，亲子早教课堂是直接面向流动学前儿童，而家长课堂和早教志愿者队伍是间接与流动学前儿童有关。亲子早教课堂处于项目实务内容的重要地位，每期开展时间长，投入的人力物力大，并且在各活动中最受流动人口的欢迎，服务效果较好。社工在亲子早教课堂中可以同时与流动学前儿童及其家长建立专业关系，满足流动学前儿童及其父母双方的需求。社工通过开展亲子早教课堂让流动学前儿童在社区内就能获得早教服务，减轻流动家庭进行早教的经济压力，不仅促进流动学前儿童各方面的成长，而且提高父母的早教意识，使流动学前儿童及其家长能够共同参与到社区教育中。一方面，亲子早教课堂为社区的流动学前儿童及其家长提供了交流互动的平台，家长通过观察和对比同龄孩子之间的能力发展情况，了解孩子各方面能力的发展状况，增强家长对早期教育重要性的认识，鼓励家长进行早教经验的交流，加强流动家庭之间的互动，构建社会支持网络。另一方面，社工在课堂上为家长示范和引导早期教育的技巧和方法，让流动学前儿童的父母在活动中学习和掌握相应的教育技巧。所以本节的介入部分重点以亲子早教课堂为例来介绍社工为流动学前儿童提供社区教育的服务过程。

三　流动学前儿童社区教育社会工作介入过程及评估

（一）亲子早教课堂的活动内容

这期秋季班亲子早教课堂一共开设两个班，按年龄大小分成太阳班和彩虹班，每班 15 对亲子，其中 10 对是流动人口，5 对是本地人，家长多为儿童母亲。每节课 100 分钟，有 1 名主讲老师和 2 名助教老师协助社工开展亲子早教课堂。组员基本情况见表 4-32。

表 4-32　组员基本情况

姓名	性别	年龄	籍贯	陪伴参加者
LY	男	2 岁 10 个月	湖北省	妈妈
WY	女	2 岁 8 个月	广东省	爷爷（偶尔妈妈）
ZHZ	男	2 岁 11 个月	广东省	妈妈
SJJ	男	2 岁 9 个月	湖北省	奶奶
FYX	男	2 岁 10 个月	湖北省	妈妈
ZQR	女	2 岁 10 个月	湖南省	爷爷
XZX	男	2 岁 8 个月	浙江省	妈妈（偶尔外婆）
LAQ	女	2 岁 8 个月	广东省	奶奶
XMM	女	2 岁 7 个月	湖南省	妈妈（偶尔奶奶）
ZWJ	男	2 岁 11 个月	河北省	外婆（偶尔爸爸）
HSY	女	2 岁 8 个月	广东省	妈妈
LZY	男	2 岁 7 个月	广东省	外婆

续表

姓名	性别	年龄	籍贯	陪伴参加者
DWX	男	2岁11个月	江西省	奶奶或者妈妈
JYC	女	2岁8个月	四川省	妈妈
LSW	女	2岁9个月	江西省	奶奶

亲子早教课堂每4次课程为一个主题，社工围绕每周主题策划主课的内容和游戏，因为2~3岁的幼儿对陌生的东西容易焦虑，多样和经常变化的课堂会不利于幼儿安全感的建立，而多次重复的课堂环节能够帮助幼儿加深认知和记忆，提高规则意识和建立秩序感，因此亲子早教课堂的流程和环节基本固定不变，社工和早教老师会根据组员的情况调整环节内容，增加难度。本节将摘取相关活动进行阐述，重点写社工策划开展主课的部分，对于其他环节不再重复阐述。

一节亲子早教课的基本流程包括唱《燃灯之歌》、亲子读绘本、自我介绍、律动、蒙氏走线、主课、圆圈总结这七个环节。社工会根据每周主题调整每个环节的内容，根据组员的掌握情况再适度增加难度，如自我介绍环节，当主题是运动的时候，社工会让组员在原来的基础上，向其他组员介绍自己喜欢的运动。在走线环节，当大多数组员能安静、独立地坚持走完3圈时，社工会增加难度，让组员双手托着小球进行走线，让组员练习托举的动作，增加手臂的力量，这有利于组员手臂肌肉的发展。通过这几个环节，训练流动学前儿童语言、认知、艺术、运动和社交的能力，增强流动学前儿童的自信心，勇于表达自己，认识新朋友，扩大他们的社会支持网络。

（二）亲子早教课堂的实施过程

1. 熟悉新环境

活动主题：新的环境，新的朋友。

活动日期：2017年9月12日至15日。

活动缘由：2~3岁的幼儿刚到一个陌生的环境会害怕不安，周围一切新鲜的人和物容易让孩子产生好奇心或者焦虑的情绪，需要社工和老师帮助流动学前儿童熟悉环境，减少陌生感与焦虑情绪，降低组员的防卫心理，为信任关系的建立打下基础。组员对课堂的陌生，缺乏安全感，情绪较不稳定，再加上秩序感和规则感还没有开始建立，容易出现哭闹和跑动的现象。因此，课堂第一周的主题是"新的环境，新的朋友"。

活动目标：社工帮助组员和家长熟悉中心和社区，与社工建立专业关系，组员之间能相互认识。同时，社工和家长一起帮助孩子熟悉课堂流程，提高规矩意识和建立秩序感。

活动内容：围绕这周主题，社工策划和开展了四次课堂，第一周主课活动安排如表 4-33 所示。

表 4-33　第一周主课活动安排

时间	活动	目标
星期二	制作导游旗，参观中心	组员了解和熟悉中心环境，减少焦虑
星期三	展示照片并介绍自己，玩"找照片"游戏	组员相互认识，尝试表现自己
星期四	制作卡片，找到卡片上相同的小伙伴	增强组员之间的熟悉感，掌握三原色
星期五	参观社区	熟悉社区环境，加深对社区的认识

第一次主课活动，社工先给组员展示导游旗和做导游旗所需的材料，示范导游旗的制作方法。然后，社工给组员发放材料，让组员在家长的帮助下共同完成导游旗，组员在旗帜上进行涂鸦，从而锻炼组员卷纸的动作和发挥组员的想象力。最后，社工带领组员和家长一起举着导游旗，排队开小火车参观中心。社工要介绍各个活动室的功能和中心的其他工作人员，让组员和家长了解中心的大致结构，尤其是厕所和饮水间的位置。社工借此活动帮助组员熟悉中心环境，减少陌生感和焦虑感。

第二次主课活动，社工结合前面的自我介绍做游戏。首先，社工拿出自己的照片做自我介绍。社工介绍完后邀请家长带着组员轮流介绍自己的照片，家长可以帮助孩子补充信息，不愿意讲的组员可以请家长介绍，要引导组员使用"这是我"来表达自己，让组员明确自己与别人是不同的个体。最后，社工把组员分成两组，把组员的照片放在筐子里，组员在家长的引导下在筐子里找到自己的一张照片，把照片运到对面的目的地，和家长一起把照片贴到活动室的班级风采展示栏，方便组员和家长记住其他同伴。

第三次主课活动，社工带着组员一起认识卡片上的颜色，学习三原色（红黄蓝），一起对卡片上的圆点进行数数，社工说："1、2、3、4，这是

4。"在数圆点的时候社工要用手指着圆点，当数完"4"的时候，社工要用手比画示意这个整体是"4"，不是最后一点是"4"，让组员学会如何数点数和初步意识到"4"是指四个点。然后，社工给组员每人发一张卡片，家长引导孩子找到和自己的卡片一样的同伴，认圆点找朋友，找到朋友后相互认识抱一抱，一起牵手找到社工说出自己同伴的名字。最后，拍合影留念。通过这一小游戏增强组员之间的熟悉感，营造温暖有趣的集体氛围。

第四次主课活动，社工帮助组员熟悉社区环境，加深对社区的认识，提高流动人口对社区的归属感。社工利用投影仪播放社区的相关照片，让组员一起观察这是社区的哪个地方，请组员说出自己熟悉或者认识的地点。接着，社工带着组员和家长在中心附近走一圈，让组员排队牵绳子一起走，社工一边介绍社区，一边引导组员说出这地方叫什么，如市场、超市、社区公园、社区居委会等。

活动过程与反思：由于是亲子早教课堂的第一周，组员对环境和课堂流程陌生，还没有形成上课的规矩意识，因此，社工提前通知家长在课堂第一周每天早15分钟到课室，让孩子提前进入课室熟悉环境，安抚好孩子的情绪，做好上课的准备工作。第一周的课堂，课堂秩序和纪律较差，组员容易出现哭闹、偶尔大叫、注意力不集中、课室来回跑动的现象。当出现以上现象时，社工和早教老师会让家长把孩子抱到休息室坐着，让孩子透过玻璃看课室里面的上课情况，安抚好孩子情绪后再进课室，以免影响到其他组员。在第一周的课堂里，自我介绍环节刚开始大多数组员因为害羞没有开口介绍自己，躲在家长身后，有些甚至不愿意上台跑去了休息室。因此，社工让家长先介绍自己做好榜样再鼓励孩子，孩子若还是不愿意说，那么社工和家长采取不强迫的态度，由家长代替介绍，后面两次课堂大多数组员已经愿意上台拿着麦克风给家长做介绍，有几位组员愿意开口介绍自己。在亲子读绘本环节，有些组员是老人陪同，有个别爷爷奶奶的文化水平有限，不识字或者对绘本的内容和寓意不是很理解，导致个别组员自己随意翻书，一两分钟就翻完要求换一本书，社工和早教老师会多关注这部分组员，必要时会代替爷爷奶奶带着这些组员读绘本。在律动环节，让家长带着组员一起做动作，组员们都能很好地参与进来，听到音乐会兴奋地跟着社工活动手脚，有一两位组员虽然不愿意做动作，站在一边，但是社工发现其实他在看周围人怎么跳。在制作导游旗和找朋友环节，组员的参与度较高。制作导游旗时，组员们大多数愿意动手和家长一起制作，特别是涂鸦的时候兴致很高。通过卡片找朋友，大多数组员能找到自己的同伴并合影留念，在家长的帮助下能记住对方的名字。在参观中心和社区时，组员们的纪律挺好，在家长的引导下没有出现掉队的现象，个别组员不愿意自己走路需要家长抱着走，独立意识需要加强。

这周课堂后，有一些组员已经适应早教课了，能够坚持完成活动，积极参与各项游戏，情绪稳定，但是有些组员还需要在纪律和规则上加强。大多数组员与社工已初步建立关系，有的组员看到社工能主动打招呼，有的组员虽然不爱打招呼但是面对社工的问安可以微笑回应。其中，ZHZ和WY两位组员整整一周都没有参与课堂，不肯走进课室，也不喜欢社工和老师的靠近，特别是ZHZ当陌生人碰到他，会暴躁地大喊大叫。ZHZ的父母是在社区里开理发店的，早上工作不会很忙，所以开学第一周父母双方特意一起陪孩子熟悉课堂。因此，社工让ZHZ的父母一起陪着他在休息室透过玻璃观看上课的情况，后面两天ZHZ开始慢慢靠近教室门口，当觉得有趣的时候还会用手指指向课室里面。

社工观察到，一些家长还没掌握好怎样引导孩子参加活动，对孩子的教育方式需要改善。例如，当孩子跑动大叫影响课堂纪律时，有的家长会打孩子，有的甚至对孩子掌嘴让孩子停止尖叫。当孩子不愿意表达自己时，有些家长会强制，为了自己的面子要求孩子一定要说，会和其他孩子做比较。对于孩子的跑动和哭闹，一些家长粗暴地直接把孩子抱出课室，把孩子放在一边任由孩子哭。因此，在关注流动学前儿童的课堂适应和表现时，社工和早教老师更要关注家长的教育行为和方式，及时引导家长，做好家长的沟通工作。对于家长强迫孩子表现自己时，社工要和家长解释清楚有些孩子的性格气质可能是比较安静的，家长不应该强迫他，不应该拿自己的孩子和其他孩子做比较，每个孩子都有自己的优点，而是首先做好他的榜样，再鼓励带动他，当孩子看到家长能做好，总有一天孩子也会愿意跟着做。当家长出现不当的教育行为时，社工和早教老师要及时制止。当孩子出现哭闹、跑动等行为时，助教老师要及时了解情况，引导家长要有耐心、温柔地通过抚摸孩子后背的方式安抚孩子情绪，可以问孩子为什么要这样做，试着用理解的对话帮助孩子，例如"你哭闹是不是不愿意上课啊，不想做，那么我们现在先在休息室喝水，妈妈抱着你坐在外面看老师上课，好吗？等你想进去了妈妈再抱你进去"。等孩子情绪稳定了，家长再引导孩子建立规矩感。同时，经过一周的活动，社工和早教老师发现要激发流动学前儿童家长尤其是老人对课堂的参与欲望，让他们积极参与课堂的各个环节，让家长明白社工和早教老师不是帮助他们照看孩子，陪他们的孩子玩，而是让他们关注孩子的发展，学会在日常生活中与孩子互动的多种渠道，让他们明白参加课堂的意义，希望他们在课程结束后在家也能和孩子进行沟通，建立亲密关系。

2. 改善亲子沟通

活动主题：大手拉小手，亲子运动会。

活动日期：2017 年 11 月 4 日。

活动缘由：经过一个多月的亲子早教课堂，发现除了有一位组员偶尔是爸爸过来陪伴上亲子课，其余的都是妈妈或者老人陪伴，有 3 位组员基本都是老人陪伴，父母没有参与到课堂里，大多数流动学前儿童在早期发展过程中缺少父亲的陪伴。有一位组员的妈妈曾反映，组员的爸爸不会发挥想象力，不太会和孩子沟通交流，有时候妈妈都觉得爸爸和孩子玩游戏的方法太无聊、太枯燥了，孩子在家都不喜欢和爸爸玩。因此，社工在课堂中期策划开展了一场亲子运动会，把活动日期安排在周六，社工提前通知家长希望父母双方尽量抽空过来参加，因为一些运动项目必须亲子完成，而老人的体力可能不能很好地带孩子完成运动会。

活动目标：加强组员与父母之间的亲密关系，增强团队意识，加强社工、早教老师和家长的沟通交流，让家长了解孩子这段时间的变化，提高家长对课堂参与的积极性，重视亲子陪伴。

活动内容：本次运动会，社工把组员分成两组进行比赛，共设计了 4 个小游戏，具体活动计划如表 4-34 所示。

表 4-34　亲子运动会活动计划

时间	活动	目标
15 分钟	接力赛跑	帮助组员练习跑步，提高组员的团队意识
20 分钟	过河拆桥	帮助组员练习双脚跳，增加亲子之间的配合度
15 分钟	亲子划船	促进亲子之间亲密关系的建立
10 分钟	蒙古包	锻炼组员的手臂力量和身体灵活性，学会听懂指令
20 分钟	食物分享	培养组员的分享意识，提升其社会交往能力

运动会开始前，早教老师带着组员一起跳律动操，帮助组员活动手脚，活跃气氛。本次运动会以亲子组队的形式参与比赛，社工按照组员年龄将其分成两队进行比拼。在"接力赛跑"活动中，组员和家长站在起跑线外排队，两队的第一组家长拿着沙包快速跑到对面的红线，再跑回来把沙包传递给自己的孩子，第一组亲子跑完后把沙包接力给下一组亲子，直至全部完成。当组员不能独立完成的时候，家长可以在旁边陪伴和引导他完成接力。为了增加亲子之间的配合度、锻炼组员双脚跳的动作，社工带领组员进行"过河拆桥"游戏。社工准备了 4 个呼啦圈，在每队前面各摆放 2 个，第一位组员站在第一个呼啦圈里面，听到口令跳进第二个呼啦圈，然后家长蹲下来把第一个呼啦圈拿起来绕过孩子的头顶紧靠第二个呼啦圈向前摆放，孩子再往前面的呼啦圈里面跳，一直跳到对面红线再跳回来把呼啦圈传递给第二组亲子，以此类推。在这个过程中，家长要及时反应配合孩子，鼓励孩子双脚跳进呼啦圈。经过前面两个激烈的游戏后，社工和早教老师给组员和家长进行集体按摩，家长和组员顺势趴在地垫上，社工和老师拿着大龙球从组员和家长身上滚过去。刚开始两遍要轻一些，等组员和家长适应后，可以拿着球在家长和组员身上稍微停留一下，加大力度用球在背上进行点、按、揉等动作，帮助组员和家长全身放松。等组员休息完，社工带着组员一起玩"亲子划船"游戏，每轮两队分别派出一组亲子进行比赛，家长之间商量好比赛顺序，所有组员都有一次上场机会。家长坐在地上，组员坐在家长大腿上且两只手环抱住家长的脖子。家长利用手脚和臂部的力量向前移动，先到终点的那组亲子获胜。完成"亲子划船"游戏后，社工组织组员和家长一起玩"蒙古包"游戏，家长和组员一起拉着彩虹伞的边缘，当社工喊出"波浪"的口令时，所有人一起挥动彩虹伞形成"波浪"；当社工喊出"1、3、5"这三个数字时，所有人一起举高彩虹伞；当喊到"2、4"这两个数字时，所有人一起放下彩虹伞；社工喊到"6"时，所有组员钻进彩虹伞，家长用屁股压住彩虹伞边缘，这时彩虹伞形成一个"蒙古包"的形状。通过这个小游戏锻炼组员的手臂力量和身体灵活性，学会听懂指令。最后，社工组织组员和家长一起坐在彩虹伞上吃东西、分享食物，借此环节家长引导和鼓励孩子主动自愿分享食物给其他组员。食物吃完后，社工带领家长和组员一起回顾和总结今天的活动，由家长分享对这次活动的感受和参加亲子早教课堂期间自己和孩子最大的改变。

活动过程与反思：社工提前策划好亲子运动会的活动计划书，提前两周在家长微信群发布了活动内容和活动时间，让流动学前儿童的父母提前做好时间安排，尽量抽空过来，因此，活动当天全部组员都是由妈妈陪同过来，其中有6位组员是爸爸妈妈都一起过来参加活动。这是亲子早教课堂开课以来，第一次全部组员是由父母陪伴，没有组员是由爷爷奶奶陪伴过来上课。在活动过程中，发现平时由爷爷奶奶陪伴的组员，在这次活动中变得比平时积极，更加投入，脸上的笑容比平时多。在这种亲子互动性强的活动中，组员不容易出现发脾气、哭闹的现象，特别是在父母的引导下组员更愿意遵守游戏的规则，参加游戏的积极性增强，此次课堂的气氛较好。在"亲子划船"游戏中，观察到当组员坐在爸爸的腿上，双手抱着爸爸的脖子，爸爸拼命往终点移动的时候，组员在爸爸的怀里一直大笑，很开心，特别享受这个过程。在食物分享环节，组员们经过一段时间的相处，都能互相认识，交到自己喜欢的朋友，因此，在社工和家长的引导鼓励下，大多数组员能与其他同伴分享食物。在总结环节，社工鼓励家长特别是爸爸多和孩子进行亲子互动，有时候一些简单的活动如亲子划船、亲子阅读、给孩子一个拥抱等，都能促进亲子之间的沟通，建立亲密关系。

此次亲子运动会开展得比较成功，每一个游戏项目都能让组员和家长共同配合完成，家长和孩子的参与度较高，增加了组员与家长的肢体接触和语言交流的机会，活动氛围较温馨。由此可得，社工在设计活动时，要注重亲子的合作，多运用亲子游戏，提高活动的趣味性和互动性，促使家长更积极地参加课堂，从而更好地引导组员融入课堂，推动家长和孩子亲密关系的建立，促进家庭关系的和谐融洽。经过此次活动，有个别父母意识到父母陪伴比老人陪伴更有利于孩子参与课堂，更有利于孩子的成长，因此，活动结束后父母陪伴孩子上亲子早教课的次数增多了，偶尔能看到个别组员的爸爸会过来陪伴，有几次课堂出现了两位组员都是由爸爸陪伴过来上课。有一位组员的妈妈还特意让老板安排上班的时候，把她安排在周末工作，把每周的假期安排到周一至周五的任意两天，方便她陪伴孩子参加亲子早教课堂。

3. 提高人际交往能力

活动主题：我们都是好朋友。

活动日期：2017 年 11 月 7 日至 10 日。

活动缘由：有关研究表明，幼儿早期社会能力的发展会影响他以后对人的态度和人际关系，而且会影响其认知和健康人格的发展。流动学前儿童由于生活圈子狭窄，大多数时间和老乡或者邻居一起玩，社会交往网络小，不利于人际交往能力的提高。在亲子早教课堂中，社工发现有些组员喜欢躲在家长的身边，不愿意参与到集体游戏中，不喜欢和其他组员交往。同时，有个别组员在和其他组员玩耍时，不懂得交往的规则，喜欢抢别人东西或者打人，时常与别人发生摩擦。经过前七周的课堂，组员们渐渐熟悉，有的甚至成为朋友，课上或者课后社工经常能看到个别组员因为争抢玩具或者一些小碰撞，发生摩擦和哭闹。因此，选取第八周的主题课程呈现社工如何对流动学前儿童人际交往进行介入。把本周的主题定为"我们都是好朋友"，通过游戏潜移默化地引导组员一些与人交往的方法，从游戏中学会与其他组员相处、合作与分享。家长在游戏中也要以身作则向孩子示范正确的交往行为。这样能够为培养流动学前儿童的社会能力以及人际交往能力打下一个良好的基础。

活动目标：提高组员的交往能力，掌握交往的礼貌用语和规则，促进组员之间的情感交流。

活动内容：围绕这周主题，社工策划和开展了四次课堂，因为本周有些主课的活动较简单，因此社工在活动结束后安排组员一起围圈玩玩具，在玩玩具的过程中学会交往规则。第八周主课活动安排如表 4-35 所示。

表 4-35　第八周主课活动安排

时间	活动	目标
星期二	制作五彩星星瓶	促进手眼协调和手指肌肉发育，促进组员之间的交流合作
星期三	两人三足	让组员走出"自我中心"，学会分享，学会一起玩耍
星期四	小小电话线	学会礼貌用语，培养组员的社交能力；锻炼穿线的动作
星期五	头发、肩膀、膝盖、脚	增加组员之间的肢体接触，促进情感交流，认识自己的身体

第一次主课活动，社工提前让家长准备好透明的塑料瓶或玻璃。社工

给组员和家长示范怎样制作五彩星星瓶，首先用安全剪刀把彩纸剪成小碎片，拿出一张小碎片放在掌心揉成纸团，再用三指捏放进玻璃瓶，把玻璃瓶装满小纸团。然后社工把不同颜色的彩纸发给组员，但是每人只能拿到一种颜色。组员之间只有学会相互分享，才能凑齐五彩颜色的纸，家长和社工一起向组员示范怎样向其他组员表达需要交换，然后引导和鼓励组员表达自己的需要，向其他组员换取其他颜色的纸。通过这样的方式，提高组员的交往能力，学会文明用语、分享与交换。等组员凑齐了五种颜色的纸后，家长协助组员共同完成星星瓶。通过这个活动帮助组员练习使用剪刀，掌握抓、握的姿势，促进手指肌肉发育，并且帮助组员掌握捏、揉、放的精细动作，锻炼手眼协调。

第二次主课活动，游戏前，早教老师带着组员学唱儿歌《我的朋友在哪里》。通过这首儿歌，社工开始引导组员找到自己的好朋友，两两组队进行"两人三足"游戏，在游戏中增进友谊。家长在组员身边协助，引导两人怎样更好地配合完成比赛，同时防止组员受伤。游戏结束后，社工把组员分成4组，每组的成员围成圈一起玩玩具，引导他们学会交换、分享玩具。社工在分发玩具时，要和组员说清楚玩玩具的规则，如果没拿到心仪的玩具，可以问组员能不能交换玩具，如果不能，那么等组员玩了一段时间后，双方家长再引导组员进行交换，玩具是公共的，要轮流玩。这次如果没有玩够，那么可以等下节课或者课堂结束后再玩。当组员之间出现抢玩具、发生矛盾时，家长要及时制止，引导孩子遵守先拿先玩、排队轮流玩的规则。

第三次主课活动，社工带着组员一起制作"小电话"。首先社工演示一遍怎样用一次性纸杯、绳子和回形针制作"小电话"，然后由家长协助组员共同完成，帮助组员锻炼穿线的动作，最后组员在"电话"上涂鸦自己喜欢的颜色和图案。组员们做好了"小电话"后，社工和家长引导组员之间通过"小电话"进行沟通交流，引导他们学习"你好""再见"等礼貌用语。

第四次主课活动，社工带着组员一起复习之前学过的儿歌《头发、肩膀、膝盖、脚》，组员一边唱一边用手指出相应的身体部位。当组员掌握后，社工播放背景音乐，当背景音乐停止，社工喊出口令"头对头"，那么组员要找到同伴相互头对着头，轻轻碰到一起；喊出口令"脚对脚"，那么组员要找到同伴两个人脚对脚，以此类推。游戏结束后，组员们一起玩玩具。

活动过程与反思：经过快两个月的亲子早教课，组员们进步都很明显，上课的情绪也较稳定。在自我介绍环节，大多数组员在家长的引导下能完成自我介绍和当周增加的主题内容，如这周介绍自己好朋友的名字，有些组员在自我介绍完还会表演唱歌，有3位组员虽然不愿意开口表达，但是已经能主动勇敢地上台了。在读绘本环节，组员基本能安静地坐在位置上听讲，偶尔有一两位会跑动，但家长很快能安抚下来。本周读绘本环节改变了原来的方式，由家长代替老师给组员讲绘本，可以给组员带来新鲜感。家长提前向社工报名，社工每天安排一位家长进行尝试，而绘本由家长自己选择。通过这样的方式，家长们更加积极地参与课堂，对于讲绘本的技巧和方法有更深的体会，促进家长们互相交流探讨讲绘本的方法，共同学习。本周主课环节，有些家长觉得游戏太简单，不以为意，在陪孩子做手工或者游戏的时候会分神不用心，出现偷偷看手机的现象，让孩子自己玩。因此，社工要做好与家长的沟通工作，可以提前一天把第二天的活动目的发到家长群里，让家长了解，明确告诉家长做这个游戏的目的，比如撕、捏、揉等这些看似简单的动作，其实能促进小孩的手指肌肉发育，通过精细动作开发大脑智力，通过设计小游戏增加组员之间的交流，提高孩子的交往能力。在玩玩具出现摩擦时，社工提前告诉家长一些处理方法，如孩子抢玩具时家长可以说："妈妈知道你很想玩，但是不能抢，因为是他先拿到的，我们要排队，我们先玩其他的玩具，等他玩了一段时间后，你可以问他愿不愿意给你玩。"家长可以等孩子玩了一定时间后，对他说："你已经玩儿好一段时间了，玩够了要给其他组员了，这是公共玩具，大家要一起玩，我们可以去找其他玩具玩。"通过本周课堂，组员之间的感情变得深厚，有些组员会主动要求家长放学后带他去找其他组员一起玩，家长之间私下相互约时间一起带孩子去社区公园玩，有些组员之间还相互去对方家做客。如组员WY从刚开始抵触别人接触，喜欢自己玩，通过游戏以及在妈妈的鼓励下，已经和组员ZQR成为好朋友，放学的时候会主动和ZQR牵手一起回家。

在本周的课堂上，社工观察到有两位一直很乖的组员，在其他组员的影响下，偶尔会出现不专心，甚至跑动等消极厌倦现象，当助教老师安抚他让他回去妈妈身边听课时，有一位组员问："为什么他们可以跑呢，我不可以呢?"因为组员年龄小,孩子之间喜欢模仿,不可避免地会受到同辈之间的相互影响,当在课堂上出现负面影响的时候,社工该如何协助家长引导孩子学会辨别行为的好坏,不受同伴的消极影响,这是一个值得社工和早教老师反思的现象和问题。经过开会讨论,社工和早教老师决定先通过彩虹本把这个现象反馈给这几位组员的家长,让家长通过绘本引导孩子,社工在彩虹本上面写下:"社工观察到本月宝宝在其他小朋友的带动下,容易出现思想出小差、不积极参与活动的现象,宝宝慢慢长大逐渐成为社会人,在集体生活中难免会受到一些好的和不好的事情影响,我们要及时发现并帮助宝宝去面对这种状况,做独一无二更好的自己!"当家长不好跟孩子讲大道理时,妈妈可以借助绘本和孩子进行沟通,推荐绘本《独一无二的你》,可以在中心图书室借阅。而对于上课时带动其他组员跑动的组员,社工通过彩虹本反馈给家长,写道:"这个年龄段的小朋友专注力只有5~7分钟,当宝宝觉得时间太长坐不住,想跑动时怎么办呢?社工有一个小建议,第一步家长帮助宝宝坚持坐5~7分钟,第二步当他做到了,宝宝感到累确实想动一动,这时候家长可以与宝宝做约定,比如让他指定在座位边上的那两块垫子上活动或者躺着,实在要跑那么家长允许他去到教室外面的休息室跑一圈再回来坐好,原则上不影响到他人。"采用这样的方式,慢慢地让孩子坐的时间变得越来越长。这种方法引起了家长对组员课堂表现的关注,让家长及时发现孩子的问题并给予引导和鼓励,使课堂秩序得到改善。

社工在策划课程活动时,依据大多数儿童的情况设计游戏和学习进度,但是固定的课堂环节忽视了成员的个体差异性,如自我介绍环节有的组员在课堂一开始就能轻松大胆地跟着家长一起表达出来,而有些组员存在滞后性,要等到早教课程快结束时才能勇敢地表达出来。有些组员一旦掌握了,容易对这个环节失去兴趣,出现不专心和跑动的现象。因此,社工在往后的课堂中要提高课堂的趣味性,关注组员的个体差异,对不同的组员增加相应的难度以此吸引组员参与,减少跑动和注意力不集中的现象。

社工每月都会把课程观察记录通过彩虹本的形式反馈给流动学前儿童的父母,让流动学前儿童的父母了解孩子的状况,同时家长可以通过彩虹本记录孩子的表现、进步成长或者向社工提出对课堂的想法与建议,加深社工与流动学前儿童父母之间对课堂效果的交流,一起探讨孩子的早期发展，及时调整活动以达到更好的活动效果。

（三）项目结果

1. 过程评估

从组员参加课堂的情况来看，两个亲子早教课堂一共招募 30 位组员，其中有两位组员中途退出课堂，一位组员因为生病需要在家休养，另一位组员的妈妈要回老家生二胎，因此儿童也跟着回老家。亲子早教课堂每周安排 4 次，开展频率较高，组员出勤情况较稳定，课堂平均出勤率达 87%，请假原因多为组员身体不舒服而不能来。由此可见，家长对于亲子早教课堂的认可度挺高，积极配合陪伴孩子过来上课。

对于具体的课堂评估与反思，在活动过程中社工和早教老师对组员的表现做好观察记录，并且每月将组员的表现总结反馈给家长，通过这种方式对项目进行过程评估。相关过程及反思在上述活动开展过程中已做了一些说明。

2. 结果评估

（1）从组员的成长与改变来看

第一，组员从抵触到接受课堂。项目开展初期，一些组员对社工存在抵触心理，不肯让陌生人触碰，慢慢地能够与社工成为好朋友，很好地与社工进行互动。

第二，组员从没接触过绘本到喜欢上读绘本。由于一些家长没有时间或者没有意识到讲绘本对孩子早期教育的重要性，平时没有给孩子讲绘本的习惯，所以，刚开始一些组员不愿意听家长讲绘本，不愿意安静坐着听，自己一个人很快地乱翻书或者扔书，慢慢地能够专注地听家长讲完绘本，并主动地去找早教老师挑选自己感兴趣的绘本。

第三，组员对事物的认知增强。在和社工玩游戏的时候，对于三角形、正方形、圆形和三原色的认知，组员们通常只认识一种或者两种，到课程后期能够全部正确认出来，而且组员对颜色的掌握基本已达 5 种或 5 种以上。

第四，组员的粗大运动和精细运动得到发展。例如，项目刚开始的时候，社工利用万象组合给组员做感统训练时，大多数组员能够双脚起跳但是不能同时落地，只有个别组员能够很好地完成动作，经过一段时间的活动训练，组员们基本能够很好地完成，有几位还能单脚连续跳 3 次。对于穿珠子这类手指精细运动，大多数组员从一分钟穿 2~3 个珠子到后来能够一分钟穿 5~6 个珠子。

第五，大多数组员在课堂上跟着早教老师跳律动操和学习唱儿歌，特别是《我爱圆圈圈》这一律动操，组员们能够熟练掌握，并且会主动拉着旁边的小伙伴一起转圈。由此可见，组员在运动、语言、社交、认知和艺术等方面都有不同程度的进步和发展。

（2）亲子早教课家长反馈意见表

在亲子早教课堂结束时，由主要陪伴组员上课的家长填写反馈意见表，对表中的意见进行收集，从而了解家长对亲子早教课堂的满意度和意见，对反馈表做了整理和评估，结果如下。

第一，改善流动学前儿童的早期教育，帮助流动学前儿童的家长了解早教的重要性并学习到一些育儿方法，这一项目目标达成情况良好。在家长反馈意见表中，对于"家长是否学到育儿方法、意识到孩子的问题大多数来自家庭教育"，大多数家长选择了非常同意，也有些选择了同意。

第二，家长能把课堂学到的育儿方法运用到实践中，并希望将来能参加家长课堂等类似活动。在家长反馈意见表中，家长对这两项都表示同意。

第三，亲子早教课堂工作人员的亲和力、责任感和专业性均得到了家长认可。

第四，亲子早教课堂的课程体系和时间安排较合理。虽然不像以往的活动把课堂安排在周六，而是安排在周二至周五，但是家长更喜欢这种持续、常态的课程安排。

第五，通过参加亲子早教课堂，组员及其家长的人际交往能力得到提升，家长之间形成支持网络。在反馈意见表中，对于"家长和孩子都能交到至少一个好朋友，并能频繁交往"，家长选择了同意或者非常同意。

四 总结、反思与建议

（一）总结

1. 社会工作介入流动学前儿童社区教育的特点

以流动学前儿童早期发展项目为例，针对 S 社区流动学前儿童及其家长的需求为他们开展一系列有关社区教育的服务活动,是对社会工作介入流动学前儿童社区教育实践模式的一种探索。社会工作介入流动学前儿童社区教育时,不应该把眼光只对准流动学前儿童一个群体,也要把流动学前儿童的家长纳入进去,改善家长的教育方法,提高家庭在流动儿童早期教育中的作用与质量,从而间接地促进流动儿童的早期发展。另外,流动学前儿童社区教育要辐射到其他群体,加强流动人口之间的互动,打破流动人口和本地人口之间的隔阂,这样才能真正促进流动学前儿童社区教育的发展。社会工作介入流动学前儿童社区教育的实务特点主要体现在如下三个方面。

第一,立足社区需求,多元主体参与。社工用访谈和问卷的方法了解流动学前儿童的问题与需求,了解家长对早期教育的期望,要因地制宜,制定符合本社区需求的社区教育服务方案,策划有针对性的社区教育课程,满足本社区流动学前儿童的实际需求。流动学前儿童的社区教育是由多方共同作用而形成的,参与主体包括政府相关部门、社区工作人员、机构督导、早教专家、专业社会工作者、高校老师、高校学生以及社区早教志愿者等,社工作为其中的桥梁,不仅与流动学前儿童及其家长建立专业关系,而且积极地促进各方联动与配合,整合资源,获取各方的支持,从而保障流动学前儿童社区教育能够获得充足的资源支持。

第二,注重专业手法的使用,建立流动学前儿童社区教育的课程体系。社工利用小组工作、社区工作等专业方法和技巧开展社区教育,如家长课堂、亲子早教课堂、亲子户外活动、亲子阅读活动等,避免了传统社区教育单一的教育方式,丰富了社区教育的内容和形式,具有吸引力,可以填补流动学前儿童社区教育的空缺。针对流动学前儿童特点,社工链接了早教专家对流动学前儿童社区教育开发的教育课程,设计出一套生动有趣、具体形象的早教课程体系,便于流动学前儿童理解和表达,调动流动学前儿童各方面能力的发展。在课程的实施过程中,社工通过观察法把流动学前儿童的进步与成长详细记录下来,并及时反馈给家长,根据组员的情况不断调整和丰富课程内容,满足流动学前儿童及其家长多元的需求,不断完善社区教育的课程建设,从而提升社区教育的质量。

第三,强调助人自助,推动流动学前儿童社区教育走向居民自治。社会工作介入社区教育具有独特性,社会工作强调助人自助的理念,在为流动学前儿童及其家长提供社区教育时，重视强化家长的育儿责任，强调家长的自助。社工为流动学前儿童的家长提供学习早期教育相关知识的机会，教给家长科学、容易操作的育儿知识与方法，改善流动人口的早教方法。同时，社工给家长们提供一个互相学习和交流的机会，有利于他们在日常生活中获取别人有益的教育方法和经验，形成互助网络，帮助流动人口挖掘身边可利用的资源。另外，社工通过在活动中发现流动人口的优势与潜能，帮助他们成为社区教育的志愿者或者早教老师，发挥流动人口的自主性，使他们不再是社区教育的被动者，而是成为社区教育的主体，达到真正的助人自助和居民自治。

2. 可供借鉴的经验

（1）以社区需求为本，运用多种方式

传统的社区教育多采用宣传的方法开展，社会工作介入流动学前儿童社区教育运用了多种活动方式，具有多样性和持续性。社工依据社区的需求采用小组活动、亲子早教课堂、家长课堂和社区活动等方式，在社区普及学前教育观念，提高家长的教育素养；通过家长课堂和组建志愿者队伍，增加流动人口与本地人口之间的沟通交流，一起分享和交流学前教育方面的知识，形成一个自助互助的社会支持网络，帮助他们更好地融入社区。社工立足优势视角，发现流动人口的优势与潜能，组建志愿者队伍和培养社区妈妈成为早教老师，强调流动人口的能力建设，调动流动人口参与社区学前教育的积极性，从而帮助流动人口更好地学习和掌握学前教育的知识与方法，提高他们的社区意识和社区情感。

（2）注重社区教育的持续性

一方面，F 中心在开展项目过程中，充分挖掘社区的人才资源，把对早教感兴趣的家长组建成志愿者队伍，鼓励他们主动回馈社区，同时为家长志愿者队伍提供早教知识专业培训，提高志愿者的服务专业性，推动流动学前儿童社区教育的建设。另一方面，F 中心培养社区妈妈成为早教老师，帮助社区培养教育核心骨干，提高社区的教育能力。当 F 中心和社工离开了社区，社区中的早教老师和家长志愿者队伍可以继续开展服务活动，保障了流动学前儿童社区教育的有效性和持续性。流动学前儿童早期发展项目能够深入社区，是政府和社会工作介入流动人口的一个很好的方式，适合在流动人口社区推广。

（3）积极引进外部资源

城中村的资源有限，社工不仅仅要积极寻求社区资源，争取社区居委会、党支部、爱心企业和幼儿园的支持，更要充分链接社区外的资源，如高校老师、高校学生、基金会等，拓宽链接资源的渠道，保证流动学前儿童社区教育的顺利开展。F中心在充分链接社区教育现有资源的基础上，聘请了高校老师进行亲子早教课堂的专业指导，与高校进行合作，成为高校学生的实习基地，如中山大学社会工作硕士（MSW）的实习点、华南农业大学的本科社工专业的实习基地，充分发挥高校学生的优势，促进社区教育的发展。F中心得到了爱佑慈善基金会、广东省千禾社区公益基金会等基金会的支持。同时F中心通过参与腾讯"99公益日"、支付宝月捐等网络众筹活动，为流动学前儿童早期发展项目筹款。积极引进多元的外部资源，为流动学前儿童的社区教育提供更好的专业服务，扩大社区教育的资金来源，从而提高社区教育的效果和服务水平。

（二）反思

1. 服务对象流动性较大

针对流动学前儿童及其父母的社区教育是一个长期的过程，流动学前儿童的成长和流动人口的教育观念、态度和行为的变化，不是一两次社区教育活动就能够完成的，需要通过连贯的、长期的活动循序渐进地介入。一方面，流动人口受到户籍和受教育程度等的限制，相对于本地户籍人口来说，他们的职业较不稳定，更换较频繁，居住社区不固定，哪里有活儿干就到哪里，流动学前儿童也会跟着父母继续流动。另一方面，流动学前儿童的社区教育不仅仅是提高流动学前儿童各方面的能力，更重要的是给家长传递科学的教育方法，增进亲子关系，从而改善流动学前儿童的家庭教育，促使流动儿童早期健康发展。由于社区教育对组员没有较强的约束力和规范性，即使在招募组员的时候流动学前儿童的父母都在协议上签名承诺会由自己陪伴孩子上课，但在活动中陪伴组员上课的家长往往是不固定，妈妈、爸爸、爷爷和奶奶轮流陪伴孩子上课。因此，面对流动学前儿童及其父母开展的社区教育容易出现服务对象流动性较大、不固定的问题，使社区教育的活动目的和效果无法最大限度地实现，影响项目的持续性和长期性。

2. 社区重视程度不够

基层社区教育更多集中在居民的党政教育、公民文明素质上，同时相关政府部门对流动人口并没有给予足够的重视，对流动学前儿童社区教育认识不到位、理解不足、缺乏积极性，社工在为流动学前儿童及其家长提供社区教育服务时常常处于被动地位。城中村社区教育资源匮乏，能提供给流动学前儿童的资源更是有限，再加上社区自身的教育能力不足，常常依赖于社会工作，这给社会工作介入流动学前儿童社区教育带来一定的难度和挑战。

3. 项目资金和专业人才不足

流动学前儿童早期发展项目的投入高，流动学前儿童的亲子早教课堂每期组员的课程较多，需要大量的资源投入，面临着资金和专业人才的挑战。促进流动人口融合服务是一个包含多个层面的庞大服务体系，虽然流动学前儿童早期发展项目在 F 中心服务体系中占据重要地位，但是受到宏观发展战略的限制，其流动儿童服务在资金投入和人员投入上受到一定的影响，流动儿童服务的精细化和专业化程度有待提升。

虽然社工具有专业的社会工作理论知识，接受过 F 中心举行的早教师资培训，但是早期教育涉及的理论知识太广泛，需要系统学习和实践积累，社工与早教老师对于早期教育的专业性和知识储备有待提高。同时，项目的一些事务由高校学生参与负责，高校学生往往缺乏实践经验和流动性较大，实习期满了就离开 F 中心，需要换其他工作人员负责，造成专业培训资源重复浪费，这对服务对象和项目造成了一定的影响。

4. 社会工作者角色分工不明确

社工在为流动学前儿童开展社区教育时，充当着服务的提供者、资源的链接者、支持者和倡导者等多重角色，而早教老师大多数扮演配合和协调的角色。在流动学前儿童社区教育的开展过程中社工与早教老师的职责工作不够明确，如在亲子早教课堂中，主讲老师和社工都是课堂的主要讲授者，都有各自负责的环节，当某一环节不需要上台组织和讲课时，社工或者主讲老师就会和助教老师一起维持课堂秩序，引导流动学前儿童及其家长参与课堂，协助课堂的顺利进行，社工和早教老师的分工具有重合性和模糊性。这导致了流动学前儿童及其家长误以为社工和早教老师是等同的，对社工的了解和认识不充分。如何让社区教育的分工更加规范，更好地让活动参与者区分社工和早教老师的角色，是社工值得思考的问题。同时，早教老师很少参与社区教育的活动策划和链接资源的工作环节，在社区教育的开展过程中多处于被动地位，独立开展社区教育活动和链接资源的能力有待提高，一旦离开了社会工作组织，流动学前儿童的社区教育将受到较大的限制。社工不仅要提高流动人口的早教能力，也要多注重对流动人口进行社会工作专业知识的培训，挖掘每个人的优点，让流动人口能够充分参与到策划组织和链接资源等主要工作环节里，要牢记早教老师和社区志愿者不应是社区教育的被动者，而是社区教育的主体。

（三）建议

1. 加大政府的支持力度

政府是社区教育的主导者，社区教育离不开政府的重视与支持。政府应该加强对流动学前儿童社区教育的政策法规建设，重视流动学前儿童的早期发展，从政策上推动流动学前儿童社区教育的发展，为城中村的流动学前儿童社区教育提供坚强的后盾。政府应加大对流动学前儿童早期发展的财政投入，完善社区教育资源，开展流动学前儿童早期发展项目，保障流动人口的利益，减轻流动人口由幼儿早期教育费用所产生的压力和负担，促进流动学前儿童健康发展。

2. 充分整合社区资源

社区是流动学前儿童除了家庭接触最多的场所，是平时娱乐交往等活动的主要场所。因此，要充分整合社区资源，调动社区居委会参与流动学前儿童社区教育的能动性和积极性。一方面，要增强社区工作人员对流动学前儿童社区教育的认识和理解，加大对流动学前儿童社区教育的支持和投入力度，建立早期教育社区服务体系，在社区中为流动儿童等弱势群体设立学前教育专项经费，发挥社区在流动学前儿童社区教育中的作用，并承担相应的职责，同时加强社区工作人员与社工的交流合作，培养社区工作人员独立开展流动学前儿童社区教育的能力，增加流动学前儿童社区教育的人力资源，确保社工离开社区后，流动学前儿童社区教育也能独立运行，促进社区教育的可持续发展。另一方面，积极联动社区的幼儿园和早教机构等教育资源加入流动学前儿童社区教育的建设中，对社区内的幼儿园、操场、活动室、图书室等进行整合，定期开放给流动学前儿童使用，提高社区的资源利用率。

3. 完善服务队伍结构

社会工作介入流动学前儿童社区教育，要特别重视专业方法与技巧的灵活使用，既要掌握儿童社会工作和社区工作的专业知识，掌握学前儿童早期发展的特点和需求，也要学会与家长沟通的技巧，在开展社区教育时，能够合理应对各种问题。因此，社会工作与早教机构要建立合作关系，加强不同学科之间的交流，链接早教专家做活动督导，以社工督导提高社工的专业能力，以早教督导提升社工对早教知识和技能的掌握和运用程度，采用双督导模式。机构要定期开展早教知识培训，加强社工和早教老师的早教知识和早教技能的学习，提升专业能力。同时，机构把掌握早期教育专业知识的人才吸纳到项目团队中，完善队伍的结构，克服社会工作者在早期教育上的不足，互相学习合作，扬长避短，推动流动学前儿童社区教育的发展。

总之，亲子早教课堂作为儿童早期教育的社区教育项目，是社会组织参与社区治理及介入社区教育服务的积极探索。我国社会建设与社区治理需要多元主体同心协力，推进社会治理重心向基层下移，发挥社会组织作用。[①] 社会组织介入社区教育服务，是社会治理深耕社区的重要表征之一。[②] 广州市社会组织在自己的业务范围内面向社区居民开展社区教育服务，或以社区教育服务为载体，与社区居民建立联结，宣传机构服务品牌。社会组织在整合各种社会资本、募集社会资金、动员公众参与、吸引志愿人员等方面的优势，使其在社区教育工作中能更好地成为政府及其职能部门的合作者，在拾遗补阙中也能发挥重要作用。社会工作机构在社区教育中可担任创新倡议者、供给者及资源筹措者的角色，发挥引领关注、整合传达及多方联动的作用，实施地域化的社区教育服务。[③] 广州 F 中心走中国特色社会组织发展之路，开展当代中国社区治理、社会公益方面的研究、咨询、倡导、交流公益活动和社会工作服务，促进社区治理、社工服务与社会建

---

① 李慧英：《我国的社会建设与社区治理》，《领导科学论坛》2018 年第 16 期，第 47~62 页。
② 张晓琴：《社会组织介入社区教育服务的路径及特点》，《教育导刊》2019 年第 5 期，第 35~38 页。
③ 李伯平、曹敏菁等：《社会组织在社区教育中的角色创新与展望——以新港街家庭综合服务中心为例》，《重庆城市管理职业学院学报》2017 年第 3 期，第 18~21 页。

设的协调发展，2018 年被广州市民政局评为广州市品牌社会组织。F 中心扎根于流动人口聚集的城中村，通过社区教育和社区工作的方式培育和服务流动人口家庭，帮助他们实现城市融入和融合，探索流动人口社区可持续发展和基层协同治理机制的建立。F 中心的流动学前儿童早期发展项目是专门为流动学前儿童及其家长提供儿童早期发展的社区教育项目，其亲子早教课堂基于流动儿童身心发展特点，涉及健康、语言、认知、社会、艺术五大领域，并将亲子互动活动贯穿整个过程之中，充分利用社区资源，增进亲子关系，提升家长育儿能力，增强组员社区归属感并加深社区居民对流动学前儿童早期发展的认识。F 中心已经在全国拓展了 30 多个神奇亲子园流动学前儿童早期发展课堂。F 中心的流动学前儿童早期发展项目被评为 2018 年度教育公益项目，其经验做法值得借鉴和推广。例如，培养社区妈妈，使她们从服务使用者成长为服务提供者；向全国推广流动学前儿童早期发展项目的经验和模式，使更多流动学前儿童受益；项目强调跨专业团队的合作，重视教育学、心理学、社会学等相关专业力量的作用，更凸显社会工作介入流动学前儿童早期教育的优势。今后有必要系统总结和提炼 F 中心流动学前儿童早期发展项目的经验，形成中国本土的"强壮开端"模式，支持弱势儿童及其家庭。

综上所述，家庭、幼儿园等托幼机构及社区三者之间互动所形成的整体教育环境，对流动学前儿童的发展与学习具有决定性的影响力。在流动学前儿童教育照顾方面，应构建家庭—幼儿园—社区三位一体的联动教育照顾体系，即奠定家庭教育照顾的基础地位，注重学校教育照顾（幼儿园）的主导作用，发挥社区教育照顾的补充功能。[①] 专业社会工作在三个教育领域都可以发挥积极的支持作用，帮助流动学前儿童健康成长。社会工作介入流动学前儿童教育照顾服务的实践研究，主要有个案工作、小组工作、社区工作、整合社会工作等模式，按照流动学前儿童教育照顾问题解析—化解问题的初步努力—确定行动方案—对制定和完善政策的意义等思路开展社会工作服务。在流动学前儿童教育照顾服务方面，本章主要运用小组工作并辅以社区工作等社会工作专业方法介入流动学前儿童教育（幼儿园

---

① 徐礼平、邝宏达等：《珠三角地区随迁儿童社会适应现状及影响机制研究》，北京理工大学出版社，2018，第 160~163 页。

教育、家庭教育和社区教育）。小组工作与其他工作方法（如个案辅导）的主要区别就是，社工会善用组员的互动去产生改变。① 基于小组工作的特点和优势，本章主要运用社会工作中的小组工作理论和方法来开展服务。小组工作可以为流动学前儿童家庭提供互相交流的机会，建立支持网络；流动学前儿童家庭亲子同在小组内，可以通过一起学习及实践亲子阅读、亲子沟通技巧而加深彼此的了解，澄清彼此的期待及责任，同时也有助于他们重建适当的亲子沟通模式，建立良好的亲子关系；小组工作人员可以观察到亲子间实质的互动情况，这比个案工作来得直接和实际，便于工作人员给予更适当和实质的意见和帮助；组员间也可以互相模仿学习，通过游戏等方式学习生命安全知识和亲子阅读、亲子沟通等方法的技巧。②

以深圳市民办 H 幼儿园为调查对象，深入了解流动学前儿童生命安全教育问题与需求，针对问题和需求设计小组工作服务方案，为流动学前儿童开展生命教育小组活动，并对生命教育小组活动的成效进行评估。开展生命教育小组活动是幼儿园社会工作服务的一次探索，取得了积极效果，并从六个方面对流动学前儿童生命教育进行了深入反思：社会工作者角色的模糊性和介入的技巧性，生命教育小组对组员各方面能力提升的差异性，生命教育小组的复制性与推广性，家长参与在生命教育小组中的重要性，幼儿教师、家长及社工在教育观念上的一致性，幼儿园社会工作本土化发展的必要性与策略性。运用小组工作方法，结合认知行为理论和人格发展理论，在福州市仓山区 W 幼儿园开展流动学前儿童家庭亲子阅读小组活动，以探究解决流动学前儿童亲子阅读问题的专业途径。研究发现，小组工作强化了亲子阅读的内涵和效果；亲子阅读小组推动了家庭教育的改善，促进了家园合作的发展。要进一步改善流动学前儿童的家庭教育现状，保障流动学前儿童身心健康发展，其有效措施是：加强家园合作，组织亲子成长活动；加强家庭教育宣传，建立亲职教育平台；健全流动人员的劳动保障制度，加强家庭服务功能；重视对流动学前儿童的介入服务。在济宁 Y 幼儿园开展流动学前儿童情绪管理小组工作，通过小组工作的

---

① 梁玉麒、游达裕、区结莲、张敏思：《千帆并举：社会工作小组新貌》，香港：策马文创有限公司，2011，第 4 页。

② 何洁云编《小组工作程序计划簿》，香港理工大学应用社会科学系，2004，第 62~63 页。

介入，流动学前儿童掌握了情绪管理的基本方法，小组目标基本达成。实践研究证明了情绪管理小组工作的优势以及发展儿童社会工作的必要性。在情绪管理小组工作中，家长参与不足、社工介入技巧有待提升、社工角色模糊等问题，有待于在实践研究中继续改善。对儿童的了解必须建立在其家庭情境中，以及其生长的社区和文化中。了解亲子关系具有的重大意义，长期以来都是儿童福利实务的一部分。① 以深圳市 A 社区流动学前儿童家庭为例，通过访谈法和观察法了解流动学前儿童家庭亲子关系方面的问题和需求，采用小组工作方法，依据社会工作沟通理论，为流动学前儿童家庭成立"幸福加油站"亲子沟通小组。服务对象通过参加亲子沟通小组，认识到良好的亲子关系对儿童成长发展的重要性，进而主动改善亲子关系；学习有效的亲子沟通方法，达到改善亲子关系的目的；亲子沟通小组帮助服务对象建立了家长互助支持组织，在小组活动结束后，依然可以延续小组的成效。小组工作介入流动学前儿童家庭亲子关系取得了积极效果，证明了小组工作在改善亲子关系方面的独特优势。通过访谈法与观察法对广州市 S 社区的流动学前儿童及其家长进行调研，了解他们面临的问题与需求，以广州市流动学前儿童早期发展项目为平台，探索社会工作对流动学前儿童社区教育的介入，为流动学前儿童家庭提供教育支持，改善流动学前儿童的教育环境，促进流动学前儿童健康发展。社工介入流动学前儿童社区教育的实践模式具有立足社区需求、多元主体参与、强调助人自助等特点。社工在开展流动学前儿童社区教育时容易出现服务对象流动性较大、社区的重视程度不够、项目的资金和专业人才不足等问题。需要加大政府对流动学前儿童社区教育的支持力度，充分整合社区资源和完善服务队伍结构等，为推动流动学前儿童社区教育的发展提供参考和借鉴。

今后，根据流动学前儿童的行为、情绪以及发展延缓等问题和需要，有必要开展个案工作介入，以帮助有特殊需要的流动学前儿童。另外，可以借鉴前述我国台湾地区社区托育服务的案例来说明如何为流动学前儿童提供照顾服务。这个案例是整合教育和照顾服务于一体的社区托育服务项

---

① ［英］Chris Beckett：《社会工作实务理论：整合运用取向》，洪敏琬译，台北：洪叶文化事业有限公司，2013，第 129 页。

目，虽然不是面向流动学前儿童的项目，但其经验做法尤其是社会工作参与托育服务的经验值得参考借鉴。随着我国托育服务的重建和发展，社会工作需要参与整合教育和照顾服务于一体的社区托育服务项目，为流动学前儿童尤其是 0~3 岁流动儿童的教育照顾提供支持和补充服务。

第五章　流动学前儿童教育照顾综合
服务体系构建的对策

家庭（如父母的养育方式、家庭社会经济地位等）、托幼机构（如托儿所、幼儿园的质量等）、社区（如公共图书馆、公园、儿童玩耍场所等社区资源）、社会组织、儿童社会工作机构和儿童福利社工等是为流动学前儿童教育照顾提供服务和保障的支持主体，他们提供的服务以及相关政策（如学前教育和托育服务的儿童福利政策等）是影响流动学前儿童教育照顾的重要因素。本章通过文献梳理和实证调查呈现流动学前儿童教育照顾需求及其服务状况，借鉴我国港台地区和其他国家儿童早期教育照顾的经验，并在开展社会工作介入流动学前儿童及其家庭的实践研究基础上，以儿童和家庭为本，以托育机构、幼儿园、儿童成长服务机构（如儿童社会工作机构等公益组织）为服务实体，发挥社区—社会组织—社会工作三社联动作用，完善儿童教育照顾政策，构建一个以儿童和家庭为本、以服务提供为核心、以儿童福利政策为保障的综合服务体系，为流动学前儿童健康成长和发展创造一个良好的环境。

一　提升流动学前儿童家庭教育照顾的能力

家庭是孩子出生后所面对的第一个社会，父母是孩子首先接触的亲人和启蒙老师。家庭是个体接受社会化的第一个社会环境，家庭的教育和影响对个体社会化至关重要。家庭是重要的社会化单位，也是理想的社会化场所。

（一）流动学前儿童家长要认识到家庭照顾和教育的重要性

家庭是一个小的初级群体，家庭成员每天密切接触，儿童行动时刻得到密切关注，错误行为容易在早期得到纠正。尤其在学龄前或婴幼儿时期，父母就像一面镜子，让儿童在这面镜子中学习认识自己，例如父母的管教行为，使得儿童懂得社会规范与价值。反之，如果剥夺婴幼儿在家庭时期的社会化，他们将会缺乏社会能力甚至影响往后的发展。例如，在印度发现的"狼童"被人类发现时已经 8 岁了，却不会人类的行为和语言，即使在受教育 8 年后，依然无法读书，也无法与他人发展出持续的友谊。父母对儿童照顾的程度，与其往后人际关系的好坏、身心是否健康都有相关性。美国心理学家哈洛进行幼猴研究后指出，幼儿时期受到温暖的照顾对促成个体社会化有重大影响。他以替代性母亲的概念设计两组实验，一组是穿衣服的假猴，另一组则只有金属架，结果发现，与金属架相处的那组幼猴表现出较高的攻击性。这显示幼儿时期的孩子对父母的依附相当重要，父母不仅要给幼儿食物，还要给予温暖。[①] 儿童的问题始于家庭、显现于学校、彰显于社会，父母及家庭功能非常重要，家庭有生养育、照顾保护、教育、情感与爱、娱乐、经济等功能。[②] 可见，流动学前儿童父母不仅要为儿童提供温饱和温暖等照顾，还要提供家庭早期教育，家庭为流动学前儿童提供教育照顾服务是其基本的责任。联合国《儿童权利宣言》明确强调，儿童需要爱与了解，以利其人格和谐发展，尽可能使儿童在父母的照料及爱之下长大，无特殊理由，不得使儿童与父母分离。学习做一个好父母，是一件很重要的事。父母在教育照顾子女方面，必须先了解自己的职责，然后扮演好自己的角色，营造良好的亲子关系，才能教育出身心健康的子女。[③] 流动学前儿童父母已意识到亲自教育照顾孩子的重要性，也意识到亲自陪伴婴幼儿才有助于建立良好的亲子关系，所以，他们虽然面临离开家乡在流入地打工、生活艰苦、工作忙、知识程度较低、租房贵且条件一般或差等情况，但依然把年幼的子女带在身边，从而避免骨肉分离，尽力为孩子创造一个好的成长环境。从这一点来看，流动家庭是有优势和资源的，他们有拼搏的精神、美好的期望。

---

① 吴逸骅：《图解社会学》，易博士文化，2004，第 60 页。

② 郭静晃：《儿童教保机构行政管理》，新北：扬智文化事业股份有限公司，2012，第 225~226 页。

③ 郭静晃：《儿童教保机构行政管理》，新北：扬智文化事业股份有限公司，2012，第 244 页。

（二）流动学前儿童家长要树立正确的教养观念

在竞争激烈的当代社会，一般家庭都有育儿焦虑，流动学前儿童家长也不例外。他们流动到城市打工以获取更高的经济收入，把年幼的子女带在身边，希望子女能获得更好的教育照顾，实现代际的向上流动。家长由于自身文化程度较低，又忙于生计，担心自己不能为孩子提供良好的教育照顾，所以显得更为焦虑。因此，家长自身要接受相关家庭教育指导服务，参加公益家庭教育讲座或阅读家庭教育专业图书，学习和掌握正确的子女教养观念。正确的教养观念包括要陪伴分享，不要焦虑盲从，关爱陪伴胜于一切，越小的孩子越需要父母的陪伴。陪孩子阅读一本书、欣赏大自然、分享心得来共度快乐的亲子时光，会比送孩子到处学才艺、补英语来得更有效益。要拓展体验，不要抽象说教。对幼儿来说，游戏就是学习的过程，父母在生活中应该多鼓励、支持孩子探索生活周遭的事物，运用生活化的学习方式，使孩子养成主动学习和积极思考的态度。要适度留白，不要填满时间。被过度安排的孩子，反而会对学习失去热情，因此记得留给孩子一些"无所事事"、随性玩耍的时间，让他们自由发展多元智能。要适性引导，不要过度期待。过度的期待会带给孩子莫名的压力，与其期望孩子每项智能都是高水平，不如适性引导，让孩子的优势智能得以充分发展，可以补救较不擅长的智能。[①] 部分流动学前儿童家长尤其是没有全职工作的母亲已认识到陪伴的重要性，但陪伴质量需要提高，有些亲子之间隔着一个屏幕（手机、平板、电脑、电视等），优质的陪伴可以通过亲子阅读、亲子游戏等方式进行，并保证陪伴时间。大多数流动学前儿童家长反映不懂得管教技巧，对孩子期望高而过度干预子女的活动，或因忙于生计，疏于管教而使子女处于放养状态。家长要利用正确的教养观念教育照顾子女，根据儿童的特点和需要，运用游戏学习、体验学习、生活化学习等方法，而不是抽象说教，适度安排子女的活动，进行适性引导。家长要倾听儿童的声音，理解儿童的需要，才能提供适当的教育照顾服务。流动学前儿童家长可以观看或亲子一起观看《小孩不笨》《奇迹男孩》《叫我第一名》等电

---

① 颜士程、林俊成等编著《幼儿、家庭与社区》，台北：华腾文化股份有限公司，2015，第26页。

影，明白儿童的成长和发展需要。同时，阅读一些与儿童有关的诗歌对理解儿童的需要非常有帮助，读诗也是一种"自我治疗"的过程，如阅读《你希望你的孩子》《孩子的诚实》《孩童之道》《小大人》等诗歌。

（三）流动学前儿童家长要明白家庭照顾和教育的重要内容

学前儿童照顾包括婴幼儿期的营养、母乳喂养、婴幼儿副食品添加、防止儿童意外伤害和儿童虐待等方面。早期教育包括八个要点：营养、食品和环境的安全；稳固、安全的依恋关系；温暖、稳定、积极互动的教养者；良好、互动的语言环境（听话、懂话和说话）；丰富、积极的学习环境（模仿和探究）；避免早期的忽视和伤害；增加与同伴的社会性交流；早期异常发展的发现、诊断和矫正。[①] 早期教育学习最基本的是语言的学习、社会情绪能力的学习等。儿童时期具有的情绪能力，是他们以后生活中能否成功的最好预示。家长通过情感教育，与孩子建立安全的依赖关系，温暖、稳定、积极互动的家庭关系。孩子会模仿，家长这个时候怎么对孩子，孩子就怎么对人，孩子依靠模仿形成一种自我反应的机制。6岁前机械地学知识是在给孩子增加压力，孩子早期学习不是靠记忆，而是靠环境，学习方式是模仿和观察，通过讲话、与别人的语言交流进行学习。早期教育必须跟孩子互动，必须交流起来。[②] 由此可见，家庭要发挥自身的独特作用，为流动学前儿童提供教育照顾服务，具体包括：提供营养、安全的食品和环境；建立稳固、安全的亲子依恋关系；做一个温暖、稳定、积极互动的教养者；提供良好、互动的语言环境，丰富、积极的学习环境；进行亲子阅读、亲子游戏；关注孩子的道德、人格、情绪、语言、动作发展等。

（四）流动学前儿童家长要提升管教子女的能力

在问卷调查和访谈时，流动学前儿童家长普遍反映不懂得管教子女。家长能否给予恰当的关怀与支持，能否在日常家庭生活中营造一个正面、包容、鼓励的环境尤其重要。家长必须先肯定自己作为父母的价值及对自己管教的能力具备信心，这种态度和价值观念上的转变，是掌握有效管教

---

① 李润文：《韦钰：孩子大脑开发不能靠早教班》，《中国青年报》2014年5月24日，第3版。
② 李润文：《韦钰：孩子大脑开发不能靠早教班》，《中国青年报》2014年5月24日，第3版。

技巧的首要条件。[①] 0~6 岁童年阶段的三个发展期的情况如下。婴儿期（0~1 岁）面临信任与不信任的心理冲突，具有信任感的儿童敢于希望，富于理想，具有强烈的未来定向；反之则不敢希望，时时担忧自己的需要得不到满足。学步期（1~3 岁）面临自主与害羞（或怀疑）的冲突，这一时期，父母必须承担起控制儿童行为使之符合社会规范的任务，即养成良好的习惯；同时，儿童开始有了自主感，养成良好的习惯不是一件容易的事。如果父母对儿童的保护或惩罚不当，儿童就会产生怀疑，并感到害羞。学龄前（3~6 岁）面临主动对内疚的冲突，这一时期，如果儿童表现出的主动探究行为受到鼓励，儿童就会形成主动性。[②] 因此，流动学前儿童父母要学会更温和、更健康的教育照顾方法规范儿童的行为，帮助儿童健康成长。流动学前儿童家长要学会的管教智慧主要包括：要营造一个充满安全感的家庭环境以加强亲子间的沟通及相互支持，应以情感为引入点等。儿童安全感的建立很重要，安全感是指儿童感到安全、受保护、能信赖别人。可能影响流动学前儿童人身安全的情况很多，例如，独留幼儿在家、家居不安全包括药物四处乱放等、饮食不均衡和营养不良、吃喝起居没有固定规律、孩子经常遭体罚等，同时也有情感欠缺安全的情况，例如，父母情绪不稳定、没有足够的拥抱、父母经常争吵、犯错一定受打骂以致孩子因害怕犯错而不敢尝试新事物等。[③] 流动学前儿童家长一定要重视儿童安全感的建立，注意营造一个稳定、支持与关怀的成长环境。拥抱孩子是最基本的管教学前儿童的方式。当婴儿出生时，父母第一个表达爱的方法便是拥抱孩子，拥抱能给孩子温馨安全的感觉。可是传统的父母总以为多抱孩子便会宠坏他，生怕养成其依赖性格，当孩子刚学会走路时，拥抱便开始减少，入学读书后拥抱更变得绝无仅有。然而，每一个孩子其实仍潜藏着这份被拥抱的渴望。当孩子受惊时，父母的怀抱是世上最安全的地方；当孩子遇到挫折时，父母无言的拥抱更胜千言万语的安慰。[④] 流动学前儿童家长要学

---

① 姚子樑主编《提升子女自尊感家长工作坊教师手册》，香港：东华三院社会服务科，1998，第 6 页。
② ［美］Janet Gonzalez-Mena：《儿童、家庭和社区——家庭中心的早期教育》（第 5 版），郑福明、冯夏婷等译，高等教育出版社，2012，第 105~106 页。
③ 姚子樑主编《提升子女自尊感家长工作坊教师手册》，香港：东华三院社会服务科，1998，第 43 页。
④ 姚子樑主编《提升子女自尊感家长工作坊教师手册》，香港：东华三院社会服务科，1998，第 39 页。

会表达感受，增强与孩子的情感沟通。我国亲子间的沟通受文化因素影响，着重说理多于感受，尤其父母对孩子的爱意，通常都比较含蓄甚至被刻意隐藏起来，父母的教养重点差不多全放在孩子智性、德性发展方面，两者在情感上的沟通较为缺乏。亲子间最重要的元素为爱意与关怀，均属感受的领域。如果家长在管教孩子时，能够多留意感受的领域，尤其学习适当表达自己感受的技巧，则亲子关系必会得到明显改善。流动学前儿童家长也是由于生计和家务、文化和教育等因素的影响，羞于表达感受，亲子互动缺少情感沟通。① 针对管教子女方面的问题和需求，家长可以主动寻求家庭咨询服务或家庭社会工作服务以及家庭教育指导服务等，社区、社会组织和社会工作者等也可以主动提供服务，支持流动学前儿童家庭，例如，社会工作者可以开展流动学前儿童生命安全教育服务。

（五）流动学前儿童家长要善于利用家庭资源系统，为教育照顾儿童提供保障

家庭资源系统包括家庭内资源和家庭外资源。家长要充分利用家庭内的资源，如时间、精力、能力（专长、知识等）等人力资源以及金钱、物质（房屋、车子、家具、电器等）等物力资源，为孩子提供教育照顾服务。流动学前儿童父母要增强为孩子提供良好教育照顾服务的意识和能力，要善于发现自己的能力、资源和付出的努力等优势，比如，流动人口有吃苦耐劳的精神、朴素与坚韧的品格、善良和对人尤其是亲人的美好感情且知恩图报，认为子女是最核心的关爱对象，重视家庭，为家庭而生存，这些支撑着流动家庭即使面对颠沛流离和艰难依然充满希望②；愿意付出时间和精力陪伴孩子，愿意为孩子购买学习工具和产品等。流动学前儿童家庭需要自我赋权，利用自身家庭内的优势和资源为孩子提供适当的教育照顾；同时，也要善于和主动寻求其他方面的社会支持，充分利用家庭外的资源，这也是其自我赋权的一方面。家庭外的资源主要包括家人的人际关系（平时的最佳玩伴与紧急时的最佳支援，如一起流动的亲戚朋友、老乡、邻居、

---

① 姚子樑主编《提升子女自尊感家长工作坊教师手册》，香港：东华三院社会服务科，1998，第 7 页。

② 古学斌、阮曾媛琪主编《本土中国社会工作的研究、实践与反思》，社会科学文献出版社，2004，第 430~434 页。

同事等组成的互助支持网络）、社区的硬件设施和社区规章制度及活动、社会政策和社会福利、社工服务、公共活动（丰富的家庭休闲活动扩展了家庭人际网络）等社会资源，以及土地、森林、河川、海洋、空气、阳光等自然资源。[①] 政府、社区、社会组织等也要支持流动学前儿童家庭，为其提供政策保障和支持服务。根据父母是婴幼儿最佳照顾者的理念，改善流动学前儿童教育照顾问题，需要支持其家庭，发挥家庭教育照顾的作用。其中，支持家庭一方面要完善家庭福利政策，另一方面要开展家庭社会工作服务，提供支持家庭的服务，例如亲职教育。亲职教育是经由后天教育和学习的方式，使父母成为称职父母，并协助父母了解子女的身心发展及要求，帮助父母与子女建立正向的亲子关系，亲职教育属于家庭教育中的一环。具体而言，亲职教育有助于促进健全的家庭生活；建立正确的亲子关系及观念与态度；了解父母之职责与角色；学习管教子女以及与子女沟通的正确有效的方法；了解面对难题时的因应方式；协助子女成长及自我成长。[②] 本书团队根据调查结果以及亲职教育的重要性，开展了亲子关系、亲子沟通、亲子阅读等家庭教育服务，支持家长及其家庭，最终也支持流动学前儿童的成长和发展。本书团队开展的流动学前儿童家庭教育支持服务，具备了优质家长教育的元素——"有理论，有实证，详解说，重演练，要实践"，即"说理、解惑、示范、实行"，[③] 既要让流动学前儿童父母明白亲子沟通、亲子关系、亲子阅读等家庭教育的重要性，又要通过社会工作服务使他们掌握家庭教育的有效方式方法等，体验亲子游戏的益处，服务效果良好。

二 大力发展普惠性学前教育、托育等机构教育照顾服务

托儿所、幼儿园等机构是儿童一生中第一所正式接受照顾和教育的场所，也是儿童进入团体生活中成长学习的第一站。托育机构提供的照顾和教育在儿童的童年生活中扮演着非常重要的角色，对儿童的身心健康、良好生活习惯的养成、团队合作等发挥着重要作用。由于流入地教育资源的

① 郭静晃：《儿童教保机构行政管理》，新北：扬智文化事业股份有限公司，2012，第249页。
② 郭静晃：《儿童教保机构行政管理》，新北：扬智文化事业股份有限公司，2012，第225页。
③ 袁海球等：《伴孩子走在新媒体的路上——家长十式》，香港大学教育学院教育应用资讯科技发展研究中心，2015，第Ⅳ页。

有限性（公办、普惠性民办园和托儿所等非营利性机构不足）以及户籍制度限制等因素，流动学前儿童面临着入园难、入园贵等困境。又由于很长一段时期我国强调儿童照顾的家庭化，托儿所等公共托育服务资源缺失，一般家庭的托育需求都难以得到满足，流动学前儿童家庭因为经济条件等原因，更是难以得到普惠性的托育服务。为此，要为流动学前儿童提供良好的早期教育照顾服务，支持其家庭，需要大力发展普惠性学前教育、托育等专业机构的教育照顾服务。

（一）发展普惠性学前教育

党中央、国务院始终把儿童作为国家的宝贵财富，牢固树立投资儿童就是投资未来的理念。优先发展儿童教育，阻断贫困的代际传递。[1] 学前教育是教育阶段的根基，对幼儿身心健康、习惯养成和智力开发具有重要价值。[2]

随着工业化、城镇化进程的加快，我国出现了大规模的人口流动现象，从农村流入城市的务工人员成为国家经济发展的重要力量。以进城务工为主的流动家庭数量激增，流动儿童大量出现，其学前教育问题也亟须得到关注和解决。全球化下的市场经济存在各种形式的外包，亦存在各种母职的外包，例如雇佣家政工、月嫂、育儿嫂，以及送入托儿所、幼儿园等机构。这些劳动外包能在形式上使母亲获得工作时间，却无法在心理上释放母亲角色的压力。[3] 对流动学前儿童家庭来说，由于经济条件限制，他们一般不会雇佣家政工、月嫂和育儿嫂，除依赖自己的家庭教育照顾外，更希望有公益性的托儿所和幼儿园提供儿童教育照顾服务。调查发现，在机构教育照顾服务方面，流动学前儿童难以进入公办幼儿园和质优价高的民办幼儿园，只能进入公益性幼儿园（例如北京四环游戏小组）或低质量低价格的民办幼儿园。为此，需要发展普惠性学前教育，兴办公办幼儿园和普惠性民办园等非营利性幼儿园，进行幼儿教师和保育员的培养和培训，提高教育质量，使尽可能多的流动学前儿童获得高质量的学前教育。

---

① 陈宝生：《优先发展儿童教育 阻断贫困代际传递》，《光明日报》2018年11月30日，第16版。

② ［美］苏珊·纽曼：《学前教育改革与国家反贫战略——美国的经验》，李敏谊、霍力岩译，教育科学出版社，2011，第4页。

③ 佟新、陈玉佩：《中国城镇学龄前儿童抚育政策的嵌入性变迁——兼论中国城镇女性社会角色的变化》，《山东社会科学》2019年第10期，第87~97页。

1. 大力发展学前教育，需要兴办公办幼儿园和普惠性民办园等非营利性幼儿园，确保流动学前儿童获得机构教育照顾服务

我国发展学前教育应结合国情，借鉴先进经验，尤其是关注弱势群体，追求教育公平，为流动学前儿童提供满足其成长发展需要的公益性学前教育服务。学前期是人类成长发展路上的关键阶段，流动学前儿童面临着"入园难""入园贵"等问题，需要强化政府责任，如确保流动学前儿童受教育的权利、大力发展普惠性幼儿园教育等。其中，在完善学前教育政策法规、加大公共财政投入的前提下，应大力支持普惠性民办幼儿园的建立，降低流动学前儿童入园成本。民办幼儿园是接受外来务工人员子女就读的重要幼儿园。政府应该出资扶持普惠性民办幼儿园，支持民间力量创办有质量的幼儿园，鼓励更多的社会力量投入学前教育。[①] 推进城镇小区配套幼儿园和城市普惠性民办幼儿园建设，安排专项资金新建公办幼儿园，建成"广覆盖、保基本、多形式、有质量"的学前教育公共服务体系。

2. 针对流动学前儿童入读的幼儿园质量堪忧问题，要帮助它们提升教育照顾质量

发达国家和地区的幼儿园建设和管理的经验值得借鉴，例如，英国的幼儿园有严格的管理和监督制度，教师认真负责，关心爱护儿童，有严格的师生比例标准，确保每个孩子都能得到良好的教育和照顾；幼儿园的教育与照顾环境贴近自然，设置简朴温馨和人性化；幼儿园内的教育活动丰富多彩，有些教育活动和节日活动邀请家长参与，重视家园合作。幼儿园照顾的内容主要包括婴幼儿的营养、卫生保健、良好习惯的养成、防止儿童意外伤害和儿童虐待等方面。早期教育主要通过故事教学、游戏教学、阅读教学、音乐教学等活动，使儿童在自我概念、认知、人格、道德、情绪、语言、动作、绘画、创造力、安全意识等方面得到发展和提升。要遵循幼儿身心发展规律，提高幼儿园保教质量。提升幼儿园保教质量，需要加强幼儿师资的聘任与训练。教师是教学活动的执行者，也是与幼儿互动最多的教育人员。教师本身的教育态度、教学能力、言行举止及对幼儿的种种期望，均会影响幼儿的学习机会及学习成效。师资条件欠佳的民办幼儿园对于教师的聘任，要考虑其是否具备专业素养、是否能以爱心教育来

---

① 崔玥、王晓芬：《学前流动儿童入园难问题探讨》，《教育评论》2019年第9期，第35~38页。

面对幼儿的各种学习问题。对于在职教师，要提供进修渠道，加强教育专业训练，以获取新的教育知识，提高教育能力。[①] 培育和培训幼儿教师和保育员，从量和质两方面保障学前教育的师资力量。民办幼儿园要培训幼教师资，提升幼教师资品质，提高幼教的工资待遇。

3. 民办幼儿园应加强家园合作，组织亲子成长活动，提供亲子阅读服务

一些民办幼儿园考虑到流动学前儿童家长的特殊性和幼儿园各方面条件有限，很少组织和开展家长课堂、家长沙龙和亲子成长活动等，幼儿园既没有活动室也没有绘本区域。民办幼儿园需增强社会责任感，应注重引导亲子阅读，幼儿园可以通过创设良好的阅读环境和积极开展丰富的亲子阅读活动，借鉴经验，对儿童的家庭亲子阅读进行直接指导[②]，不仅为家长提供系统学习家庭亲子阅读的场所，提高家长的家庭教育效果，也能提高幼儿的阅读能力，加强家园合作，推动儿童身心健康发展和幼儿园服务质量的提升。在阅读环境和设施方面，幼儿园可以通过园方力量购买图书或募捐等方式设置图书室，各个班级可以通过园方和家长共同出资购买图书的方式设置图书角，不管是图书室还是图书角，孩子可以选择自己喜欢的图书带回家跟父母一起阅读。在亲子成长活动方面，幼儿园可以经常开展家长课堂、专家讲座、亲子活动等，为流动学前儿童家庭提供家庭教育指导。在课程任务设置方面，幼儿园可以设置读书卡片，实行亲子共读奖励制度，鼓励、推动亲子阅读，切切实实地开展亲子阅读。

（二）重建普惠性托育服务，优先为流动学前儿童等困境儿童提供托育服务

目前，由于普惠性公共托育服务机构缺乏，流动家庭的0~3岁幼儿一般由母亲照顾或由流动老人照顾，基本没有接受托育服务，但他们有托育服务的需求，希望有安全、方便、令人信任、价格优惠的托育服务机构来帮助教育照顾儿童，家长尤其是母亲就可以出去工作以补贴家用。

---

① 许雅惠、李鸿章、曾火城、许文宗、郑琼月、谢义勇：《幼儿社会学》，台北：五南图书出版股份有限公司，2006，第103~104页。

② 香港特别行政区政府教育局：《亲子阅读乐趣多——给3-6岁孩子的家长》，http://www.edb.gov.hk/attachment/sc/curriculum-development/major-level-of-edu/preprimary/parent-child-reading-is-fun_ booklet_ 3-6.pdf。

1. 社区的公办幼儿园、普惠性民办园等非营利性幼儿园，为流动幼儿提供课后留园服务

幼儿课后留园服务是指为支持流动家庭父母安心就业，以不强迫方式为经济弱势幼儿办理课后、假日、寒暑假期间留园，并施以活泼多元的团体及小组活动服务。我国台湾地区在"幼儿教育及照顾法"公布实施后，订定"幼儿园兼办国民小学儿童课后照顾服务办法"，支持妇女婚育，使双薪家庭父母安心就业，并让学龄前幼儿在健康安全的环境成长。该计划的目标是：扩大公立幼儿园办理课后留园服务的范围；减轻弱势家长经济负担，提升弱势幼儿入园率。课后留园时段分为寒假、暑假、学期中下课后及假日时间，可以说是"全年无休"地支持妇女。其特色为：政府负担弱势家庭学龄前幼儿托育责任，支持妇女就业；弥补公立幼儿园幼儿保育功能的不足；兼顾托育幼儿的教保服务质量，有助于消除弱势幼儿的文化不利因素。[1] 这些为流动学前儿童家庭托育服务提供支持的经验值得借鉴，当然，这需要地方政府等有关部门为这些幼儿园提供托育补贴。

2. 发展托育服务要重视对 0~3 岁流动婴幼儿的关注

幼儿的社会教育被认为是为 3~6 岁儿童提供幼儿园教育，而 0~3 岁儿童的教育基本以在家庭中教养为主。[2] 我国大力推进普惠性幼儿园建设，3~6 岁儿童已经纳入相对完善的学前教育体系，但是 0~3 岁婴幼儿的托育服务则严重滞后。0~3 岁是人一生发展最为迅速和关键的时期，是开发人的潜能的最佳时期。皮亚杰的认知发展理论、科尔伯格的道德发展理论和埃里克森的人格发展理论等都为重视 0~3 岁婴幼儿的照顾和教育提供了依据。国际幼儿教育趋势强调幼儿教育及照顾的整合，整合托儿与学前教育，建立完整的儿童托育服务体系。随着"全面三孩"政策的实施以及人口素质提升的需要，我国社会对 0~3 岁婴幼儿照顾和教育的需求日益增加。因此，政府应更加重视 0~3 岁婴幼儿托育服务的发展，不仅要为 0~3 岁婴幼儿提供照顾服务，还要提供早期教育服务，以社区为基础的早期儿童教育照顾服务网络的建立可以解决 0~3 岁婴幼儿的教育照顾实体问题。对于流动学

---

① 吴金香等：《幼儿教保概论：教保关键概念与实例分析》（第二版），台北：心理出版社股份有限公司，2013，第 25 页。

② 刘翠华、黄泽兰、许雅乔、许芳玲：《托育服务概论——政策、法规与趋势》，台北：扬智文化事业股份有限公司，2007，第 213 页。

前儿童家庭而言，政府需用各种政策，尤其是发展普惠性的公共托育服务、提供托育津贴等政策来帮助流动学前儿童家庭。

3. 要重视托育从业人员培育培训，提升托育从业人员专业素质

相对于被看护的儿童来说，幼儿教保人员处于完全强势的地位，幼儿教师和看护者控制着儿童每天生活中的各个方面，如教育、饮食、睡眠和卫生保健等。幼儿不仅依赖于看护人，也没有任何防御能力。儿童对成人的依赖、儿童自身的弱小和没有防御能力都表明，幼儿教保人员的伦理操守和专业素质十分重要。[①] 目前我国还没有一套系统的从业人员考核体系，同时，受制于身心发展的阶段性特点，儿童在学前教育阶段的自我保护意识和能力弱，容易受到欺侮甚至虐待。针对幼儿园、托育机构虐童事件频发的现实，我国应该建立托育服务从业人员资格审查机制以及从业人员"黑名单"制度，违反职业道德的从业人员依法依规给予严肃处理，对虐待儿童等行为零容忍。加强社会监督，探索专业社工督导等方式，对服务机构和服务人员进行定期考核。2019 年 10 月，《托育机构设置标准（试行）》和《托育机构管理规范（试行）》发布，以保障每个孩子都能在安全、健康、促进其成长的状态下受到负责任的照顾和教育。

4. 鼓励和支持社会力量介入托育服务领域

托育服务是一种综合服务，必须链接卫生、教育、福利等相关服务的资源，大力发展以社区为依托、公办和民办相结合、正规和非正规相结合的多种形式的儿童教育与照顾服务机构。基于日益强烈的托育需求，政府积极结合民间和社区资源，共同推动托育事业，提供多元化托育服务，发展灵活多样的托育形式，形成一个托育服务网络。[②] 托育服务有企业负责的托育服务、社区为本的托育服务、机构式托育服务和居家式托育服务等托育服务模式。[③] 托育服务责任主体往往在国家、家庭和市场之间转变，往往忽视社会组织的力量。我国应充分发挥社会组织参与托育服务的作用，加大社会工作机构参与力度，突出社区、社会组织、社会工作三社联动的作

---

① ［美］Stephanie Feeney、Nancy K. Freeman：《幼儿教保人员专业伦理》，张福松、杨静、陈福美译，台北：五南图书出版股份有限公司，2007，第 55 页。

② 刘翠华、黄泽兰、许雅乔、许芳玲：《托育服务概论——政策、法规与趋势》，台北：扬智文化事业股份有限公司，2007，第 216~217 页。

③ 亓迪：《促进儿童发展：福利政策与服务模式》，社会科学文献出版社，2018，第 227~230 页。

用，促使婴幼儿托育服务体系向多元模式发展，形成"以政府为主导、市场为主体、社会为补充、家庭为基础、社区为依托"的多主体格局。[①]

（三）开展流动学前儿童教育和照顾整合服务

从托儿所和幼儿园的起源来看，托儿所是为劳工阶层的家庭而设立的，托儿所帮助照顾劳工的子女，劳工就可以有时间和精力更好地工作；幼儿园是为中上阶层的家庭设立的，为其子女提供更好的早期发展教育。随着社会的发展和进步，托儿所与幼儿园皆以促进儿童身心健全发展为宗旨，两者设立的原意都强调教育与保育功能的兼具，皆有儿童教育及补充家庭亲职角色功能不足的作用。实际上，幼儿对于自己上的是托儿所或幼儿园不甚在意，因为在他们的认知中都是去上学，而一般社会大众普遍存在上托儿所是让儿童去玩，而上幼儿园是为日后上小学做准备的观念，因此家长普遍偏好将孩子送往幼儿园就读，此种趋势显现出托儿所对家长的吸引力弱于幼儿园。[②] 托儿所和幼儿园等托幼机构提供的实际教育照顾重点不同，托儿所偏重儿童照顾和保护，教育为附带功能；幼儿园偏重教育，照顾则为附带功能。而且，我国在很长一段时期都是强调家庭对 0~3 岁儿童的照顾责任，托育机构发展严重滞后，目前的托育也是以幼儿园托班为主、早教机构托班为辅。托儿所主要是民办幼儿园和早教机构。根据家长的工作、经济情况以及家庭结构等因素，年幼的子女一般是由母亲照顾、隔代照顾或保姆照顾等。

国际趋势是强调儿童早期教育和照顾的整合，即幼托整合或保教一体化。OECD 国家重视 0~6 岁保教一体化学前教育公共服务体系建设。年幼的孩子既需要教育又需要照顾。孩子不是由不同的部分组成的，孩子是完整的人。"综合早年环境"一词用于描述为幼儿提供教育和照顾的地方。孩子们需要良好的身体、情感和健康护理，就像他们需要新鲜、有趣和刺激的经历一样。早期综合服务是在一个部门或机构内提供照顾、教育和家庭

---

① 杨菊华：《新时代"幼有所育"何以实现》，《江苏行政学院学报》2019 年第 1 期，第 69~76 页。

② 郭静晃：《儿童教保机构行政管理》，新北：扬智文化事业股份有限公司，2012，第 4~5 页。

支援。① 英国确保开端计划就是提供早期综合服务的国家行动计划，为刚出生至五岁儿童提供的服务已日益一体化，照顾、教育和家庭支持在其中得到协调。② 目前，我国学前教育主要是幼儿园教育，提供 3~6 岁儿童的早期教育服务，托育服务是强调 0~3 岁儿童的照料服务。总的来说，儿童早期教育和照顾是割裂的。当然，我国有些城市也在积极探索幼托整合，希望建立完整的 0~6 岁儿童早期教育照顾体系。幼托整合是一个系统工程，牵涉面广泛，影响关系人众多，整合的层面复杂。幼托整合是政策法规、主管部门、托育机构、幼儿园、资源、人力、教保等各方面的整合，需要较长时间的探索和实践。我国台湾地区实施幼托整合经历了较长时间的探索，1997~2000 年为起步阶段，2001~2003 年为政策规划阶段，然后制定"幼儿教育及照顾法（草案）"，到 2011 年 6 月才通过"幼儿教育及照顾法"，正式实施幼托整合，把幼稚园和托儿所整合为幼儿园。之前的幼稚园在内容上着重教育、托儿所着重保育，整合之后幼儿园教师需要强化保育内容，托儿所教保员需要增加教育内容；同时，主管部门、师资标准、课程教学等各方面都面临整合，从而建立完整的 0~6 岁儿童早期教育照顾体系。我国大陆地区已认识到幼托整合的重要性，政府及一些托育机构对 0~6 岁托幼一体化学前教育体系也非常重视，并进行积极探索和实践，鼓励有条件的幼儿园开设托班以招收 3 岁以下的儿童，正在重建的 0~3 岁儿童托育服务也强调提供早期教育，而不仅仅是日常生活照料。对流动学前儿童而言，政府应大力发展公办幼儿园、普惠性民办园以及公共托育服务机构等，尤其是建设普惠性质的幼儿园以及由普惠性幼儿园延伸的托班和由一些早教机构延伸的托幼服务，满足其教育和照顾的需要。

三 充分利用社区资源开展流动学前儿童社区教育照顾服务

提供流动学前儿童教育照顾服务的主体有家庭、托育机构、幼儿园、社区等。儿童接触的环境，除家庭、幼儿园、托育机构外，其生活的社区本身就是一个丰富的提供教育照顾的领域。社区是指一群住在同一块土地

---

① Carolyn Meggitt, Tina Bruce, Julia Manning-Morton, *Child Care and Education* (6th Edition) (Hodder Education, 2016).

② Carolyn Meggitt, Tina Bruce, Julia Manning-Morton, *Child Care and Education* (6th Edition) (Hodder Education, 2016).

的人，彼此分享活动、生活，形成共识、情感、信念和文化的地区。社区是家庭和托育机构的所在地，儿童在家庭和托育机构以外的生活经验来自社区，社区文化深深影响着儿童的行为表现与学习。[1] 家庭、托育机构和社区相互配合和支持，为流动学前儿童提供适当的教育照顾服务。家庭和托育机构要善于利用社区资源，社区要主动为流动学前儿童提供教育照顾服务。

（一）充分认识和挖掘社区资源，为流动学前儿童教育照顾建设社区支持网络

社区有非常丰富的人力、物力、财力、组织、自然等资源，一般社区的社会资源在支持儿童教育照顾方面有文化艺术、自然生态、休闲娱乐、行政机关、社会组织、医疗保健等，具体有公共图书馆、公安部门、消防局、卫生部门、医院、妇联、儿童福利机构、公共设施、公益组织、社区服务中心等，概括来讲，可分为政府行政组织等官方资源及民间资源。[2] 这些社区资源常会用于儿童教育照顾，其中，人力资源是社区工作的根本，是社区服务的能量来源，社区专业工作人员、大学生和退休老人等志愿者都可以为流动学前儿童教育照顾提供支持。例如，利用社区的儿童之家、社区早教中心或社区托育机构等，大学生和退休老人等志愿者可以协助教保人员提供合适的服务。社区管理有关部门应通过调查，系统整理社区资源，并定时更新社区资源信息，确保社区资源的正确性和时效性，建立社区资源网络平台，供家庭了解社区邻近的医疗机构、与社区相关的社会工作服务机构、辅导或咨询中心、政府和文教机构、文物和名胜古迹、社区休闲游乐设施等医疗网络、社会服务网络、社区文物网络等资源。[3] 例如，英国充分利用社区资源进行儿童早期教育，邀请消防员带着消防设施到幼儿园，让儿童体验喷洒和其他有关项目，儿童被带到邮局体验信件称重和邮筒投信等，警察被邀请到幼儿园进行安全教育和生命教育；每个社区都

---

[1] 颜士程、林俊成等编著《幼儿、家庭与社区》，台北：华腾文化股份有限公司，2015，第18~19页。

[2] 郭静晃：《儿童教保机构行政管理》，新北：扬智文化事业股份有限公司，2012，第211页。

[3] 颜士程、林俊成等编著《幼儿、家庭与社区》，台北：华腾文化股份有限公司，2015，第24页。

有干净美丽的游乐场所供孩子们玩耍；英国的公共图书馆和教堂为学龄前儿童和移民家庭提供丰富的社区教育活动，比如亲子故事、亲子手工艺、童谣和儿歌、儿童动画、公园烧烤和亲子游戏等。改善流动学前儿童教育照顾问题，需要充分利用社区资源，发挥社区支持系统的作用。要利用儿童福利行政体系等组织资源，为流动学前儿童教育照顾提供政策和法律保障，这也属于政府支持。发挥社区支持作用，更重要的是发挥社区主体的作用，开展社区服务，例如，推广与社区儿童福利相关的活动；疾病的防治教育、儿童预防接种与健康管理服务；与节日有关的儿童参与活动；定期举办社区的亲职活动；建设社区免费的儿童游乐场所；完善社区公共图书馆，开展亲子阅读服务。其中，公共图书馆在儿童早期教育方面的作用不可忽视。社区需要为幼儿提供更大的活动空间和更多的设施，美化社区环境，当然这与社区所拥有的资源及经费有关，需要政府重视社区资源及经费的合理分配，重点支持流动人口比较多的老旧社区和城中村等。

（二）以社区为依托，利用社区资源，为流动学前儿童及其家庭提供社区教育

开展社区教育服务，可以弥补流动学前儿童家庭教育和幼儿园教育的不足。社区是儿童成长的公共空间，社区教育是学前教育的重要组成部分。开展流动学前儿童社区教育，创造良好的教育环境，有利于提高学前教育质量，促进流动学前儿童健康成长，可以通过建立社区活动中心、儿童之家等为流动学前儿童提供服务。例如，天津市北辰区教育部门率先在外来流动人口集中地——刘房子村开办了面向学前儿童的社区早教中心，专门接收2~5岁的外来流动人口子女。[1]

我国可以借鉴发达国家和地区学前儿童社区教育尤其是处境不利学前儿童社区教育的经验，实施以社区为基础的早期教育干预项目。处境不利学前儿童—家庭整合干预计划，一般由政府主导，以儿童和家庭为本，以社区为基础提供学前儿童保教服务和家长服务。[2] 例如，英国的"确保开

---

① 《天津：多项措施保障外来流动人口子女学前教育》，中国政府网，2009年11月19日，http://www.gov.cn/jrzg/2009-11/19/content_1468636.htm。

② 柳倩编著《国际处境不利学前儿童政策研究》，华东师范大学出版社，2012，第139页。

端"计划是英国政府支持、以社区为依托、关注儿童的早期教育照顾和家庭支持服务，尤其是为处境不利的儿童和家庭提供支持，真正实现了幼有所育。美国的开端计划是主要针对贫困儿童的早期干预项目，致力于改善贫困学前儿童的教育问题，影响深远。家庭和社区积极开展各类互助活动，有利于流动家庭适应新的环境。"同一起跑线"（Even Start Program）项目由美国联邦政府发起，旨在通过为读写能力和英语水平有限的父母以及 7 岁以下的流动儿童提供服务，通过亲子活动，提高低收入家庭孩子及其父母的阅读能力。① 以社区为基础，实施流动学前儿童教育照顾服务项目，目标及受益对象定位明确，能提供有针对性的教育照顾服务。北京四环游戏小组和广州法泽社会工作服务中心的流动儿童早期发展项目就是以社区为基础开展的流动学前儿童发展项目，当然，这些是由社会组织和志愿者组织实施的服务项目，我国有必要实施政府主导的流动学前儿童教育照顾服务项目。

进行流动学前儿童社区教育实践，需要提供支持服务。2016 年，教育部等九部门联合发布的《关于进一步推进社区教育发展的意见》指出，社区教育是我国教育事业的重要组成部分，要丰富社区教育内容，开展形式多样的早期教育活动，培育多元主体，引导各级各类学校和社会力量积极参与社区教育，发挥社会工作专业人才在社区教育中的作用，推动社区教育服务社会化，推进社区教育领域政府购买服务的试点工作，探索通过政府购买、项目外包、委托管理等形式，吸引行业性、专业性社会组织、社区社会组织和民办社会工作服务机构参与社区教育。② 作为一种行动的力量，社会工作介入流动学前儿童社区教育具有一定的优越性和必要性。流动学前儿童社区教育需要立足社区需求，社会工作者注重与服务对象建立专业关系，能够扎根社区，通过社区走访、问卷调查、外展活动等形式，深入了解社区中流动学前儿童的情况，评估流动学前儿童及其家长的问题和需求，制定符合本社区特点的社区教育服务方案。流动学前儿童社区教育需要完善课程内容和课程体系，社会工作者利用个案工作、小组工作和社区工作的专业方法和技巧介入流动学前儿童社区教育，根据流动学前儿

---

① 孙科技：《政策工具视角下美国"流动儿童教育项目"执行研究》，《外国教育研究》2017年第 12 期，第 113~124 页。

② 《教育部等九部门关于进一步推进社区教育发展的意见》，《中华人民共和国教育部公报》2016 年第 9 期，第 44~48 页。

童的年龄阶段和发展特点，开展家长课堂、亲子早教课堂、亲子户外活动、亲子阅读小组等活动，活动形式多样，避免了传统社区单一的教育方式，丰富了流动学前儿童社区教育的课程内容和形式，从而提升了社区教育的质量。流动学前儿童社区教育需要丰富的社会化资源，社会工作者作为资源的链接者，利用优势视角可以帮助流动学前儿童社区教育充分挖掘当地的资源，发挥桥梁作用，拓宽链接资源的渠道，从而保障流动学前儿童社区教育能够顺利开展。通过社区教育的服务提供和成效评估，以探索流动学前儿童社区教育的有效模式。

社区应加强家庭教育宣传，建立亲职教育平台。首先，要加强对家庭教育的宣传，通过村委会、居委会、妇联等建立宣传组织，引起流动儿童父母的重视，提高流动人员家庭教育的意识和责任感。其次，社区可以开展流动学前儿童教育和照顾专题活动，提供一些儿童早期教育服务的设施和活动，举办家庭教育讲座、成立学前儿童成长发展小组、开展亲子活动、提供儿童健康服务（例如，针对近视"幼龄化"趋势，开展幼儿护目活动，预防近视）等，为流动家庭提供家庭教育学习的渠道。社区可以利用一些重要节日举办亲子活动、才艺活动、联谊活动等，为流动学前儿童家庭参与社区活动提供机会和平台。就家庭的社交状况而言，有些家庭的社交网络较为开放、宽广，家庭成员经常参加小区举办的活动，与他人交换彼此的人生经验，增加幼儿许多学习的机会；有些家庭的社交网络则较为封闭、狭小，很少参加家庭以外的社交活动，这对幼儿的知识及社交能力均有不利的影响。流动学前儿童家庭通过参加社区活动，可以扩大社区支持网络，进一步融入社区，有利于儿童的成长和发展。

（三）以社区为基础，成立社区托育服务中心，为流动学前儿童提供托育服务

发展社区托育服务，发挥社区照顾的作用。社区照顾是在保持家庭正常照顾功能的基础上，使正规系统介入，为照顾者提供专业技术支持。在中国推广社区照顾的理念与实践中，政府和学者们选择的是继续发挥非正式网络的作用，尤其是家庭的支持作用，同时正式网络尤其是社区正式组织发挥更大的支持作用并起到一定的替代作用。因此，以社区为基础和场所，结合非正式和正式支持资源构建个人社会支持网络是解决弱势群体和

困难群体资源缺乏问题的很好途径。① 提高 0~3 岁婴幼儿公共托育服务水平,需要考虑 0~3 岁婴幼儿生理、心理特点,探索一种"社区化"的托育服务模式。通过新建、改扩建,支持一批嵌入式、分布式、连锁化、专业化的社区托育服务设施建设,提供全日托、半日托、计时托、临时托等多样化的普惠托育服务。② 社区托育服务机构可以在日常生活中接触到小区居民,又因为地理位置的便利性,提高了小区居民对托育服务的参与度,托育服务的利用率大大提高。可以利用社区现有资源,通过政府购买的方式,建立社区临时低偿 0~3 岁婴幼儿托育服务平台,鼓励社区内有意愿和能力的人员加入托育服务队伍。③ "鼓励志愿者和民间儿童服务机构进驻社区,实现幼儿在社区托管的综合性专业服务(照顾、保健及早教等)。"④ 家长在照顾幼儿时需要各种支援服务,尤其需要以社区为基础的社会与健康服务,包括家庭支援服务,让父母可以相互交流,分享育儿的经验与心得,以及幼儿的照顾与教育。⑤ 社区为本的托育服务灵活多样、便利,比较适合流动家庭,流动学前儿童父母在外工作、忙于生计时,可以把子女放在社区托育服务中心。因此,在流动人口较多的城中村、老旧社区或其他社区,建立普惠性、公益性的托育服务中心,可以帮助缓解流动学前儿童教育照顾问题,减轻流动学前儿童家长尤其是母亲教育照顾的压力。

(四) 利用社区公共图书馆等资源,为流动学前儿童及其家庭提供早期阅读服务

在社区开展流动学前儿童教育服务,最基本的途径之一是要链接各种社区资源,如利用公共图书馆的支持服务。早期阅读和亲子阅读是流动学前儿童早期教育的重要方式,但由于儿童图书普遍昂贵,受制于经济条件等因素,流动学前儿童家庭买不起较多的图书,利用社区公共图书馆资源是可行的途径。婴幼儿阅读指导是早期教育的重要内容,英美等国家的经

---

① 古学斌等编《实践为本的中国本土社会工作研究》,社会科学文献出版社,2007,第 303 页。
② 《我国将开展支持社会力量发展普惠托育服务专项行动》,中国政府网,2019 年 10 月 24 日,http://www.gov.cn/xinwen/2019-10/24/content_ 5444528.htm。
③ 亓迪:《促进儿童发展:福利政策与服务模式》,社会科学文献出版社,2018,第 227~228 页。
④ 柳静虹:《西欧儿童福利的多元发展趋势及对中国的启示》,《社会工作与管理》2019 年第 4 期,第 21~28 页。
⑤ 魏惠贞:《各国幼儿教育》,台北:心理出版社股份有限公司,2008,第 22 页。

验值得借鉴。在分析英国"阅读起跑线计划"（Bookstart）和美国"出生即阅读"（Born to Read）以及"每一个孩子准备在你的图书馆阅读"（Every Child Ready to Read @ Your Library）这 3 项国家婴幼儿阅读推广项目经验的基础上，以 0~3 岁婴幼儿为推广对象，以期达到婴幼儿阅读推广总目标。[①]英国公共图书馆儿童服务具有为儿童提供分级服务、以低幼儿童为服务重点、关注有特殊需求儿童、注重培养服务品牌等特点。[②] 美国博物馆与图书馆服务协会（IMLS）的阅读推广、早期教育、创客空间项目体现了其服务的儿童优先视角。儿童优先视角下的 IMLS 服务呈现能力本位、注重实作、多方合作、社会公平等特点。[③] 美国在国家层面、各地区层面和社会组织层面都为儿童早期教育提供支持，其中，美国公共图书馆在儿童早期教育方面形成了完善的体系，其实践具有馆藏资源丰富、空间资源友好、细分年龄阶段、形式内容丰富、注重家庭参与、合作机构广泛等特点。[④] 美国公共图书馆"出生即阅读"婴幼儿早期阅读推广活动具有主体多元化、关注 0 岁婴幼儿、以培养阅读能力和阅读兴趣为主等特点，对引导亲子阅读、保障婴幼儿阅读权利、推动婴幼儿早期阅读等具有重要意义。[⑤] 英美公共图书馆在学前教育服务方面一直走在国际前列。借鉴国际经验，我国公共图书馆儿童服务应重点关注以下内容：以早期教育为服务重点领域，培养公共图书馆儿童服务的引领力量；尊重儿童个体发展差异，坚持差异化服务原则；打造图书馆界的儿童服务活动品牌，扩大社会影响力[⑥]；创新发展，为儿童提供社会性学习环境；注重实践，形成儿童美好学习体验；多方合作，构建儿童教育社会服务网络；教育均衡，体现图书馆服务的公平公正。公共图书馆应引导家长开展婴幼儿早期阅读活动，为弱势群体家庭提供早期

---

① 王琳：《英美国家婴幼儿阅读推广项目研究及启示——基于拉斯韦尔 5W 传播模式》，《图书情报工作》2013 年第 6 期，第 85~90、38 页。

② 于凝雨：《英国公共图书馆儿童服务研究》，《图书馆建设》2016 年第 11 期，第 44~49、61 页。

③ 楼剑锋：《儿童优先视角下的 IMLS 服务动态研究》，《图书馆建设》2015 年第 12 期，第 69~74 页。

④ 杨烨、束漫：《美国公共图书馆参与儿童早期教育服务的研究——以华盛顿州早期教育公共图书馆伙伴关系为例》，《图书馆建设》2016 年第 11 期，第 13~19 页。

⑤ 黄耀东：《美国公共图书馆的婴幼儿早期阅读推广——对 Born to Read 项目的考察》，《图书馆论坛》2018 年第 1 期，第 92~99 页。

⑥ 于凝雨：《英国公共图书馆儿童服务研究》，《图书馆建设》2016 年第 11 期，第 44~49、61 页。

阅读服务，推广婴幼儿早期阅读的品牌活动。[①] 针对我国图书馆学前教育服务的不足，需要完善儿童馆员培养体系；丰富馆藏资源，优化馆设布局；以图书馆为媒介，形成"幼儿园—图书馆—家庭"一体化；有效联合社会机构与公益组织，定期举办具有中华优秀传统文化特点的活动等。[②] 利用社区公共图书馆资源为流动学前儿童提供教育支持是可行的，但目前面临的挑战是我国社区公共图书馆资源不足，需要政府投资兴建社区公共图书馆或社会捐赠童书来建设公益性的社区童书资源阁。

（五）以社区为平台，为流动学前儿童提供教育照顾服务，需要充分发挥社区内多方力量的作用

加拿大社区儿童服务主要体现在学前服务、图书服务、儿童托管、为儿童开展的社区行动计划等项目上，表现出科学性强、融入社区综合服务系统、自成体系、服务面广、家长参与积极、各地区发挥主体性和一定的文化适应性等特征。其主要经验有政府的有力支持、形成相对配套的政策支持系统、社区管理到位、宗教团体发挥积极引领作用、注重基于社区的全员参与以及注重发挥高校教师的积极作用等。[③] 日本通过推动地方分权，开放公共服务准入标准，促进社会力量参与公共服务供给，提高公共服务的质量，重整社会治理结构。在社区儿童服务方面，以社区儿童设施为中心，推行政府购买服务，开放 NPO（非营利组织）、社区团体、民营企业等多元主体参与服务供给，为社区儿童服务注入新的活力。日本的政策及实践为我国在基层儿童教育福利服务方面构建多元供给体系提供了有益的借鉴。[④] 对流动学前儿童而言，社区内的志愿者是一种重要的行动力量。志愿服务是人们无偿地为他人或某一特定事业工作的行为，志愿服务通常被认

① 黄耀东：《美国公共图书馆的婴幼儿早期阅读推广——对 Born to Read 项目的考察》，《图书馆论坛》2018 年第 1 期，第 92~99 页。

② 吴品璇、陈柏彤：《基于 BBTL 计划的美国公共图书馆学前教育管窥》，《图书馆建设》2019 年第 6 期，第 110~116、134 页。

③ 严仲连、韩求灵：《加拿大发展社区儿童服务的经验》，《学术界》2017 年第 6 期，第 232~245、326 页。

④ 李智：《日本社区儿童服务的多元主体供给》，《外国中小学教育》2016 年第 9 期，第 48~53 页。

为是一种利他主义的活动，旨在提高人类的生活质量。① 发展志愿服务，利用志愿者力量，志愿服务儿童及家庭。② 鼓励和推广社区或邻里开展幼儿照顾的志愿服务，社区内的教师、退休老人、大学生等都是重要的志愿服务力量，可以为流动学前儿童早期教育照顾提供服务。其中，大学生尤其是社会工作和学前教育专业大学生，可以利用寒暑假或双休日到托育服务机构或从事流动学前儿童教育照顾服务的社工机构开展志愿服务活动，这有利于志愿服务精神的宣传和践行，有利于大学生社会责任感的养成和个人成长，更有助于缓解早期教育服务人力资源缺乏的问题。例如，北京四环游戏小组和广州市法泽社会工作服务中心的流动学前儿童早期发展项目就充分发挥了社会工作和学前教育等专业大学生志愿者的力量和作用。社会工作起源于慈善事业和志愿服务，经过长期的发展才成为一种专业。比如，在英国社会工作的早期发展中，慈善组织会社和托因比服务所这两个慈善团体就担当了中心的角色，志愿服务弱势群体。当时对他们慈善服务的动机和成效也有各种评价和争议，赞赏的、批评的都有。但有一点我们要明白，"不管他们有什么失败，慈善事业给了英国社会一种独特的'气质'，为重视公益精神的公民提供了行善的训练"③。很多人从事志愿服务的缘由蕴涵着社会工作的价值和理念，如联结他人和助人是一份殊荣、反思生命的意义、与他人形成一种助人且有意义的关系、创造一个有爱心的世界等。人有自我实现的需要，从事志愿服务是为了使自己更了解生命、更知道生命的意义、增强与他人的联结。以联结他人为例，有些人是在孤立的小世界里，盯着电脑屏幕工作或游戏，志愿者通过助人服务，会培养出更强的联结感，为社会尽一份心力，想让社会变得更好；凝视另一个人的生活、苦难等，可以让人生的视野更宽广。④ 个体认同社会价值观念或行动的两个原则是自愿原则和利益原则。志愿服务遵循"奉献、友爱、互助、进步"的志愿精神，自愿贡献自己的时间、精力等来服务社会，志愿服务不追求

① Mohan S. Singhe, Liranso G. Selamu, *Advanced Social Work Practices and Principles* (LAP LAMBERT Academic Publishing, 2017) .
② 郭静晃：《儿童福利概论》，新北：扬智文化事业股份有限公司，2013，第104页。
③ 林昭寰、朱志强：《社工何价——专业沉思》，香港：花千树出版有限公司，2014，第63~64页。
④ [美] Craig Winston LeCroy：《社工员的故事：倾听助人工作者的心声》，李晏甄、林立译，台北：群学出版有限公司，2013，第18~19页。

物质回报，但会有精神利益的回报。志愿服务有助于大学生实现自我，获得快乐和幸福感。志愿服务不追求物质回报，但在服务社会和守护社会的核心价值方面，志愿服务贡献很大。志愿服务是有价值追求的，志愿者信守一些价值，这些价值有利于人类社会的存在和发展，志愿服务精神才是最重要的。短期志愿服务已成为很多人的生活方式，不影响正常的学习、工作和生活，又可以随时做公益，尤其适合在校大学生，大学生群体正在成为志愿服务的"主力军"。短期志愿服务也是一种行动的力量，只有行动，改变才有可能。大学生短期志愿服务，更重要的是大学生志愿者信守志愿服务精神，有道德和社会责任担当，并通过行动，让这个世界变得更美好。大学生志愿者可以为流动学前儿童及其家庭提供支持性、补充性的服务，比如开展社交及情绪训练、生命安全教育服务、专注力训练、小小科学家活动、自信提升、逆境更自强/抗逆力提升、亲子阅读小组等。

四　社会组织和社会工作介入流动学前儿童教育照顾服务

社会组织、社会工作是为流动学前儿童及其家庭提供教育照顾服务的重要力量，需要充分发挥社区、社会组织和社会工作三社联动作用。2013年，民政部联合财政部出台了《关于加快推进社区社会工作服务的意见》，提出"探索建立以社区为平台、社会组织为载体、社会工作专业人才为支撑的新型社区服务管理机制"。2016年，中共中央办公厅、国务院办公厅印发《关于改革社会组织管理制度促进社会组织健康有序发展的意见》，明确提出"要建立社区社会组织与社区建设、社会工作联动机制，促进资源共享、优势互补。通过政府购买服务、公益创投等机制，不断推动社会组织和社会工作专业人才参与社区治理"。"政府在民生问题上放权，动员社会力量，解决民生与和谐社会建设问题，可称为共建共治共享，既发挥了社会组织、社会工作专业力量的优势，又解决了社会参与、社区治理方面的问题。"[①] 以社区为平台，引入或成立社工机构等社会组织，社工机构承接政府购买服务，为社区流动学前儿童提供服务，发挥社会工作专业作用。2019年10月，党的十九届四中全会多次强调社会组织的作用。构建基层社会治理新格局，健全社区管理和服务机制，发挥群团组织、社会组织作用。

---

① 《社区治理共同体怎样打造》，《人民日报》（海外版）2019年2月18日，第5版。

推动社会治理和服务重心向基层下移，更好提供精准化、精细化服务。社会组织和社会工作是一种行动力，儿童政策如果没有全国与地方的非营利机构积极参与，就无法实行，要成功落实，政府应唤起社会对儿童福利的关注，促使个人与地方参与。① 如前所述，开展流动学前儿童教育照顾服务需要充分利用社区资源，发挥社区支持的作用，其中，需要依托社区，在社区建立儿童社会工作服务机构，链接公益基金会的资源，或者以政府购买服务的形式，促使社会工作机构开展面向流动学前儿童及其家庭的服务。

（一）社会组织开展流动学前儿童教育照顾服务

社会组织是不可或缺的力量，在当前我国儿童福利服务的供给体系中，社会组织为儿童提供了专业化服务，这对儿童权利的实现十分重要。为实现社会治理体制的创新、推动社会组织更多地参与儿童福利服务，政府需要加大对社会组织的支持力度，促进其专业化建设，使社会组织作为政府建设性的合作伙伴，共同参与儿童福利服务的供给，构建稳定的儿童福利服务供给机制，提升儿童的福利水平。社会组织尤其是社会工作服务机构提供专业服务支持，是一支重要的行动力量，要通过政府购买服务的方式积极扶持儿童及其家庭的社会组织创建和发展。鼓励和支持社会组织参与儿童早期发展服务，发挥社会组织的作用。政府购买流动学前儿童教育照顾服务，由社会组织承担和负责实施服务项目。② 我国的社会工作服务基本上是在政府购买服务的框架下开展的，社会工作要积极承担参与社会服务和社会治理的责任。③ 针对我国流动学前儿童及其家庭状况，我国在大力发展公益性幼儿园和托儿所的同时，应由政府主导，实施提前开端计划服务于流动学前儿童，具体可采用政府购买早期教育和照顾服务，由社会公益组织尤其是社会工作服务机构提供服务。资助者圆桌论坛、新公民计划和千禾社区基金会联合发布的《2018 流动儿童教育领域扫描报告》指出，全国有 50 多家流动儿童教育公益组织为 0~6 岁流动学前儿童提供了 70 多个

---

① 魏惠贞：《各国幼儿教育》，台北：心理出版社股份有限公司，2008，第 23 页。
② 肖莎、贾新月、唐丽萍：《社会组织参与儿童福利服务的成就与问题》，《社会福利》（理论版）2015 年第 1 期，第 9~12 页。
③ 王思斌：《社会工作要积极承担参与社会服务和社会治理的责任》，《中国社会工作》2019 年第 13 期，第 46 页。

早期发展支持服务项目，这些公益组织有一部分是社会工作服务机构，通过政策倡议、办公益幼儿园、送服务到幼儿园以及开办社区活动中心等方式为流动学前儿童教育和照顾提供支持服务。由国内一些高校的社工师生组成的服务团队包括本书团队也在运用社会工作专业理论和方法为流动学前儿童及其家庭提供服务，这些实践探索证明了服务的可行性和有效性，建设流动学前儿童教育照顾综合服务体系是解决流动学前儿童教育照顾问题的关键。

（二）社会工作积极介入流动学前儿童教育照顾服务

社会工作是帮助个人、团体和社区增强或恢复其社会运作能力并创造有利于实现这一目标的社会条件的专业活动。[①] 社会转型期，流动学前儿童数量与日俱增，一些儿童在外地成长环境中会遇到多种问题。在创新社会治理体制的背景下，要激发社会组织活力，鼓励和支持社会组织积极参与社会公共服务。社会工作者是社会组织中专业性较强的一支庞大队伍，他们的积极介入具有重要作用。

1. 积极主动开展社会工作服务

发展性社会工作是社会工作实践的一种新取向，其强调社会投资、社区为本等观点，并把社会投资、社区为本等观点应用于社会工作专业实践中。发展性社会工作的实践策略之一是人力资本投资计划。人力资本是通过更广泛的教育和健康照顾系统产生的，也得到了发展性社会工作者的促进。学前儿童照顾中心、妇女教育计划等类似的项目，全都是与低收入社区中的社会发展介入相连的。贫困儿童学前中心的角色是发展性社会工作者的特殊兴趣所在。[②]

社会工作服务移民群体是国际社会工作发展较早的领域，社会工作介入农民工及其子女社会服务也是我国社会工作实践的重要内容。从《社会工作专业人才队伍建设中长期规划（2011—2020 年）》和《民政部关于促进农民工融入城市社区的意见》等制度设计来看，农民工及其子女都被视

---

① Mohan S. Singhe, Liranso G. Selamu, *Advanced Social Work Practices and Principles* (LAP LAMBERT Academic Publishing, 2017).

② 马凤芝：《社会发展视野下的社会工作》，《广东社会科学》2014 年第 1 期，第 222~228 页。

为专业社会工作和城市社区服务的重要对象。从农民工子女服务入手,逐步进入家庭,进而拓展到社区服务,这是社会工作介入农民工社会服务的可行策略。随着人口流动日益呈现出家庭式整体迁移的特点,家庭服务逐步成为农民工社会工作服务的基本内容,包括亲职教育、关系调适、子女教育和儿童照顾等。家庭式迁移使得流动儿童照顾与家庭教育成为农民工社会服务的基本构成部分,主要包括儿童照顾与保护、人格培养、亲子互动和家庭教育等服务。在农民工忙于生计的现实状况下,社会工作者在服务中扮演了"监护人"的角色,发挥了"家长替代"的实际作用,有效缓解了农民工的子女照顾和家庭教育压力。①

儿童和家庭社会工作实践是社会工作实践中最具挑战性、技能性和回报性的领域之一。社会工作者与儿童及其家庭一起工作,还与不同的专业团体合作,如警察、学校、医院、医疗中心和各种社区组织。他们能够理解围绕儿童和家庭的社会工作的法律、政策,同时不断提升自己的技能。这些技能包括沟通、准备和计划、干预、识别和评估、记录和报告撰写、自我管理和工作、问题解决、研究和分析以及决策。② 倾听儿童的声音,尊重儿童的愿望和感受,是以儿童和家庭为中心的社会工作的基础。③ 流动学前儿童教育照顾面临的问题是多种因素综合作用的结果,具有复杂性和多样性。流动学前儿童及其家庭往往面临周围环境中资源的缺失以及社会支持网络的不健全等问题,因此,社工在服务过程中,不仅要帮助他们提升运用社会支持资源的能力,而且要帮助其建立和扩大社会支持网络。④ 比如,英国、美国和我国港台地区有着主动寻求社工帮助的社会共识,而我国内地流动学前儿童家庭却很少有主动寻求社工帮助的想法,也不知如何寻求帮助,社会工作服务机构一定要多加宣传和倡导,主动为流动学前儿童家庭提供服务。

① 卢磊、黄小娟:《社会工作介入农民工服务的基本议题——一个本土社会工作发展领域》,《社会福利》(理论版)2019 年第 4 期,第 10~15 页。
② Maureen O'Loughlin, Steve O'Loughlin, *Social Work with Children and Families* (*4th Edition*) (Learning Matters Ltd., 2016).
③ Penelope Welbourne, *Social Work with Children and Families: Developing Advanced Practice* (Routledge, 2012).
④ 张翼:《流动人口社会适应与社会工作干预研究》,华中科技大学出版社,2018,第 166 页。

2. 积极发展儿童社会工作

解决流动学前儿童教育问题是一个系统工程，既需要完善政策制度保障，也需要加强对流动学前儿童的社会支持。加强社会支持必须完善社会工作服务。流动学前儿童作为社会弱势群体，需要社会工作者的服务和关怀。2014 年民政部发布的《儿童社会工作服务指南》指出，社会工作者应根据儿童的生理、心理特点和成长、发展的需要，以专业的价值观为指导，以科学的理论为基础，运用社会工作的专业方法和技巧对儿童开展服务，可以通过整合现有的家庭、社区、学校和其他部门的资源，为儿童及其家庭提供服务，通过动员和拓展的方式，为儿童争取新的正式及非正式资源。① 儿童社会工作是一项专业活动，儿童社会工作者与有需要的儿童一起工作，努力保障儿童的福利。生态系统理论和儿童早期发展理论是儿童社会工作的基础理论，儿童的发展结果取决于儿童、父母、家庭、社区环境以及社会之间的相互作用。② 儿童社会工作的内容包括间接的儿童社会工作和直接的儿童社会工作。"间接的儿童社会工作主要表现在宏观层面上，包括参与各项保障和维护儿童基本权利的福利政策、制度及相关法律法规的制定与完善，参与保障并推动儿童教育事业的发展和完善，参与保障并推动儿童卫生保健事业的发展和完善等方面。"③ 直接的儿童社会工作是指社会工作者直接为儿童及其家庭提供各项服务，包括儿童养育和保健、儿童照顾和教育以及儿童救助和保护等内容。其中，儿童照顾和教育是儿童社会工作的基本内容。儿童照顾是指在家庭、托儿所、幼儿园、学校等环境中给予儿童在生活、学习、成长等各方面的呵护和关怀。儿童教育是指通过各种手段和多种途径使儿童学会认知，掌握必要的知识和思维方式，使其具备生活中必需的能力，习得初步的社会规范，培养基本的道德品格的过程。④ 防止虐待儿童是儿童照顾的基本要求。虐待儿童是指父母或其他成人持续性地虐待儿童或疏于照顾及保护，对儿童造成有形或无形的伤害。

---

① 民政部：《儿童社会工作服务指南》，中华人民共和国民政行业标准（MZ/T 058—2014），2014 年 12 月 24 日。
② Gordon Jack, Helen Donnellan, *Social Work with Children*（Palgrave Macmillan, 2013）.
③ 朱眉华、文军主编《社会工作实务手册》，社会科学文献出版社，2006，第 220 页。
④ 朱眉华、文军主编《社会工作实务手册》，社会科学文献出版社，2006，第 221 页。

虐待儿童的方式可分为身体虐待、性虐待、疏忽以及精神虐待等。^① 当社工通过家访等途径发现流动学前儿童遭受虐待时，社工应该进行危机干预，采用个案工作等方法帮助受虐儿童走出阴影。

人口生育政策的调整带来了儿童社会服务的持续增长，对儿童社会工作者的数量和能力提出了新的挑战。在专业化的儿童服务中，社会工作者的核心能力体现在价值、知识及技巧三个维度，具体包括儿童中心、儿童权利、增能赋权、儿童全人发展、儿童福利政策、儿童照顾保护、游戏辅导和艺术治疗、亲子沟通与亲职辅导、儿童友好社区建设、儿童保护与生命教育等十个方面。根据我国社会工作人才培养与发展的基本方略，可以分别通过专业教育、社会教育、政策倡导来培养、提升和夯实儿童社会工作者的核心能力。^② 社工与儿童工作时必须具备的知识有以下几点。第一，了解儿童发展的基础知识，例如，依附关系（依附关系指一种聚焦在个人或几个人身上、持久且相互的连带影响。典型的儿童依附对象为父母或主要照顾者。父母尤其是母亲，对儿童依附关系的质量承担了主要的责任。依附关系的类型有安全的依附关系、焦虑和抗拒的依附关系、缺位的依附关系、无组织和无方向的依附关系）、儿童心理与情绪失调、儿童的复原力（复原力是指儿童不仅能生存下来，还能在面对困难时更为强壮）及调适。第二，了解家庭对儿童的影响，例如，家庭动力的影响（从出生起，婴儿的母亲与重要关系人的情绪和状态，提供了让儿童感到安全和被保护或是不安与威胁的某种情境）、家庭发展阶段的影响、儿童与家庭的交互影响、家庭危机的影响。^③

社会工作者开展流动学前儿童服务，最根本的是要倾听儿童的声音和理解儿童的需要，了解儿童服务的福利模式、控制模式、发展模式、治疗模式和充权模式等的特点和利弊，具备儿童社会工作的能力，掌握个案工作、小组工作和社区工作以及整合性的知识与实务技巧等。儿童社会工作

---

① 吴金香等：《幼儿教保概论：教保关键概念与实例分析》（第二版），台北：心理出版社股份有限公司，2013，第138~139页。

② 刘斌志、梁谨恋：《论儿童社会工作者的核心能力及培育策略》，《青年探索》2018年第4期，第24~36页。

③ ［美］Nancy Boyd Webb：《儿童社会工作实务》，黄玮莹、辜惠媺译，台北：学富文化事业有限公司，2006。

实务应把儿童生活放在家庭与社区场域的脉络中来看，运用生态系统和发展理论来形成组织架构，以协助实务工作者进行生物心理社会评估和所需的处遇。根据系统理论观点，儿童无法与其生活脉络切割，实务处遇只有在考虑这些脉络的前提下才可能成功。同时应强调优势、复原力与文化多样性，不要过度从病理学的观点来看待儿童和家庭。在开始和儿童案主工作时，社工与儿童案主建立关系，建立一种成人—儿童关系的语调，用儿童能理解的语言告诉他们协助过程的本质，说明社工是谁（我是一个帮助孩子和家长面对他们困难和忧郁的人），以及社工会怎样帮助他们（有时候我们会说说话，有时候我们会一起玩），这样给孩子一个关于这种独特关系的架构，即便他们还不能完全理解。许多儿童在口语表达的能力上有所欠缺，但是他们可以通过游戏，用非常图像的方式表达他们的担忧和焦虑。因此，对社工来说，为了有效地和儿童互动，在某种程度上能够很自在地使用玩具，是很重要的。社工要用孩子的游戏语言来沟通，而不是期待儿童可以只运用文字。社工必须进入孩子的发展层次，同时也试图理解儿童游戏的意义，这样社工才能在游戏的隐喻中有帮助地予以回应。①

　　玩耍/游戏是一种整合机制，使孩子的思维、感情、人际关系和身体都有机地结合在一起，从而促进发展和学习。游戏疗法是一种通过游戏与孩子交流并帮助他们解决情感困难和抚平创伤的咨询形式。② 与儿童一起工作通常指社工让孩子参与游戏活动，以了解孩子的认识并化解他们的焦虑。社工必须符合孩子的需要，也就是要和孩子进行非口语的沟通。游戏治疗是和12岁以下的孩子工作的最佳方式，社工采用游戏语言作为主要的助人方法，并依据孩子的年龄和用字能力来进行口语沟通。游戏治疗意指运用游戏的技巧来关心和帮助儿童。白纸、彩纸和彩色笔是游戏治疗最佳的媒材，通过艺术和画画来表达自我。画一个人和画一个家庭，提供了非常有用的信息来评估孩子如何看待自己和家庭。黏土是模型材料，可以让孩子创造出非常独特的东西。培乐多黏土比较软，也比较好塑造，所以比较适合学龄前的小孩使用。家庭人偶/布偶可以用来重现儿童家庭的景象，也可

---

① ［美］Nancy Boyd Webb：《儿童社会工作实务》，黄玮莹、辜惠媺译，台北：学富文化事业有限公司，2006。

② Carolyn Meggitt, Tina Bruce, Julia Manning-Morton, *Child Care and Education*（6th Edition）（Hodder Education, 2016）.

以利用玩具家具来做厨房和房间，学龄前的孩子通常很喜欢这类游戏。小组工作是非常适合儿童需要的一种工作方法，小组的形式可以给孩子带来正面的效果，因为在小组中孩子会有机会感受到相互的支持和力量。相较于一对一的会谈方式，小组的形式给孩子比较大的自由去分享和参与，而其他成员可以分享观点，也可以打破令人感到不安的沉默。当孩子发现小组中有其他人和他们有着一样的担忧时，他们会觉得松了一口气，而且他们会因为同伴的理解和支持而感到有希望。[①]

本书在实证调查的基础上，呈现出流动学前儿童生活的真实情况，体会流动学前儿童家庭生活所面临的困难，主要运用小组工作和社区工作等方法开展流动学前儿童及其家庭的社会工作服务。社工与学龄前流动儿童沟通交流时，要明白许多儿童在口语表达的能力上有所限制，特别是学龄前儿童，他们的表达能力和专注力有限，在与他们互动时，社工可以通过游戏和玩具，让学龄前流动儿童用非常图像的方式表达自身的感受。对流动学前儿童而言，他们通常会面对两组不同的价值与规范的冲突，一边是家庭或原来老家要求的行为举止，另一边则是流入地的新环境和新学校所要求的行为举止。不同的文化对于儿童有哪些行为可被接受、哪些不可被接受有着不同的信念，社工要在尊重儿童文化认同的基础上发展出有创意的响应方式。为流动学前儿童开展服务时，社工必须考虑文化因素，了解自身文化的偏误，强调文化多样性，学习案主有关的角色期待、典型的情感表达方式以及社会交换的形态等文化的基础信念。社工要强调流动学前儿童的优势、复原力，不应该过度从病理学的观点来看待流动学前儿童及其家庭。

3. 发展幼儿园社会工作

香港的一些幼儿园设有驻校社会工作者的岗位，社工面向幼儿及其家庭等开展幼儿情绪、亲子管教等辅导服务以及幼儿情绪小组、品德教育等幼儿发展性活动；初步评估幼儿是否有学习障碍、自闭症、多动症等，并提供转介服务；开展家长义工训练、家长工作坊等家长发展性活动；其他的服务还有校园危机处理、社区联系工作等。[②] 美国开端计划（Head Start）

---

① ［美］Nancy Boyd Webb：《儿童社会工作实务》，黄玮莹、辜惠媺译，台北：学富文化事业有限公司，2006。

② 《幼稚园学校社会工作服务汇编（一）》，香港：大埔浸信会社会服务中心，2005，第7页。

中的一些幼儿园社会工作者，关注幼儿的心理和情绪层面，为幼儿做社交和情绪方面的测试，也有针对家长的压力管理、幼儿行为指南等培训活动。以家为本支援流动学前儿童弱势家庭，需要提供驻园社会工作服务，发展幼儿园社会工作。流动学前儿童家庭不仅经济资源相对匮乏，对社会资源的掌握和利用能力也较弱，在进行管教子女和支持发展等教育照顾时困难较大，也不懂得求助。他们在流入地较少得到亲友的协助，也较少得到专业人士协助，以改善管教子女的技巧。因此，针对流动学前儿童家庭，应提供主动的驻园专业社工服务，利用家长信任的幼儿园平台，提供以家为本的支援，主动接触及支援有需要的家庭，及早识别与介入有危机和需要的幼儿家庭，及早协助学习、情绪和行为有问题的幼儿。① 政府应支持主要服务流动学前儿童的民办园，设立驻园社工服务，可以采用购买社会组织服务的方式，支持儿童社会工作机构在民办园提供驻园社工服务。

幼儿园社会工作服务有着重要意义与作用，幼儿园社工能够及早辨别儿童问题并适时介入，为有需求的家长提供专业支援服务，也能为幼儿园教职工减轻工作压力。在流动学前儿童就读的幼儿园尤其是民办幼儿园引入社会工作主要有如下两种路径。一是社工机构送服务。部分社工机构有社工送服务的项目，这样一种送服务的形式完全可以顾及当地的民办幼儿园，因为在园内开展幼儿小组活动相对比较安全，而且有老师和其他工作人员的协助。从民办幼儿园的角度看，他们对这样一种服务也存在较大需求。由于师资力量有限，幼儿教师无法兼顾各项活动，尤其是亲子互动类活动，社会力量的介入将会解决人员不足问题，并能拓展社工服务范围。二是高校社工专业在幼儿园建立实习基地。目前高校社工学生的实习基地主要有社工机构、社区、医院或一些政府公共事业部门，幼儿园尤其是民办幼儿园将是一个新的实习基地拓展领域。高校与民办幼儿园合作，每年实习期派送一批学生到幼儿园开展社工服务，由高校实习督导或科任教师负责指导学生实习工作。高校社工学生在实习过程中，应多与幼儿教师沟通，宣传社工理念，组织幼儿教师社工小组培训活动，以帮助幼儿园培养具有社工思维的幼儿老师，从而避免社工学生实习期满后出现角色空缺。另外，从家庭和社区合作的角度来说，幼儿园发展与开发利用社区教育资

---

① 孔美琪:《优教幼教 乐伴幼儿》，香港：万里机构·万里书店，2015，第 144 页。

源有着重要的意义，幼儿教育不能局限在学校内，家庭和社区要发挥自身优势，推动家—园—社区三个主体之间的合作，为幼儿提供更好的服务，如邀请警察到幼儿园进行安全教育和生命教育。由于民办幼儿园学生的流动性特征，他们确实更有必要积极融入社区，融入城市生活，幼儿园社会工作者的存在能协助民办幼儿园和社区做出一些改变，他们不仅仅是服务的直接提供者，更要成为家、园、社区关系的协调者以及资源的链接者。幼儿园社工可以积极联系社区，及时将社区的一些活动信息反馈给学校和家长，鼓励家长陪同孩子参加；幼儿园社工联合社区的力量为当地社工机构入园举办活动牵线搭桥；鼓励有条件的社区设立公益性岗位，与幼儿园社工对接。利用社会工作的理念为流动学前儿童幼儿园教育的发展整合资源，促进幼儿园社会工作的发展，从而构建流动学前儿童教育综合服务体系，为流动学前儿童提供更好的教育环境，实现幼有所育。

把流动学前儿童作为服务对象，选择以流动儿童为主的幼儿园，进行流动儿童学前教育社会工作服务的探索，以建立一种行之有效的服务流动学前儿童的社会工作专业路径。流动儿童学前教育社会工作服务模式可以多元化的活动和以社工课堂为主的形式服务流动儿童，通过个案工作、小组工作和社区工作介入儿童服务。以家长讲座/小组的形式服务儿童家长，流动儿童的家长需要一定的支持，他们面对着经济、工作、角色、管教甚至婚姻关系等形形色色的压力，通过家长教育讲座/小组活动，可让家长认识一些有效的管教方法、沟通模式及情绪处理方式，让儿童在幼年阶段拥有和谐的亲子关系。以教师培训形式服务幼儿园教职员，流动儿童入园困难，而且他们大多进入质量较差的民办幼儿园，这些幼儿园的教职员基本上都是非幼教专业出身，缺少教育进修和培训的机会和动力，他们对幼儿园儿童的教育大多停留在照顾、看管层次上，社工可为他们提供教师加油站等训练活动。

以高校社会工作专业师生为提供服务的主体，与以流动儿童为主的幼儿园建立合作关系，开展社会工作专业服务是可行的策略。社会工作专业师生定期到幼儿园开展专业服务，为流动儿童提供良好的成长服务，同时也可以提升自己的专业素质。可以把一些以流动儿童为主的幼儿园作为社会工作专业学生长期的实习基地。这有利于社会工作专业实习的日常化，也有利于积累流动儿童学前教育社会工作服务的经验，形成特色，成为流动儿童学前教育社会工作服务示范点，以典型示范带动流动儿童学前教育社会工作服务的开展。

同时，政府相关部门还可以用购买服务、项目招标等形式，让更多的社会工作民间组织介入流动儿童相关服务。[①] 以政府支持、社会力量参与的形式成立流动儿童社会工作专业服务机构，为流动学前儿童家庭教育及其社区融入提供专业服务，尤其为没有进入幼儿园的流动儿童提供专业服务，是对流动儿童幼儿园社会工作服务的重要补充。以幼儿园—家庭—社区—儿童关系模式服务流动学前儿童，为流动儿童学前教育提供各类社区公益服务，为流动儿童创造一个健康的社区教育发展环境。支持流动学前儿童幼儿园发展，流动学前儿童作为弱势群体，其成长环境存在许多影响心理弹性发展的危险因子，导致其心理弹性弱。幼儿园实施阅读游戏干预课程可以有效提升流动学前儿童心理弹性。[②] 幼儿园，尤其是以流动学前儿童为主的幼儿园要加强风险管理。总之，要发展以儿童为本、家庭为中心、托育机构和社区为依托的早期教育照顾服务，强化家校社合作。[③]

4. 社会工作介入流动学前儿童家庭教育服务

家庭教育是学校教育和社会教育的基础，社工机构应重视对流动学前儿童家庭的介入服务，开展家庭社会工作，为流动学前儿童家庭提供早期教育和照顾指导服务。2015 年，教育部在《关于加强家庭教育工作的指导意见》中指出，要广泛开展适合困境儿童特点和需求的家庭教育指导服务和关爱帮扶，逐步培育形成家庭教育社会支持体系。政府要健全流动人员的劳动保障制度，加强家庭教育服务功能；社区要加强家庭教育宣传，建立亲职教育平台；幼儿园要加强家园合作，组织亲子阅读等活动；社工机构要对流动学前儿童家庭开展支持服务等。社会工作代表着一种行动的力量，秉承助人自助、以人为本的专业价值观，运用专业知识、技能与方法帮助有困难的个人、家庭、群体和社区，发挥潜能，解决问题，化解社会

---

① 赵川芳：《社会工作介入，促进流动儿童城市融入》，《中国城市经济》2011 年第 1 期，第 218 页。

② 田怡楠：《提升学前流动儿童心理弹性的阅读游戏干预课程研究》，硕士学位论文，华东师范大学，2019。

③ ［美］Janet Gonzalez-Mena：《儿童、家庭和社区——家庭中心的早期教育》（第 5 版），郑福明、冯夏婷等译，高等教育出版社，2012。

矛盾，促进社会和谐发展。采用个案工作、小组工作、社区工作的专业方法，链接合理资源，为流动学前儿童家庭教育提供专业服务，如一对一的家访服务、为流动家庭提供交流沟通平台的小组工作、社区开展的家庭教育讲座或亲子活动，尤其是链接和利用公共图书馆资源为流动学前儿童家庭提供丰富的社区教育活动等。例如，开展流动学前儿童家庭亲子阅读服务，可以借鉴英国"阅读起跑线计划"（Bookstart）和美国"出生即阅读"（Born to Read）以及"每一个孩子准备在你的图书馆阅读"（Every Child Ready to Read @ Your Library）这三项国家婴幼儿阅读推广项目的经验[1]，利用公共图书馆/社区图书馆资源，引导亲子阅读，为弱势群体家庭提供早期阅读服务[2]。流动学前儿童家庭经济收入相对较低，童书又价格不菲，公共图书馆应该承担起推广家庭亲子阅读的重任，尤其为弱势家庭提供阅读服务，通过多元合作丰富阅读资源，加强对家庭亲子阅读的指导，编制家庭阅读书目，建立家庭阅读的公共平台。[3] 可以综合运用社会工作实务方法为流动儿童家庭提供全面的服务，赋权家长，提高其家庭教育的意识和能力。例如，通过亲子活动、家长自我成长工作坊、录像为本的家长支援服务、家庭辅导服务、亲职教育小组或社区家庭教育讲座等[4]，让家长明白亲子阅读应是在互为主体的相互平等对待的前提下，父母与孩子一起分享阅读的乐趣与生命的点点滴滴，强调父母和子女共同阅读、共同分享，因此，说故事的人不一定是父母，孩子同样可以由听故事转换成主动说故事的角色，让家中的每一位成员都有倾听、叙述、沟通、讨论的机会，让亲子共读成为游戏般的快乐。亲子阅读可以培养阅读的兴趣与习惯、促进亲子间的情感与思想交流、建立幼儿良好的人生观、促进幼儿语言发展、增强幼儿美感、提升对事物的想象力、充实生活经验、培养思考及解决问题能力。[5] 还可以通

---

[1] 王琳：《英美国家婴幼儿阅读推广项目研究及启示——基于拉斯韦尔 5W 传播模式》，《图书情报工作》2013 年第 6 期，第 85~90、38 页。

[2] 黄耀东：《美国公共图书馆的婴幼儿早期阅读推广——对 Born to Read 项目的考察》，《图书馆论坛》2018 年第 1 期，第 92~99 页。

[3] 荆琦：《新时期公共图书馆推广家庭阅读的问题综述》，《边疆经济与文化》2019 年第 2 期，第 97~98 页。

[4] 姚洁玲、陈咏芝：《阳光孩子发展计划》，香港小童群益会，2001，第 13 页。

[5] 吴金香等：《幼儿教保概论：教保关键概念与实例分析》（第二版），台北：心理出版社股份有限公司，2013，第 104~105 页。

过政策倡导，完善流动人口家庭福利政策，改善流动学前儿童家庭教育。

要建立幼儿教育照顾政策的整体框架，设立综合性早期教育服务，其中，开展社工服务可以在学前教育阶段支持儿童及其家庭的工作并加强家长教育工作。可由社工主动接触流动学前儿童及其家庭，为改善流动学前儿童的成长环境及条件订立全面计划方案，确保他们能享有平等的学习及发展机会，避免贫穷延续及跨代贫穷的出现。社会工作致力于追求社会福利、社会变革和社会公正，致力于研究和实践，开发每个个体、群体的潜力，以提高人们的生活质量。社会工作者通过研究、政策、社区组织、直接实践和教学进行干预。研究通常集中在诸如人类发展、社会政策、公共行政、项目评估和国际社区发展等领域。[1] 社会工作机构参与社会治理创新的基本层面是服务，这既包括对有需要群体，特别是困难群体的直接服务，也包括为摆脱他们的困境而进行的政策倡导。社会工作机构参与社会治理的模式是服务型治理。[2] 解决流动学前儿童教育照顾问题，离不开制度和政策的保障。支持服务和政策倡导密不可分，不能仅仅靠服务，它是一个系统工程，制度和政策的完善也很重要。帮助弱势群体，提供支持服务是必要的，但也是不够的，更需要结构性方面的改革，需要制度和政策的完善等，有时候把造成问题的障碍移除了，问题就解决了。所以，社会工作者需要扮演使能者、教育者、倡导者等角色，一方面，提供真正符合需要的服务，链接各种资源，如建立流动儿童图书馆；另一方面，更重视社会调查、社会服务效果评估和实务研究，在此基础上进行政策倡导。

五　政府制定和完善流动学前儿童教育照顾相关政策法规

世界各国的儿童福利有不同的历史背景及发展过程，但都有一个共通的历程：从早期对儿童救济、贫穷问题的人文关怀，到随着社会福利思潮的涌起，开始制定政策、颁布法规、设立行政机关、民间/社会力量积极参与。[3] 我国流动学前儿童教育照顾服务可以根据实际情况，借鉴它们的经

---

[1] Mohan S. Singhe, Liranso G. Selamu, *Advanced Social Work Practices and Principles* (LAP LAMBERT Academic Publishing, 2017).

[2] 王思斌：《社会工作机构在社会治理创新中的网络型服务治理》，《学海》2015 年第 3 期，第 47~52 页。

[3] 郭静晃：《儿童福利概论》，新北：扬智文化事业股份有限公司，2013，第 96 页。

验，制定优先支持弱势儿童早期教育照顾的政策，发展普惠性学前教育和托育服务，进行学前教育立法和儿童福利立法，实施幼托整合，建立统一的行政管理体系，实施流动学前儿童教育照顾计划，发挥社会组织等力量的作用，开展专业化的儿童福利服务。

（一）完善学前教育政策，优先支持流动学前儿童等处境不利儿童

完善学前教育政策，优先保障流动学前儿童等处境不利儿童的学前教育。学前教育对个体发展、家庭和睦、社会和谐与国家进步的重要作用正在越来越多地受到世界各国政府的高度重视。儿童教育政策属于儿童福利体系的一部分，儿童教育往往体现了一个国家的综合实力，保障教育公平是十分重要的政策落实点。教育政策的主要目标是保障儿童平等受教育的权利，有效减少教育不公平现象。对处于贫困和弱势地位的儿童，应当加大对教育的优惠和扶持力度。[1] 学前教育虽然不属于义务教育，但由于儿童早期发展的重要性，基于机会均等和人力资本投资需要，学前教育受到世界各国的重视，很多国家和地区颁布实施了《学前教育法》《儿童早期教育法》《开端计划法案》《幼儿教育及照顾法》等，以保障学前儿童尤其是弱势幼儿受教育的权利。在移民/流动儿童学前教育方面，美国强调"不让一个孩子掉队"，西欧国家强调"教育平等，人人应有"，北欧国家强调"以平等促进发展"，日本强调"文化融入"，印度强调"受教育权人人平等"，以色列崇智重教，澳大利亚强调公益组织与社会政策并驱。[2] 其中，美国作为移民国家，专门实施"流动儿童教育计划"，其提前开端计划也重点服务移民家庭的学前儿童。我国也是流动人口居多的大国，政府需要高度关注流动学前儿童成长，已有针对义务教育阶段流动儿童的教育支持政策和法规，有必要颁布实施流动学前儿童教育照顾专项政策、法规和项目等，助力弱势儿童早期发展。针对流动儿童学前教育，"要立法明确坚定，保障流动儿童享有平等学前教育权利；强化政府扶助流动儿童、推进学前教育公平的主导责任；坚持财政投入公平原则，优先扶助流动儿童；以公办学前

---

[1] 亓迪：《促进儿童发展：福利政策与服务模式》，社会科学文献出版社，2018，第 197 页。
[2] 陆建非主编《中国都市外来务工人员子女学前教育发展研究报告》，上海教育出版社，2016，第 79~87 页。

教育为主体，确保流动儿童获得有质量的学前教育；建立多种扶助制度，为流动儿童提供免费、减费和有资助的学前教育；依托国家专项行动计划，优先发展流动儿童学前教育"。[①]

我国应坚持和落实学前教育的公益性和普惠性，重视学前教育的奠基作用；完善政府主导、社会参与、公办民办并举的办园体制，大力发展公办园，积极引导和支持普惠性民办园的发展；明确政府主体地位，协调相关部门参与管理；加大学前教育财政投入，重点支持弱势儿童的学前教育；强化师资队伍建设，提升幼儿教师专业化水平；实施政府主导的学前教育项目，为流动学前儿童提供整合性的教育和照顾服务。政府主导下的大型学前教育项目能够通过整合多方面的资源为处境不利儿童提供整合式的学前教育和保育服务，其具有以下优势：政府主导下的学前教育计划能够体现全社会的价值取向，面向处境不利儿童的政府计划能够凸显一国政府对教育公平和社会公平的不懈追求，有利于在全社会范围内形成推进学前教育工程的合力；政府主导下的大型学前教育计划能够推动中央和地方政府以及第三方组织等相关部门的通力合作，整合政府、机构、社区、家庭的力量，利用多种社会资源促进项目发展，使资源得到最大化和最优化利用。[②]

我国已在相关政策方面进行积极倡导和实践，为学前教育提供保障。《国家中长期教育改革和发展规划纲要（2010—2020 年）》提出，到 2020 年"基本普及学前教育"；《国务院关于当前发展学前教育的若干意见》（国发〔2010〕41 号）提出，"要把发展学前教育摆在更加重要的位置，坚持公益性和普惠性，努力构建覆盖城乡、布局合理的学前教育公共服务体系，保障适龄儿童接受基本的、有质量的学前教育；要多种形式扩大学前教育资源，尤其强调城镇幼儿园建设要充分考虑进城务工人员随迁子女接受学前教育的需求"。幼有所育，根本之策在普惠。2018 年，中共中央、国务院印发《关于学前教育深化改革规范发展的若干意见》，提出"到 2020 年，全国学前三年毛入园率达到 85% 的普及目标、普惠性资源覆盖率达到 80%

---

① 陆建非主编《中国都市外来务工人员子女学前教育发展研究报告》，上海教育出版社，2016，第 87~92 页。

② 霍力岩等：《美、英、日、印四国学前教育体制的比较研究》（上、下册），北京师范大学出版社，2013。

的普惠目标和全国公办园在园幼儿占比原则上达到 50% 的结构性目标"。小区配套学前教育资源的严重流失,是造成城镇"入园难"的主要原因。2019 年 1 月,国务院办公厅印发《关于开展城镇小区配套幼儿园治理工作的通知》,部署各地全面摸底排查,针对规划、配建、移交、使用不到位等问题,采取补建、改建、新建、置换等措施,确保小区配套园提供普惠性服务。住建部发布《城市居住区规划设计标准》后,各地在城市修补、功能完善、老旧小区改造、老工业区更新中补充完善基础教育设施,实施了一大批幼儿园建设项目。① 2019 年 2 月,中共中央、国务院印发了《中国教育现代化 2035》,提出"2035 年主要发展目标之一是普及有质量的学前教育。建立更为完善的学前教育管理体制、办园体制和投入体制,大力发展公办园,加快发展普惠性民办幼儿园"。② 我国发展学前教育,要进一步明确学前教育的性质、地位与功能,以及学前教育办学体制、学前教育管理体制、学前教育投入体制、学前教育师资建设体制等内容。2019 年《政府工作报告》指出,"多渠道扩大学前教育供给,无论是公办还是民办幼儿园,只要符合安全标准、收费合理、家长放心,政府都要支持"。2019 年 10 月,党的十九届四中全会强调"健全幼有所育、学有所教、劳有所得、病有所医、老有所养、住有所居、弱有所扶等方面国家基本公共服务制度体系"。发展学前教育,健全学前教育保障机制,就是重要的民生事业和公益事业。其中,需要立法保障学前教育机会的均等。由于教育机会均等涉及社会资源分配及社会公平问题,需要通过学前教育立法来保障教育机会均等的实现,防止教育机会均等仅仅成为一种教育理想,流于口号,不易落实。目前,学前教育立法正在加快进行。法律是一种权威性很高的强制性政策工具。在完善学前教育政策方面应该加强学前教育立法,完善学前教育政策体系;加大学前教育财政投入,注重教育经费的合理分配;强化政府职能,推动学前教育发展;强化弱势幼儿扶持,促进学前教育公平。③

---

① 陈宝生:《国务院关于学前教育事业改革和发展情况的报告——2019 年 8 月 22 日在第十三届全国人民代表大会常务委员会第十二次会议上》,《中华人民共和国全国人民代表大会常务委员会公报》2019 年第 5 期,第 867~872 页。

② 《中共中央、国务院印发〈中国教育现代化 2035〉》,《中华人民共和国教育部公报》2019 年第 Z1 期,第 2~5 页。

③ 杜亚婷:《公平与质量并行:21 世纪以来台湾地区学前教育政策研究》,硕士学位论文,云南师范大学,2017。

根据党的十九届四中全会精神，全面推进教育法治建设，需要加快推进教育立法，其中，要研究制定学前教育法，规范学前教育，"要坚持学前教育公益普惠原则，建立更为完善的学前教育管理体制、办园体制和投入体制，大力发展公办园，加快发展普惠性民办幼儿园，提高保教质量"①。教育部已成立学前教育立法工作领导小组，牵头开展学前教育法起草工作，已经初步形成草案文本。该草案坚持问题导向，聚焦学前教育事业属性地位、各级政府和有关部门责任、体制机制保障、违法违规办园行为惩治等问题，着力破解长期制约学前教育改革发展的瓶颈问题，为学前教育健康可持续发展提供法律保障。② 同时，鼓励部门和地方先行先试，根据流动学前儿童家庭早期教育和照顾的需要，制定部门规章、地方性规范及地方政府规章。例如，上海、深圳等城市已在积极探索流动学前儿童教育照顾服务，以保障流动学前儿童等处境不利儿童的早期教育权益。发展普惠性学前教育，政府购买学前教育服务，怎样既能保障流动儿童的受教育权利，又能符合城市发展定位是地方政府亟待解决的重要问题。上海市政府通过建立自上而下的管理体系、购买民办三级幼儿园学位、购买公办园管理与评估服务、购买第三方教育教学服务等方式，极大地规范并促进了民办三级幼儿园的发展，保障了流动儿童入园需求；建立政府补助民办三级幼儿园生均成本的动态增长机制和投入监管机制，优化购买服务的内容，提升民办三级幼儿园的保障能力和办园质量。③ 政府购买服务牵引下的普惠性民办幼儿园实践涉及政府、普惠园、公众三个主体，要使普惠性民办幼儿园彰显普惠性特征，需要不断优化购买学前教育服务的绩效。优化购买绩效主要应从降低政府监管成本与普惠园努力成本、增加普惠园努力收益、完善评估体系、提高公众满意度在绩效评估中的权重这几点着手。④ 作为社区公共服务的一种机制创新，"三社联动"有力地推动了政府向社会力量购买

① 《构建服务全民终身学习的教育体系——五论深入学习贯彻党的十九届四中全会精神》，《中国教育报》2019 年 11 月 13 日，第 1 版。
② 《学前教育法草案文本已初步形成》，中国政府网，2019 年 8 月 22 日，http://www.gov.cn/xinwen/2019-08/22/content_ 5423486. htm。
③ 李琳、柳倩：《流动儿童入园的政府购买服务制度设计——以上海市政府购买民办三级幼儿园服务为例》，《中国教育学刊》2018 年第 7 期，第 7~11 页。
④ 陈岳堂、李青清：《政府购买学前教育服务绩效优化研究——基于普惠性民办幼儿园的三方演化博弈分析》，《当代教育论坛》2019 年第 1 期，第 1~10 页。

服务模式的创新以及基于政社协作的社区公共服务供给网络的形成。政府购买流动学前儿童教育照顾服务，也应由社会组织承接，依托社区平台，引导专业社会工作队伍提供专业服务。①

学前教育是终身学习的开端，是国民教育体系的重要组成部分。要落实好各级政府办好学前教育的主导责任，进一步加强学前教育师资队伍建设，强调学前教育公益性的定位和性质，大力发展公办幼儿园，增加学位供给，同时要科学、合理、有效地支持和鼓励更多的民办幼儿园提供普惠性服务，并调动社会力量兴办普惠性幼儿园。② 大力发展公办幼儿园和普惠性民办园，关键还要加强幼儿师资队伍建设，加强幼儿教师和保育员的培育和培训，从量和质上保障托育机构专业人员队伍建设。针对幼儿教师流失、职业归属感低、编制少、待遇低以及部分民办幼儿园为降低成本聘用无资质教师等问题，需要加强师资培育和培训，严格准入限制，落实保障。高校学前教育等专业扩大本专科招生规模，培育幼儿师资，对在职幼儿教师加大培训力度，不断提升其早期教育相关知识和能力；严格教师准入标准，认真落实教师资格准入与定期注册制度，严格执行幼儿园园长、教师专业标准，坚持公开招聘制度，全面落实幼儿园教师持证上岗；完善工资待遇保障机制。2018 年 2 月，《教育部等五部门关于印发〈教师教育振兴行动计划（2018—2022 年）〉的通知》提出，"积极推行初中毕业起点五年制专科层次幼儿园教师培养"；"发布《中小学幼儿园教师培训课程指导标准》"；"教师培训经费要列入财政预算。幼儿园、中小学和中等职业学校按照年度公用经费预算总额的 5% 安排教师培训经费"。③ 2018 年 7 月，教育部印发《关于开展幼儿园"小学化"专项治理工作的通知》，防止幼儿园教学方式和教学内容等"小学化"，幼儿教师要了解儿童早期发展相关理论，根据儿童成长发展的特点和需要开展教育照顾服务。

提高弱势幼儿入园率和改善弱势幼儿教育条件既是当今学前教育改革

① 曹海军、薛喆：《"三社联动"机制下政府向社会力量购买服务的三个阶段分析》，《中国行政管理》2018 年第 8 期，第 41~46 页。

② 《发展普惠而有质量的学前教育——全国人大常委会组成人员热议国务院关于学前教育事业改革和发展情况的报告》，中国政府网，2019 年 8 月 24 日，http://www.gov.cn/xinwen/2019-08/24/content_ 5424208. htm。

③ 《教育部等五部门关于印发〈教师教育振兴行动计划（2018—2022 年）〉的通知》，中国政府网，2018 年 3 月 28 日，http://www.gov.cn/xinwen/2018-03/28/content_ 5278034. htm。

与发展的核心，也是各国学前教育政策制定的主旨。我国台湾地区与大陆地区历史文化同根同源、一脉相承，两地学前教育的发展轨迹相似。我国台湾地区通过发布16项弱势幼儿教育措施，逐步形成了健全的弱势幼儿教育扶助体系。台湾地区陆续推出学前教育优惠措施，包括扶持5岁弱势幼儿及早教育计划、免学费教育计划等，将5岁幼儿纳入义务教育范围，亦有意将幼儿教育纳入国民教育，保障幼儿教育基本权。[①] 借鉴台湾地区弱势幼儿教育措施实施经验，我们应明确中央政府主体责任；改革行政管理体制，细化各级政府职责；加快出台学前教育专门法；建立以公平为导向的弱势幼儿教育财政投入体制；将公办园作为扶助弱势幼儿教育的主要平台；引入非营利幼儿园模式增加弱势幼儿群体入园机会；针对不同类型弱势幼儿群体实施多层次、多样化的学前教育项目。[②] 我们还应支持幼儿园发展，尤其是支持流动学前儿童就读的民办幼儿园，实施干预项目，这些项目如教育部—联合国儿童基金会流动儿童学前教育质量提升项目，旨在提升办园质量，让流动学前儿童得到优质的教育照顾。

（二）完善托育服务政策，大力发展公共托育服务，为流动学前儿童家庭提供公益性托育服务

为重建和规范公共托育服务，我国已颁布了托育服务的指导性意见、托育服务机构设置和管理等相关文件，以规范托育服务的重建和发展，也明确了由国家卫健委等部门来指导和管理托育服务。例如，2016年，为了应对日益严重的低生育率和老龄化，我国开始实施全面二孩政策，政府和社会各界开始重视和重构0～3岁托育公共服务，提倡责任共担。2016年4月，李克强总理主持召开国务院常务会议，会议指出："支持普惠性托儿所和幼儿园尤其是民办托幼机构发展。"2017年10月，党的十九大报告提出了"幼有所育"的新要求，并提出要"促进生育政策和相关经济社会政策配套衔接"。2017年12月，中央经济工作会议提出，要"解决好婴幼儿照护和儿童早期教育服务问题"。2019年2月，国家发展改革委联合17个部

① 许育典、王艺乔：《从幼儿教育基本权检讨台湾地区的"幼儿教育及照顾法"》，《法学教育研究》2019年第1期，第251～268页。
② 孙逊：《我国台湾地区弱势幼儿教育政策变迁研究——从"发放幼儿教育券方案"到"优质教保发展计划"的文本分析》，硕士学位论文，湖北师范学院，2015。

门印发的《加大力度推动社会领域公共服务补短板强弱项提质量 促进形成强大国内市场的行动方案》明确提出，"增加托育服务有效供给"。2019年3月，两会政府工作报告进一步强调："要针对实施全面两孩政策后的新情况，加快发展多种形式的婴幼儿照护服务，支持社会力量兴办托育服务机构，加强儿童安全保障。" 2019年4月，为促进解决"幼有所育"问题，国务院办公厅发布《关于促进3岁以下婴幼儿照护服务发展的指导意见》，提出"家庭对婴幼儿照护负主体责任。发展婴幼儿照护服务的重点是为家庭提供科学养育指导，并对确有照护困难的家庭或婴幼儿提供必要的服务""充分调动社会力量积极性，大力推动婴幼儿照护服务发展"等基本原则，明确了国家、市场、社区、家庭等主体在婴幼儿照护中的角色和作用。由此可以看出，新时代托育服务体系发展将坚持"家庭为主，托育补充""政策引导，普惠优先""安全健康，科学规范""属地管理，分类指导"等基本原则。该政策明确了婴幼儿照护服务工作由卫生健康部门牵头，也明确了教育、财政、发改委、人力资源和社会保障、住房和城乡建设等11个部门的相关责任。该意见提出，城镇婴幼儿照护服务机构建设要充分考虑进城务工人员随迁婴幼儿的照护服务需求。因此，2019年被看作婴幼儿托育服务的元年。

2019年6月，财政部、国家税务总局、国家发展改革委、民政部、商务部、国家卫生健康委联合发布《关于养老、托育、家政等社区家庭服务业税费优惠政策的公告》，通过税收优惠政策，支持社区托育服务发展。2019年10月，国家卫生健康委发布《托育机构设置标准（试行）》和《托育机构管理规范（试行）》，就托育机构的功能职责、设置要求、场地设施、人员规模、托收管理、保育管理、健康安全管理、人员管理等多项内容做出了明确规定。发展普惠性托育服务，要加大政府财政投入。儿童是国家的未来，是国家最重要的资产，对儿童的投资是对国家未来的投资。儿童教育和照顾不再仅仅是家庭的责任，而是对国家未来的投资。政府应明确婴幼儿与国家、家庭之间的关系，强调政府主导作用，在政策和财政方面给予托育服务更多的支持，加大公共财政对托育服务体系建设的投入，鼓励社会力量参与托育服务，强化社区托育服务功能，建立以社区为基础的工作运行机制，充分挖掘和利用社区资源，缩小城乡差距，加快托育服务城乡一体化发展。

2019 年 10 月，国家发展改革委、国家卫生健康委联合发布《支持社会力量发展普惠托育服务专项行动实施方案（试行）》（以下简称《实施方案》）。按照《实施方案》，2020 年将开展专项行动试点，参与试点城市要充分吸引社会力量广泛参与，扩大托育服务有效供给。与学前教育不同，《实施方案》指出，3 岁以下托育服务属于非基本公共服务范围，是地方政府事权，要坚持社会化发展托育服务，扩大 3 岁以下婴幼儿普惠性托育服务有效供给。国家重点支持两类托育服务设施建设。一是承担一定指导功能的示范性托育服务机构。示范性托育服务机构可以选址新建，也可以利用早期教育指导中心、妇女儿童活动中心、妇女儿童之家、家庭教育指导服务中心、学前教育机构、计划生育服务机构、月子中心、家政服务公司等资源改扩建（含改建、扩建）。二是社区托育服务设施。通过新建、改扩建，支持一批嵌入式、分布式、连锁化、专业化的社区托育服务设施建设，提供全日托、半日托、计时托、临时托等多样化的普惠托育服务。政府机关、企事业单位利用自有土地或设施新建、改扩建托育服务设施，并向社会开放普惠性托位，也可纳入以上两类支持范围。对于这两类设施，中央预算内投资按每个新增托位给予 1 万元的补助。[①] 2021 年，我国实施"全面三孩"政策，《中共中央　国务院关于优化生育政策促进人口长期均衡发展的决定》提出，要大力发展普惠托育服务体系。落实"三孩"生育政策，重在完善配套支持措施，提供配套儿童活动设施和托育服务资源。[②] 国家通过服务普遍化、类型多元化、设施均衡化、价格合理化和质量可靠化等实现普惠托育服务的政策意图。[③] 由此可见，我国发展托育服务，非常强调托育服务的普惠性、公益性和可及性，优先保障弱势儿童家庭的托育需求，这为流动学前儿童的教育照顾提供了政策保障，当然，关键还在于政策的实施和实践，各地正在进行普惠性托育服务试点工作。[④] 根据流动学前儿童

① 《托育也推普惠制：两类托育服务可享中央 1 万元/人补助》，新浪财经，2019 年 10 月 24 日，http://finance.sina.com.cn/chanjing/cyxw/2019-10-24/doc-iicezzrr4608660.shtml。

② 洪秀敏、朱文婷：《家庭"三孩"生育意愿及其与婴幼儿照护支持的关系》，《广州大学学报》（社会科学版）2022 年第 1 期，第 136~148 页。

③ 刘中一：《普惠托育服务的内涵、实现路径与保障机制》，《中州学刊》2022 年第 1 期，第 99~105 页。

④ 潘鸿雁：《我国普惠性托育服务的发展与思考——基于上海市普惠性托育点的调查》，《福建论坛》（人文社会科学版）2020 年第 1 期，第 178~188 页。

家庭的状况，应积极发展普惠性托育服务，实施弱势儿童托育补助政策，形成公共化托育政策。

另外，政府有必要着重发挥企业的支持作用，通过税收优惠鼓励企业参与托育设施的供给，支持用人单位在工作场所为职工提供福利性婴幼儿照护服务。企业负责的托育服务也是一种可行的模式。在日本等一些国家和地区，政府鼓励企业附设托儿所等托育机构，采用税收减免等优惠措施鼓励企业承担儿童照顾责任，以满足员工托育需求。自20世纪五六十年代起，为了提高劳动参与率，我国曾在大中型城市的企事业单位中广泛开办托儿所。后来在市场经济大潮的冲击下，出于"企业减负"的考量，托育服务职能被逐步剥离。现在，许多大企业会附设或补助托育服务，使父母可以安心工作。有条件的大中型企业可以在企业内开办托幼机构，政府可以给予税收上的优惠政策，也可以按系统开办托育机构，或与附近单位、街道联合开办等。① 对流动学前儿童家庭而言，接纳流动人口就业的企业可以根据实际情况为流动学前儿童提供托育服务，方便流动学前儿童父母安心工作。当然，由于流动人口的职业性质多为体制外的私营或个体，从事建筑、装修、商贩、运输、修理、餐饮、保洁、快递等工作，流动性大，大部分的工作单位难以提供托育服务，还是需要普惠性的社区托育服务和机构托育服务来满足流动家庭的托育需求。

发展普惠性托育服务，除了政策法规保障和开办托育服务机构外，还要加强托育服务人员的培育和培训。我国托育服务人员不仅素质堪忧，而且数量缺口很大。发展托育服务，托育人员队伍建设是关键。国家鼓励社会力量兴办托育服务机构，托育服务从业人员从哪里来是一个问题，最基本的途径是高职高等院校加大托育人员招生和培养力度。2019年9月，教育部办公厅等七部门联合发布《关于教育支持社会服务产业发展　提高紧缺人才培养培训质量的意见》，鼓励引导普通本科高校"主动适应"社会服务产业发展需要，设置家政学、护理学、社会工作等相关专业，并提出原则上每个省份至少有一所本科高校开设家政服务、托育服务等相关专业，多举措向家政、托幼等社会服务业倾斜；鼓励引导有条件的职业院校积极增设幼儿发展与健康管理、幼儿保育、学前教育等社会服务产业相关专业

---

① 亓迪：《促进儿童发展：福利政策与服务模式》，社会科学文献出版社，2018，第227页。

点；鼓励开展 1+X 证书制度试点，并提出率先在家政服务、托育服务等领域开展该试点。① 这为培育托育服务人才指明了方向。但从现实来看，由于先赋因素影响，愿意就读婴幼儿服务相关专业的人员以女性为主，男性很少选择此领域，幼儿园师资严重缺乏，更不用说服务于 0~3 岁婴幼儿的托育机构。社会角色概念和理论告诉我们，先赋角色/地位对自致角色/地位的影响比较大，男性不太可能担任看护儿童的工作，比如幼儿园、医院的男性护士很少。还有一种建议是大力培养从事儿童服务的社会工作人才。实际上，社工专业学生选择从事社工职业的也不多，社工机构也缺社工人才。所以，需要丰富托育服务人员来源渠道，其中一个很重要的来源就是流动人口，尤其是有一定文化水平或高中毕业的女性农民工。新生代农民工是人力资本投资的重要群体之一，新生代农民工教育培训是其人力资本提升的重要途径，也是宪法赋予他们的基本社会权利，必须充分重视发挥新生代农民工教育培训政策在培养技能型劳动力中不可或缺的作用。② 农民工也是重要的人力资本，把女性流动人口培训成合格的托育服务人员，可以解决托育机构从业人员缺失问题，也可以解决女性流动人口就业问题。同时，托育机构优先接受在此工作的女性流动人口的学前儿童，也可以帮助其解决子女的教育照顾问题。学术界研究表明，受家庭束缚和性别歧视影响，女性流动人口在城镇就业处于不利的地位。女性流动人口未就业的原因主要有三个方面：一是女性流动人口由于受教育水平较低、缺乏技能经验，难以找到收入较高的工作；二是由于家政服务、子女老人看护等费用支出太多，流动人口一般不具备这一条件，所以宁愿选择自己亲力亲为；三是流动人口背井离乡，失去了原有社会网络的支持，很难找到适合自己的工作。"迁而不工"的女性流动人口作为潜在的劳动力资源，由于主客观因素而未进入劳动力市场，但是伴随经济结构调整和产业升级，制造业不断萎缩，第三产业迅速扩张，这为女性流动人口提供了大量进入劳动力市场的可能。对于已经进入城镇的女性流动人口来说，职业技能的提升是快

---

① 《教育部办公厅等七部门关于教育支持社会服务产业发展 提高紧缺人才培养培训质量的意见》，《教育科学论坛》2019 年第 33 期，第 3~6 页。
② 银平均：《新生代农民工：人力资本投资的重要群体之一》，《社会科学报》2019 年 8 月 1 日，第 2 版。

速提升其就业能力和收入水平的路径。① 托育服务行业作为第三产业，急需人才，也是适合女性流动人口的领域。通过培训使流动人口尤其是女性流动人口成为合格的保育员，既可以缓解托育从业人员短缺问题，也可以促进流动人口就业，同时也可以解决流动人口子女的教育照顾问题。

构建流动学前儿童教育照顾体系，为流动学前儿童家长提供就业机会和岗位是基本支持条件之一。从国际上看，家庭服务业是提供就业机会的重要业态，家庭服务一般包含家庭护士、保健师、私人管家等 26 个中高端职业。我国家庭服务业要重点发展家政服务、养老服务、病患陪护服务和社区照料服务四个方面。发展托育服务（家庭托育服务、机构托育服务、社区托育服务），既需要制度保障和政策支持，也需要提供托育服务的实体，开办托育服务机构需要保育、清洁等人员。因此，可以从新生代农民工尤其是女性农民工中选拔人才进行培训，而且新生代农民工文化素质也可以得到提高。通过教育培训，农民工掌握了基本的儿童照顾知识和方法（早期教育可以由专业学校毕业的幼教人员承担，当然并不是说农民工不可以从事早教服务），可以提高农民工的人力资本水平，补充托育服务从业人员，而且农民工自己的年幼子女也可以在其服务的机构免费或低价接受优质照顾。② 例如，广州市法泽社会工作服务中心开展的流动学前儿童早期发展项目，在帮助儿童早期发展的同时，重视对流动学前儿童家长的支持和培训，尤其是培训儿童的母亲即"社区妈妈"成为早教引导员，使她们从服务的使用者变为服务的提供者。

（三）规划和制定幼托整合政策和法规，为 0~6 岁儿童提供教育和照顾的整合服务

为顺应国际发展趋势，我国应以儿童早期教育和照顾服务整合的理念为依据，发展集早期教育和照顾于一体的普惠性服务。幼儿园、托儿所等都属于托幼机构，但根据我国的实际情况，幼儿园属于学前教育机构，由教育部门主管，主要招收 3~6 岁幼儿，以幼儿教育功能为主，兼具照顾功

---

① 李国正、高书平、唐孝文：《社会投资视角下女性流动人口"迁而不工"的对策研究》，《山东社会科学》2017 年第 7 期，第 158~162 页。

② 杨志明：《经济转型拓展农民工就业新空间》，《人民政协报》2018 年 4 月 5 日，第 3 版。

能；托儿所属于儿童福利机构，由卫生、民政部门负责，主要招收 0～2 岁幼儿，以托儿保育功能为主。对 0～3 岁儿童的干预是打破贫困循环的关键。[1] 国际趋势强调儿童早期教育和照顾的整合，实现 0～6 岁儿童教育和照顾的一体化，建立 0～6 岁儿童完整的教育照顾综合服务体系。儿童早期发展是包含儿童身体、动作、语言、智力、情绪、社会行为、人格、创造力等身心全面的发展。教育照顾包括补充亲职教育功能不足的儿童照顾功能，兼具教育及福利功能。[2] 早期综合服务是在一个部门或机构内提供照顾、教育和家庭支援。OECD 国家为提高早期教育与照顾的质量，运用了以下五种政策杠杆：制定质量目标及规范；课程设计、课程实施及其标准；提高幼儿教师和保育者的资质，改善培训与工作条件；促进家庭与社区的参与；促进数据的收集、研究和监测。其中，早期教育和保育课程的科目要素或领域包括读写、数学、科学、美术、音乐、身体健康、实用技能（如系鞋带）、游戏时间、课外活动（到博物馆、公园、图书馆等去游玩）、语言学习（外语）等。[3] 这为流动学前儿童教育照顾服务提供了政策参考依据。

党的十九大报告首次提出实现"幼有所育"，即让所有 0～6 岁的适龄儿童得到更好的养育和教育。2019 年为中国的"托育元年"，托幼（托育、幼教）一体化或幼托整合成为中国学前教育的学术焦点，也是儿童福利政策和服务关注的重点。这是一项系统工程。要实施 0～6 岁儿童教育照顾服务整合，需要制定儿童教育及照顾（幼托整合）法律法规，建立统一的行政管理体系，幼儿园和托育机构服务目标、内容、师资和保育人员等多方面需要协调。优质的幼儿教育与照顾服务，有赖于专业的幼师和保育员队伍，必须加强早期教育照顾服务人员培训，提升他们的地位和待遇。随着幼托整合，要由以往的幼教概念逐渐形成教保概念，儿童教保服务的主要工作是照顾与教育。就本书而言，建设流动学前儿童教育照顾综合服务体系，需要加强儿童早期发展科研机构、托育机构、幼儿园、托育和学前教育服务相关社会团体、托育和学前教育服务相关企事业单位等各方力量的合作。

---

[1] Mark Cronin, Karen Argent, Chris Collett, *Poverty and Inclusion in Early Years Education* (Routledge, 2017).

[2] 郭静晃：《儿童福利概论》，新北：扬智文化事业股份有限公司，2013，第 297 页。

[3] 经济合作与发展组织教育团队编《强壮开端Ⅲ：儿童早期教育与保育质量工具箱》，陈学锋等译，北京师范大学出版社，2015。

我国之前以及现在，托儿所和幼儿园二者是分割的，二者主管部门、招收儿童年龄、服务内容以及教育和照顾工作人员等方面都有差异。当然，我国政府和有关部门也在积极探索幼托整合，一些幼儿园在积极探索保教一体化。目前来看，主流趋势是建设0~6岁儿童教育照顾整合服务体系，大力发展普惠幼儿园，鼓励幼儿园向下延伸，使有条件的幼儿园也招收3岁以下婴幼儿，积极发展托育服务，建设托育服务机构，尤其是针对0~3岁婴幼儿的托育服务中心（托儿所等）。不管哪种形式的托育机构、幼儿园，都倡导实施教育和照顾整合的服务。当然，要实现真正的教育照顾整合，根据OECD国家早期教育照顾的经验以及我国台湾地区的经验，需要从政策法规层面进行规范和保障，制定统一的教育及照顾法规政策，涉及行政管理机构、托育机构、师资和保育员培训、教育照顾内容等方面，是一个系统工程。政府要增加对儿童早期教育照顾的投资，提升幼师等早期教育照顾从业人员的薪酬待遇，尤其要重视对流动学前儿童家庭等弱势家庭的资源投放和倾斜。目前，学前教育由教育部门主管，托育服务由国家卫健委主管，主管部门以及其他相关部门发布了一系列教育和照顾的政策文件。今后，针对流动学前儿童教育照顾服务的问题和需要，流动人口居多的地区的政府可以先进行地方实践和探索，为流动学前儿童提供教育和照顾整合的服务，既提供早期教育服务，也提供早期照顾服务。

（四）倡导和发展家庭福利政策，支持流动学前儿童家庭

在联合国1994年国际家庭年宣言中，特别提出具有世界共同性的家庭议题，并建议各国的中央及地方政府将其列为设定相关政策的参考重点。第一，强调预防性的家庭政策。该宣言第三十五条指出第一个议题：加强家庭的能力。成本效益的观点指出，家庭若能完整地发挥养育儿童、照顾弱者的功能，社会整体利益必将提高，而社会服务的整体支出也因此降低。因此政府有限的资源，应多投注在教育父母等预防性的措施上，尤其强调：加强家庭提供基本卫生保健的能力；鼓励家庭重视教育，提供各种教育的机会；认识家庭照顾老幼的压力和需额外的资源支持；提供相关资源给家庭，加强其防范残疾、早期发现伤害及复健的能力；倡导、协助家庭防范家庭暴力以及犯罪、吸毒、酗酒、性传染病（艾滋病）等的发生。第二，找到家庭功能与福利责任分担的平衡点。该宣言提出的第二个议题是明了

"家庭功能"与"家庭从社会福利中得到协助"之间的平衡点。① 政府应积极推动家庭政策。"家庭政策是一项以政府为主体，面向家庭成员和家庭整体，通过直接或间接的政策法规、经济援助、社会服务等形式增强家庭防范和化解风险的能力，促进社会稳定发展的政策。"经济合作与发展组织将欧盟现行的家庭友好政策划分为"儿童早期教育和照顾、带薪或无薪家庭照顾休假、家庭福利津贴与税收减免政策和家庭友好的工作场所安排四类"。② 例如，韩国积极发展家庭政策，核心概念为健康家庭。韩国家庭政策的特色有四：韩国政府为推进家庭政策积极努力；建立各级政府家庭政策执行体制；健康家庭的服务体系能提供整合服务；依法培育专业工作者来推动健康家庭工作。③ 在家庭教育政策方面，西方国家的家庭教育政策多与家庭保障政策和学龄前儿童政策融合在一起，目标是促进儿童的健康成长，尤其是 6 岁以下儿童，通常"以立法为起点，明确规定管理体系和监督机制，服务对象包括绝大部分学龄前儿童，设置了集看护、教育、营养、健康于一体的看护体系"。④ 儿童权益倡导者们越来越关注国家事务中低收入家庭的儿童保育问题。对于那些家里没有足够资金提供有品质保障的幼儿保育的儿童来说，不合格的保育服务、交通意外伤害或者忽视以及不合格的发展性环境，都是毁灭性的影响因素。有研究表明，有质量保证的儿童保育与儿童积极正向的未来有相关关系，处于低质量的儿童保育中的儿童们置身于风险之中，他们得不到关注、照顾和教育，而这些是帮助儿童获得成功的因素。⑤ 处境不利学前儿童政策成为国际社会政策的关注点，对处境不利学前儿童的干预政策有助于贫困在代际恶性循环问题的解决。一些发达国家和地区对处境不利学前儿童的干预政策主要包括处境不利家庭税收、就业政策，处境不利家庭学前儿童保育经费补助政策等，尤其是实

① 王庆中、万育维：《社会学——社会学与社会工作者的反省》，台北：五南图书出版股份有限公司，1995，第 38~39 页。
② 郭馨冉：《瑞典家庭政策的经验与启示》，《社会福利》（理论版）2019 年第 10 期，第 38~43 页。
③ 林雅音、黄乃毓：《韩国"健康家庭法"的内容、特色与启示》，《人类发展与家庭学报》2013 年第 15 期，第 25~44 页。
④ 亓迪：《促进儿童发展：福利政策与服务模式》，社会科学文献出版社，2018，第 197 页。
⑤ ［美］钱德勒·巴伯、尼塔·H.巴伯、帕特丽夏·史高利：《家庭、学校和社区——建立儿童教育的合作关系》（第四版），丁安睿、王磊译，江苏教育出版社，2013，第 166 页。

施处境不利学前儿童—家庭整合干预计划，这种干预计划由政府主导，以儿童和家庭为本，以社区为基础提供学前儿童保教服务和家长服务。[①] 例如，美国提前开端计划通过家访的方式，同时协调社区其他的服务，在教育孩子的同时支持家庭，为弱势群体家庭儿童的教育成长提供最好的环境。[②]

可以通过以社区为基础的项目、家访、父母/亲职教育、以关系为基础的家庭支持（亲子关系、夫妻关系等）、家庭小组会议等进行家庭支持。家庭支持与早期干预和早期帮助等联系在一起，意在为儿童提供一个良好的成长环境。[③] 2019年10月，党的十九届四中全会提出"构建覆盖城乡的家庭教育指导服务体系，注重发挥家庭家教家风在基层社会治理中的重要作用"。基于家庭政策扶持的视角和"生命历程—合作治理"分析框架，需要完善支持流动学前儿童的家庭政策，从家庭公共政策视角提出流动儿童在其家庭不同漂流阶段的学前教育保障方案和实施路径。[④] 我国应实施积极的家庭福利政策，支持流动学前儿童家庭，包括改善家庭经济条件，开展家庭教育指导服务，提升家庭文化素养，建立和谐的亲子关系。家庭经济条件较好的幼儿，可能获得较多的学习机会；家庭经济条件较差的幼儿，无形中将减少许多学习的机会。关于家庭经济条件的改善，政府应设法调整国家经济政策，缩小贫富差距，或针对贫困家庭给予适当的补助支持，支持流动人口就业。家庭的文化素养将直接影响家人与幼儿的互动质量，间接影响幼儿的学习机会。相关研究显示，形成家庭文化素养优劣的因素，除经济条件外，父母本身的受教育程度才是最主要的原因。[⑤] 因此，受教育程度偏低的父母，宜多参加社区或社会服务机构提供的家庭教育或亲职教育等活动来提高自己，参加相关教育文化活动以提升家庭文化素养，进而增加幼儿在家庭中的学习机会。2021年颁布的《中华人民共和国家庭教育促进法》鼓励和支持社会工作服务机构、社会工作者参与家庭教育指导服

① 柳倩编著《国际处境不利学前儿童政策研究》，华东师范大学出版社，2012。

② 杨敏：《儿童保护：美国经验及其启示》，江苏人民出版社，2016，第46页。

③ Nick Frost, Shaheen Abbott, Tracey Race, *Family Support* (Polity Press, 2015).

④ 刘军萍、李彦：《流动的关怀：家庭公共政策视角下城中村流动儿童学前教育支持研究》，《少年儿童研究》2019年第8期，第4~18页。

⑤ 许雅惠、李鸿章、曾火城、许文宗、郑琼月、谢义勇：《幼儿社会学》，台北：五南图书出版股份有限公司，2006，第102~103页。

务，这为社会工作介入流动学前儿童家庭教育指导服务提供了法律依据。

对流动学前儿童而言，家庭是为其提供教育照顾的重要来源之一，其他包括托育机构、幼儿园、社区、社会组织、企业与政府等，家庭不是唯一的来源，但是最基本的。当家庭因经济条件差、文化处境不利或其他原因无法提供有质量的教育照顾服务时，不论是来自正式的还是非正式的支持体系，都应发挥实时的补充和支持功能。父母是孩子的最佳照顾者和培育者，可是，由于流动学前儿童家庭经济、居住和受教育程度等限制，家庭教育照顾不足，需要专业机构的教育照顾服务或其他形式的支援服务，支持流动学前儿童家庭。针对流动学前儿童家庭的支持政策，流入地政府可以根据实际情况，以家为本，支援流动学前儿童弱势家庭，提供托儿服务，发展普惠性托育服务，建立低收入流动家庭的学前儿童托育津贴、托育补助等，实施流动学前儿童启蒙服务计划，强化家长亲职教育，协助家庭通过亲子共读、亲子活动、亲子游戏等，增强儿童阅读表达能力和社会发展能力，促进儿童语言、认知等方面的发展，支持流动学前儿童家庭。学前教育范畴不仅局限于幼儿的教育及保育部分，还包括为家长提供必要的协助以及健康咨询、亲子管理等帮助，家长可以向社工、心理治疗师或辅导人员询问子女管教问题以及其他在教养子女时所面临的问题。还需要强化家长亲职教育，推行"开始阅读"计划，提倡亲子共读的活动，提高亲子互动质量，增进亲子关系。这需要社区、社会组织等开展普惠性、公益性的家庭教育指导服务，通过家庭教育支持行动和家庭服务提升行动，支持流动学前儿童家庭。

政府应健全流动人员的劳动保障制度，加强家庭服务功能。支持流动人口就业，保障流动人口权益。流动人口尤其是农民工在城市中一般承担着最脏、最累、最苦的工作，他们也会遭到来自企业的各种压榨和不公平待遇，例如，劳动时间超长、劳动环境恶劣、待遇不公正、工资拖欠等。[①]政府在流动人口方面的服务还需逐渐完善。政府应通过完善和监督流动人员的用工制度，加强保障8小时工作制、双休日和国家合法节假日的权益来保障流动人员的劳动合法权益，以保证流动学前儿童父母有时间进行亲

[①]　庄勇、何昕：《需求与介入：基于进城农民工子女社会工作支持的行动研究》，社会科学文献出版社，2013，第22页。

子教育。目前，针对政府为流动家庭提供的服务薄弱的问题，建议由教育部和民政部主管，建立跨部门协调工作机制。将早期教育指导纳入公共服务范畴，构建政府购买家庭教育指导服务的制度体系，理顺管理机制，加大对社会组织的扶持力度，建立家庭教育指导服务购买市场的培育机制等。①

（五）完善儿童福利政策，支持流动学前儿童等处境不利儿童

新的儿童福利理念强调作为社会投资的儿童福利。发展型社会政策将社会政策看作一种社会投资行为，儿童福利是发展型社会政策最重要的组成部分。帮助儿童和支持家庭是发展型社会政策"上游干预"反贫困政策。②儿童福利不再被视为"福利"，而是一种社会投资。对儿童的投资是对国家未来和社会未来的投资。儿童福利不再仅仅是家庭的责任，而是对国家未来的投资。因此，基于新的儿童福利理念，国家需要重视对儿童的投资，进而推动儿童福利事业的进一步发展。③社会福利可以提升社会正义，促进社会平等。经由资源再分配缩小贫富之间的差距，人们有起点的平等，不要输在起点上，美国针对低收入家庭学龄前儿童进行的开端计划（Head Start）、英国的确保开端计划等就是儿童福利的体现。早期保育与教育包含七个基本理念：预防、提升、优势导向、父母赋权、生态导向、多元文化和语言认同以及全方位提供服务。美英等国家服务处境不利学前儿童的示范性实践项目，在一定程度上证明了公共政策转化成创新性的、基于社区的实践活动的可行性。④

1989年11月20日，第44届联合国大会通过的《儿童权利公约》是第一部有关保障儿童权利且有法律约束力的国际性约定，旨在保障"儿童的最大利益，确保儿童的生命权、生存权和发展权的完整等，为儿童创建良

---

① 辛斐斐、范跃进：《政府购买家庭教育指导服务：价值、难题与路径选择》，《中国教育学刊》2017年第11期，第18~23页。
② 姚建平：《国与家的博弈：中国儿童福利制度发展史》，格致出版社、上海人民出版社，2015，第183页。
③ 姚建平：《国与家的博弈：中国儿童福利制度发展史》，格致出版社、上海人民出版社，2015，第183~184页。
④ ［美］蒙·科克伦：《儿童早期教育体系的政策研究》，王海英等译，江苏教育出版社，2011。

好的成长环境"。1991 年 12 月 29 日，我国第七届全国人民代表大会常务委员会第二十三次会议批准了《儿童权利公约》。《中华人民共和国未成年人保护法》（2012 年修正）强调家庭、托儿所、幼儿园、社会、国家等对未成年人的保护、教育和照顾等。2016 年 6 月，国务院印发《关于加强困境儿童保障工作的意见》，强调"家庭尽责、政府主导、社会参与、分类保障"，加快形成家庭尽责、政府主导、社会参与的困境儿童保障工作格局，建立健全与我国经济社会发展水平相适应的困境儿童分类保障制度，困境儿童服务体系更加完善，全社会关爱保护儿童的意识明显增强，困境儿童成长环境得到改善、安全更有保障。我国的儿童福利法律法规与部门规章，都遵循了"家庭尽责、政府主导、社会参与、分类保障"的服务体系建构原则。2019 年，民政部新设儿童福利司，体现了党中央、国务院对儿童工作的高度重视，是儿童福利工作一个新的里程碑。[1] 但我国儿童福利政策发展存在"政策层级低且碎片化严重、城乡二元分割和政策对象差别对待（如流动学前儿童入公办幼儿园难）、养育儿童的家庭支持不足、补救性政策多而预防性政策少"等问题。[2] 当然，儿童福利服务的相关法律政策也在不断完善。例如，《中华人民共和国未成年人保护法》（2020 年修订）强化了对未成年人的家庭保护、学校保护、社会保护、网络保护、政府保护和司法保护，并强调引导和规范有关社会组织、社会工作者参与未成年人保护工作，开展家庭教育指导服务。

　　儿童福利包括儿童福利政策和儿童福利服务，两者相互补充，密不可分。儿童福利政策包括儿童教育、儿童照顾、儿童保护、儿童救助、儿童健康医疗等。儿童福利服务包括维护及倡导儿童相关权益（生存权、受保护权、发展权等）、满足儿童的需要（生活保障、健康维护、保护照顾、教育辅导、休闲娱乐等）、落实支持家庭及儿童的整合性儿童福利服务（支持性服务、补充性服务、替代性服务）。其中，支持性儿童福利服务在于支持、增进及强化家庭功能，运用家庭以外的资源给予原生家庭支持，使原生家庭成为儿童最佳的成长环境，是儿童福利服务的第一道防线，具体包

---

[1]　童小军：《浅议新时代儿童福利工作的热点问题》，《中国民政》2019 年第 11 期，第 54~56 页。

[2]　乔东平、廉婷婷、苏林伟：《中国儿童福利政策新发展与新时代政策思考——基于 2010 年以来的政策文献研究》，《社会工作与管理》2019 年第 3 期，第 78~88、95 页。

括亲职教育（亲子关系、亲子阅读等）、儿童问题咨询服务、儿童休闲娱乐服务等。[①] 补充性儿童福利服务是儿童福利的第二道防线，是利用一些补充性方案，目的在于弥补家庭对其子女照顾功能不足或不适当的情况，如托育服务、家庭经济补助等。[②] 托育服务优先照顾弱势儿童家庭。针对流动学前儿童生存和发展需要，政府应该完善儿童福利政策，加快儿童福利立法，实施支持流动学前儿童及其家庭的福利服务。为流动学前儿童家庭提供制度性资源支持，制定、完善和实施相关政策，让流动学前儿童家庭了解如何享受这些政策带来的福利。学前教育政策属于教育政策，托育服务属于非基本公共服务，是一种补充性的服务，但它们都具有儿童福利的性质，也是儿童福利政策的重要组成部分。儿童福利服务不断完善，关键在于儿童早期教育照顾政策的实践和落实。近年来，我国已制定和完善了一系列儿童教育照顾相关政策，但是仍缺少流动学前儿童教育照顾的专门政策和国家专项行动计划。针对流动学前儿童及其家庭的国家行动计划，可由政府购买服务，以儿童及其家庭为本，托育机构、社区、社会组织和社会工作者等协作实施。本书强调建立行动力，儿童福利政策如果没有托育机构、社区、社会组织和社会工作者的积极参与，就难以实践和落实。

以社区为基础，实施政府主导的流动学前儿童教育照顾服务项目。政府应实施流动学前儿童等困境儿童早期发展项目，可以采取政府购买服务的方式，以社区为基础，由社会组织和社会工作专业人才，并联合志愿者等实施服务项目。针对没有入园入托或进入质量不高的托育机构的流动学前儿童，实施由政府主导的流动学前儿童教育照顾项目，其背后的理念是补偿教育和教育机会均等。补偿教育是指为文化不利儿童设计不同教育方案，以补偿其幼年缺乏文化刺激的环境，进而促使儿童身心健康发展。补偿教育是为弥补弱势儿童在早期发展方面的不利情况，帮助他们度过成长关键期和敏感期，以维护社会公平正义，达成教育机会均等的理想。补偿教育成为世界各国教育的重要方针。例如，美国在1965年实施"启蒙方案"对低收入幼儿实施全面性的协助，获得良好成效；英国于1967年推出"教育优先区计划"，为弱势地区儿童提供补偿教育机会；我国台湾地区也

---

① 郭静晃：《儿童福利概论》，新北：扬智文化事业股份有限公司，2013，第324页。
② 郭静晃：《儿童福利概论》，新北：扬智文化事业股份有限公司，2013，第388页。

在幼儿教育方面实施"扶持 5 岁弱势幼儿及早教育计划"。① 其实，我国已实施多项困境学前儿童早期发展项目，例如，实施学前教育行动计划，重点丰富普惠性资源，着力破解"公办园少、民办园贵"问题，但试点城市或受益对象范围有待扩大。本书调查发现，大多数流动学前儿童家庭不知或没有享受到相关服务，应实施流动学前儿童早期教育照顾专项服务计划，目标对象明确，才能提高精准服务程度。

我国之前颁布的流动人口管理和服务的相关政策文件，尤其是关于农民工问题的政策，涉及其子女教育的基本上都是与义务教育相关，要求流入地政府和社会力量保障和支持流动家庭子女能够接受义务教育，很少涉及流动家庭子女的学前教育问题。2014 年 9 月，国务院印发《关于进一步做好为农民工服务工作的意见》，强调保障农民工随迁子女平等接受教育的权利。在强调保障农民工随迁子女平等接受义务教育权利的同时，明确提出积极创造条件，着力满足农民工随迁子女接受普惠性学前教育的需求。对于在普惠性民办幼儿园接受学前教育的儿童，通过政府购买服务等方式落实支持经费，指导提高教育质量。近几年，流动学前儿童教育照顾问题才成为政策关注的议题，当然，一些流动人口聚集的大城市和社会公益组织较早关注了流动学前儿童问题。政策法规等可以提供制度性的支持，因此需要设计和制定专门针对流动学前儿童教育照顾的相关社会政策，加大制度性支持力度，实施由政府主导的流动学前儿童教育照顾项目。2019 年 6 月，国务院办公厅印发《教育领域中央与地方财政事权和支出责任划分改革方案》，明确学前教育幼儿资助相关内容，现阶段由地方负责落实幼儿资助政策并承担支出责任，确保接受普惠性学前教育的家庭经济困难儿童、孤儿和残疾儿童得到资助，中央财政给予奖补支持。适时研究探索建立国家幼儿资助制度，所需经费主要由中央与地方财政分担。学前教育等其他教育，"实行以政府投入为主、受教育者合理分担、其他多种渠道筹措经费的投入机制，总体为中央与地方共同财政事权，所需财政补助经费主要按照隶属关系等由中央与地方财政分别承担，中央财政通过转移支付对地方统筹给予支持"。2019 年 12 月召开的中央经济工作会议提出，"要加快补齐

---

① 吴金香等：《幼儿教保概论：教保关键概念与实例分析》（第二版），台北：心理出版社股份有限公司，2013，第 24~25 页。

民生短板，有效解决进城务工人员子女上学难问题""要重视解决好'一老一小'问题，加快建设养老服务体系，支持社会力量发展普惠托育服务"。

学龄前儿童的福利服务供给不仅让儿童受益，更重要的是减轻了家庭的负担，是对家庭功能的重要补充，这对于那些中低收入家庭尤其重要。[①] 我国儿童福利制度发展设计应以家庭为中心，针对不同的家庭类型分别采用替代性儿童福利、补充性儿童福利和支持性儿童福利。[②] 针对流动学前儿童家庭，应通过补充性儿童福利和支持性儿童福利来补足和改善其家庭功能，例如，提供托育服务减轻家庭负担、提供家庭现金补助改善儿童教育状况等。[③] 我国的儿童福利政策必须结合我国的国情，确定合理的目标。一是应该明确提出"儿童免贫"的目标，通过儿童福利事业等公共行动确保所有的儿童都不会生活在贫困之中；二是应该通过儿童福利事业有效促进儿童平等。如果我们在近期内还不能大幅度降低社会不平等程度的话，那至少应该做到儿童基本生活和成长的平等化，即通过儿童福利事业促进儿童在营养、照料、教育、生活环境和发展机会等方面的平等化。[④]

在新时代如何落实中央提出的"提高保障和改善民生的水平"与共享发展的重大目标是社会政策面临的重大议题。我国当前存在民生短板，社会政策也面临挑战，达成社会政策的目标应处理好福利与市场、国家与家庭、政府与社会这三对关系。在新时代发展积极稳妥的社会政策的基本原则应包括协调社会政策与经济发展，坚持尽力而为和量力而行。发展积极稳妥的社会政策的重要任务应包括合理确定总体福利水平、提高社会政策的均等化和公平性、优化社会政策结构、加强福利需求调研及社会政策宣讲等具体行动。[⑤] 其中，支持处境不利儿童及其家庭一直是社会政策的核心议题，应加强对流动学前儿童家庭的政策支持。

---

① 姚建平：《国与家的博弈：中国儿童福利制度发展史》，格致出版社、上海人民出版社，2015，第 205 页。

② 姚建平：《国与家的博弈：中国儿童福利制度发展史》，格致出版社、上海人民出版社，2015，第 207 页。

③ 姚建平：《国与家的博弈：中国儿童福利制度发展史》，格致出版社、上海人民出版社，2015，第 208 页。

④ 关信平：《为了中国的儿童福利事业》，《社会工作与管理》2019 年第 4 期，第 5~6 页。

⑤ 关信平：《论我国新时代积极稳妥的社会政策方向》，《社会学研究》2019 年第 4 期，第 31~38、242 页。

建立信息共享平台，发布流动学前儿童相关的政策、法规等。我国的儿童学前教育、托育服务以及困境儿童福利等相关政策发布频繁，而且地方政府、托育机构、儿童社会服务机构、儿童福利工作者和研究者等搜索、了解和熟悉这些政策都要花费一番工夫，流动学前儿童家庭大都不知道这些相关政策，如学前教育资助政策、学前教育三年行动计划等。因此，应建设全国流动学前儿童信息网络以及流动学前教育照顾相关政策法规、服务项目等信息统一发布网络平台，方便有关部门了解流动学前儿童状况，从而提供合理的教育照顾支持服务，以及方便流动学前儿童父母了解相关政策和项目，以获得及时的社会支持。总的来说，我国"儿童福利政策法规与儿童福利法律体系建设快速，儿童福利实务不断发展。但儿童福利的两大部分——资金给付和综合福利服务需求都有很大缺口，特别是综合福利服务需求与发展不充分、不均衡的矛盾突出。关注早期儿童发展，让儿童的身体、生存、发展和尊严得到保护，享有美好未来，避免代际贫困，依然是我国儿童福利政策关注的核心"。[①]

（六）政府要继续深化户籍制度改革，保障流动学前儿童家庭享有统一的社会福利和社会保障

流动学前儿童难以进入公办园接受早期教育，这是因为流入地学前教育资源有限和户籍制度排斥。"基于地域和户籍身份两个向度上的福利排斥问题依然存在，实行统一的社会身份标准进行福利提供，是摆脱福利排斥、减少儿童福利问题的关键。"[②] 2014 年 7 月，国务院发布《关于进一步推进户籍制度改革的意见》，提出"建立城乡统一的户口登记制度。……统一登记为居民户口，体现户籍制度的人口登记管理功能""建立居住证制度""扩大基本公共服务覆盖面。保障农业转移人口及其他常住人口随迁子女平等享有受教育权利……逐步完善并落实随迁子女在流入地接受中等职业教育免学费和普惠性学前教育的政策"。[③] 我国的户籍制度改革，着力点应为

---

① 李雪：《"儿童社会工作的中国实践与国际经验"研讨会在京举行》，《中国民政》2019 年第 3 期，第 62 页。

② 王梦怡、彭华民：《地域与户籍身份：城市困境儿童的福利排斥》，《河海大学学报》（哲学社会科学版）2019 年第 4 期，第 97~104、108 页。

③ 《国务院关于进一步推进户籍制度改革的意见》，《人民日报》2014 年 7 月 31 日，第 8 版。

打破二元户籍制度阻碍，建立一元户籍制度，竭力消除影响深刻的城镇户口与农村户口背后的种种不平等与差别，同时应加强社会保障体系和社会福利体系建设，建立统一的社会福利体系和社会保障体系，实现统一户籍上的权益平等，推动新型城镇化的发展。[①] 探索一元户籍制度的建设路径，不是单纯取消"农业户口"和"非农业户口"两种户口名称的使用，而是关注户口本身所代表的权益的差别，将户籍制度改革与多项制度改革并行，逐步剥离户籍制度背后蕴含的社会福利，降低户口自身的"含金量"，让户口真正成为户口而非身份差别的象征与社会权益的代表，这才是户籍制度一元化的目标与归宿。同时还要关注大中城市移民落户政策问题。[②] 统一为居民户口后，只要流动学前儿童家庭提供真实的住房地址或租房地址，附近的公办幼儿园或普惠性民办园就应该接纳儿童入读，使其享受与城市常住户口学前儿童一样的受教育权。

总之，流动学前儿童教育照顾面临家庭自我支持能力低下、托育机构支持不足、社区支持缺乏服务实体、社会组织支持匮乏、政策制度性支持系统薄弱等问题。建构流动学前儿童教育照顾综合服务体系，需要发挥多元支持主体的作用，除了流动家庭的自我支持外，还需要托儿所和幼儿园等托育机构、社区、社会组织、政府、企业等多方面的支持，需要整合包括正式支持与非正式支持在内的社会支持资源。以往强调家庭自助为主，政府的支持体系较少，尤其是儿童教育照顾综合服务体系更为缺乏，现应以儿童为中心、以家庭为本位，落实整体儿童教育照顾政策。要改变流动人口家庭的现实困境，在政策层面上，需要国家给予流动人口"困境家庭"以制度化的社会支持和相应社会福利的保障；在实践层面上，需要为流动人口家庭提供专业服务以回应其问题和需求。家庭、社区、政府以及专业化的社会工作和志愿服务需要整合在一起。[③] 要充分发挥家庭—托育机构—社区—社会服务机构—政府的协同作用，构建流动学前儿童教育照顾综合

① 龙家榕、刘烁瞳、陆杰华：《新中国成立以来户籍制度变革路径及其研究议题回顾与展望》，《人口与健康》2019 年第 8 期，第 30~33 页。
② 龙家榕、刘烁瞳、陆杰华：《新中国成立以来户籍制度变革路径及其研究议题回顾与展望》，《人口与健康》2019 年第 8 期，第 30~33 页。
③ 薛红：《发现家庭：对上海一项"建筑工人'亲子关系'培训项目"社会工作干预的实践和反思》，《社会工作》2016 年第 5 期，第 88~100、127 页。

服务体系。近年来，我国已制定了很多儿童教育照顾相关政策，儿童福利服务不断完善，但缺少流动学前儿童教育照顾的专门政策和计划。我国需要发展适度普惠性儿童福利制度，坚持公益普惠办园方向，积极扩大普惠性学前教育资源覆盖面，着力提高保教质量，努力构建学前教育公共服务体系；重建和发展普惠性公共托育服务，优先支持流动学前儿童家庭等弱势家庭的托育；推动幼托整合政策，实施流动学前儿童早期教育和照顾的整合服务。社会福利的政策和理念必须通过社会服务的活动才能逐步达成，社会服务指根据社会福利政策所采取的各种方案、活动、项目及程序，这些社会服务需要依据社会工作专业的知识、伦理、方法及技巧才能确保其功效。社会工作专业是用来强化社会福利政策和增强社会服务成效的。[①] 针对流动学前儿童教育照顾问题和需求，需要开展社会工作服务，充分发挥社会工作服务机构和社会工作者的专业作用，探索适合国情的流动学前儿童教育照顾服务模式。

---

① 周永新、陈沃聪编著《社会工作学新论》（增订版），商务印书馆（香港）有限公司，2013，第 29~30 页。

结　语

　　儿童是国家的未来和民族的希望，让每个学前儿童安全、健康、快乐地成长，实现"幼有所育"的美好期盼，是党和国家的奋斗目标。但由于教育照顾服务等社会支持不足，流动学前儿童的生存和发展常常面临许多困境。本书通过对流动学前儿童教育照顾现状的深入调查，发现问题，针对流动学前儿童及其家庭开展社会工作服务，探索流动学前儿童教育照顾综合服务体系构建的实践路径，促进流动学前儿童健康成长。

一　研究总结

　　本书顺应国际儿童早期教育照顾发展趋势，紧跟我国"幼有所育"发展战略，通过文献梳理、问卷调查、访谈、观察等方法收集资料，了解流动学前儿童教育照顾需求及服务现状、存在的问题及原因。流动学前儿童属于脆弱群体，由于教育照顾服务等社会支持的不足，他们入托入园困难以及意外伤害死亡和被拐事件不断出现，其生存和发展面临许多困境。流动学前儿童教育照顾服务社会支持不足主要体现在家庭支持资源有限、普惠性教育照顾机构不足、社区支持力量单薄、社会组织关注度不够、社会政策不够完善等方面。关注其教育照顾政策以及服务体系的构建，改善他们的教育照顾质量，有助于他们的健康社会化和教育需求的满足，消除代际贫困。

　　本书在此基础上开展实践研究，进行了流动学前儿童教育照顾的社会工作服务实践，探索了流动学前儿童教育照顾的社会工作支持模式。作为一种行动力强的专业服务力量，社会工作有其优势和独特作用。本书主要对流动学前儿童及其家庭开展了生命教育、亲子阅读、情绪管理、亲子关系和亲子沟通、社区教育等方面的服务。家庭、幼儿园等托幼机构及社区三者之间互动所构成的整体教育环境，对流动学前儿童的发展具有决定性的影响。在流动学前儿童教育照顾方面，应构建家庭—幼儿园—社区三位一体的联动教育照顾体系，即奠定家庭教育照顾的基础地位，注重学校（幼儿园）教育照顾的主导作用，发挥社区教育照顾的补充功能。专业社会工作在这三个教育照顾领域都可以发挥积极的支持作用，需要积极发展幼儿园社会工作、儿童社会工作和家庭社会工作，为流动学前儿童家庭提供早期教育和照顾指导服务，帮助流动学前儿童健康成长。

最后，本书提出了构建政府、托育机构、幼儿园、社区—社会组织—社会工作三社联动以及家庭共同发挥作用的流动学前儿童教育照顾综合服务体系，即以儿童和家庭为本，以托育机构、幼儿园、儿童成长服务机构（如儿童社会工作机构等社会组织）为服务实体，发挥社区—社会组织—社会工作三社联动作用，完善儿童教育照顾政策，构建一个以儿童和家庭为本、以服务提供为核心、以儿童福利政策为保障的综合服务体系，为流动学前儿童健康成长和发展创造一个良好的环境。具体而言，这种家庭、托幼机构（托儿所、幼儿园等）、社区、社会组织（社工机构等）、政府"五位一体"的综合服务体系包括以下五个方面。第一，要提升流动学前儿童家庭教育照顾能力。家长要认识到家庭教育照顾的重要性，树立正确的教养观念，熟悉家庭教育和照顾的重要内容，提升管教子女的能力，并善于利用家庭资源系统为教育照顾儿童提供保障。第二，要大力发展普惠性学前教育、托育等机构教育照顾服务。发展普惠性学前教育，重建普惠性托育，优先为流动学前儿童等困境儿童提供托育服务，开展流动学前儿童教育和照顾整合服务。第三，要充分利用社区资源开展流动学前儿童社区教育照顾服务。要以社区为依托，充分认识和挖掘社区资源，开展社区教育、托育、早期阅读等服务，为流动学前儿童教育照顾建设社区支持网络。第四，要鼓励和支持社会组织和社会工作介入流动学前儿童教育照顾服务。要激发社会组织活力，鼓励和支持社会组织积极参与儿童早期教育照顾服务。作为一种行动力强的专业服务力量，社会工作有其独特优势和作用，应该积极发展幼儿园社会工作、儿童社会工作和家庭社会工作，发挥社会工作介入流动学前儿童教育照顾服务的作用，支持流动学前儿童健康成长。第五，政府应发挥主导作用，完善学前教育、托育服务等儿童福利政策，优先支持流动学前儿童等弱势儿童群体，加大财政投入，实施流动学前儿童教育照顾专项行动计划，鼓励家庭、托育机构、社区、社会组织、社会工作者等积极参与，建立可及、普惠、公益、高质量的早期教育照顾综合服务体系。

本书的价值在于以下四点。第一，丰富和拓展了儿童早期发展理论、以儿童为中心的社会投资理论和社会支持网络理论。运用这些相关理论来分析研究流动学前儿童教育照顾问题、指导构建流动学前儿童教育照顾综合服务体系，提升了这些理论的解释力和应用价值。第二，丰富和拓展了流动学前儿童教育照顾理论。引入社会支持网络理论拓展流动学前儿童教育照顾服务，为流动学前儿童提供社会工作专业支持，为解决流动学前儿童教育照顾问题提供新的理念和方法，充实和丰富了流动学前儿童教育照顾理论。第三，针对流动学前儿童教育照顾的需要和服务现状，提出了构建流动学前儿童教育照顾综合服务体系的对策建议，可以为政府决策部门制定相关的儿童福利政策提供参考。第四，对深圳、广州、福州、济宁等城市的流动学前儿童及其家庭开展社会工作服务，探索了流动学前儿童教育照顾的社会工作支持模式，使这些流动学前儿童及其家庭直接受益，提升其家庭幸福感。本书丰富了我国儿童社会工作、幼儿园社会工作和家庭社会工作的实践，可以指导社会组织、家庭、托育机构、社区等开展流动学前儿童教育照顾服务。

总之，我国是一个人口流动大国，规模巨大的流动人口在一段时期内将普遍存在，父母带着年幼的子女一起流动，难以保障其在城市的受教育机会、住房条件，而不稳定的生活环境又会给流动儿童的健康成长带来不利影响。学龄前儿童早期教育照顾服务的有与无、好与坏，不仅关乎儿童个人发展和家庭整体福利，而且会给母亲就业和发展带来复杂的影响，甚至影响流动人口的劳动力供给。[1] 构建流动学前儿童教育照顾综合服务体系，为流动学前儿童教育照顾建立支持网络，既要重视家庭—托育机构（托儿所、幼儿园等）—社区之间的合作，也要发挥社区—社会组织—社会工作的三社联动作用，还要强调政策法规保障与社会工作服务的结合。"加强专业人士、专业机构、家庭、儿童早期教育工作者之间的合作，增进有关儿童健康、教育、福利的各学科之间的交流；通过教育、研究和各种努

---

① 宋月萍：《顾此失彼的童年：流动人口子女的成长发展研究》，社会科学文献出版社，2018。

力使学前儿童能接受高质量的早期看护和教育。"①应该建立家庭、托幼机构（托儿所与幼儿园等）、社区、社会组织（社工机构等）、政府"五位一体"的综合服务体系，提升家庭教育照顾质量，规范托育机构教育照顾，探索社区教育照顾，鼓励社会力量参与，加大政府政策支持力度，为流动学前儿童的成长和发展创造一个良好的环境。

二 基本观点和创新之处

1. 基本观点

第一，早期教育照顾服务对流动学前儿童健康成长至关重要。基于社会投资理论和发达国家的成功经验，我国应重视儿童投资和儿童权利保护，尤其是对流动学前儿童早期教育照顾的政策关注和服务关怀，提升流动学前儿童教育照顾质量，帮助他们健康成长。第二，早期教育照顾综合服务体系的构建是满足流动学前儿童教育照顾需求的根本措施。基于社会支持网络理论，从实务角度构建和完善家庭、社区、托育机构、幼儿园与社会服务机构等的支持和协同照顾，尤其是建立社会工作服务网络，实施早期教育照顾综合服务项目，是满足流动学前儿童早期教育照顾需求、解决其早期教育照顾不平等问题的根本途径。第三，作为一种行动力强的专业服务力量，社会工作在为流动学前儿童教育照顾提供支持服务方面有其优势和独特作用。社会工作在流动学前儿童教育和照顾中发挥着重要作用，社会工作教育应该为不断扩大的儿童早期教育照顾实践领域做好准备，社会工作者应该为与流动学前儿童教育和照顾相关的实践、政策和研究做出贡献。积极发展幼儿园社会工作、儿童社会工作、家庭社会工作，为流动学前儿童家庭提供早期教育和照顾指导服务，支持流动学前儿童成长和发展。政府应支持主要服务流动学前儿童的民办园，设立驻园社工服务，可以采用购买社会组织服务的方式，支持儿童社会工作机构在民办园提供驻园社工服务。第四，早期教育照顾政策的制定和完善是解决流动学前儿童教育照顾问题的基本保障。应该在社会政策层面制定和完善儿童教育照顾政策，包括家庭、社区和机构教育照顾服务政策以及政府购买早期教育照顾服务

---

① ［美］Stephanie Feeney、Nancy K. Freeman：《幼儿教保人员专业伦理》，张福松、杨静、陈福美译，台北：五南图书出版股份有限公司，2007，第17页。

政策等方面。第五，倡导和发展流动学前儿童教育照顾整合服务。年幼的孩子既需要教育又需要照顾。早期综合服务是在一个部门或机构内提供照顾、教育和家庭支援。综合性的方法能够使政府部门将各项政策与目标协调一致，并为流动学前儿童早期服务整合到各种资源，打破仅为 0~3 岁儿童提供照顾服务和仅为 3~6 岁儿童提供早期教育服务的人为分割，建立 0~6 岁流动学前儿童完整的教育照顾综合服务体系，为流动学前儿童提供教育和照顾一体化的服务。

2. 创新之处

第一，研究视角创新。本书把社会支持网络等理论引入流动学前儿童服务领域，综合运用社会学、社会工作和教育学等多学科知识，研究流动学前儿童的教育照顾问题，尤其从社会工作角度探讨流动学前儿童教育照顾的困境、问题与成因、解决策略与方法，为解决流动学前儿童教育照顾问题提供了新的视角。第二，研究方法创新。综合运用多种社会学研究方法，定性研究与定量研究相结合，更深入地揭示了当前流动学前儿童教育照顾服务的不足和原因，并通过社会工作介入的实践研究，提出了解决对策和方法。第三，研究内容创新。满足流动学前儿童早期教育照顾需求，解决其早期教育照顾不平等问题，需要构建流动学前儿童教育照顾综合服务体系，加强社会工作专业服务，实施流动学前儿童发展服务项目，制定和完善流动学前儿童早期教育照顾政策。我国是人口流动大国，政府应在流动学前儿童教育照顾服务中发挥主导作用，完善儿童福利政策，优先支持流动学前儿童等弱势儿童群体，加大财政投入，实施流动学前儿童教育照顾专项行动计划，鼓励家庭、托育机构、社区、社会组织、社会工作等积极参与，建立可及、普惠、公益、有质量的早期教育照顾综合服务体系。

三 研究不足和研究展望

社会工作介入流动学前儿童教育照顾服务以小组工作和社区工作为主，个案工作介入不足，应针对个别流动学前儿童的情绪、行为、语言能力等开展个案辅导，也应根据流动学前儿童及其家庭的需要，整合多种方法和模式开展社会工作服务。本书是在不同城市的不同幼儿园或社区开展流动学前儿童教育照顾服务，可以了解不同地区的流动学前儿童教育照顾状况以及他们急迫的需要。但这种分散的做法带来了不足之处，因为没有固定依托同一个社会工作机构开展流动学前儿童教育照顾服务，没有长期在同一个幼儿园或同一个城市社区开展流动学前儿童教育照顾服务，难以总结长期服务经验进而探索出有特色、有影响的服务模式。例如，北京四环游戏小组是北京师范大学长期探索形成的典型模式，广州市法泽社会工作服务中心长期开展的流动儿童早期发展项目已形成品牌项目，在全国各地推广。要形成有中国特色或本土特色的流动学前儿童教育照顾服务模式或强壮开端模式，需要较长时间的实践和探索，进而编写服务案例，总结、提炼与推广实践经验。

后 记

本书是在我的国家社会科学基金项目研究报告的基础上修改而成。本书通过文献梳理、问卷调查、访谈、观察等方法，了解流动学前儿童教育照顾需求及服务现状、存在的问题及原因，在此基础上开展实践研究，进行流动学前儿童教育照顾的社会工作服务实践和探索，提出构建政府、托育机构、幼儿园、社区—社会组织—社会工作三社联动以及家庭共同发挥作用的流动学前儿童教育照顾综合服务体系。

感谢流动学前儿童家庭以及社区、民办幼儿园、社会工作服务机构等工作人员的支持。感谢深圳 H 幼儿园、福州 W 幼儿园、济宁 Y 幼儿园、深圳 A 社区服务站、广州 F 中心等为本书提供实践研究的田野，并在社会工作服务开展过程中提供了支持与帮助。

感谢江西财经大学的学生们：社会工作专业硕士孙巧云、李萨、陈晓型、杨丹琴、何姗姗、候飞飞、殷月、余志群以及社会工作专业本科毕业生赵梅星帮助进行社会调查；社会工作专业本科生王婷、黄凤、王烨、徐旭娇、柳胜桃、杨再艳、高薇以及金融专业本科生柯艳娜帮助进行数据整理和分析；我指导的社会工作专业硕士孙巧云、杨丹琴、谷爽、李萨、陈晓型，对流动学前儿童及其家庭开展了生命教育、亲子阅读、情绪管理、亲子关系和亲子沟通、社区教育等方面的社会工作服务，为本书社会工作实践研究部分的完成做出积极贡献。同时，感谢云南大学程中兴教授为本书提供了宝贵的修改建议。

感谢江西财经大学人文学院对本书出版的支持，本书得到江西省双一流学科统计学、国家级一流本科专业建设点（社会工作）财政专项资金支持。

感谢社会科学文献出版社的支持，尤其要感谢出版社王玉敏、陈丽丽、林含笑、杨莉等老师给予的真诚帮助和细心斧正。

苗春凤

图书在版编目（CIP）数据

流动学前儿童教育照顾综合服务体系构建／苗春凤
著 . -- 北京：社会科学文献出版社，2023.11
ISBN 978-7-5228-2845-9

Ⅰ.①流…　Ⅱ.①苗…　Ⅲ.①流动人口-学前儿童-
社会教育-研究　Ⅳ.①G611

中国国家版本馆 CIP 数据核字（2023）第 222848 号

流动学前儿童教育照顾综合服务体系构建

著　　者／苗春凤

出 版 人／冀祥德
责任编辑／王玉敏
文稿编辑／陈丽丽　林含笑　杨　莉
责任印制／王京美

出　　版／社会科学文献出版社·联合出版中心（010）59367153
　　　　　地址：北京市北三环中路甲 29 号院华龙大厦　邮编：100029
　　　　　网址：www.ssap.com.cn
发　　行／社会科学文献出版社（010）59367028
印　　装／三河市尚艺印装有限公司

规　　格／开　本：787mm×1092mm　1/16
　　　　　印　张：22.5　字　数：369 千字
版　　次／2023 年 11 月第 1 版　2023 年 11 月第 1 次印刷
书　　号／ISBN 978-7-5228-2845-9
定　　价／99.00 元

读者服务电话：4008918866